Jüdische Familien in Hof an der Saale

Forschungsprojekt und Publikation wurden ermöglicht durch die Hermann und Bertl Müller-Stiftung Hof

Mit Unterstützung von »Demokratie leben! Aktiv gegen Rechtsextremismus, Gewalt und Menschenfeindlichkeit« vom Bundesministerium für Familie, Senioren, Frauen und Jugend. Die Veröffentlichung stellt keine Meinungsäußerung des Bundesministeriums für Familie, Senioren, Frauen und Jugend bzw. des Bundesamtes für Familie und zivilgesellschaftliche Aufgaben dar. Für inhaltliche Aussagen tragen die Autoren die Verantwortung.

Und der Volkshochschule Landkreis Hof

© 2019: Hermann und Bertl Müller-Stiftung, Hof
© 2019 für diese Ausgabe: TRANSIT Buchverlag, Schwarzenbach/Saale und Berlin
www.transit-verlag.de

Umschlaggestaltung, unter Verwendung von Fotos aus dem Privatbesitz Familie Hoffmann, Karlsfeld; Privatbesitz Familie Braun, Delaware (2); Stadtarchiv Hof, FF 7380; Privatbesitz Familie Reiter, London; und Layout: Gudrun Fröba
Druck und Bindung: CPI Group, Deutschland
ISBN 978 3 88747 370 9

Ekkehard Hübschmann

JÜDISCHE FAMILIEN IN HOF AN DER SAALE

Schicksale und Verfolgung im Nationalsozialismus

Mit einem Beitrag von Heide Inhetveen

: TRANSIT

INHALT

Einführung	7
Politische und weltanschauliche Entwicklungen nach 1918	11
Der Deutsche Tag in Hof 1923	21
Die Machtergreifung der Nationalsozialisten 1933	29
Der Boykott jüdischer Geschäfte, Firmen und Freiberufler im April 1933 und Inhaftierungen in Hof	31
Die Reichskristallnacht	50
Kurze Vorstellung der ausgewählten Familien	81
Familie Böhm	83
Familie Braun	117
Familie Franken	125
Familie Heymann	175
Familien Lax und Lump	189
Familie Reiter	211
Der jüdische Lehrer Leopold Weil und seine Ehefrau Bertha, geb. Handburger *von Heide Inhetveen*	235
Verzeichnis jüdischer Einwohner von Hof	275
Abkürzungen	293
Quellenverzeichnis	295
Publikationen	307
Abbildungsverzeichnis	326
Plan der Stadt Hof von 1925	327
Dank	333

EINFÜHRUNG

Dieses Buch behandelt die nationalsozialistische Verfolgung der jüdischen Hofer. Es soll aufgezeigt werden, welcher Art die Verfolgung war, die die Einwohner der Stadt Hof mit jüdischer Abstammung durchleben mussten.

Was aber ist ein jüdischer Hofer? Wie wird Jude überhaupt definiert? Die religionsinterne Definition lautet: Jude ist, wer eine jüdische Mutter hat. Die Religionszugehörigkeit des Vaters ist zweitrangig. Ganz anders definierten die Nationalsozialisten »jüdisch«. In den Rasseideologien, die im späten 19. Jahrhundert aufgekommen waren, u.a. durch den lange Jahre in Bayreuth lebenden Schriftsteller Houston Stewart Chamberlain, wurden Juden – völlig zu Unrecht – zu einer Rasse erklärt. Damit unterschied sich dieser Antisemitismus deutlich von dem Antijudaismus der christlichen Kirchen in den vielen Jahrhunderten zuvor. Die Kirchen gaben sich zufrieden, wenn sich Juden taufen ließen. Sozial anerkannt waren sie damit zwar noch lange nicht, wie etwa Ludwig Börne (1786-1837), der als Juda Löb Baruch geboren war, feststellen musste, aber sie wurden nicht mehr verfolgt. Für die rassistischen Antisemiten galt das nicht. Auch wer zum christlichen Glauben übergetreten war, blieb für sie Jude. Teil dieses Gedankengutes war, sich selbst als höherstehend, die anderen aber als minderwertig zu betrachten. Im Nationalsozialismus fand dies seine Ausprägung im Konzept des Herrenmenschen mit dem Gegenstück des Untermenschen. Die »Arier« waren das Herrenvolk, das wegen seiner Überlegenheit mehr Rechte als alle anderen hatte, etwa das Recht, sich Lebensraum zu nehmen, d.h. andere Länder gewaltsam zu okkupieren.

Um Gesetze und Verordnungen gegen Juden zu erlassen, benötigten die Nationalsozialisten eine Definition. Diese schufen sie mit den Nürnberger Gesetzen von 1935. Danach war ein »Volljude« jemand, dessen vier Großeltern jüdisch waren. Waren nur zwei Großeltern jüdisch, wurde die Person als »Halbjude« bezeichnet (zuerst als »Mischling 1. Grades«). Ein »Vierteljude« hatte einen jüdischen Großelternteil. War eine Frau anlässlich ihrer Heirat zum israelitischen Glauben übergetreten, galt sie weiterhin als Arierin. Ab den Nürnberger Gesetzen war eine solche Eheschließung verboten.

Selbstverständlich machen wir uns im vorliegenden Buch die nationalsozialistische Definition nicht zu Eigen. Aber es geht uns um jene Menschen, die von Nationalsozialisten aufgrund dieser Definition verfolgt wurden – also nicht allein um Angehörige der Israelitischen Kultusgemeinde Hof, sondern auch um Christen mit jüdischer Abstammung, Menschen mit einem, zwei oder drei jüdischen Großeltern einschließlich jener, die sich wegen ihrer weltlichen Lebenseinstellung überhaupt nicht als Juden sahen.

Als Hofer (oder Hoferin) wollen wir jemanden bezeichnen, der in Hof geboren worden ist oder viele Jahre seines Lebens in Hof gelebt hat und während der NS-Zeit 1933 bis 1945 in Hof gemeldet war. Dabei war es erforderlich, eine Grenze bei der Anwesenheit in Hof zu ziehen. Hannah Hickman, geborene Weinberger, beispielsweise ist in Hof geboren, ihre Eltern zogen aber mit ihr fort, als sie erst 1½ Jahre alt war. Ihr Schicksal wird hier nicht behandelt. Im Vergleich dazu wohnte Adolf Abraham Reiter, geboren in Stanislau/Galizien in Österreich-Polen, über 36 Jahre in Hof und hat hier die meisten Verfolgungen erfahren. Letztlich ergab sich eine natürliche Beschränkung der Personenauswahl durch die Quellenlage. Nur zu etwa zwanzig Familien, Ehepaaren und Einzelpersonen gibt es genügend Material in Archiven und Publikationen, um über sie detailliert schreiben zu können.

Behandelt wurden exemplarisch sechs Familien und ein Ehepaar, um einer vertieften Darstellung den Vorzug zu geben gegenüber einer breiteren, weniger tiefen. Ganz bewusst haben wir uns gegen eine Begrenzung allein auf die Zeit der Verfolgung entschieden. Wichtig erschien es uns, auf die lange Geschichte der Juden in Mitteleuropa hinzuweisen, indem wir die Familiengeschichten, wenn möglich, im frühen 19. Jahrhundert beginnen lassen.

Außerdem ist es den Verfassern ein Anliegen, den Lesern die Kultur der Juden in Deutschland ein Stück weit nahezubringen, sei es die der Religion (siehe das Kapitel *Der jüdische Lehrer Leopold Weil*) oder die der Ashkenasi-Namensgebungstradition.

Ein Teil des Buches ist den vielen Juden gewidmet, die in Hof geboren wurden oder bis in die NS-Zeit hinein in Hof gelebt haben. Ihre biografischen Daten, die Dauer ihrer Anwesenheit in Hof und ihr Schicksal, ob emigriert, deportiert oder überlebt, wird in einem eigenen Verzeichnis aufgeführt.

Es gab mehrere Ebenen der Verfolgung. Verfolgung fand zunächst statt auf der Ebene der Mitmenschen, die ihre jüdischen Nachbarn nicht mehr kannten, sie nicht mehr grüßten, nicht mehr bei ihnen einkauften, sie nicht mehr in ihren Vereinen haben wollten. Viele Nichtjuden hatten, ob berechtigt oder nicht, Angst vor Sanktionen. Die anderen waren Überzeugungstäter, die meinten, »ihrem Führer« bei seiner »historischen Aufgabe entgegenarbeiten« zu müssen. Unter diesen waren nicht wenige, die jüdische Bürger verhöhnten, beschimpften, bespuckten oder schlugen.

Eine zweite Ebene ist die behördliche. Der NS-Staat erließ laufend Gesetze und Verordnungen, die den Juden ihre bürgerlichen Rechte entzogen oder von ihnen Sonderleistungen forderten, sei es zusätzliche Namen wie Sara und Israel zu führen oder ihr Eigentum an Edelmetallen und Schmuck an staatliche Stellen abzugeben. Hier hatten Juden mit Mitmenschen in den Ämtern und Dienststellen zu tun, die einen noch so kleinen Handlungsspielraum zugunsten der Juden ausnutzten, zumeist aber mit solchen, die das gesetzlich Angeordnete penibel umsetzten, bis hin zu jenen, die die Ausgrenzung der Juden vollkommen richtig fanden und diese zusätzlich schikanierten.

Eine dritte Ebene ist die Verfolgung durch den NS-Staat in Gestalt von Polizei und Vertretern der NS-Organisationen. Sie konnte damit beginnen, dass der NSDAP-Kreisleiter ein besonders guter Nationalsozialist sein wollte oder dass er es auf ganz bestimmte Juden abgesehen hatte. Die Verfolgung konnte durch häufige Hausdurchsuchungen geschehen, durch Polizeihaft, teils verbunden mit brutaler Gewalt, bis hin zur sogenannten »Schutzhaft« in einem Lager, ohne Kenntnis, wann diese enden werde.

Die letzte zu nennende Ebene der Verfolgung ist die des NS-Staates, der die Lösung der Judenfrage als »Endlösung« beschlossen hatte, d.h. die Vernichtung sämtlicher europäischen Juden plante und durchführte und hierfür Millionen von Menschen in Konzentrations- und Vernichtungslager deportierte.

Eine massive Einschränkung jüdischen Lebens waren verschiedene Formen der Enteignung. Bei dem Begriff »Arisierung« denken wir in erster Linie an Unternehmen einschließlich ihrer Geschäftsräume, Betriebsstätten, Warenlager etc., die jüdischen Bürgern entzogen wurden, um sie entweder zu liquidieren oder in die Hände von Menschen zu geben, welche die Nationalsozialisten als deutschblütig, arisch und politisch zuverlässig einschätzten. In zweiter Linie denken wir an Immobilien – Geschäfts- und Wohnhäuser oder Grundstücke, die jüdischen Eigentümern entzogen wurden. Tatsächlich ist »Arisierung« nicht auf die »Entjudung der deutschen Wirtschaft«, wie es die Nationalsozialisten auch nannten, beschränkt gewesen. Vielmehr ergriff sie alle Lebensbereiche. Juden zu zwingen, mit vielen Personen in kleine Wohnungen und sogenannte Judenhäuser zu ziehen, um ihre Wohnungen für nichtjüdische Deutsche freizumachen, war die »Arisierung« jüdischen Wohnraumes. Auch die erwähnte Pflicht zur Abgabe von Edelmetallen und Schmuck betraf nur jüdische Staatsangehörige und bedeutete die »Arisierung« dieser Pretiosen zum Zweck ihrer Verwertung in »arischen« Händen. Ebenso wirkte der Entzug sämtlichen jüdischen Besitzes durch die 11. Verordnung zum Reichsbürgergesetz von 1941. Durch sie raubte der NS-Staat jenen, die er in den Osten deportierte, ihr gesamtes Vermögen, die komplette Wohnungseinrichtung einschließlich aller Textilien (Geschirr- und Handtücher, Tischdecken), sämtliche in der Wohnung befindliche Kleidung (von der Unterwäsche bis zum Pelzmantel), Bücher, Fotoalben, Musikinstrumente, Gemälde bis hin zu Kohlen und Kartoffeln im Keller. All diese Habe wurde Behörden, städtischen Einrichtungen, »deutschen« Hilfsbedürftigen etc. zugeteilt oder bei Versteigerungen an »arische« Bürger weitergegeben. Insofern war die »Arisierung« auch eine Art Umverteilung »jüdischen« Besitzes zugunsten der nichtjüdischen Bevölkerung.

Hof gehörte zu jenen Städten in Franken, wo der Nationalsozialismus und der Antisemitismus schon ab 1919 Fuß fassten. Aus diesem Grunde muss die Schilderung der Verfolgung schon ifrüher einsetzen und nicht erst 1933. Da Hof so stark nationalsozialistisch geprägt war, waren die offiziellen Stellen darauf bedacht, ihre Heimatstadt möglichst früh »judenfrei« melden zu können. Vor allem die NS-Funktionäre übten enormen Druck auf die jüdischen Bürger aus oder erschwerten ihnen das Leben, damit sie von Hof fortzogen. Die Verfolgung der jüdischen Hofer allein in Hof darzustellen, ist deswegen so wenig möglich wie sinnvoll. Vielmehr müssen wir ihnen dorthin folgen, wohin es sie verschlagen hatte, nachdem sie aus ihrer Stadt vertrieben worden waren.

Der Krieg endete für Hof mit dem Einmarsch von US-amerikanischen Truppen am 15.4.1945. Dieser bedeutete aber nicht das Ende der Verfolgung der jüdischen Hofer. Vielmehr hing ihr individuelles Verfolgungsende davon ab, wo sie sich zur Zeit der Befreiung befanden. War es ihnen gelungen, ins Ausland zu emigrieren, erlebten viele die Stufen ihrer Verfolgung vor den bundesdeutschen Wiedergutmachungs- und Entschädigungsbehörden erneut – oder mussten sich dabei erniedrigenden Prozeduren aussetzen. Die Auswirkungen der Verfolgung auf Körper, Geist und Seele waren für manche derart massiv, dass sie bis an ihr Lebensende davon geprägt waren.

POLITISCHE UND WELTANSCHAULICHE
ENTWICKLUNGEN NACH 1918

Der rassistische Antisemitismus kam nicht erst 1933 mit der sogenannten »Machtergreifung« nach Hof. Vielmehr gehörte Hof zu jenen fränkischen Städten, in denen er sich schon kurz nach dem Ersten Weltkrieg festsetzte. Dies ist umso erstaunlicher, als die unabhängigen Sozialdemokraten (USPD) bei den bayerischen Landtagswahlen vom 12.1.1919 in Hof ausgesprochen erfolgreich waren. Im Wahlbezirk Hof I erzielten sie 51,2 %, in Hof II 48,9 % der Stimmen. Dies war mehr als in den anderen Industriestädten Oberfrankens Naila (30,6 %) und Selb (20,5 %) und mit dem niedrigen Ergebnis von Bayern insgesamt von nur 2,5 % nicht zu vergleichen (Grau 2007)[1]. Innerhalb von etwa zehn Jahren vollzog sich in Hof ein Wandel von einer sozialdemokratischen Hochburg zu einem Hort des Rechtsradikalismus.[2]

Die Ursprünge des modernen Antisemitismus liegen in den 1870er Jahren. In ihm wirkten die Motive des Antijudaismus des Christentums weiter. Die Kirche schrieb den Juden die Schuld am Christusmord zu. Die Christen meinten, Juden überlegen zu sein, was gleichzeitig als Beweis des »Sieges der Kirche über die Synagoge« angesehen wurde. »Die den Juden zugeschriebene Schuld galt im Christentum bis in die Gegenwart als eine Kollektivschuld und bezog sich nicht nur auf die Juden, die zur Zeit der Kreuzigung Jesu lebten, sondern auf alle Nachkommen Israels.« (Gutman 1998:52) Ängste und stereotype Bilder von Juden gingen in die Folklore der christlichen Völker ein, ihre Literatur und ihre Traditionen. Sie waren nicht nur Komponenten religiösen Denkens, sondern Bestandteil des allgemeinen kulturellen Hintergrunds der westlichen Gesellschaft. Nach diesem Weltbild werden Mängel und Charakterfehler einzelner Juden zum Ausdruck der negativen Merkmale aller Juden. Somit fällt die Verantwortung für individuelle Übeltaten auf alle Juden

---

1 Zum Vergleich die erzielten Ergebnisse in den größeren Städten Bayerns: München 5,1 % der Stimmen, Nürnberg 5,4 %, Fürth 6,6 %, Aschaffenburg 5,2 % und Ludwigshafen (2.2.1919) 5,8 %. Auf dem flachen Land war die USPD kaum verankert (Grau 2007).

2 Folgend wird die Entwicklung unter Berücksichtigung der völkischen Bewegung behandelt. Ausschreitungen am 19.2.1919 schadeten dem Ansehen der Sozialdemokraten in Hof, obwohl sie selbst nicht beteiligt waren. Teilnehmer einer Volksversammlung für Erwerbslose, die wegen der schlechten Ernährungslage verärgert waren, wurden nach der Veranstaltung gegenüber Oberbürgermeister Neupert und dem Chefredakteur des *Hofer Anzeiger*s Franz Büchl gewalttätig. Sie verwüsteten die Wohnung Neuperts sowie die Redaktionsräume und zwangen Büchl, mit einem Schild mit der Aufschrift »Nieder mit dem Hofer Anzeiger« mit ihnen durch Hof zu laufen (SPD Hof, o.J.).

zurück. »Juden sei eo ipso³ die Verursachung natürlicher Katastrophen, Epidemien und anderer Krisen zuzutrauen und man brauche nicht nach einer rationalen Erklärung oder nach schlüssigen Beweisen für ihre Mittäterschaft zu suchen.« (Gutman 1998:52)

Die vermeintliche Überlegenheit, die Zuschreibung der Schuld am Üblen als Kollektivschuld und die Übertragung negativer Merkmale Einzelner auf alle Juden sind die wesentlichen Elemente, die im neuen Antisemitismus tradiert werden. In einem Punkt aber ist er unerbittlicher als der kirchliche Antijudaismus. Begnügte sich dieser mit dem Übertritt zum Christentum, um die Verfolgung zu beenden, bietet der neue Antisemitismus diese Möglichkeit nicht.

Der moderne Antisemitismus richtete sich nicht allein gegen das Judentum als Religion, sondern gegen die vermeintliche jüdische »Rasse«. (Gutman 1998:55) Der aus der Tier- und Pflanzenzüchtung seit dem 18. Jahrhundert bekannte Begriff der Rasse wurde unzulässigerweise auf Menschen übertragen. Schlüsse, die Charles Darwin bei seinen Untersuchungen von Tieren und Pflanzen gezogen hatte, insbesondere, dass die am besten Angepassten sich am erfolgreichsten fortpflanzten, wurden von Männern wie Arthur de Gobineau[4] und Houston Stewart Chamberlain[5] auf Menschen bezogen, von der Natur auf die Kultur übertragen und dabei in eine Vorstellung angeblicher Höherwertigkeit bzw. Minderwertigkeit bestimmter Völker- und Menschengruppen und eines »Kampfes ums Dasein« verkehrt. In diesem setze sich der Starke und Wertvolle durch. Dabei war ihre eigene »Rasse«, von Gobineau »Arier« genannt, selbstverständlich überlegen, während sie »die Juden« als minderwertige Rasse und als Wurzel allen Übels ansahen. Diese Ansicht verbanden sie mit der »Notwendigkeit« eines Kampfes um Lebensraum für das germanische deutsche Volk, vor allem im Osten Europas.

Diese sozialdarwinistischen, rassistischen Vorstellungen fanden eine Anhängerschaft in der »Völkischen Bewegung«. Von den ihr angehörenden Gruppierungen sind vor allem zu nennen: der 1890/91 enstandene Alldeutsche Verband um Heinrich Claß (1868-1953), der 1912 von Theodor Fritsch gegründete antisemitische Reichshammerbund und der daraus hervorgegangene Geheimbund Germanenorden. »Einer der Hauptpropagandisten war der Münchner Verleger Julius F. Lehmann, der seit

---

3 *eo ipso* ›aus sich selbst, von sich aus (ohne weiteren Grund eintretend)‹
4 Gobineaus (1816-1882) »Essai sur l'inégalité des races humaines« erschien 1853 (Bände 1-4) und 1855 (Bände 5-6) in Paris. Die deutsche Übersetzung trägt den Titel »Versuch über die Ungleichheit der Menschenrassen«.
5 Chamberlain (geboren 1855 in Portsmouth, Vereinigtes Königreich) war von Cosima Wagner auf die Schriften Gobineaus aufmerksam gemacht worden und erhielt von ihr weitere Anstöße für seinen Antisemitismus. Ab 1909 lebte Chamberlain in Bayreuth in Nachbarschaft zum Haus Wahnfried, wo der Wahnfried-Zirkel um Cosima Wagner seine rassistischen und radikal-nationalistischen Ideen teilte.

1917 die Zeitschrift *Deutschlands Erneuerung* herausbrachte, zu deren Herausgebern u.a. Heinrich Claß und der ab 1909 in Bayreuth lebende Houston Stewart Chamberlain gehörten. »Claß hat schon in seinem 1912 unter dem Pseudonym Daniel Frymann veröffentlichten Buch ›Wenn ich der Kaiser wär‹ die Konzeption eines totalitären Führerstaates im 20. Jahrhundert entworfen. ... Hitler und der Nationalsozialismus setzten die rassistischen und antisemitischen Vorstellungen der Völkischen Bewegung mit blutiger Konsequenz in die Tat um, ohne wesentlich Neues hinzuerfinden zu müssen.« (Auerbach 1997b:784)

Führende Köpfe der antisemitischen Radikalnationalen, wie Chamberlain und Hitler, sahen in der Niederlage Deutschlands im Ersten Weltkrieg und der Revolution 1918 ein Werk des Judentums. Aus der Dolchstoßlegende[6] der Obersten Heeresleitung wurde so das Hirngespinst eines »internationalen Judentums«.

Nach dem Ersten Weltkrieg schlossen sich die oben erwähnten Organisationen und andere Verbände der Völkischen Bewegung zusammen. Sie gründeten am 18.2.1919 in Bamberg den Deutschen Schutz- und Trutzbund, der noch im selben Jahr in »Deutschvölkischer Schutz- und Trutzbund« (DVSTB) umbenannt wurde und in den Folgejahren durch massive Verbreitung seiner Anschauungen Einfluss erlangte. Von seinen Mitgliedern forderte er den Nachweis »arischer« Abstammung. Sein Vereinszeichen war das Hakenkreuz, das später von Hitler lediglich um 45 Grad gedreht, d.h. auf die Spitze gestellt wurde. Das Kaiserbuch von Heinrich Claß wurde zur theoretischen Grundlage und zum praktischen Ziel der Politik des Bundes, was ins Gründungsstatut aufgenommen wurde (Jung 2006; Leicht 2015). Mit einer Hetze gegen demokratische und als »verjudet« erklärte Politiker linker Parteien und einer Propaganda von einer angeblichen jüdischen Weltherrschaft trug der DVSTB maßgeblich zur Verbreitung rassistischen Gedankenguts in breiten Gesellschaftskreisen bei. Allein im Jahre 1920 wurden über 7 Millionen Flugblätter, fast 5 Millionen Handzettel und zirka 8 Millionen Klebemarken unter der Bevölkerung verteilt (Leicht 2015). Schon im Gründungsjahr wurde etwa Nürnberg regelrecht mit antisemitischen Flugblättern überschwemmt. Von dort aus verbreitete sich der Bund schnell über ganz Franken. 1922 bestanden in allen grösseren Städten Ortsgruppen, zum Beispiel in Ansbach, Hersbruck, Bayreuth, Coburg, Kulmbach und nicht zuletzt in Hof (Hambrecht 2017:26). Auf seinem Höhepunkt

---

6 Im November/Dezember 1918 wurde die Behauptung publiziert, das Deutsche Heer hätte den Weltkrieg gewinnen können, wenn es nicht von der Zivilbevölkerung »von hinten erdolcht« worden wäre. Auch die hauptverantwortlichen Generäle Erich Ludendorff und Paul von Hindenburg kolportierten diese Behauptung. – Der Historiker Hans Delbrück bezeichnete die Dolchstoßlegende im sogenannten Dolchstoßprozess 1925 in München als »eine Geschichtsfälschung um so schlimmerer Art, als sie gleichzeitig eine Volksvergiftung darstellt.« (Permooser 1996:919)

im Sommer 1922 zählte der Bund zirka 600 Ortsgruppen, die bereits im April 1921 das Reichsgebiet lückenlos überzogen (Jung 2006).

Antisemitische Umtriebe in Hof

Die Gründungsversammlung der DVSTB-Ortsgruppe Hof fand Mitte Januar 1921 im Lokal Pfaffs Kolosseum in der Schützenstraße 8 statt.[7] Es waren nicht nur Gleichgesinnte anwesend. Einer der Redner war der USPD-Stadtrat und Landtagsabgeordnete Max Blumtritt (1877-1931). Auch einige jüdische Bürger waren zugegen, etwa der Kaufmann Hugo Epstein (1864-1943). Er hatte von Februar 1901 bis September 1908 in Hof gewohnt, war dann mit Frau und Sohn nach Berlin verzogen, kam aber öfter nach Hof. Während Blumtritts Rede wurde er von dem »ledigen 18jährigen Apothekergehilfen Leonhardt ... im Saale mit niedrigen, die Juden schmähenden Redensarten belästigt«, wie es in einem Polizeibericht heißt. Derselbe Leonhardt, ein Mitglied der Hofer Ortsgruppe des Schutz- und Trutzbundes, bezeichnete Paula Blauzwirn, die ältere Tochter des Modewarengeschäftsinhabers und Ersten Vorsitzenden der Israelitischen Kultusgemeinde Hof seit 1907, David Blauzwirn, als »Judenmädchen« und verhöhnte sie (StA Hof, A 10043).

Im Zusammenhang mit dem Deutschvölkischen Schutz- und Trutzbund wurde Polizeiwachtmeister Johann Zeh vom Hofer Stadtratsvorstand am 12.5.1921 beauftragt, die Fälle festzustellen, in denen eine Belästigung hiesiger Juden stattgefunden hatte. Die Vertreter der Kultusgemeinde, Sally Linz und Leopold Weil[8], hatten bei einer vorausgehenden Unterredung mit dem Bürgermeister auf solche Fälle hingewiesen. Im ersten Fall wurde ein Hofrat Dr. Theile von zwei namentlich bekannten jungen Männern für einen Juden gehalten und eines Nachts belästigt. Der zweite Fall hatte sich am 29.3.1921 nachts gegen 2 Uhr ereignet. Der Kaufmann und Handstickereifabrikant Selly Jacob (1886-1976) und sein Schwager Emanuel Vorchheimer (1891-1968), Kaufmann aus Würzburg, waren auf dem Heimweg vom Bahnhof zur Wohnung der Familie Jacob in der Altstadt 8. Sie hatten gerade die katholische Kirche passiert, als sie drei bis vier junge Männer vor einem Geschäft in der Altstadt 43 stehen sahen, die Zigaretten rauchten und der Sprache und

---

7 Das Gebäude Schützenstraße 8 gehörte der Stadt Hof. Der Saal war einer der fünf am Deutschen Tag 1923 genutzten (siehe unten). Andrerseits hatte in den 1920er Jahren der jüdische Hermann Starer, der Inhaber der »Oberfränkischen Möbelzentrale« war, seine Werkstätte in Pfaffs Kolosseum. Mitte der 1930er Jahre befand sich hier das »Café des Grenzlandtheathers« (AdrB Hof 1936/37:477). Das Gebäude existiert heute nicht mehr.

8 Zu Leopold Weil siehe Kapitel *Der jüdische Lehrer ...*

dem Aussehen nach Studenten zu sein schienen. Diese fragten die beiden Geschäftsleute, ob sie Juden seien. Daraufhin äußerte einer: »Das sind keine Juden, die tragen ja ihre Handkoffer selber.« Ein anderer sagte hierauf: »Ja das sind doch Juden, schlagt sie.« Es kam zwar nicht zum tätlichen Angriff, aber beide Fälle spiegeln die antisemitische Atmosphäre in Hof in den frühen 1920er Jahren deutlich wieder (StA Hof, A 10043).[9]

Schon im Jahre 1919, also vor der Gründung der Hofer Ortsgruppe des DVSTB, hatten sich judenhassende Vorstellungen in Hof verbreitet und vergifteten das gesellschaftliche Klima. Am 26.1.1920 wandte sich der Geschäftsinhaber und Hemdenfabrikant Max Franken, Ludwigstraße 43, an den Stadtrat. Das ungekürzte Schreiben wird im Kapitel *Familie Franken* abgedruckt. Die wichtigsten Sätze sind folgende:

»Eine schmachvolle Hetze gegen die deutschen Juden hat seit dem unglücklichen Ausgang, den der Krieg für uns zeitigte, eingesetzt. ... Hier möchte ich nur feststellen, daß leider auch in unserer Stadt mit allen Mitteln gegen die Juden gehetzt wird ... Die Form der Hetze schließt eine Selbstverteidigung aus, da die Urheber nicht genügend Mut aufweisen, persönlich hervorzutreten. ... Die bisher unter der Decke schwelende Hetze besteht seit Monaten darin, daß man speziell auch an meine Schaufenster fast wöchentlich kleine oder größere bedruckte Zettel wüsten antisemitischen Inhalts anklebt.«

StA Hof, A 2928

Nach einer Mitteilung des Hofer Stadtrates vom 18.12.1919 wurden außerdem im selben Jahr »antisemitische Plakate« im Stadtgebiet angeheftet (StA Hof, A 2928 nach Friedrich-Wössner 1997:148).

(NS)DAP und DVSTB

Von Beginn an waren die Organisationen in der Völkischen Bewegung »durch Doppelmitgliedschaften, eine beständige Fluktuation der An-

---

9 Selly Jacob verließ Hof zusammen mit seiner Ehefrau Esther Emma, geborene Vorchheimer, und dem in Hof geborenen Sohn Heinz zum 31.8.1933. Von Straßburg emigrierten sie nach Palästina (strätz 1989:278; BHSA, LEA 18183). Paula Blauzwirn ging nach Berlin-Wilmersdorf und emigrierte mit ihrem Mann Kurt Bauchwitz am 25.12.1935 ebenfalls nach Palästina (EB Berlin, 322174:passim). Hugo Epstein emigrierte mit Ehefrau Fanny bzw. Jenny und Sohn Arno von Berlin nach Utrecht, Niederlande. Frau Epstein wurde von den Nationalsozialisten am 9.12.1942 ins Sammellager Westerbork deportiert, wo sie am Tag ihrer Ankunft zu Tode kam (BArch, GB 1714075; Joods Monument 535770). Hugo Epstein wurde am 13.7.1943 ins Vernichtungslager Sobibor deportiert und ist dort am 16.7.1943 zu Tode gekommen bzw. ermordet worden (BArch, GB 1714076; Joods Monument 122163).

hänger zwischen den einzelnen Gruppen und durch gemeinsame Geldgeber auf den verschiedensten Ebenen miteinander verbunden und häufig nicht klar voneinander abzugrenzen.« (Hambrecht 2017:26) Hierher gehörte auch die Deutsche Arbeiterpartei (DAP), die im Januar 1919 in München gegründet wurde und bei der später führende Nationalsozialisten wie Gottfried Feder, Alfred Rosenberg oder Dietrich Eckart Mitglieder waren. Eckart, der Mentor Adolf Hitlers, gehörte außerdem dem Bayreuther Kreis um Houston Stewart Chamberlain und Winifred Wagner an sowie dem DVSTB. Zu diesem wiederum gehörten auch Gottfried Feder, Reinhard Heydrich, Julius Streicher, Werner Best, Kurt Daluege und Fritz Sauckel sowie in Hof bzw. Schwarzenbach/Saale Benno Kuhr, auf den wir noch zurückkommen werden. Bekanntlich ist die DAP im

Ehrendes Erinnerungsblatt für Benno Kuhr zum Gedenken an die Gründung der Hofer Ortsgruppe des Deutschvölkischen Schutz- und Trutzbundes, April 1921

Februar 1920 in Nationalsozialistische Deutsche Arbeiterpartei (NSDAP) umbenannt worden. Unter den Männern, die den Zusatz »nationalsozialistisch« an der Parteiführung vorbei einführten, waren – neben Adolf Hitler – wiederum Dietrich Eckart und Gottfried Feder.

Angesichts der Gemeinsamkeiten, insbesondere der großen ideologischen Deckungsgleichheit der ultrarechten Parteien und Verbände, kam es zu punktueller Zusammenarbeit und so auch zur Werbung des DVSTB für die NSDAP. Andererseits herrschte innerhalb der Völkischen Bewegung deutliche Rivalität. Ab Frühjahr/Sommer 1920 begegnete die NSDAP dem Trutzbund mit einem ausgeprägten Konkurrenzverhalten, das rasch zu offenen Konflikten führte. Nach der Ermordung des Reichsaußenministers Walter Rathenau am 24.6.1922 wurden DVSTB und NSDAP in den meisten Ländern verboten – nicht so in Bayern und Württemberg. In Bayern waren beide Organisationen regional unterschiedlich stark. Wenn auch die DVSTB-Ortsgruppe München im Juli 1920 mit 3.903 Mitgliedern die stärkste Gruppe im Reich war, war der Trutzbund in Altbayern eher schwach vertreten. Der Gau Südbayern hatte nur 18 Ortsgruppen, der Gau Nordbayern mit Sitz in Coburg hingegen 41 und der Gau Sachsen-Anhalt-Thüringen sogar 95. Die NSDAP hatte in Oberbayern mit ihrer Keimzelle München eine Hochburg. Innere Zerrissenheit schwächte den DVSTB derart, dass er der dynamisch und aggressiv auftretenden NSDAP nicht gewachsen war und seine führende Rolle innerhalb der Völkischen Bewegung erst in München und mehr und mehr in ganz Bayern an die NSDAP abtreten musste. Ab 1923 erzielte der Trutzbund keine Öffentlichkeitswirksamkeit mehr. In Franken blieb er noch bis Ende 1925 relativ aktiv (Jung 2006).

Ende 1922 wurde die NSDAP-Ortsgruppe Hof als eine der ersten in Franken gegründet. DVSTB-Mitglied und späterer NSDAP-Kreisleiter von Hof Benno Kuhr[10] rechnete es zu seinen besonderen Verdiensten, daran massgeblich beteiligt gewesen zu sein (Herrmann 1995).

---

10 Kuhr, Benno, geboren am 6.12.1896 in Nürnberg, Teilnehmer des Ersten Weltkrieges, 1919-1920 Freikorpsangehöriger, Führer des Bundes Oberland in Oberfranken, im Januar 1923 Eintritt in die NSDAP, Mitglieds-Nummer 16076, 1929 Wiedereintritt in die NSDAP und ehrenamtlicher Kreisleiter der NSDAP in Hof, am 4.3.1932 hauptamtlicher Kreisleiter der NSDAP, ab Oktober 1933 Bürgermeister von Schwarzenbach/Saale, 1930-1939 Mitglied der SS, zuletzt SS-Obersturmführer (Stockhorst 1998:257).

Julius Streicher

Die Verbreitung der NSDAP ist eng verknüpft mit Julius Streicher, dem »Antisemiten Nr. 1« aus Mittelfranken. Anfang 1920 wechselte er vom DVSTB zur Deutschsozialistischen Partei (DSP), die am 24.11.1919 in Nürnberg eine Ortsgruppe gegründet hatte. Im Sommer 1920 hatte diese bereits 350 Mitglieder und war – neben der in München – eine der stärksten. Die beiden Vorsitzenden waren ebenfalls im DVSTB. Wie die spätere Hitlerpartei DAP war die DSP vor dem Hintergrund der Thulegesellschaft entstanden. Sie betrieb den »Zusammenschluss der Arbeiterschaft auf deutschnationaler Grundlage unter betont antisemitischem Vorzeichen.« (Hambrecht 2017:28) Schnell war Streichers Einfluss durch seine rege Propagandatätigkeit gefestigt. Seine Rolle in der DSP war durchaus vergleichbar mit der von Hitler in der NSDAP. »Beide spielten sie als Propagandisten, die einen bis dahin weitgehend verbalen Antisemitismus durch einen Appell an die Massen konsequent in die Tat umsetzen wollten, in ihren Parteien eine führende Rolle; beide besaßen sie den Ehrgeiz, Führer der antisemitischen Bewegung im süddeutschen Raum zu werden.« (Hambrecht 2017:29) Nach einer Vereinbarung zwischen den beiden Parteien sollte die NSDAP ihre Einflusssphäre im Süden, die DSP im Norden Bayerns haben. Als Hitler sich nicht mehr daran hielt und im Norden zu werben begann, kam es zur offenen Konfrontation. So entstand ein Kampf zwischen Streicher und Hitler um die Führung der süddeutschen Antisemiten. Die beiden Männer waren also keine frühen Weggefährten, sondern Konkurrenten. Davon unabhängig erschien es dem DSP-Vorstand geraten, sich mit der NSDAP zu vereinen. Der erste Versuch scheiterte an Hitler, der die Vertreter der DSP persönlich beleidigte und bei späteren Verhandlungen den Anschluss an seine Partei forderte. »Wer sich nicht fügen will, kann gehen.« (zit. nach Hambrecht 2017:31) Als die DSP wegen Zwietracht in der Vorstandschaft an Einfluss verlor, wechselte Streicher zur Deutschen Werkgemeinschaft, einer weiteren völkischen Gruppierung, und brachte dort seine Zeitung, den *Deutschen Volkswillen*, mit ein, einen Vorläufer seines Hetzblattes *Der Stürmer*. Er radikalisierte seinen Judenhass und agitierte ab 1922 vor allem im Südwesten Mittelfrankens, wo die NSDAP im März 1921 eine Ortsgruppe in Scheinfeld gegründet hatte. Doch auch die Werkgemeinschaft war alsbald durch die Zerstrittenheit der Führung geschwächt, und Streicher trat im September 1922 wieder aus. Inzwischen war es der NSDAP gelungen, sich in Franken auszubreiten. Im Februar 1922 wurden die Ortsgruppen in Forchheim (am 18.2.) und Eichstätt (am 29.2.) gegründet, als erste aber jene in Hof am 15.2.1922. Zum einen drohte Streicher, von der NSDAP eingekreist zu werden und seine Führungsrolle als Antisemit zu verlieren, zum anderen war er hoch verschuldet. In einem Brief vom 8.10.1922 an Hitler unterwarf er sich diesem, wollte aber eine Führungsrolle in Franken behalten. Diese wurde ihm zwar nicht gewährt, jedoch konnte er seine Hausmacht nutzen (Hambrecht 2017:33-36). Dass er sich »Frankenführer« nannte, wurde geduldet. So kam es, dass die beiden Männer auf der nun zu behandelnden Veranstaltung erstmals gemeinsam auftraten.

Der Deutsche Tag in Coburg im Oktober 1922

In den Jahren 1922 und 1923 hielten die völkischen und deutschnationalen Gruppierungen mehrere sogenannte »Deutsche Tage« ab. Für die weitere politische Entwicklung ist der Deutsche Tag vom 14. und 15.10.1922 in Coburg besonders wichtig. Sein Veranstalter war der DVSTB, protegiert wurde er von Carl Eduard von Sachsen-Coburg und Gotha, der das gleichnamige Herzogtum von 1905 bis 1918 regiert hatte.[11] Der eingeladene Hitler ließ sich die Gelegenheit, von sich reden zu machen und über München hinauszukommen, nicht entgehen. Er reiste im Sonderzug mit 650 SA-Leuten, einer Musikkapelle und seiner engeren Begleitung an. In Nürnberg stieg Streicher mit seinem Anhang zu. Es war die erste von Hitlers »provokatorischen Demonstrationsfahrten.« (Hambrecht 2017:37) Über die polizeilichen Auflagen und behördlichen Empfehlungen setzte er sich hinweg. Auf Angriffe von links ließ er mit massiven Schlägereien antworten. Da die SPD auf die organisierten Schlägertrupps nicht vorbereitet war, beherrschte die SA die Straße für die Dauer beider Tage. In der Folgezeit setzte sich die Presse im In- und Ausland mit den Krawallen auseinander, weniger mit den Reden von Hitler, Streicher und Andrea Ellendt (1890-1931), die als die aktivste antisemitische Agitatorin des DVSTB galt. Der von den Nationalsozialisten glorifizierte »Marsch auf Coburg« war für sie ein entscheidender Durchbruch. Ihr erstmaliges Auftreten in Nordbayern und die Überlegenheit der rechten Schlägertrupps über die sozialistische Arbeiterschaft empfahl sie reichsweit als rechte Kampftruppe gegen die Linke. Darüberhinaus traten die bekanntesten nordbayerischen antisemitischen Agitatoren zur NSDAP über. Sie wurde zur wichtigsten völkischen Gruppe in Franken. Die Ortsgruppen des DVSTB, der DSP und der Deutschen Werkgemeinschaft wechselten ebenfalls zur NSDAP, oder deren Mitglieder gründeten neue NSDAP-Ortsgruppen. Für Hambrecht wirkten der Anschluss Streichers an die NSDAP und der »Marsch auf Coburg«,

---

11 Carl Eduard Herzog von Sachsen-Coburg und Gotha (getauft als Leopold Charles Edward George Albert (geboren am 19.7.1884 in Claremont House, Esher, Surrey; gestorben am 6.3.1954 in Coburg) war der letzte regierende Herzog von Sachsen-Coburg und Gotha.

»als hätte man einer lange zurückgestauten Flut die Schleusen geöffnet.« In kurzer Zeit überrollte die NSDAP ganz Ober- und Mittelfranken (Hambrecht 2017:37-38).

Streicher gründete eine NSDAP-Ortsgruppe in Nürnberg. Von dort verbreitete sich die Partei über Franken – nicht zuletzt durch die rastlose Aktivität Streichers. In einem Polizeibericht wurde er als die »Seele der nordbayerischen nationalsozialistischen Bewegung« bezeichnet. Neben ihm sprach auch die Münchener Parteiprominenz in zahlreichen fränkischen Städten – an ihrer Spitze Hitler selbst. Kurz nacheinander wurden neue Ortsgruppen gegründet, in Oberfranken jene in Hof, Lichtenfels, Bayreuth, Kulmbach und Coburg. Um die Jahreswende 1922/23 hatte die Hofer Gruppe über 200 Mitglieder, die in Bayreuth und Kulmbach hatten jeweils etwa 300. 1923 hielt die Konjunktur für die NSDAP an. Daneben profitierten auch andere rechtsgerichtete Gruppierungen von diesem Trend, wie die paramilitärischen Vereinigungen Wehrbund Reichsflagge mit seinem regionalen Schwerpunkt in Franken oder der Bund Oberland.[12]

Nach dem Deutschen Tag in Coburg wetteiferten mehrere fränkische Städte um die Abhaltung derartiger Veranstaltungen der völkisch-nationalistischen Kreise. In Marktbreit/Unterfranken trat Streicher zusammen mit vielen Nationalsozialisten aus dem Nürnberger und Ansbacher Raum auf. Nach Nenzenheim bei Scheinfeld/Mittelfranken folgten eine »vaterländische« Kundgebung mit mehr als 1.500 Teilnehmern auf dem Döbraberg im Frankenwald und ähnliche Veranstaltungen in Hersbruck, Mainbernheim, Neustadt an der Aisch und Kulmbach. In Nürnberg zogen Anfang September 1923 auf dem Hauptmarkt paramilitärische Kampfverbände in einer Art Heerschau an den Ehrengästen vorüber, unter anderen an Prinz Ludwig Ferdinand von Bayern, General Ludendorff und vielen anderen Generälen und Offizieren. Die Beteiligung von Einheiten der Landespolizei am Festzug verlieh ihm einen offiziellen Anstrich. Obwohl die Nationalsozialisten inklusive der SA-Männer nur eine Gruppe unter vielen waren und auch zahlenmäßig nicht herausragten, stellte Hitler den Tag in Nürnberg als seinen persönlichen Erfolg dar (Hambrecht 2017:50-51).

---

12 Der aus einem Freikorps hervorgegangene Bund Oberland gehörte ab 1923 zusammen mit der Reichsflagge und der SA der von Ernst Röhm gegründeten »Arbeitsgemeinschaft der Vaterländischen Kampfverbände« an.

DER DEUTSCHE TAG IN HOF 1923

In Hof wurde ein Deutscher Tag am Wochenende des 15. und 16. September 1923 abgehalten. Die Veranstalter waren die Bezirksgruppe Hof der Reichsflagge und die Sturmabteilung (SA) der NSDAP Hof. Sie hatten die »vaterländischen Verbände näherer und weiterer Umgebung gerufen, damit in diesem als linksradikales Nest verschrieenen Hof einmal ein kraftvolles Bekenntnis zum wahrhaften deutschen Nationalgedanken abgelegt werde«, so der *Hofer Anzeiger* am 18.9.1923.

Von mehreren jüdischen Hofern wird dieser Deutsche Tag als Meilenstein bezeichnet – auf dem Weg der Mehrheit der Hofer zum Nationalsozialismus und zum Antisemitismus im Besonderen.

Julius Reiter schildert den »National Day«, wie er ihn nennt, in seinen *Personal Notes* (Reiter 1978). Als die Nationalisten und nationalsozialistischen Gruppierungen mit Musik und Flaggen durch die Straßen von Hof marschierten, trauten sich die jüdischen Hofer nicht, aus den Fenstern zu schauen. Denn sie bemerkten, dass viele der Marschierenden ihre Köpfe in bedrohlicher Weise hoch zu ihnen erhoben. Andertags gab der Lehrer ihm und den anderen Schülern am Gymnasium auf, einen Aufsatz zum Thema »Mein erster Deutscher Tag« zu schreiben.

Julius Reiters Schilderung seiner Zeit am Humanistischen Gymnasium Hof von 1921 bis 1924 ist ein wichtiges Zeugnis für den Antisemitismus in Hof bereits in jener Zeit – mindestens der Hofer Bürgerschicht, wenn nicht weiterer Kreise. Er wurde nicht von einzelnen Mitschülern geschnitten, sondern von allen ausgeschlossen. Die gesamten vier Jahre saß er allein, weil niemand neben einem Juden sitzen wollte. In den Pausen stand er in einer Ecke des Schulhofes. Keiner der 550 Schüler kam ihm näher als fünf Meter. Die Aufsicht führenden Lehrer nahmen keine Notiz davon, sondern hielten diese Form des Boykotts für normal (Reiter 1978) (siehe Kapitel *Familie Reiter*).

Der Kaufmann Max Franken erwähnt den Deutschen Tag mehrmals in seinen Schilderungen gegenüber der Entschädigungsbehörde. »In Hof (Saale) begann die Boykotthetze gegen jüdische Geschäftsinhaber lange vor der Machtergreifung des Nationalsozialismus. Auftakt zur Boykottierung jüdischer Geschäftsleute und zu der Hetze gegen sie war« ein im September 1923 »veranstalteter ›Deutscher Tag‹, an dem Hitler die Stadt besuchte, die ihn, bekränzt und geschmückt, wie zu einem großen Fest, mit Begeisterung aufnahm.« An anderer Stelle formulierte Max Franken: Verbunden mit dem Deutschen Tag »war der erste Besuch Hitlers. Sein Gift hat bestens gewirkt« und »Die ganze Stadt zitterte vor Begeisterung und Hof blieb eine der ersten nationalsoz[ialistischen] Städte«. Weiter schrieb er: »Die Wirkung, die von diesem ›Deutschen Tage‹ ausging, war erheblich.« Die jüdischen Geschäftsleute, insbesondere Max Franken selbst, wurden von einem großen Teil ihrer bisherigen Kundschaft gemieden und von Freunden nicht mehr öffentlich gegrüßt. Vor allem gingen die Umsätze – und in noch stärkerem Maße die Geschäftsgewinne – erheblich zurück (NLBV 216259, Bl. 27, 92k, 159) (siehe Kapitel *Familie Franken*).

Der Deutsche Tag im Spiegel des Hofer Anzeigers

Der *Hofer Anzeiger* widmete dem Deutschen Tag seine volle Aufmerksamkeit. Über mehrere Tage hinweg brachte er Beiträge, stets auf Seite 1, am 18. September sogar über 3¼ Seiten.

An beiden Tagen fanden die Veranstaltungen in fünf Sälen statt: in der Einsteighalle des früheren Bahnhofs (Hallstraße 4), im Städtischen Schützenhaus (Nailaer Straße 3), in der Bürgergesellschaft (Poststraße 6), in der Vereinshalle (Bismarckstraße 21) und in Pfaffs Kolosseum (Schützenstraße 8).[13] Am Nachmittag wurden die auswärtigen Verbände vom Bahnhof abgeholt. Um 20 Uhr wurde mit einem »vaterländischen Konzert« begonnen. Dann sprachen die »Führer der nationalen Bewegung«. Der Sonntag begann mit einem Weckruf um 6 Uhr durch Musikkapellen. Ab 10 Uhr fand ein Feldgottesdienst mit Fahnenweihe am Saaledurchstich statt. Der für die jüdischen Bürger so beängstigende Zug durch die Stadt war ab 15 Uhr vorgesehen. Danach sprachen die Redner erneut in den fünf Sälen. Am Ende des abgedruckten Programms bat der Fest-Ausschuss die Einwohner, ihre Häuser mit Fahnen der alten Reichsfarben schwarz-weiß-rot, mit den bayerischen Landes- oder den Hofer Stadtfarben »festlich zu schmücken«. Der Ablauf glich dem anderer Deutscher Tage einschließlich der Beflaggung mit den schwarz-weiß-roten Fahnen. Man demonstrierte seine Abneigung gegen die Weimarer Republik mit ihren Nationalfarben schwarz-rot-gold.

Unter dem Programm finden sich Anzeigen zweier Mitveranstalter. Die Ortsgruppe des paramilitärischen Wehrverbandes Bund Blücher[14] weist im Namen des Cartells Blücher-Wiking darauf hin, dass man sie im Schützenhaus finden werde. Der Waffenring Hof und Umgebung hatte

---

13 Bis auf den Saal der Bürgergesellschaft war die Stadt Hof die Eigentümerin aller Säle.
14 Der Bund Blücher ging 1922/23 aus dem Bund Oberland hervor. Indem man sich auf den preußischen Marschall in den Befreiungskriegen gegen das napoléonische Frankreich von Blücher (1742-1819) bezog, sollten die dezidiert schwarz-weiß-rote Ausrichtung des Bundes und die Programmatik der »nationalen Erhebung« zum Ausdruck gebracht werden. Als der ehemalige Heidelberger Privatdozent und radikale Rasseantisemit Arnold Ruge (1881-1945) zum »Chefideologen« des Bundes gemacht wurde, erhielt dieser den Charakter einer völkisch-antisemitischen Sekte (Hübner 2006).

Hofer Anzeiger, Das Programm des »Deutschen Tages« in Hof, 14.9.1923 (Anzeigenteil, S. 4)

seine »Zusammenkunft in Farben« in der Vereinshalle (*Hofer Anzeiger*, 14.9.1923:4).

Am 15. September füllte ein mit einer Eichenlaubbordüre umrahmter Willkommensgruß »Dem Deutschen Tag zum Gruß!« fast die ganze Seite 1 des *Hofer Anzeigers*, mit der alten Reichsflagge links oben und einem schwülstigen, deutschnationalen Text, der unter anderem der im Krieg gefallenen tapferen Frankensöhne gedachte und das Kommen eines Befreiers Deutschlands heraufbeschwor. »Willkommen in Hof, ihr deutschen Männer aus Bayerns blauen Bergen, aus Böheims [Böhmens] dunklen Wäldern, aus Sachsen und dem grünen Thüringland!« Darunter folgte ein redaktioneller Text bis auf Seite 2, in dem die Not Deutschlands und der drohende Untergang des deutschen Volkes beklagt wurde. Von »sozialistisch-kommunistischer Schwindelwelt« und vom Verlust der nationalen Ehre ist die Rede. »Grauenhaft liegt Deutschland als ein Bild wüster Zerstörung vor uns.« Doch nun werde die vaterländische Bewegung zum nationalen Stolz zurückführen. »Jawohl, die alten deutschen Reichsflaggen müssen flattern, denn was man uns in Weimar versprach, bleibt Lüge. ... Es gibt Gott sei Dank wieder Männer, die ihr Deutschtum wieder offen zu bekennen wagen.« (*Hofer Anzeiger*, 15.9.1923:1-2).

Der Bericht des *Hofer Anzeigers* vom Montag, den 17. September, ist voll und ganz auf Seiten der Veranstalter und ihrer Gedankenwelt. Dies zeigt der Anfang dieses Beitrages deutlich:

> »Das war ein Tag, wie ihn unsere Stadt noch nie gesehen hat. Wie herzbewegend war doch dieser Jubel in einer Zeit so drückend schwer, so voll Jammer um ureigenstes und um das deutsche Vaterland. Und eben diesem Vaterland galt das helle Singen und Klingen, das gestern über unserer Stadt lag. Jeder, der ehrlich ist und sehen will, was vor seinen Augen liegt, der fühlte es tiefinnerlich, daß hier ein Volk wieder anfängt, an sich selbst zu glauben, daß durch die dunkle Nacht deutschen Leidens ein heller Lichtstrahl gebrochen ist, der hineinleuchtet in eine Zukunft, die tausendmal schöner sein muß als diese Gegenwart, deren wir uns so bitter schämen müssen. Da hallte fester Marschschritt durch die alten Straßen, da flatterten die Farben des alten Reiches und die des lieben Bayernlandes lustig im Winde, da klangen die alten Märsche wider und ein Gedanke herrschte wieder über allen Unterschieden, die Liebe zum Vaterlande, das Gelöbnis der alten deutschen Treue, Heil, dreimal Heil!«

Hofer Anzeiger, 17.9.1923:1

Wenn man dem *Hofer Anzeiger* glauben darf, waren es in der Innenstadt »verschwindend wenige Häuser, die nicht frohen Farbenschmuck trugen, und tausend kleine Flaggen grüßten aus den Fenstern herab.« Zum Festgottesdienst auf den unteren Saalewiesen sollen »an die 150.000 Menschen« gezogen sein. Zum Vergleich: Hof hatte damals etwa 40.000 Einwohner. Die Predigt hielt Stadtpfarrer Wilhelm Heerdegen im Geiste der Völkischen, »in gottesfürchtigem, stahlhartem Deutschtum.« Anschließend weihte der Pfarrer die Reichsflagge und Banner von mehreren Organisationen. Auch in den nächsten Jahren blieb Heerdegen der Bewegung treu. Von Dezember 1924 bis Juli 1927 fungierte er als Vertreter des »Völkischen Blocks« im Hofer Stadtrat. Unter den Gruppierungen, die sich in ihm vereinigt hatten, finden wir die Veranstalter des Deutschen Tages wieder: Bund Bayern und Reich, Reichsflagge, Bund Oberland, Bund Bismarck, Wiking-Bund, Alldeutscher Verband, Waffenring sowie Militär-, Krieger- und Veteranenvereine – nach dem Verbot der NSDAP aber auch zahlreiche Parteigenossen, die in diesem Block Unterschlupf fanden (Mintzel 2013:210).[15]

Mittags nahmen die Verbände auf den Saalewiesen Aufstellung zum Festzug, der dann durch die Stadt zog. Nochmals kooperierte die evan-

---

15 Zu dem völkischen Stadtpfarrer Wilhelm Heerdegen, der eine »halbjüdische« Ehefrau hatte, siehe Mintzel 2013:210-213.

gelische Kirche. Als der Zug hielt, »um der toten Kameraden zu gedenken«, läuteten die Glocken der Kirchen. Wie beängstigend muss auch folgende Szene für Andersdenkende gewesen sein: Überall wurde der Parademarsch von »donnernden Heilrufen begrüßt.« Angeblich »40.000 wehrhafte deutsche Männer und Jünglinge« legten »vor dem Sieger vom Skagerrack, Admiral Scheer, und vor den Führern der vaterländischen Bewegung Hauptmann Heiß und Adolf Hitler ihr Bekenntnis zum nationalen Gedanken ab.« (*Hofer Anzeiger*, 17.9.1923:1)

Deutscher Tag in Hof 1923. Neben Adolf Hitler (von links nach rechts): Ulrich Graf[16], Helmuth Klotz[17], Walter Buch[18], Christian Weber[19] und Hans Wolf von Winkler[20]. (Foto: Stadtarchiv Hof, FF 7700)

Adolf Hitler wurde wie ein Polit-Star behandelt, sowohl von den Teilnehmern als auch vom *Hofer Anzeiger*, der am 18. September berichtete,

16 Mitglied der DAP, dann NSDAP, Gründungsmitglied der SA, ab 1921 persönlicher Leibwächter Hitlers, ab 1925 in der SS, ab 1943 als SS-Brigadeführer, Verurteilung 1948 zu fünf Jahren Arbeitslager, 1950 gestorben (Wikipedia, Graf).

17 Frühes Mitglied der NSDAP, beteiligt am Hitlerputsch 1923 in München, wechselte 1929 zur SPD, flüchtete 1933 ins Exil, wurde 1940 im besetzten Paris verhaftet und 1943 nach einer Verurteilung des Volksgerichtshofes in Berlin-Plötzensee hingerichtet (Wikipedia, Klotz)

18 Seit 1922 in der NSDAP, 1923 Führer des SA-Kommandos Franken in Nürnberg, 1934 Ernennung zum SS-Gruppenführer, 1934 Leiter des Obersten Parteigerichts München, Mitglied des Sachverständigenbeirats für Bevölkerungs- und Rassenpolitik im Reichsministerium des Innern, Suizid 1949 in einem amerikanischen Internierungslager (Stockhorst 1998:84).

19 Eines der ersten Mitglieder im »Stoßtrupp Hitler«, der späteren SS, 1926-1934 Stadtrat der NSDAP in München, SS-Brigadeführer und Inspekteur der SS-Reitschulen, Präsident des Wirtschaftsbundes Deutscher Reitstallbesitzer und Vollblutzüchter, 1936 Mitglied des Reichstages, 1945 durch bayerische Aufständische getötet (Stockhorst 1998:438).

20 Hauptmann der Reichswehr, wurde 1923 von Walter Buch zum SA-Führer des SA-Bezirkes Hof bestimmt (Hambrecht 2017:50, 326).

dass eine dichtgedrängte Menschenmenge ihn mit stürmischen Heilrufen begrüßte, als er im Auto am Oberen Torplatz vorüberfuhr. Es wurde ihm sogar ein eigener Abschnitt mit seinem Namen als Zwischenüberschrift gewidmet, in dem er als der »sehnlichst erwartete Führer der nationalsozialistischen Bewegung, eine jugendlich-sympathische Erscheinung« beschrieben wird. Wie die anderen Hauptredner sprach er in mehreren Sälen (*Hofer Anzeiger* 18.9.1923:2). In der Einsteighalle gab er zum Besten, er sei als achtes Mitglied in die DAP eingetreten. Diese Geschichte hatte er erstmals 1921 in seiner Autobiografie angegeben, die er unter Mitwirkung von Dietrich Eckart verfasste und die später zum Parteimythos vom siebten[!] Mitglied wurde. Tatsächlich war die DAP von zunächst 20 bis 40 Mitgliedern gegründet worden (Plöckinger 2010; Benz 1997:601). Von eindeutig antijüdischen Aussagen hielt er sich zurück. Wenn er aber gegen die »Wucherer gleich welchen Bekenntnisses« wetterte, deren »ins Uferlose geschossene Raubinstinkte ... gründlich eingedämmt werden«, wusste der damalige Zuhörer, wen er meinte. Auch die anderen Redner – vorbehaltlich der korrekten Wiedergabe durch den *Hofer Anzeiger* – agitierten (diesmal) nicht explizit gegen Juden. Die Stoßrichtung war gegen Sozialisten und Kommunisten, gegen »Franzosenschurken und -lumpen« (Verbündete der Franzosen bei der Rheinlandbesetzung), gegen die Weimarer Republik, für ein starkes, vereintes Volk, für Wehrkraft und ein wiedererstarktes Nationalgefühl. So auch Hitler: »Die allgemeine wirtschaftliche Notlage verdanken wir nur der Raffgier gewisser Elemente, die nicht ins deutsche Vaterland gehören. ›Deutschland den Deutschen!‹« Wurden die Ansprachen der anderen Redner immer wieder mit Heil-Rufen unterbrochen, begleiteten die Teilnehmer Hitlers Reden »mit lebhaften Zustimmungsrufen und am Schlusse mit frenetischem Beifall und Heil-Rufen.« Auch als er am Sonntagmittag in der Einsteighalle und im Kolosseum vor Teilnehmern aus Sachsen sprach, erntete er »unbeschreiblichen Jubel« (*Hofer Anzeiger*, 18.9.1923:2-3).

Es kam glücklicherweise nicht zu derartigen Ausschreitungen wie in Coburg. Dennoch gab es auch in Hof Zwischenfälle. »Linksradikale« sollen nachts einen Prokuristen niedergeschlagen und so zugerichtet haben, dass er ins Krankenhaus eingeliefert wurde. Schutzleute und Passanten verfolgten die beiden Attentäter, die sich in das Gebäude der sozialdemokratischen Oberfränkischen Volkszeitung flüchteten. Obwohl die Schutzpolizisten hineingegangen waren und die Haustüre unversperrt war, schlugen Leute aus der versammelten Menge zwei Haustürfenster ein und demolierten das Geschäftsschild am Haus. Wieder verrät der *Hofer Anzeiger*, auf welcher Seite er steht, wenn er formuliert: »Einige Linksradikale, die freche Redensarten anbringen zu müssen glaubten, wurden verhauen.« Auch ein Geschäft jüdischer Inhaber wurde demoliert: »So wurde das eine Schaufenster des Rosenthal'schen

Kaufhauses[21] in der Altstadt zertrümmert. Nationalsozialisten sollen dort mit dem Ersuchen vorstellig geworden sein, das rechte Schaufenster zu verhängen, da es schwarz-rot-gelb dekoriert sei. Dies wurde verweigert. Darauf ist es wohl zurückzuführen, daß in der Nacht zum Sonntag ein Schuß und mehrere Steinwürfe gegen das Fenster gerichtet wurden« (*Hofer Anzeiger*, 17.9.1923:1).

Weitere Deutsche Tage in Oberfranken

Nach Hof wurden noch zwei »Deutsche Tage« abgehalten, am 29./30.9.1923 in Bayreuth und am 20.10.1923 – als einzige katholische Stadt – in Bamberg. Wieder waren die vertretenen Organisationen der Bund Bayern und Reich, der Bund Blücher, Wiking, Jungdeutscher Orden, Sturmtrupp Frankenland und die NSDAP mit dem Hauptredner Adolf Hitler. Stets waren die Innenstädte mit den schwarz-weiß-roten Fahnen des Kaiserreichs geschmückt. In Bayreuth weihte der Pfarrer nach der Feldpredigt unter anderem die Hakenkreuzfahnen der Gruppe Bayreuth und des »Jungsturmes Hof« zum »Gedeihen des Vaterlandes und zur Bekämpfung des inneren und äußeren Feindes«, womit vor allem die Sozialdemokraten und Kommunisten gemeint waren. Die Regierung von Oberfranken hätte die Deutschen Tage überhaupt nicht erlauben dürfen, da zur damaligen Zeit sowohl in Bayern als auch im Reich der Ausnahmezustand herrschte und jede öffentliche Kundgebung untersagt war. Regierungspräsident Otto von Strößenreuther trat jedoch sogar in Bayreuth auf und sprach Grußworte. Darüberhinaus hatte er in Umlaufschreiben seine Referenten sowie die »Herren Beamten und Angestellten der Regierung von Oberfranken« eingeladen, mit ihren Gattinnen[!] dem Festzug von den Fenstern des ersten Stocks im Regierungsgebäude beizuwohnen, die weniger hohen Beamten zumindest an den Fenstern im zweiten Geschoss (Hübschmann et al. 1992:66-67). In der aktiven Unterstützung des Deutschen Tages durch die Regierung von Oberfranken spiegelt sich die Bevorzugung der NSDAP durch die bayerische Regierung. Sie sah die neue Rechtspartei als willkommenes Druckmittel gegen das Reich und duldete sie wohlwollend (Hambrecht 2017:40-41, 66-67). Außerdem waren höhere Beamte noch vom König eingesetzt

---

21 Das Geschäft »Gebr. Rosenthal« für Modewaren, Damenkonfektion und Aussteuer befand sich im Haus Altstadt 32. Die Brüder Benno und Richard Rosenthal hatten es 1884 von Adam Kronberg übernommen. Sie waren zwar 1911 bzw. 1914 nach Berlin-Schöneberg verzogen, hatten es aber an die Geschäftsführer Salomon Sassen und Max Lewin abgetreten. Das Geschäft hat wohl nur bis September 1926 existiert. Zum 30.9.1926 verzog Salomon Sassen mit Ehefrau Selma nach Leipzig (Friedrich-Wössner 1997:30, 48, 50, 175; Friedrich-Wössner, Bevölkerung:30, 32).

worden und hatten oft ihre monarchistische Einstellung beibehalten. Anderen Gegnern der Weimarer Republik meinten sie näher zu stehen als den demokratischen Parteien (Hübschmann et al. 1992:66-67).

Noch während dieser Zeit glaubte Hitler, die Zeit sei reif für die Beseitigung der parlamentarischen Demokratie sowohl im Münchener Maximilianum als auch im Berliner Reichstag und für die Errichtung einer nationalistischen Diktatur. Zunächst plante er den Staatsstreich für den 29.9.1923, verschob ihn aber auf den 8. und 9.11.1923. Unter seiner Führung, der von Ex-General Erich Ludendorff sowie weiterer Beteiligter unternahm er in München einen bewaffneten Putschversuch, der als Hitlerputsch, Hitler-Ludendorff-Putsch, Bürgerbräu-Putsch oder Marsch auf die Feldherrnhalle bekannt wurde. Der Putsch scheiterte, im Kugelhagel starben zwanzig Männer, aber nicht Adolf Hitler. Er erhielt eine geringe Strafe, die er nur zum Teil verbüßen musste.

DIE MACHTERGREIFUNG DER NATIONALSOZIALISTEN 1933

Bei dem von den Nationalsozialisten geprägten Begriff »Machtergreifung« denken wir heute an die Ernennung Adolf Hitlers zum Reichskanzler am 30.1.1933. Wenn die jüdischen Hofer die »Machtergreifung im März 1933« in ihren Schilderungen erwähnten, meinten sie das Ansichreißen aller staatlichen Macht. Dieses erfolgte in mehreren Schritten.

Zwei Tage nach Hitlers Ernennung wurden der Reichstag aufgelöst und Neuwahlen anberaumt. Am 4.2.1933 wurde die »Verordnung des Reichspräsidenten zum Schutze des deutschen Volkes« (RGBl I 1933:35) erlassen. Mit ihr wurde die sogenannte »Schutzhaft«[22] eingeführt, eine Repressivmaßnahme, die zu einem der wichtigsten Instrumentarien der NS-Diktatur werden sollte. Verdächtige Personen konnten inhaftiert werden, wobei die Haftdauer auf längstens drei Monate begrenzt war. Noch stand den Festgenommenen ein Beschwerderecht zu (Hensle 1997:697, Königseder 1997:717). In der Nacht vom 27. auf den 28. Februar 1933 brannte der Reichstag. Die Nationalsozialisten lasteten den Brand nicht allein dem im Gebäude verhafteten und 1934 hingerichteten Kommunisten Marinus van der Lubbe, sondern allen Kommunisten an. Mit der Begründung der »Abwehr kommunistischer und staatsgefährdender Gewaltakte« ließen sie bereits am 28.2.1933 eine längst vorbereitete Verordnung in Kraft setzen. Die »Reichstagsbrandverordnung« mit dem offiziellen Titel »Verordnung des Reichspräsidenten zum Schutz von Volk und Staat« (RGBl I 1933:83) schränkte wesentliche Grundrechte weiter ein oder setzte sie überhaupt außer Kraft: das Recht auf persönliche Freiheit, die Meinungs-, Presse-, Vereins- und Versammlungsfreiheit, das Brief-, Post- und Fernmeldegeheimnis, die Unverletzlichkeit der Wohnung. Die Verordnung sah eine Verschärfung von Strafbestimmungen vor – etwa die Todesstrafe für Hochverrat und Brandstiftung. Die Verhängung von Schutzhaft war nun zeitlich unbegrenzt möglich und der richterlichen Kontrolle entzogen. Den Festgenommenen standen keinerlei Rechtsmittel und Rechtsbehelfe mehr zu. Damit begannen die Verhaftungen von Kommunisten und linken Intellektuellen, wenige Wochen später auch von SPD- und Reichsbanner-Funktionären und Gewerkschaftern. Ende Juli 1933 befanden sich mindestens 26.789 Menschen in Polizei- und Gerichtsgefängnissen, Strafvollzugsanstalten, provisorisch eingerichteten Haftstätten und Konzentrationslagern in Schutzhaft, die die Nationalsozialisten als ihre Gegner betrachteten (Königseder 1997:717).

---

22 Die Schutzhaft wurde erstmals im preußischen Gesetz zum Schutze der persönlichen Freiheit von 1848 erwähnt (Königseder 1997:717).

Das entscheidende Element der »Machtergreifung« war das Ermächtigungsgesetz vom 23.3.1933. Nach den für die NSDAP enttäuschenden Wahlen vom 5.3.1933, bei denen sie 44 Prozent der Stimmen erhielt und nur mit der DNVP die absolute Mehrheit erreichte, strebte Hitler ein Gesetz an, das ihm erlaubte, ohne Zustimmung von Reichstag und Reichsrat und ohne Gegenzeichnung des Reichspräsidenten nach eigenem Belieben Gesetze zu erlassen, selbst wenn sie von der Reichsverfassung abwichen. Das erreichte er mit dem »Gesetz zur Behebung der Not von Volk und Staat« (RGBl I 1933:141). Jetzt konnte er weitere Gesetze, Verordnungen und Erlasse herausgeben, um politische Gegner und Missliebige beruflich, sozial und kulturell zu vernichten. Insbesondere den Juden als »Hauptfeinden« galt die folgende existenzvernichtende Gesetzgebungspolitik, die sie zum »bürgerlichen Tod« verurteilte (Auerbach 1997a:448f.; Gutman 1998:724).

DER BOYKOTT JÜDISCHER GESCHÄFTE, FIRMEN UND FREIBERUFLER IM APRIL 1933 UND INHAFTIERUNGEN IN HOF

In dem 25-Punkte-Partei-Programm von 1920 wurde als Ziel der NSDAP erklärt, Juden aus der »arischen« Gesellschaft zu entfernen und ihre politischen, rechtlichen und bürgerlichen Rechte aufzuheben. Der Antisemitismus war die tragende Säule der Partei, sodass eine reichsweite Aktion gegen Juden zu erwarten war, sobald die Nationalsozialisten an der Reichsregierung beteiligt sein würden. Dies war der Fall mit der Ernennung Adolf Hitlers zum Reichskanzler am 30.1.1933 unter der Bildung der Koalition der »nationalen Konzentration«, bestehend aus der NSDAP und der Deutschnationalen Volkspartei (DNVP). Da dieser Koalitionspartner selbst antisemitisch ausgerichtet war, hatte er keine Einwände gegen antijüdische Massnahmen. Auf der anderen Seite war es die Absicht der NSDAP-Führung, die bis zum Mord gehende Gewaltbereitschaft der SA und die als Radau-Antisemitismus[23] bezeichneten Ausschreitungen in staatliche Bahnen zu lenken. Dabei ist nicht nur die Zeit vor 1933 gemeint. Kurz nach Hitlers Ernennung zum Reichskanzler begannen neue Angriffe auf jüdische Geschäfte und Betriebe. »Ab Ende Februar 1933 griffen SA-Trupps erneut jüdische Geschäftsinhaber an, plünderten ihre Läden, misshandelten ihre Inhaber, verschleppten und ermordeten einige von ihnen. Nach den Reichstagswahlen vom 5. März, bei denen die NSDAP die absolute Mehrheit verfehlte, nahmen solche unorganisierten Übergriffe zu. Bis Ende März wurden jüdische Geschäfte, Arzt- und Anwaltspraxen in einigen deutschen Großstädten zwangsweise geschlossen, mehrere Inhaber beraubt und vertrieben. Am 9. März nahmen SA-Angehörige im Berliner Scheunenviertel Dutzende osteuropäischer Juden fest und misshandelten sie in den Kellern ihrer Stationen. In Magdeburg besetzten SA-Angehörige jüdische Geschäfte, Kaufhäuser und Hotels und schikanierten deren Kunden oder Gäste. Am 11. März 1933 organisierte die nationalsozialistische Führung des Freistaates Braunschweig unter Dietrich Klagges und Friedrich Alpers in Braunschweig den sogenannten ›Warenhaussturm‹. In Kiel wurde am 12. März der Rechtsanwalt Wilhelm Spiegel ermordet. In Straubing wurde am 15. März der jüdische Händler Otto Selz entführt und ermordet.« (Wikipedia, Judenboykott)

Die Initiative für den Boykott, organisiert als Operation der NSDAP, lag bei Propagandaminister Joseph Goebbels. Julius Streicher, der Herausgeber des Stürmers, wurde an die Spitze eines Organisationskomitees gestellt. Adolf Hitler gestattete ihm, die Leser seines Blattes auf den Ju-

---

23 Unter *Radau-Antisemitismus* versteht man nicht nur gewaltige Ausschreitungen, sondern etwa auch den Stil des Hetzblattes *Der Stürmer*.

Wie in Hof, so standen auch in Kulmbach vor Geschäften jüdischer Inhaber SA-Posten mit roten Schildern »Kauft bei keinem Juden!« Hier vor dem Anzuggeschäft »J. Wortsmann« und dem Schuhgeschäft »Max Michaelis« im Kressenstein (Foto: Stadtarchiv Kulmbach). Zu Max Michaelis siehe auch das Kap. *Familien Lax und Lump.*

denboykott vorzubereiten. Ab Mitte März kündigte Schleicher Boykottmaßnahmen an. Die NS-Führung verdrehte die Tatsachen und deklarierte ihren Boykott als »Abwehrmaßnahme« gegen angebliche ausländische »Greuelpropaganda« und eine »jüdische Kriegserklärung« an Deutschland. In diesem Sinne gründete Julius Streicher ein »Zentralkomitee zur Abwehr der jüdischen Greuel- und Boykotthetze.« Es hatte tatsächlich vereinzelt Boykotte deutscher Waren und Proteste im Ausland gegeben, die Mehrheit der jüdischen Organisationen in den USA hingegen war gegen einen Boykott, da sie die US-Regierung nicht in Zugzwang bringen wollte. Am 28.3.1933 ordnete die Parteileitung der NSDAP den Boykott jüdischer Geschäfte, Ärzte und Anwälte ab dem 1. April an. Am 31.3.1933 stellte Adolf Hitler den Regierungen des Vereinigten Königreiches und der USA ein Ultimatum. Falls sie bzw. »das Ausland« die »Greuelhetze« nicht einstellten, werde der (längst angeordnete) Boykott am Folgetag beginnen und nach einer Wartefrist von drei Tagen am 4. April fortgesetzt werden.[24] Damit wurde das Hirngespinst, Deutschland müsse sich gegen das »internationale Finanzjudentum« verteidigen, zur Erpressung des Auslands eingesetzt. Noch am selben Abend erklärten sich Großbritannien und die USA bereit, die geforderte Erklärung abzugeben.

24 Eine identische Ankündigung gab Joseph Goebbels ebenfalls am 31.3.1933 bei einer NSDAP-Massenversammlung von sich (Gutman 1998:689).
25 Der »Stahlhelm, Bund der Frontsoldaten« wurde im Dezember 1918 von dem Reserveoffizier Franz Seldte in Magdeburg gegründet. »Der Name geht zurück auf den in der d[eu]t[schen] Armee 1916 eingeführten und zum ersten Mal während der Verdun-Schlacht verwendeten Helm, der die sog[enannte] Pickelhaube ablöste. Der Helm besaß in der Weimarer Republik einen hohen symbolischen Wert. Namentlich innerhalb der politischen Rechten versinnbildlichte er gleichermaßen das angeblich unbesiegte d[eu]t[sche] Heer und den Mythos von der Frontgemeinschaft« (Ulrich 1997:745). Der Wehrverband galt als bewaffneter Arm der demokratiefeindlichen DNVP, doch kam es 1933 zur Annäherung an die NSDAP. Er wurde 1934 als »NS-Frontkämpferbund« gleichgeschaltet und 1935 aufgelöst.

Der Boykott und die Inhaftierungen 1933

Dessen ungeachtet begann der Boykott im gesamten Deutschen Reich am 1.4.1933, in manchen Orten schon am Vorabend. Angehörige der SA, der HJ und des Stahlhelms[25] postierten sich vor Geschäften, Anwaltskanzleien und Arztpraxen mit jüdischen Inhabern und hinderten Kunden bzw. Mandanten und Patienten am Betreten (Ruoff 1997:401; Gutman 1998:687).

Vorfeld des Boykotts im *Hofer Anzeiger*

Als wäre der *Hofer Anzeiger* bereits gleichgeschaltet und erhielte das zu Berichtende aus Joseph Goebbels' Reichsministerium für Volksaufklärung und Propaganda, berichtete die Zeitung ganz im Sinne der neuen Machthaber von der angeblichen Greuelpropaganda im Ausland. Am 26.3.1933 nahm diese Desinformation fast zwei Fünftel der Seite 1 ein. Die Überschriften und Unterüberschriften lauteten: »Papen kabelt nach Amerika. Ausländische Greuelmärchen widerlegt«, »Boykott deutscher Waren. Zunehmende deutschfeindliche Propaganda der Juden in England«, verbunden mit den Zwischenüberschriften: »Kirchliche Proteste gegen die Greuelpropaganda«, »Wachsendes Verständnis in England«, »Unwahre Behauptungen über Erschwerung des Reiseverkehrs in Deutschland« und »Bremer Exportagenten gegen Lügenpropaganda».

Der ausgeübte Druck war derart vehement, dass sich die Vorstandschaft der Israelitischen Kultusgemeinde Hof genötigt sah, am 31.3.1933 folgende Erlärung im *Hofer Anzeiger* abdrucken zu lassen:

Hofer Anzeiger, 31.3.1933:9

Die Absicht der Beschwichtigung durch diese Erklärung wirkt umso hilfloser, liest man folgenden Text von ultrarechter Seite, der anderntags im Anzeigenteil des *Hofer Anzeigers* erschien – am eigentlichen Boykottag:

Hofer Anzeiger,
1.4.1933:11

> **Hofer Anzeiger, Generalanzeiger für Oberfranken. Seite 11.   1. April 1933.**
>
> ## Unsere Antwort auf die gemeine jüdische Greuelpropaganda im Ausland:
>
> ### Deutsche Volksgenossen!
> Deutsche Frauen!   Deutsche Männer!
>
> In Amerika veranstalten die Juden ungeheure Demonstrationen gegen das neue Deutschland, in England peitschen die jüdischen Zeitungen die Bevölkerung zu Deutschen-Verfolgungen auf; in Frankreich und in der Tschechei, in Polen, in Skandinavien, überall verbreiten jüdische und sozialdemokratische Blätter die furchtbarsten Greuelmeldungen über Menschen-abschlachtungen in Deutschland und fordern gleichzeitig zum Boykott deutscher Waren auf. Diese hundsgemeine Hetze der Juden verlangt gebieterische Gegenmaßnahmen. (Eine Gegenmaßnahme ist der
>
> ## Boykott jüdischer Geschäfte in Deutschland.
>
> Ein Deutscher, der noch in ein jüdisches Geschäft geht, fällt den Deutschen, die die hundsgemeine Lügenpropaganda der ausländischen Juden und ihrer deutschen Hintermänner zerstören wollen, in den Rücken.
>
> Ein deutscher Volksgenosse, der noch ein jüdisches Geschäft betritt, schließt sich automatisch aus der Schicksalsgemeinschaft aller Deutschen aus.
>
> Ein Deutscher, der noch in einem jüdischen Geschäft kauft, ist ein Vaterlandsverräter und wird von jedem anständigen Deutschen als solcher behandelt werden.
>
> Wir werden unsere SA-Patrouillen veranlassen, die nötigen Kontrollen durchzuführen.
>
> ### Wehe dem Deutschen, der undeutsch handelt!
>
> ### Kampfbund gegen Warenhaus, Konsumvereine u. Großfilialbetriebe,
> ### Kreisleitung Hof, Fernruf 2731.

Der Boykott in Hof

Den Auftakt des Boykotts in Hof bildete eine Kundgebung der NSDAP am 31.3.1933. Nach einer kurzen Einleitung, die jegliche journalistische Neutralität vermissen lässt, gibt der *Hofer Anzeiger* am Tag darauf die Rede wieder, die der NSDAP-Kreisleiter Benno Kuhr gehalten hatte.

Der Boykott und die Inhaftierungen 1933

Benno Kuhr war ein nationalsozialistisch geschulter Redner, weshalb seine Ansprache beispielhaft für die Verdrehungen, Entstellungen, Gegenangriffe und Lügen steht, mit denen der Nationalsozialismus arbeitete.

> »Auftakt zum Boykott in Hof.
> N.S.D.A.P.-Kundgebung in der Altstadt.
> Wie tief die Erbitterung über die maßlose gehässige Propaganda des Auslandes gegenüber Deutschland in weiten Kreisen wurzelt, dafür bot die gestern in der Altstadt von der NSDAP einberufene Protest-Kundgebung ein Bild. Zu vielen Tausenden standen die Menschen auf dem weiten Platz. Ein Marsch der Ortsgruppe durch die Ludwigstraße, an dem etwa 350 SA- und SS-Leute mit Fahnen teilnahmen, hatte die Kundgebung eröffnet, während unterdessen eine von der Firma Meißner-Hof errichtete Lautsprecher-Anlage die harrende Menge mit Übertragungen unterhielt.
>
> Gegen ¾8 Uhr, eröffnete der Vorsitzende der Ortsgruppe, Zahnarzt Dr. Carl, die Kundgebung, indem er die Teilnehmer und den Redner des Abends Kreisleiter Kuhr – Schwarzenbach a. S. begrüßte, der dann in kurzen Ausführungen über das Thema ›Die Juden sind unser Unglück‹ sprach. Aus seiner Ansprache sei folgendes wiedergegeben: Der Weltkrieg, der nicht zuletzt verloren wurde, weil eine vom internationalen Judentum beherrschte und bediente Weltpresse es verstand, gegen Deutschland eine ungeheure Greuelpropaganda in Szene zu setzen, erbrachte zum ersten Male den Beweis für das Vorhandensein dieser dunklen Mächte. Als 1918 die Wellen der Revolution hochgingen, da fand in Berlin jene denkwürdige Versammlung statt, in der der Jude Paul Landau die kennzeichnenden Worte sprach: »Wenn die Deutschen wüßten, was wir während des Krieges dem deutschen Volk getan haben, sie würden uns auf der Straße totschlagen!« Damit kennzeichnete der Mann alle jene Machenschaften seiner Rasse. Und während das deutsche Volk den Kelch des Leidens bis zur Neige leeren mußte und die Wirtschaft überall stockte, da tauchten zu gleicher Zeit die jüdisch-marxistischen Gebilde der Warenhäuser, Konsumvereine und dergleichen auf, denen es im Laufe der Jahre nunmehr gelang, den deutschen Mittelstand ausgiebig zu vernichten und die Löhne des Arbeiters auf ein Minimum herabzudrücken. Dieselben Kräfte sind es nun, die in dem Augenblick, da Hitler zur Macht gelangt ist, am Werke sind, um durch eine unsinnige, lügenhafte Greuelpropaganda das Ausland gegenüber Deutschland aufzuhetzen. Durch Boykott sucht das Ausland die deutsche Wirtschaft zu treffen. Bis heute ist weder in Deutschland noch in Hof auch nur einem Juden ein Haar gekrümmt worden, weil wir der Ansicht sind, daß nicht der einzelne Angehörige dieser Rasse, wohl aber die Gesamtheit des internationalen Judentums die Schuld an dieser Hetze trägt. Um die Bürger jüdischer Herkunft vor der Wut der

Benno Kuhr (1896-1955) um 1935, NSDAP-Kreisleiter von Hof ab 1929, Bürgermeister von Schwarzenbach/Saale ab 1933, 1930-1939 Mitglied der SS, zuletzt als SS-Obersturmführer (Archiv Hübschmann)

> Menge zu schützen, deshalb wurden auch hier in Hof einige Angehörige dieser Gemeinschaft verhaftet. Und wir stehen nicht an, zu erklären, daß, wenn bis Samstag abends 6 Uhr keine Nachrichten vorliegen, daß der unberechtigte Boykott des Auslandes aufgegeben wurde, wiederum zehn Bürger jüdischen Glaubens in Hof in Schutzhaft gebracht werden. Wenn wir uns auch eines menschlichen Mitgefühls mit den dadurch Betroffenen nicht erwehren können, so stehen uns doch die Belange unseres deutschen Volkes höher als die einzelner Familien. Diese Verhaftungen sind nichts anderes als ein Akt der Notwehr, Abwehrmaßnahmen zu Gunsten unseres Volkes, wie des einzelnen Arbeiters.
>
> Der Redner warnte dann auch jene kommunistischen Kreise, die geneigt sind, die Gelegenheit des am Samstag beginnenden Boykotts zum Einschlagen von Fensterscheiben, zu Diebstählen usw. zu benutzen, um dann solche Freveltaten auf das Konto der Nationalsozialisten zu schieben. Auch jüdische Geschäftsinhaber, die etwa hintenherum Waren abgeben würden, oder die Käufer, die trotz des Boykotts jüdische Geschäfte zum Einkauf besuchen, würden zur Rechenschaft gezogen werden. Indem er auf die schädigenden Einwirkungen der Warenhäuser auf die Höhe der Löhne verwies, umschrieb er den Grundsatz der Nationalsozialisten, daß ein gesunder Mittelstand eine der Hauptstützen des Staates sei. Ehrenpflicht eines jeden Staatsbürgers sei es, in diesem Abwehrkampf sein Volk nicht zu verlassen.
>
> Der Freiheitskampf geht weiter, bis Deutschland gesiegt hat. Und wir werden siegen und wenn die Welt voll Teufel wäre!
>
> Begeisterter Beifall dankte dem Redner. Das gemeinsam gesungene Deutschlandlied und ein dreifaches Siegheil auf Hindenburg und Hitler, vom Vorsitzenden der Ortsgruppe ausgebracht, schlossen die Kundgebung.«

Hofer Anzeiger, 1.4.1933:8

Das angebliche Zitat des Juden Paul Landau könnte man noch als Desinformation einstufen. Während der Rede konnten die Zuhörer weder überprüfen, um was es sich bei »jener denkwürdigen Versammlung in Berlin« gehandelt hat, noch, ob es einen Paul Landau überhaupt gab, und wenn, ob dieser die behauptete Aussage tatsächlich von sich gegeben hatte.[26]

26 Tatsächlich gab es damals einen jüdischen Bürger Paul Landau (*17.8.1880 Namslau/Schlesien, gest. 14.3.1951 Tel Aviv), der ab 1904/05 in Berlin lebte. Er war Literatur- und Kulturhistoriker. Während des Ersten Weltkrieges war er beim Militär publizistisch tätig. Im Auftrag des Oberpräsidenten von Ostpreußen verfasste er seine 1916 erschienenen »Ostpreußischen Wanderungen«. Im selben Jahr wurde er als Sektionsleiter in die Pressestelle bei der Auslandsabteilung der Obersten Heeresleitung nach Berlin berufen. Ab Herbst 1918 war er als Redakteur und Herausgeber tätig. Wegen seiner jüdischen Abstammung schlossen die Nationalsozialisten ihn im März 1935 aus der Reichsschrifttumskammer aus, was jede weitere publizistische Arbeit in Deutschland unmöglich machte. Er wanderte nach Palästina aus (Martens 1982:486-87). Die unterstellte Äußerung muss mit Nachdruck bezweifelt werden.

Der Boykott und die Inhaftierungen 1933

Die angebliche Aussage enthält zwei Botschaften: Die Juden haben den Deutschen derart Schlimmes angetan, dass sie es nicht etwa verdient hätten, dafür ins Zuchthaus zu kommen oder aus dem Lande verwiesen zu werden, sondern das Allerschlimmste: auf der Straße tot geschlagen zu werden, noch dazu, da dies ein Jude selbst zugab und damit obendrein »alle Machenschaften seiner Rasse« beschrieb. Die zweite Botschaft ist eine versteckte Legitimation für Gewalttaten gegen Juden allgemein. Benno Kuhr fügt diesen Unwahrheiten die Sündenbock-Zuschreibung hinzu. An der schlechten wirtschaftlichen Situation im Lande mit allen Nachteilen für den Einzelnen ist der Jude schuld bzw. ein in der realen Welt nicht existentes Konstrukt aus den Hauptfeinden des Nationalsozialismus: den Sozialdemokraten und Kommunisten, von den Nationalsozialisten »Marxisten« genannt, und eben den Juden. Angeblich hätten Warenhäuser und Konsumvereine den Mittelstand vernichtet. Tatsächlich sind weder Kaufhäuser noch Konsumvereine je in der Lage gewesen, die Löhne aller Arbeiter im Deutschen Reich auf ein Minimum zu drücken.

Eine besonders freche Lüge Benno Kuhrs ist, dass bis zu jenem Tag in Deutschland keinem einzigen Juden ein Haar gekrümmt worden sei. Am Anfang dieses Kapitels hatten wir bereits auf die Gewalttaten durch Nationalsozialisten inklusive vieler Morde allein seit der Ernennung Hitlers zum Reichskanzler hingewiesen.

Inhaftierungen

Eine weitere Lüge Benno Kuhrs behauptete, dass einige Juden deshalb verhaftet worden wären, um sie »vor der Wut der Menge zu schützen«. Tatsächlich waren sie – wie tausende andere im Deutschen Reich – als Repressivmassnahme in Schutzhaft genommen worden.

Es ist nicht dokumentiert, wieviele und welche jüdische Hofer inhaftiert wurden. In dieser frühen Phase der Schutzhaft wurden die Festgenommenen noch nicht in die Gefangenenbücher des Landgerichtsgefängnisses eingetragen. Allerdings haben wir aus Akten zu Entschädigungs- und Wiedergutmachungsverfahren die Berichte mehrerer jüdischer Männer, die verhaftet oder rechtzeitig gewarnt wurden und in diesen Fällen fliehen konnten. Zunächst wollen wir diese Fälle schildern.

David Blauzwirn, der Inhaber eines Modewarengeschäftes im eigenen Haus in der Ludwigstraße 60/62 einschließlich dem Rückgebäude Karolinenstraße 37, in Hof ansässig von 1891 bis 1934, hat eine Fotokopie des Schutzhaftbefehls für seinen Sohn Herbert Blauzwirn (geboren am 26.11.1897 in Hof) als Anlage zu seinem Antrag an die Wiedergutmachungsbehörde III eingereicht.

Photocopie des originalen Schutzhaftbefehls!

Schutzhaftbefehl

Der ledige Kaufmann Herbert B l a u z w i r n geboren am 26.11.97 in H o f, besitzt die bayrische Staatsangehörigkeit, zuletzt hier Ludwigstrasse 60 wohnhaft ist in Schutzhaft zu nehmen.

Gründe:

Herbert B l a u z w i r n ist Jude. Die gegenwärtige Hetze der Juden im Auslande gegen die nationale deutsche Regierung hat auch hier eine Stimmung geschaffen, die sich gegen hervortretende Persönlichkeiten dieser Rasse richtet. Nachdem die Sicherheit dieser Personen nicht mehr gewährleistet ist, hat die Polizeidirektion H o f im Benehmen mit der Orts- u. Kreisleitung der N.S.D.A.P. die Verhängung der Schutzhaft angeordnet.

Gegen die Verhängung der Schutzhaft steht dem Verhafteten ein Beschwerderecht nicht zu.

H o f, am 29.3.33
Polizeidirektion
J.V.

Dieses Dokument (Staatsarchiv Nürnberg, WB IIIa 546, Bl. 95) gibt einen Einblick in die Abläufe. Auch hier wird die Lüge von der Hetze gegen die deutsche Regierung im Ausland aufrechterhalten, die eine Stimmung (in der deutschen Bevölkerung) geschaffen habe, sodass die Sicherheit der Juden bzw. der von »hervortretende[n] Persönlichkeiten dieser Rasse« nicht mehr gewährleistet sei. Damals lebten 35 jüdische Männer in Hof. Herbert **Blauzwirn** war sicherlich kein aus der Hofer Judenschaft herausragendes Mitglied. Dies hätte eher auf seinen Vater David Blauzwirn als Vorstand der Kultusgemeinde zugetroffen. Der Schutzhaftbefehl wurde am 29.3.1933 von der Polizeidirektion Hof angeblich im »Benehmen mit der Orts- und Kreisleitung« der NSDAP ausgestellt. Man kann davon ausgehen, dass umgekehrt die Kreisleitung es war, die von der Polizeidirektion die Ausstellung der Schutzhaftbefehle verlangte. Bezeichnend ist der Vermerk »Gegen die Verhängung der Schutzhaft steht dem Verhafteten ein Beschwerderecht nicht zu.« (SA N, WB III a 546, Bl. 95), was ja ein Element der Reichstagsbrandverordnung war.

Im Entschädigungsverfahren für seine Ehefrau Berta **Böhm** zählt Karl Böhm 1956 auf, in welchen Jahren er in Schutzhaft genommen worden war. Er beginnt zwar mit den Worten »Meine Gattin ist, wenn auch nur fuer einige Tage, mit mir gleichzeitig 1933 verhaftet worden« (BHSA, LEA 7117, Bl. 4). Jedoch erwähnt er seine Frau für das Jahr 1938 nicht nochmals, wo ihre Inhaftierung im Zuge der Reichskristallnacht belegt ist. Es ist außerdem unwahrscheinlich, dass 1933 Frauen unter den Boykott-Inhaftierten waren. Darüberhinaus schrieb Berta Böhm Anfang April in einem Brief an Verwandte in Worms und an ihren dorthin geflüchteten Sohn Werner, dass sie ihren Mann im Gefängnis besucht habe. Wir können von einem Versehen Karl Böhms ausgehen, halten aber fest, dass er selbst unter den Inhaftierten war. (Siehe auch Kapitel *Familie Böhm*)

Der frühere Stadtarzt Hofs und als solcher berufsmäßiges Stadtratsmitglied, Dr. med. Georg **Braun**, schilderte 1951 gegenüber der Entschädigungsbehörde Berlin, dass er in »der zweiten Hälfte des März 1933 ... unter Drohung mit Gewalt« an der Teilnahme an einer Stadtratsitzung und somit an der Ausübung seiner Rechte als Stadtrat gehindert worden sei. Am selben Vormittag wurde er in seinem Arbeitszimmer im Wohlfahrtsamt[27] von einem uniformierten Polizisten verhaftet und durch die

---

[27] Das Hofer Adressbuch von 1929/30 führt die Adresse des Wohlfahrtsamts nicht auf. Da Georg Braun das »Referat des Wohlfahrt- und Jugendamtes« innehatte, dürfte sich sein Arbeitszimmer im Jugendamt befunden haben. Dies befand sich in der Bismarckstraße 21, wo auch der Jugendfürsorge-Verband untergebracht war (AdrB Hof 1929/30:118). Geht man davon aus, dass Dr. Braun zu Fuß zum Gefängnis abgeführt wurde, musste er den demütigenden Gang eines knappen Kilometers durch die Stadt nehmen, vermutlich über die Kreuzsteinstraße, Marienstraße und Lessingstraße bis zur Klosterstraße 2.

Stadt ins Gefängnis abgeführt. Im November 1960 erwähnte er in einem Schreiben an dasselbe Amt, dass er nach mehrtägiger Schutzhaft im April 1933 aus dem Gefängnis in Hof entlassen worden sei (EB Berlin 3969, Bl. M8, D22). (Siehe auch Kapitel *Familie Braun*)

Max **Franken** betrieb ein Herrengarderobegeschäft in der Ludwigstraße 36 mit Textilwarengroßhandel und Schneiderei (siehe Kapitel *Familie Franken*). In seinem Entschädigungsverfahren schilderte er im November 1953: »Am 1.4.1933 wurde ich verhaftet und eingesperrt. Am Ladeneingang standen 2 SA Männer mit Gewehren und ließen keinen Käufer ins Geschäft.« (Entschädigungsakte NLBV 216259, Bl. 92k)

Die Dauer der Haft erwähnte er nicht. Seine Tochter Käthe berichtete 1993 ihrer Enkelin Swantje Hoffmann etwas ausführlicher von den damaligen Geschehnissen: »Im Geschäft (wir wohnten direkt über dem Geschäft) stand der ›Seifen-Heinrich‹, der jetzt ein SA-Mann war und etwas galt und machte ein betretenes Gesicht. Mein Vater hielt einen kleinen Schrieb in der Hand.« Es war der Schutzhaftbefehl mit fast identischem Text wie jener für Herbert Blauzwirn. Nur bei der Begründung, warum die Polizeidirektion die Schutzhaft verhängt hätte, waren die Worte »auch als Notwehraktion des Staates« eingefügt.

»Mein Vater mußte sofort mitkommen. Meine Mutter hat ihm noch ein kleines Köfferchen gepackt, und dann verschwand er zusammen mit zehn anderen jüdischen Geschäftsleuten für zwei Wochen im Hofer Stadtgefängnis. Jeden Tag ging ich mit dem Dienstmädchen dorthin, um meinem Vater ein warmes Essen zu bringen. Das Essen wurde gründlich durchsucht, solange bis es kalt war. Gesehen habe ich meinen Vater aber nicht. Vor der Entlassung wurden alle Gefangenen für den Stürmer photographiert. Ich habe das Bild später gesehen. Alle anderen Männer verdecken ihr Gesicht mit den Hüten, Max Franken hebt seinen Hut zum Gruß.«

Hoffmann 1993:5-6

Salomon **Linz**, genannt Sally (geboren am 15.6.1880 in Würzburg), seit 1911 in Hof ansässig, war durch Einheirat zum Inhaber des Manufakturwaren- und Handstickereigeschäftes »H. Epstein«, Lorenzstraße 3, geworden. Im Jahr 1952 gab er in seinem Verfahren vor der Entschädigungskammer bei dem Landgericht Nürnberg-Fürth an, »am 1. April 1933 etwa 1 Woche lang als Jude im Gefängnis Hof/S. festgehalten« worden zu sein. Seine Hausangestellte Marie Kießling, als Zeugin befragt, bestätigte die Angaben und ergänzte, »daß sie bei der 1. Verhaftung des Klägers [Sally Linz] im Jahre 1933, ihm etwa 8-10 Tage lang das Essen in das Gefängnis brachte.« (BHSA, LEA 02383, Bl. 71)

In der Entschädigungssache für seinen Vater Abraham **Reiter**, den Inhaber des Warenhauses »Adolf Reiter«, Ludwigstraße 54 mit Karolinenstraße 37, gab Julius Reiter 1961 an, dass sein Vater im April 1933 mit

Salomon »Sally« Linz, 1932 (Stadtarchiv Hof, FG 2902)

Der Boykott und die Inhaftierungen 1933

anderen Juden verhaftet gewesen war und mehrere Tage im Gefängnis verbrachte (BHSA, LEA 29903, Bl.53). (Siehe auch Kapitel *Familie Reiter*)

Dr. jur. Julius Reiter sollte ebenfalls verhaftet werden, wie er in seinen *Personal Notes*, verfasst 1939, schreibt:

»Shortly afterwards Hitler took over and on the eve of the takeover I was warned by an police officer that I would be taken in custody next day, because of my political past. So I decided on the spot that I would leave Hof and next morning I went to the railwaystation.«

Reiter 1978:96

Nachdem er sich mehrere Wochen in Deutschland versteckt gehalten hatte, floh er nach London, wo er am 2.5.1933 ankam. Die drohende Verhaftung aus seinem Bericht muss sich daher auf Ende März/Anfang April 1933 beziehen. Mit »Hitler took over« ist demnach nicht die Ernennung zum Reichskanzler gemeint, sondern die Zuspitzung im März 1933. Interessant ist, dass in jener frühen Phase des NS-Staates ein Polizeibeamter die Einstellung und den Mut hatte, vor der Verhaftung zu warnen.

Auch Familie **Böhm** wurde gewarnt. Wie der ältere der beiden Söhne, Werner Boehm, in einem Interview 1990 berichtete, kam seine Mutter am 30. oder 31. März 1933 nachmittags nach Hause und erklärte: »Du musst sofort weg!« Er packte einen Rucksack und fuhr mit dem Fahrrad zu Verwandten nach Oberlangenstadt und am 1.4.1933 weiter nach Worms. Er erwähnte nicht, von wem seine Mutter die Warnung erhielt. So können wir nur vermuten, dass es auch in seinem Fall ein Polizeibeamter war. Tatsächlich war am 1.4.1933 das Treppenhaus in der Fabrikzeile 20 voller junger SA-Männer, die Werner Böhm mitnehmen wollten. Der Schutzmann, der die Verhaftung durchführen sollte, konnte verhindern, dass die Horde in die Wohnung eindrang und die dort Anwesenden möglicherweise misshandelte (Boehm 1993; Karl Böhm in BLEA, BEG 1859, Bd. 1, Bl. 5).

Eine Ausnahme war der Fall von Heinrich **Eberstadt** (geboren am 10.5.1886 in Frankfurt/Main). Er war Miteigentümer der »Mechanischen Buntweberei Eberstadt & Co.« in der Alsenberger Straße 21. Im Oktober 1951 reichte er für sein Verfahren vor der Wiedergutmachungskammer für Ober- und Mittelfranken, Zweigstelle beim Landgericht Bayreuth, folgende Schilderung ein: »Am 1.4.33 fanden in Hof Umzüge statt mit Schildern, auf denen die jüdischen Unternehmer benannt waren und auf denen zum Boykott aufgefordert wurde. Auch mein Unternehmen war benannt. Ich wurde an jenem Tag von 5 SA-Leuten im Betrieb abgeholt und durch die Stadt zum Gefängnis geführt, wo ich mehrere Stunden in Haft gehalten wurde.« (SA N, WB IIIa 3836, Fall 2, Bl. 141). Warum Heinrich Eberstadt schon nach wenigen Stunden entlassen und nicht wie die anderen mehrere Tage im Gefängnis inhaftiert wurde, ist nicht bekannt.

Herbert Frank um 1930 (Stadtarchiv Hof, FG 16383)

Zu den eben genannten inhaftierten sechs Hofern kommen folgende fünf hinzu: Herbert **Frank**, Geschäftsführer. Er war am 15.6.1884 in Stadtoldendorf (Kreis Holzminden, Herzogtum Braunschweig) geboren und Anfang 1932 zusammen mit seiner Ehefrau Helene, geb. Klockers (geboren am 16.1.1897 in Duisburg), und Tochter Ruth (geboren am 7.3.1925 in Duisburg) von Bremerhaven nach Hof gezogen. Sie lebten zur Miete im Haus der Korsettfabrikantenwitwe Marie Pfeifer in der Wunsiedler Straße 17 im II. Stock. Als weitere Berufe weisen die Meldedaten für ihn Arbeiter und Textil-Einzelhändler auf. In welcher Firma er Geschäftsführer war, ist uns nicht bekannt. Seine Ehefrau starb am 6.7.1934 in Hof im Alter von 37½ Jahren. Herbert Frank und seine Tochter Ruth zogen im Februar 1936 nach Hamburg. Dort wohnte er im Mai 1939 noch immer, und zwar im Stadtteil Eppendorf-Ost in einem Dreipersonenhaushalt. Seine Mitbewohner waren Clara Grünewald, geb. Frank (geboren am 23.7.1883 in Stadtoldendorf), und Edith Meyer, geborene Grünewald (geboren am 10.4.1906 in Hamburg). Vermutlich waren sie seine Schwester und deren Tochter. Herbert Frank wurde am 24.3.1943 von Hamburg ins Ghetto Theresienstadt deportiert und am 28.10.1944 mit Transport Ev mit 2.030 Menschen weiter ins KZ Auschwitz. Dort kam er zu Tode oder wurde ermordet (StA Hof, A 8025; Friedrich-Wössner, Bevölkerung; AdrB Hof 1929/30; BArch, VZ; Terezín, person.iti.353913).

Dr. jur. Fritz **Kronenberger**, Rechtsanwalt (geboren am 30.1.1902 in Stuttgart) war erst Mitte Dezember 1928 nach Hof gezogen. Er war in der Kanzlei des Dr. Oskar Weinauer, Luitpoldstraße 2, später Altstadt 35, beschäftigt, dem der kommissarische Vorsitzende der Anwaltskammer Bamberg, Dr. August Stoll aus Bayreuth, denunziatorisch Unzuverlässigkeit im nationalsozialistischen Sinne attestierte: »Ich habe starke Bedenken darüber, ob RA Dr. Oskar Weinauer katholisch ist. Seine Schwester ist an den jüdischen Rechtsanwalt Stern in Nürnberg verheiratet. In seiner Kanzlei hat er vor einigen Jahren den jüdischen Rechtsanwalt Dr. Kronenberger aufgenommen. Es besteht bei den Hofer Rechtsanwälten die Meinung, dass er [Weinauer] jüdisches Blut in seinen Adern hat. ... Auch hatte er vielfach Kommunisten und Sozialdemokraten vertreten.« (zit. nach Weber 2006:61) Der Grund für Fritz Kronenbergers Schutzhaft könnte gewesen sein, dass er der einzige jüdische Rechtsanwalt des Landgerichtsbezirks Hof war und der Boykott sich ja auch gegen jüdische Freiberufler richten sollte. Weber (2006:61) deutet an, dass seine Schutzhaft darüber hinaus von Vorwürfen begleitet war: »Mitgliedschaften im Arbeiterschachklub und bei den Naturfreunden, beide als ›marxistisch‹ eingestuft, blieben am Ende übrig, so dass er nach einer Woche freigelassen wurde. ... Obwohl sich sogar die Präsidenten von Landgericht und Oberlandesgericht aus sozialen Gründen für ihn eingesetzt hatten, verlor die einzige Stütze einer fast blinden Mutter alsbald die Zulassung,

Dr. jur. Fritz Kronenberger 1931 (Stadtarchiv Hof, FG 03951)

Der Boykott und die Inhaftierungen 1933

weil er Jude war« (Weber 2006:61). Fritz Kronenberger und seine Mutter Anna Kronenberger, geborene Frei (geboren am 16.3.1880 in Wilhermsdorf), zogen zum 13.6.1933 von Hof nach Nürnberg und später nach Luzern, Schweiz. Am 11.1.1939 erhielten beide das Einreisevisum für die USA, und am 1.2.1939 gingen sie in Le Havre an Bord der S.S. Washington. Sie kamen am 9.2.1939 in New York an, wo sie 1940 noch wohnten, und zwar in Manhattan im Haus 328 West 101th Street. In dem juristischen System der USA nicht ausgebildet, war Fritz Kronenberger zum Buchhändler geworden. Später siedelte er mit der Mutter nach Seattle, Washington State, über, wo sie im Juli 1968 starb.[28] Er selbst starb am 19.5.1969 ebenfalls in Seattle (StA Hof, A 8025; NARA, T 715 1939; NARA, T 627 2640; Ancestry 60913).

Simon **Rapp** (geboren am 25.1.1893 in Pfungstadt, Kreis Darmstadt) war im Juli 1923 von Frankfurt am Main nach Hof gezogen, nachdem er am 28.6.1923 die gebürtige Hoferin Selma Kann (geboren am 15.9.1896) geheiratet hatte. Ihr Vater Rudolf Kann hatte seit August 1891 das Herren- und Knabengarderobegeschäft »R. Kann« in der Ludwigstraße 93 betrieben. Simon Rapp war dort zunächst Angestellter, fügte zur Firma zum 6.5.1921 das Gewerbe der Schneiderei hinzu und trat zum 1.1.1924 mit ein. Am 29.5.1924 kam der gemeinsame Sohn Leo in Hof zur Welt. Ab dem 3.7.1930 befand sich das Ladengeschäft im Haus Altstadt 35, wo es bis zum 17.2.1932 existierte. Der Schwiegervater Rudolf Kann war damals 66½ Jahre alt; er starb am 17.1.1933 in Hof. Simon Rapp führte das Geschäft nicht weiter, sondern hatte seit dem 20.4.1932 eine Warenagentur für Textilwaren und Malereibedarfsartikel bis zu seinem Weggang von Hof. Zusätzlich betrieb Ehefrau Selma Rapp ab dem 31.1.1933 die Kurzwaren-, Trikotagen- und Strümpfehandlung »Sera-Kurzwaren Selma Rapp« in der Poststraße 2, die sie von Heinrich Powitzer übernommen hatte. Das Geschäft wurde zum 1.4.1938 von der protestantischen Schneidermeisterin Dora Trenner übernommen und als »Mode-Ecke Dora Trenner« fortgeführt. Simon und Selma Rapp zogen mit ihrem Sohn Leo am 12.4.1938 von Hof nach München, wo sie mehrfach die Adresse wechseln mussten. Simon Rapp war dort zunächst Angestellter, dann Gartenbau-Hilfsarbeiter. Der 15jährige Leo Rapp ging im Juni 1939 mit dem ebenfalls in München wohnenden Halbbruder seiner Mutter, Paul Kann (geboren am 31.10.1894 in Hof), nach England und später nach New Jersey, USA. Simon und Selma Rapp wurden am 20.11.1941 mit 997 anderen deportiert. Dieser erste von München ausgehende Transport war für Riga in Lettland bestimmt, wurde aber nach Kaunas in Litauen umgeleitet. Insgesamt waren es fünf derart umgeleitete Transporte.

Simon und Selma Rapp
(Stadtarchiv München)

---

28 Anna Kronenbergers Urne wurde in Seattle, WA, auf dem Mount Pleasant Cemetery beigesetzt (FindAGrave 95788563).

Die Deportierten wurden gezwungen, bei Eiseskälte mit ihren Rucksäcken und Koffern vom Bahnhof Kaunas auf der Straße, die durch das Ghetto führte, zum Fort IX der Befestigungsanlagen von Kaunas zu laufen. Dort hatten zuvor russische Kriegsgefangene Gruben ausheben müssen. An diesen mussten sich die Juden aus Deutschland und Österreich am 25. bzw. 29. November völlig entkleiden und in sie hinabsteigen. Daraufhin wurden sie mit Maschinengewehren erschossen. Granaten wurden hinterher geworfen. Ohne Kontrolle, ob alle tot waren, kam das Kommando, die Gruben zuzuschütten – so eine Zeugenaussage. Die Mörder waren die Männer des Einsatzkommandos 3 unter Führung von SS-Standartenführer Karl Jäger, Angehörige des in Kaunas stationierten Polizeibataillons 11 sowie litauische sogenannte Partisanen. In einem Bericht an seinen Vorgesetzten, den Führer der Einsatzgruppe A, führte Karl Jäger nicht nur diese Exekutionen zahlenmässig auf, sondern außerdem eine am 29.10.1941 ebenfalls im Fort IX durchgeführte Erschießung von 9.200 litauischen Juden, die er »Säuberung des Ghettos von überflüssigen Juden« nannte. Bis zu einem dritten derartigen Bericht Jägers vom 9.2.1942 betrug die Zahl der in Kaunas ermordeten Menschen 138.272, davon 55.556 Frauen und 34.464 Kinder. Hätte man ihm nicht untersagt, die im Arbeitseinsatz befindlichen Juden und deren Familien zu erschießen, wäre die Zahl noch höher gewesen. Karl Jäger erklärte 1959 in der Untersuchungshaft: »Ich kann heute feststellen, daß das Ziel, das Judenproblem für Litauen zu lösen, vom EK. 3 erreicht worden ist. In Litauen gibt es keine Juden mehr, außer den Arbeitsjuden incl. ihrer Familien.« (Scheffler 2003:83-87)

Auch die Mutter von Selma Rapp, Jette Kann (geboren am 25.1.1871 in Nordheim vor der Rhön), die 42½ Jahre in Hof gelebt hatte, wurde von München aus deportiert. Als Evakuierungsnummer 536 wurde sie mit dem Transport II/11 am 1.7.1942 nach Theresienstadt verbracht und von dort am 29.9.1942 ins Vernichtungslager Treblinka. Von den 2.000 Menschen dieses Transportes Bs überlebte kein einziger (Terezín 18060).

Hersz »Hermann« **Starer** (geboren am 5.8.1884) stammte aus Kolomea in Galizien, damals Österreich-Polen, das sich seit dem 18. Jahrhundert zu einem jüdischen Zentrum mit einem jüdischen Bevölkerungsanteil von 49,3% um das Jahr 1900 entwickelt hatte. 1939 lebten dort schätzungsweise 15.000 Juden.[29] Hersz Starer hatte im Juli 1912 in Plauen die aus Röpsen im damaligen Herzogtum Sachsen-Altenburg stammende Martha Lina Friedemann (geboren am 14.6.1885) geehelicht. Sie war anlässlich der Heirat vom evangelischen zum jüdischen Glau-

---

29 Kolomea war von 1919 bis 1939 als Kolomyja Sitz eines polnischen Powiat in der Woiwodschaft Stanislau. Seit der Befreiung von der deutschen Wehrmacht durch die Rote Armee gehört die Stadt Kolomyja zur Ukraine.

Der Boykott und die Inhaftierungen 1933

ben übergetreten. Im Januar 1914 zog Ehepaar Starer von Plauen nach Hof. Ihre gewerbliche Tätigkeit war recht komplex. Allein Martha Starer hatte zwischen 1919 und 1933 neun Gewerbe zeitlich überlappend oder parallel angemeldet, und zwar: Möbelhaus, Zigarren- und Tabakhandel, Strumpf- und Trikotagenhandel, Zigarren- und Tabakhandel, Möbel- und Wäschehandel, Herren-Konfektionsgeschäft und Damen-Konfektionsgeschäft mit wechselnden Adressen in der Ludwigstraße und in der Klosterstraße 6. Hinzu kamen die beiden Gewerbe auf den Namen von Hermann Starer; die »Oberfränkische Möbelzentrale« vom 1.9.1921 mit einer Werkstätte in der Schützenstraße 8 (Pfaffs Kolosseum) und ab 6.1.1927 mit einem Wäschehandel – ab da in der Ludwigstraße 27. Möbelzentrale und Wäschehandel gehörten ab 3.2.1930 zu jenen Gewerben, die auf Martha Starers Namen liefen. Diese Gewerbe wie auch die Konfektions-Geschäfte wurden am 31.10.1933 abgemeldet. Mindestens das Damen-Konfektionsgeschäft hatte sein Betriebsende bereits am 20.6.1933 (StA Hof, BX 75:49). Zwischenzeitlich betrieben Starers ihre Firma im Haus Hallstraße 9, einem ehemaligen Gebäude des Sächsischen Bahnhofs, der königlich sächsischen Lokalgüterhalle. Ende Mai 1925 verkauften sie das langgestreckte, eingeschossige Gebäude an die Israelitische Kultusgemeinde Hof, die darin ihre Synagoge mit Versammlungsraum einrichtete (Friedrich-Wössner 1997:78).

Im Tagebuch der Kriminalabteilung werden bezüglich Hermann Starer drei Schreiben aufgeführt: zum ersten ein Schreiben der Polizeidirektion München mit Betreff »Schutzhaft-Fragebogen« vom 1.4.1933 und zum zweiten ein Schreiben vom Polnischen Generalkonsulat in München wegen »Schutzhaftentlassung« unter demselben Datum. Hermann Starer hatte die polnische Staatsangehörigkeit, und möglicherweise hatte sich Martha Starer an das Konsulat gewandt. Dies könnte auch der Hintergrund für das dritte Schreiben sein. Es ist ein Gesuch der Rechtsanwaltskanzlei Henneberg und Beyer in Hof um Entlassung aus der Schutzhaft vom 11.4.1933. Erst am 18. April wurde es von Kriminalinspektor Heinrich Hopperdietzel beantwortet (SA BA, K 93).[30] Kurze Zeit nach der Freilassung aus der Schutzhaft verließen Hermann und Martha Starer Hof. Zum 21.7.1933 meldeten sie ihren Wegzug nach Leipzig. Laut einem Schreiben des dortigen Polizeipräsidiums an den Stadtrat Hof vom Mai 1934 zogen sie zum 8.9.1933 von Leipzig nach Prag (StA Hof, BE 342). Ab da fehlen uns Kenntnisse über ihr Schicksal. Das bundesdeutsche Gedenkbuch von 1988 führte Hermann Starer mit den vagen Daten auf: »Wohnort Hof, deportiert nach unbekannt, verschollen«. Auch in der neuesten Version der On-

---

30 Heinrich Hopperdietzel war damals der ranghöchste Kriminalbeamte in Hof. Im obigen Auszug aus dem Korrespondenz-Verzeichnis hat er am häufigsten für die Beantwortung gezeichnet.

line-Ausgabe ist dieser Eintrag um keine neuen Daten ergänzt worden (BArch, GB 973712).

Die elfte Person, die im Rahmen des Boykottes gegen Juden in Schutzhaft genommen wurde, war der Religionslehrer Leopold **Weil** (geboren am 29.8.1888 in Sulzbürg/Oberpfalz). Sein Schicksal und das seiner Ehefrau Berta werden in Kapitel *Der jüdische Lehrer Leopold Weil* ausführlich behandelt.

Die Durchführung des Boykotts in Hof

Am Tag nach dem Boykott berichtete der *Hofer Anzeiger* über die Ereignisse in Hof. Mit dem Vorbehalt, dass auch hier Unwahres, Entstelltes und Propaganda mit zutreffenden Details durchmischt sind, geben wir den Artikel hier wieder:

> »**Der Abwehrkampf in Hof.** NSDAP-Posten vor den jüdischen Geschäften. Die Aufforderung, nicht in jüdischen Geschäften zu kaufen, wurde im Laufe dieser Woche durch Plakatträger der NSDAP vermittelt. Die Tafeln enthielten auf der einen Seite die Aufschrift ›Kauft nicht beim Juden, Warenhaus und Konsumverein!‹ und führten auf der anderen Seite die jüdischen Geschäfte namentlich auf. Freitag nachmittag postierten sich die Plakatträger direkt vor den Geschäftseingängen, und eine ziemliche Menschenmenge wohnte diesem verschärften Auftakt des Abwehrkampfes an.
>
> Die für ganz Deutschland angekündigte Boykottaktion, die am Samstag um 10 Uhr begann, um den ganzen Tag über anzudauern, um dann bis zum Mittwoch wieder auszusetzen, wurde auch in Hof nach den Anordnungen des Boykottkommittees der NSDAP durchgeführt.
>
> Schon ab 9 Uhr vormittags begann der Verkehr in den Straßen lebhafter zu werden, und um 10 Uhr standen besonders in der Altstadt die Massen auf den Gehsteigen wie auch auf dem Fahrweg in dichten Scharen. Zunächst war indessen nicht viel zu sehen. Nur im Kaufhaus Ury drängten sich die Menschen wie sonst an den späten Nachmittagsstunden des Samstags. Kurz nach 10 Uhr marschierte eine Abteilung von 40 mit Gewehren bewaffneter Nationalsozialisten durch die Poststraße in die Altstadt. Von dort aus verteilten sie sich über die in der Bismarckstraße, Altstadt und Ludwigstraße gelegenen jüdischen Geschäfte, indem je ein bewaffneter Doppelposten vor den Eingängen zu den Läden Aufstellung nahm. Zu gleicher Zeit zogen etwa 20 Plakatträger mit dem Verzeichnis jener Geschäfte auf, die unter die Boykott-Aktion fielen, durch die Straßen.

> Das Kaufhaus Ury hatte mit dem Erscheinen der Posten die Zugänge sofort freiwillig geschlossen und die Glastüren verhängt. Zu gleicher Zeit ließ die Geschäftsleitung ein größeres Plakat an dem Hauptschaufenster aushängen mit der Aufschrift: ›Heute geschlossen zur Unterstützung der Reichsregierung in der Abwehraktion gegen die Lügenpropaganda des Auslandes!‹ In dem Wandelgang des Kaufhauses zwischen Ladeneingang und Schaufensteranlage sammelte sich in der ersten Zeit eine Anzahl Leute. Ein SA-Mann beschwichtigte die einzelnen Aufgeregten mit dem Hinweis, daß die Aktion keine Maßnahme gegen die einzelne Familie oder das einzelne jüdische Geschäft sei, sondern ein Akt der Notwehr gegen das Ausland, das die deutsche Wirtschaft zu Grunde richten wolle. Durch die beruhigenden Worte und die nachfolgende Aufforderung der Polizei, nunmehr den Platz zu verlassen, wurde vor 11 Uhr der Verkehr in der Nähe des Kaufhauses wieder völlig normal. Auch vor allen anderen Läden jüdischer Geschäftsleute ließ nach der Befriedigung der ersten Neugier die Menschenansammlung sichtlich nach. Für Aufrechterhaltung der Ordnung sorgten neben der Polizei einzelne Doppelposten, die auf und ab patrouillierten.
>
> Vor einigen Ladengeschäften entspannen sich Dialoge zwischen redseligen Frauen und den ruhig dreinschauenden Posten. Doch diese kleinen Aussprachen trugen dazu bei, die Atmosphäre zu reinigen, so daß es nirgends zu irgendwelchen Zusammenstößen kam. Das ruhige, besonnene, aber doch bestimmte Auftreten der Posten ließ keine Unruhe aufkommen. Außerdem ließen es auch die betreffenden Geschäftsleute nicht an Bereitwilligkeit fehlen, die Aktion gegen das Ausland zu unterstützen, indem sie z.T. ihre Läden selbst schlossen.«

Hofer Anzeiger, 2.4.1933, Seite 6

Der übertrieben positiven Schilderung der ach so besonnenen, aber mit Gewehren bewaffneten Posten ist aber auch zu entnehmen, dass es Kunden der betroffenen Geschäfte gab, die den Boykott nicht einfach hinnahmen.

Nach dem Boykott

Wie von Hitler und Goebbels am 31.3.1933 angekündigt, wurde der Boykott am Abend des 1.4.1933 abgebrochen. Allerdings wurde der Boykott am 4. April nicht wieder aufgenommen, sondern an jenem Tag offiziell für beendet erklärt. Der Grund dafür war sicherlich nicht, dass die von Großbritannien und den USA erpressten Erklärungen gegen die angebliche Greuelpropaganda eingegangen waren. Zum einen hatte sich die

Bevölkerung eher passiv verhalten. Zum anderen hatte die Boykotterklärung in deutschen Wirtschaftskreisen angesichts von Arbeitslosigkeit und Depression bereits im Vorfeld Befürchtungen über negative Konsequenzen geweckt (Gutman 1998:688f.).

Der Teil des Boykotts, der sich gegen die Ladengeschäfte richtete, hatte für die Nationalsozialisten nur mäßigen Erfolg. Einerseits hatten viele sich beeilt, noch vor dem Boykotttag in jüdischen Geschäften einzukaufen. Andererseits hatten orthodoxe Juden samstags ohnehin ihre Läden geschlossen. Wenn auch viele weiterhin bei Juden kauften, blieb doch die Mehrheit der Kundschaft weg, und die Umsätze gingen stark zurück. So erinnerte sich Käthe Hoffmann, geborene Franken, 1993:

»Nach der Schutzhaftaktion wurde unsere Welt nie wieder so, wie sie früher war. In jedem Schaufenster unseres Geschäftes hing jetzt ein schwarzes Schild, in dem in einem gelben Kreis in schwarzen Buchstaben ›Jude‹ zu lesen war. Vor dem Eingang standen jeden Tag zwei SA-Posten. Sie sagten kein Wort und taten auch nichts. Sie standen einfach nur da. Aber immer weniger Kunden fanden ihren Weg in das Geschäft, und die Löhne für die 85 Angestellten mußten natürlich weiter bezahlt werden.«

Hoffmann 1993:5-6

Zum Boykott des Herrengarderobegeschäftes »Max Franken« in der Ludwigstraße 36 nannte der Zeuge Georg Künzel in seiner Aussage vom Mai 1962 gegenüber dem Entschädigungsamt in Hildesheim wichtige Details. Sie bestätigen, dass Hof zu jenen Städten gehörte, wo SA-Männer auch nach der offiziellen Beendigung des Boykottes vor den Läden jüdischer Inhaber weiter Posten bezogen:

»Nach der Machtübernahme durch die NSDAP war das Geschäft im Jahr 1933 ... für einige Tage geschlossen und dann für eine Zeit von etwa einer Woche vor der Eingangstür mit einem SA-Doppelposten besetzt. Nach der Wiedereröffnung war es durch entsprechende Plaketten als jüdisches Geschäft gekennzeichnet. Wer als Käufer das Geschäft von dieser Zeit an betrat, mußte in Kauf nehmen, daß er nicht nur notiert, sondern auch fotografiert wurde.«

NLBV 223941, Bl. 102

Nach den Historikern Eberhard Jäckel, Peter Longerich und Julius Schoeps »war der Boykott ein klares und deutliches Startsignal für Verfolgung und Unterdrückung mit dem Ziel, die ökonomische Existenz der deutschen Juden zu untergraben. Terrorakte, Enteignung und Diskriminierung, die zuvor als ›individuelle‹ oder ›isolierte‹ Akte interpretiert hätten werden können, als lokale Einzelaktionen, wurden vermittels des Boykotts durch die höchsten Partei- und Regierungsstellen legitimiert. ... So war der Boykott vom 1. April 1933 die offizielle Eröffnung zur Vorbereitung der Gesetzgebung, die am 7. April 1933 gegen jüdische Angehörige der freien Berufe und Beamte verabschiedet wurde, und Auftakt der Verwaltungs- und Propagandakampagne gegen jede ökonomische Aktivität der deutschen Juden.« (Gutman 1998: 689f.) Insbesondere mit der Politik des Ausschlusses der Juden aus dem deutschen Wirtschaftsleben (»Arisierung«) wurde auf verschiedene Art und Weise Druck auf jüdische Groß- und Einzelhändler, Fabrikanten und Bankiers und deren Geschäftspartner ausgeübt, wurden sie von Aufträgen ausgeschlossen und behindert, wo es nur ging, bis sie ihre Unternehmen aufgeben oder meist unter Wert verkaufen mussten. Ab November 1938 wurde die »Entjudung der deutschen Wirtschaft« durch Gesetze und Verordnungen geregelt. Die noch existierenden jüdischen Betriebe mussten zum 1.1.1939 stillgelegt werden; die Ausübung praktisch aller Berufe wurde den Juden verboten. Damit war die Entfernung der deutschen Juden aus der Wirtschaft, die mit dem Boykott im April 1933 begonnen hatte, abgeschlossen. Es folgte ihre physische Vernichtung.

DIE REICHSKRISTALLNACHT

In der Nacht vom 9. auf den 10. November 1938 verübten Mitglieder von SA, SS, NSDAP, HJ und anderen NS-Organisationen Judenpogrome im gesamten Großdeutschen Reich, also in Deutschland, Österreich und dem Sudetenland (Thalmann/Feinermann 1987:7). Die Täter setzten Synagogen in Brand, zerstörten etwa 7.000 Geschäfte jüdischer Einzelhändler, verwüsteten Wohnungen von Juden, schändeten jüdische Friedhöfe und misshandelten Juden auf brutale Weise. Eine nicht exakt festzustellende Zahl jüdischer Männer und Jugendlicher (etwa 26.000) wurde in die Konzentrationslager Buchenwald, Dachau und Sachsenhausen verschleppt. Nach offiziellen Angaben wurden in dieser Nacht insgesamt 91 Personen getötet (Pätzold 1997:679). Diese Zahl, die aus dem Geheimbericht des Obersten Parteigerichts vom 13.2.1939 stammt und sich hartnäckig bis in die späten 1990er Jahre gehalten hat, ist bei weitem zu niedrig. Meier Schwarz und Mitarbeiter zählen 400 getötete und in den Suizid getriebene Juden während der Ausschreitungen und weitere 400, die in den Tagen danach in den KZs umgekommen sind. Sie vermuten, dass die Anzahl der Opfer des Pogroms bei 1.300 bis 1.500 liegt (Schwarz 2017).

Als Anlass für diesen längst geplanten Pogrom nahm das Hitler-Regime das Attentat auf den Legationsrat der deutschen Botschaft in Paris, Ernst vom Rath. Der 17jährige Herschel Grynszpan (Grünspan) hatte vom Rath am 7.11.1938 in der Botschaft niedergeschossen, weil seine Familie zusammen mit etwa 15.000-17.000 Juden polnischer Staatsangehörigkeit, die seit langem in Deutschland ansässig gewesen waren, von einem Tag auf den anderen aus Deutschland in das Niemandsland von Zbaszyn (Bentschen) an der deutsch-polnischen Grenze verschleppt worden war. Dort vegetierten sie mehrere Tage ohne Gewissheit über ihr zukünftiges Schicksal, da ihnen Polen zunächst die Einreise verweigerte, während die deutschen Behörden die Heimkehr unterbanden (Thalmann/Feinermann 1987:7).

Am 9. November fanden überall im Deutschen Reich Kundgebungen zum Gedenken an den 15. Jahrestag des Hitlerputsches von 1923 statt. Die Hauptfeierlichkeiten waren in München, wo die NSDAP-Führung versammelt war. Nachdem bekannt geworden war, dass vom Rath seinen Verletzungen erlegen war, hielt Propagandaminister Goebbels (nach Zustimmung Hitlers) eine Hetzrede, die den Pogrom auslöste (Pätzold 1997:679). Nach der Rede eilten die Funktionäre zu den Telefonen, um den Kreisleitern und untergeordneten Parteigenossen zu Hause zu übermitteln, dass losgeschlagen werden solle. Die Ähnlichkeit der Geschehnisse reichsweit legt die Annahme nahe, dass die Abläufe längst geplant waren. In der Tat war ein Progrom gegen die Juden im Deutschen Reich bereits zwei Jahre zuvor angedacht gewesen, nachdem der jüdische Student David Frankfurter am 4.2.1936 in Davos den Leiter der NSDAP-Landesgruppe Schweiz Wilhelm Gustloff erschossen hatte. Das Regime entschied sich aber damals gegen Aktionen, da es bei den Olympischen Spielen in Berlin 1936 eine positive Einstellung des Auslandes für das nationalsozialistische Deutschland erzielen wollte. Goebbels' Rede in München war der eigentliche Auslöser, doch hatte es schon tagsüber geheime Befehle und Anweisungen auf den Nachrichtenwegen der Polizei gegeben. Ein Fernschreiben folgenden Inhalts ging an alle Gestapo-Leitstellen:

> Geheim!
> Maßnahmen gegen Juden
> An alle Staatspolizeiämter:
> Solche Aktionen werden in ganz Deutschland stattfinden. Sie sollen nicht behindert werden. Wichtiges Archivmaterial in Synagogen ist sofort sicherzustellen (insbesondere das hochwichtige Material in der Synagoge von Köln). Die Festnahme von 20-30.000 Juden im Reich ist vorzubereiten; vor allem sind reiche Juden auszuwählen. Wenn im Laufe der Aktion im Besitz von Juden Waffen gefunden werden, sind strengste Maßregeln zu ergreifen.

Zitiert nach Walk 1996:249

Ein Befehl vom 9.11.1938 »Gruppenführer an den Stabsführer der Gruppe« lautete:

> Sämtliche jüdische Geschäfte sind sofort von SA-Männern in Uniform zu zerstören, und eine SA-Wache aufzuziehen, die dafür sorgt, daß keinerlei Wertgegenstände entwendet werden können. Die Presse ist heranzuziehen. Synagogen sind sofort in Brand zu stecken, jüdische Symbole sind sicherzustellen. Von der Feuerwehr sind nur Wohnhäuser von Ariern zu schützen, aber auch jüdische anliegende Wohnhäuser, allerdings müssen Juden raus, da Arier dort kürzlich einziehen werden.
> Die Polizei darf nicht eingreifen. Sämtliche Juden sind zu entwaffnen, bei Widerstand sofort über den Haufen schießen. An den zerstörten jüdischen Geschäften, Synagogen usw. sind Schilder anzubringen: ›Rache für Mord an vom Rath‹, ›Tod dem internationalen Judentum‹, ›Keine Verständigung mit den Völkern, die judenhörig sind‹. Dies kann auch erweitert werden auf die Freimaurerei

Zitiert nach Walk 1996:249

Auch die Absicht, die Aktionen als »spontanen Ausbruch der Volkswut« gegen die Juden darzustellen, muss bereits im Vorfeld durchgegeben worden sein. In manchen Städten, wie etwa Bayreuth, wurden deshalb SA- und SS-Männer, Hitlerjungen usw. angehalten, zivile Kleidung zu tragen. Wie in Bayreuth wurde auch in Hof hierfür der Begriff »Räuberzivil« verwendet.

Der Pogrom in Hof

Was über die Ausschreitungen im November 1938 in Hof bekannt ist, wissen wir aus den Prozessakten im Strafverfahren gegen Nikol Strobel und 28 andere wegen schweren Landfriedensbruchs, verhandelt vor der Strafkammer Hof/Saale, Aktenzeichen KLs 4/51 (SA BA, K107 3737).

Nach ersten Zeugenaussagen 1946 und der Klageerhebung durch die Hofer Staatsanwaltschaft 1948/49 wurde das Strafverfahren vor der Strafkammer am Landgericht Hof in den Jahren 1950 bis 1953 durchgeführt. Es beschäftigte sich allerdings nur mit einem – wenn auch größeren Teil der Geschehnisse am 10.11.1938: mit der Verhaftung der Familie Heymann und der Zerstörung der Synagogeneinrichtung, beides in der Hallstraße 9, sowie mit der Durchsuchung der Wohnung der Vorstandes der Israelitischen Kultusgemeinde, Sally Linz.

Die Strafkammer stellte fest, dass die Zerstörung der Inneneinrichtung der Synagoge eine Angelegenheit der SS war und insbesondere ihres damaligen Standortältesten, des hauptamtlichen SS-Obersturmbannführers Nikol Strobel. Er war eindeutig die treibende Kraft der Gewaltakte an jenem Tag. Allerdings sei der Anstoß oder Befehl von außen gekommen. Aus dem Schriftgut der Gestapo Würzburg – einer der ganz wenigen Gestapo-Bestände, die nicht vernichtet wurden – ist ein Geheimbefehl der Führung des SS-Oberabschnittes Main in Nürnberg bekannt, der in der Nacht vom 9. zum 10.11.1938 ausgegeben worden war. In diesem heißt es, dass sämtliche Synagogen in Brand zu setzen, jüdische Schulen dem Erdboden gleichzumachen und sämtliche Akten zu beschlagnahmen seien. Dieser Geheimbefehl ist am 10.11.1938 gegen 3.10 Uhr morgens telefonisch an die dem SS-Oberabschnitt Main unterstehende 81. SS-Standarte in Würzburg durchgegeben worden. Die Strafkammer war davon überzeugt, dass auch die anderen fünf zum Oberabschnitt Main gehörigen SS-Standarten diesen Geheimbefehl erhalten hatten,[31] so auch die 41. SS-Standarte in Bayreuth, der der SS-Bezirk Hof unterstand. Bei der straffen Organisation der SS konnte für die Kammer kein Zweifel daran bestehen, dass der Befehl in den frühen Morgenstunden des 10.11.1938 dem Standortältesten der SS in Hof, Nikol Strobel, zugegangen war, wenn er auch in Hof selbst nicht aufgefunden oder durch Zeugen bestätigt werden konnte.

---

31 Zum SS-Oberabschnitt Main gehörten die SS-Standarten 3 Nürnberg, 41 Bayreuth, 56 Bamberg, 68 Regensburg, 73 Ansbach und 81 Würzburg.

Festnahme der Familie Heymann und Demolierung ihrer Wohnung

In diesem Geheimbefehl – zumindest in der von der Strafkammer wiedergegebenen Version – werden zwei zentrale Elemente der reichsweiten Ausschreitungen nicht erwähnt: die Inhaftierung aller erwachsenen Juden und die Durchsuchung nach verbotenen Waffen. Dem oben erwähnten Fernschreiben an alle Gestapo-Leitstellen, demzufolge die Festnahme von 20-30.000 Juden im Reich vorzubereiten waren, muss weitere Kommunikation in dieser Richtung gefolgt sein – insbesondere nach dem Bekanntwerden des Ablebens von Ernst vom Rath. Erst 1938 hatte Heinrich Himmler, der Reichsführer SS und Chef der Deutschen Polizei, sämtliche Polizei, die bis dahin den Oberbürgermeistern, Landräten oder Länder unterstellt war, in sein System eingegliedert und dabei die Kriminalpolizei seinem »Hauptamt Sicherheitspolizei« zugeteilt; sie wurde von jetzt an zentral geführt. Die Dienst- und Kommunikationswege liefen nicht mehr über die Innenministerien der Länder, sondern von Berlin über die Gestapo-Leitstellen zu den jeweigen Kriminalpolizeistellen. Die Hofer Kriminalpolizei unterstand direkt der Gestapo-Leitstelle Nürnberg-Fürth. Der Befehl, auch in Hof alle Juden zu verhaften, muss unmittelbar von dort gekommen sein.

Die Staatsanwaltschaft Hof hatte folgendes ermittelt. Kurz vor 4 Uhr erhielt der Polizeibeamte Michael Werner, der damals als Revieroberwachtmeister im Dienste der Polizeidirektion Hof stand, von einer nicht ermittelten Person den Auftrag, die Mitglieder der israelitischen Familie Heymann, die in dem Synagogengebäude Hallstraße 9 wohnte, festzunehmen. Auftragsgemäß verhaftete Michael Werner etwa um 4 Uhr die Eheleute Max und Eleonore Heymann sowie deren Sohn Walter und lieferte sie 4:30 Uhr bzw. 4:45 Uhr in das Landgerichtsgefängnis Hof ein. – Die Inhaftierungen der anderen Hofer Juden bleiben in der Akte der Staatsanwaltschaft unerwähnt. Wir werden später auf sie zurückkommen. Wie sie die Verhaftung der Heymanns erlebt hatte, schilderte die Zeugin Katharina Ott dem Untersuchungsrichter. Sie war seit Juni 1935 die Hausmeisterin des Synagogengebäudes. Als 1927 ein ehemaliges Nebengebäude des Sächsischen Bahnhofes zur Synagoge mit Vereinsräumen umgebaut wurde, wurden auch Wohnungen im Dachgeschoss eingerichtet. In der einen wohnte Ehepaar Heymann mit Sohn, in einer zweiten eine nichtjüdische Familie und in zwei Zimmern die Hausmeisterin. Nach der Aussage von Katharina Ott hat sich folgendes zugetragen: Gegen 3:45 Uhr in der Nacht vom 9. auf den 10. November wurde sie vom Klopfen an der Haustür geweckt. Nach etwa einer Viertelstunde hörte sie jemanden die Treppe heraufkommen. Als sie ihre Zimmertüre öffnete, standen ein SA-Mann und ein Schutzmann (Polizist) vor ihr. Ersterer ergriff das Wort: »Polizei! Wo wohnen die Heymanns?« Katharina Ott zeigte auf die Wohnung Heymann, an deren Tür die Männer klopften, um dann hineinzugehen. Sie zog sich in ihr Zimmer zurück und hörte alsbald mehrere Personen das Haus verlassen. Da Max Heymann gelähmt war und ohne Hilfe nicht gehen konnte, ordnete sie die Schritte Eleonore Heymann, dem Sohn Walter Heymann und den Bewachern zu. Kurz darauf vernahm sie, wie erneut Schritte heraufkamen. Durch den Spalt ihrer Türe sah sie, dass Max Heymann von einem SA-Mann und einem Polizisten, zu beiden Seiten geführt, zur Treppe gebracht wurde. Seine Füsse schleiften auf dem Boden.[32] Zwischen 5 und 6 Uhr kam ein Trupp von etwa 5 bis 8 Männern die Treppe herauf. Sie waren in Zivilkleidung, hatten die Mantelkrägen hochgeschlagen und die Hüte ins Gesicht gezogen. Sie klopften an die Tür der verlassenen Wohnung, schlugen diese dann ein und drangen in die Wohnung ein. Daraufhin vernahm Katharina Ott Zerstörungsgeräusche, Krachen von zerschlagenen Möbeln und Klirren von berstendem Geschirr und Glas. Als sie am nächsten Tag die Wohnung Heymann betrat, fand sie die Rückwände der Schränke eingeschlagen. Porzellan und Glas lagen zertrümmert auf dem Boden (SA BA, K107 3737).

Im Laufe des 10. Novembers scheint die Wohnung von Schaulustigen besichtigt worden zu sein. Die Zeugin Marie Kiessling, Wirtschafterin bei der jüdischen Familie Linz, Marienstraße 73, sagte aus, sie sei von einer ihr unbekannten Frau angesprochen worden, sie solle sich doch die Heymannsche Wohnung anschauen. »Gegen 15.00 Uhr ging ich dorthin und gelangte mit einer Reihe anderer Leute ungehindert in die Wohnung ... Auf dem Boden der Wohnräume lagen Scherben von Geschirr und Glas. Der Küchenschrank war umgeworfen und die Rückwand eingedrückt. Der Überzug eines Sofas oder Chaiselongues war aufgerissen.« (SA BA, K 107 3737)

Zerstörungen im Synagogengebäude

Die schlimmsten Gewalttakte des Pogroms in Hof begannen gegen 5 Uhr. Kurz nach jenen Männern, die die Wohnung der Heymanns demolierten, erschien ein Mann, ebenfalls in Zivilkleidung, bei der Hausmeisterin

---

32 Nach dieser Schilderung der Zeugin, die seit Dezember 1937 auf derselben Etage mit Heymanns wohnte, kann die von Högn bzw. dem *Hofer Anzeiger* 1988 (Högn 1988; Friedrich-Wössner 1997:142) wiedergegebene Darstellung, Max Heymann hätte in jener Nacht einen Schlaganfall erlitten und hätte mit einer Trage hinausgetragen werden müssen, nicht zutreffen. Den Schlaganfall muss er irgendwann vorher gehabt haben. – Die Schilderung der Zeugin stimmt jedoch mit den Eintragungen im Gefangenenbuch des Landgerichtsgefängnisses überein, nach denen Eleonore und Walter Heymann gemeinsam um 4:00 Uhr und Max Heymann einzeln um 4:45 Uhr eingeliefert wurden.

Die Reichskristallnacht

Katharina Ott und verlangte die Schlüssel des Vereinszimmers im Erdgeschoss. Der Raum war ausgestattet mit großen Auszugstischen und 24 Stühlen. An den Wänden hingen Bilder von Rabbinern sowie Gruppenaufnahmen. Die Synagoge daneben hatte Bänke für 100 Sitzplätze. Die Decke war bemalt mit den Symbolen des Tierkreises. Der Almemor (das Allerheiligste) aus dunkler Eiche war die Zierde des Raumes; er sollte allein durch seinen Anblick zur Andacht stimmen (Weil 1927:17).

Kurz nach Aushändigung der Schlüssel begann im Erdgeschoss ein Krachen und Schlagen. Im Vereinszimmer wurden die Tische und Stühle zerschlagen und ineinander geworfen. Ein Täter zerrte mit einer Mistgabel einen Ballen Leinen herum, das zur Bestattung von Toten bestimmt war. Im Synagogenraum schlugen die Täter die Fenster und Türen ein, stürzten die Betstühle um, warfen Gebetsrollen und Gebetsriemen auf den Boden, rissen die Kronleuchter herunter, brachen die hölzerne Wandverkleidung heraus, zerstörten den Altar und rissen den Fußboden auf.

Beide Abbildungen: Die Synagoge, Hallstraße 9, während der Ausräumung der zerstörten Inneneinrichtung durch SS-Männer (Stadtarchiv Hof, FF 7380)

Mit Blick von der Synagoge (Stadtarchiv Hof, FF 7380, 2383)

56 Die Reichskristallnacht

Das Außergewöhnliche am Pogrom in Hof ist, dass sich die Täter bei der Zerstörung der Synagoge fotografieren ließen. Zahlreiche Fotos zeigen die vielen Männer in SS-Uniform beim Hinaustragen von Gegenständen aus der Synagoge und beim Aufladen auf LKWs.
Siehe auch Abbildungen Seiten 58-61. (Stadtarchiv Hof, FF 7380).

Die Reichskristallnacht

Das Synagogengebäude wurde zwar nicht angezündet, wie in den meisten anderen Städten in Deutschland und Österreich, doch trugen die Täter Stühle, Sessel, Teile von Bänken, Bretter, Fensterkreuze, Gebetbücher, Thora-Rollen und Vorhänge nach draußen, um die Gegenstände anzuzünden. An der Ausräumung der Synagoge waren ungefähr 20 Mitglieder der Allgemeinen SS und des SS-Reitersturmes Hof sowie drei bis vier Personen in SA-Uniform beteiligt. Im und vor dem Gebäude waren während der Ausräumungsaktion der SS-Obersturmbannführer Nikol Strobel, der nebenamtliche SS-Obersturmführer und Führer des Sturmes I/41 der allgemeinen SS in Hof Franz Aurnhammer und der Kreisgeschäftsführer bei der NSDAP-Kreisleitung Hof Wenzel Hofmann. Strobel und Aurnhamner, die SS-Uniform trugen, erteilten Befehle. SA-Rottenführer Hans Karl Pössnecker entwendete im Vereinszimmer eine Kassette mit 55 RM Silbergeld, die er später bei sich zu Hause in einem Kachelofen versteckte, um sie – inzwischen umgezogen – im Spätsommer 1939 abzuholen.

Auf dem Hallplatz wurde ein Haufen mit den herausgeschafften Gegenständen errichtet und angezündet. Zu diesem Zeitpunkt waren 65 bis 70 Personen anwesend. Nachdem Polizeiamtmann Heinrich Hartenstein auf die Gefahr durch den in direkter Nähe befindlichen Benzinvorratsraum in der Feuerwehrhauptwache aufmerksam machte, brachte man die aus der Synagoge herausgeschafften Gegenstände weg. Inzwischen – gegen 3/4 8 Uhr – waren etwa 100 Menschen auf dem Hallplatz versammelt. In Anwesenheit von Nikol Strobel und Franz Aurnhammer wurde die Ausräumung der Synagoge fortgesetzt. Neben Brettern und anderen Holzteilen wurde ein abmontierter Heizkörper aus der Synagoge getragen. SA-Sturmführer Ernst Fenzel warf mit etwa vier SA-Angehörgen einen Geldschrank durch ein Fenster der Synagoge. SS-Oberscharführer Robert Egelkraut brach in der Synagoge die hölzerne Wandverkleidung heraus. Während der Ausräumung der Synagoge und der Beladung der Kraftfahrzeuge waren zeitweise der Untersturmführer des SS-Reitersturmes Hof Hans Laubmann und der Unterscharführer des SS-Reitersturmes Hof Bruno Wegner anwesend.

Zwischen 8 und 10 Uhr traf der Schwarzenbacher Bürgermeister, NSDAP-Kreisleiter und Hauptsturmführer der Allgemeinen SS, Benno Kuhr, ein, um das Geschehen eine Zeit lang zu beobachten – ebenso der Hofer Oberbürgermeister und Standartenführer der Allgemeinen SS, Dr. Richard Wendler, ohne gegen die Gewalttaten einzuschreiten, obwohl ihre Ämter verlangt hätten, die öffentliche Ordnung wieder herzustellen. Gegen 10 Uhr wurden noch immer Teile hinausgetragen.

Wegen der Brandgefahr entschlossen sich die Leiter der Aktion, die aus der Synagoge herausgeschafften Gegenstände auf einer Wiese am Saaledurchstich zu verbrennen. Es wurden drei Lastkraftwagen geholt, ein städtischer und zwei firmeneigene, und diese mit dem Zerstörungsgut beladen. Die Bordwände eines LKWs behängte man mit Kultgegenständen.

58   **Die Reichskristallnacht**

Viele Schaulustige stehen dicht gedrängt um das Geschehen. Einige Passanten beteiligen sich bei den Arbeiten (Stadtarchiv Hof, FF 7380).

Die Reichskristallnacht

Nach Beladung der LKW erhielten die Beteiligten zwischen 10 und 11 Uhr den Befehl, in Marschordnung anzutreten. Die etwa 80 bis 90 SS-Männer bildeten somit einen Zug, an dessen Ende die beladenen LKW fuhren. Unter Musikbegleitung nahm der Zug seinen Weg durch die Poststraße, das Obere Tor, die Ludwigstraße und den Sigmundsgraben, bewegte sich an der Brauerei Scherdel am Unterkotzauer Weg vorbei und endete auf der gegenüber dem städtischen Gaswerk gelegenen Wiese am Saaledurchstich. Unterwegs in der oberen Ludwigstraße brachte Unterscharführer des SS-Reitersturmes Wegner durch Gesten seine Freude über die Aktion zum Ausdruck. Nach ihrer Ankunft am Saaledurchstich wurden die Fahrzeug-Ladungen auf einen Haufen geschichtet und angezündet. Während des Abbrennens fassten sich die SS-Angehörigen an den Händen und sangen das SS-Treuelied. Schließlich verließen die Beteiligten den Saaledurchstich, nachdem sie den Befehl erhalten hatten, tagsüber uniformiert zu bleiben (SA BA, K 107 3737-1:193-198).

SS-Männer laden die Trümmer aus der Synagoge am Saaledurchstich ab; rechts der LKW der Firma VOMAG (Stadtarchiv Hof, FF 7380, 2389)

Ein aus der Synagoge entwendeter Zylinder wurde zur Verhöhnung auf eine Stange gesteckt (Stadtarchiv Hof, FF 7380, 2387)

60 Die Reichskristallnacht

SS-Männer zünden den Trümmerhaufen am Saaledurchstich an. Schilder mit der Überschrift »Jüdische Auswanderung« verhöhnen die Juden (Stadtarchiv Hof, FF 7380, 2390)

Während des Anzündes ist der Trümmerhaufen von SS-Männern zahlreich umstanden. Ein Hut und Textilien aus der Synagoge wurden an einer senkrechte Stange befestigt (Stadtarchiv Hof, FF 7380, 2391)

Der lodernde Haufen; im Hintergrund Zivilisten und SS-Männer (Stadtarchiv Hof, FF 7380, 2389)

Die Synagoge nach der Zerstörung am 10.11.1938 (Stadtarchiv Hof, FF 7380, 2877)

Der Versammlungsraum in der Synagoge nach der Ausräumung (Stadtarchiv Hof, FF 7380, 2385)

Noch im selben Monat, am 30.11.1938, wurde der Abriss des Synagogengebäudes angeordnet, der am 15.12.1938 von einer Baufirma durchgeführt wurde. Die Kosten von 400 RM wurden der jüdischen Gemeinde abverlangt. Wenn der Nachkriegsoberbürgermeister von Hof Oskar Weinauer im Juni 1945 formulierte, das »Grundstück wurde anschließend von der Stadtgemeinde Hof käuflich erworben« (zit. nach Hager/Haas 2007:173), so drängen sich freilich die Fragen auf, ob die Kultusgemeinde tatsächlich eine Zahlung erhielt, ob sie darüber frei verfügen konnte und welche Seite den Kaufbetrag festlegte.

Ebenso haben sich Fotos vom Kaufhaus »Gebrüder Ury«, Altstadt 30, erhalten. Das Kaufhaus war das letzte Einzelhandelsgeschäft in Hof mit jüdischen Inhabern. Alle anderen waren bereits »arisiert« oder geschlossen worden (StA Hof, GewKart). Nach Ophir und Wiesemann wurden die Schaufenster des Kaufhauses Ury in den Morgenstunden des 10. November von SS-Männern eingeschlagen, aber auch die Fenster jüdischer Wohnungen (Ophir/Wiesemann 1979:137). Die Zweigniederlassung Hof des Warenhauses »Gebrüder Ury AG« wurde am 31.1.1939 bei der Stadt Hof mit Betriebsende am 9.11.1938 abgemeldet. Das heißt, dass das Kaufhaus nach dem Pogrom nicht mehr geöffnet wurde.

Am Haus Oberes Tor 10 wurden die Schriftzüge der bereits »arisierten« Zweigniederlassung der »Bottina-Schuh-GmbH« abmontiert (Foto S. 63). Die Gesellschaft mit Sitz in Berlin hatte 16 Filialen und wurde nach mehreren erfolglosen Arisierungsversuchen 1938 liquidiert. Im Oktober 1938 hatte der Berliner Liquidator das Geschäft mit seinem Warenbestand an den aus Hanau stammenden Kaufmann Heinrich Pfersdorf verkauft und ihn ausdrücklich ermächtigt, als Geschäftsführer tätig zu sein. Es fehlte lediglich

Beide Abbildungen: Zerstörungen am Kaufhaus Ury in der Altstadt Hof, 10.11.1938 (Stadtarchiv Hof, FF 7380)

Die Reichskristallnacht

Abnahme der Lichtreklamen am Schuhhaus Bottina am Oberen Torplatz, 10.11.1938 (Stadtarchiv Hof, FF 7380)

noch die Genehmigung nach dem Einzelhandelsschutzgesetz (SA BA, N 32 Nr. 58). Die Gewerbeanmeldung des »Schuhhauses Heinrich Pfersdorf« erfolgte dann am 12.12.1938. Das Unternehmen wurde Ende 1956 in eine Kommanditgesellschaft umgewandelt (StA Hof, Gewerbekartei).

Mut einer Hoferin

Unweit des Saaledurchstiches am Sigmundsgraben befand sich das Humanistische Gymnasium, das heutige Jean-Paul-Gymnasium, wo die damals neunjährige Schülerin Doris Weber (29.8.1929-15.3.2010) zur Schule ging. Von der Geschichte, wie sie eine der Thorarollen aus dem glimmenden Haufen am Saaledurchstich zog und mit nach Hause nahm, wurden unterschiedliche Versionen veröffentlicht – teils mit mehr oder weniger frei erfundenen Details. Als Erwachsene hat die spätere Studiendirektorin im Kirchendienst und Bürgermeisterin von Hof von 1988 bis 1996 ihre Erinnerungen in Versform niedergeschrieben:

»*Unterricht nach der Pogromnacht*
Ein Lehrer in SA-Uniform lehrt uns das Lesen,
und so, als sei es gestern gewesen,

höre ich ihn, wie er im Unterricht sagt:
›Geht zum Saaledurchstich, dort seht ihr heut' was!‹
Neugierig bin ich nach Schulschluss losgerannt,
dorthin, wo ich einen glimmenden Holzhaufen fand,
aus ihm ragte etwas Weißes hervor,
aus Papier war es, sah aus wie ein Rohr.
Ich zog es heraus, – welch ein Schreck –
ich hatte eine Thorarolle entdeckt!
Die Bibel der Juden – kaum zu fassen –
die kann man doch nicht verbrennen lassen!
Unbemerkt trug ich sie eilends heim,
meine Mutter erschrak: ›Was hast du – oh nein!,
gib mir die Rolle, ich werd sie verstecken,
sie gehört nicht ins Feuer, dient anderen Zwecken!‹
Die Rolle heut' in der Synagoge, in richtiger Hand,
gut, dass sie damals das ›kleine tapfere Mädchen‹ noch fand.«

Ob das Mädchen mit neun Jahren tatsächlich wusste, was eine Thorarolle ist, sei dahin gestellt. Fakt ist, dass ihre Mutter, Luise Weber, erkannte, um was es sich handelte. Obwohl ihr die Gefahren bewusst waren, versteckte sie die Rolle an einem heute nicht mehr zu ermittelnden Ort im Haus Oberes Tor 6, wo die Familie wohnte. Auf diese Weise rettete Luise Weber die Thorarolle. Als ihr Ehemann Anton Weber 1946 aus britischer Gefangenschaft zurückkehrte, gab sie ihm die Thorarolle. Er übergab sie dem damaligen Vorsitzenden der Israelitischen Kultusgemeinde Hof, Wolf Weil.

Später wurde die Rolle in Israel restauriert und befindet sich noch heute im Besitz der Hofer Kultusgemeinde (Albrecht Weber, pers. Mitt. 11.3.2018).

Inhaftierungen

Ehepaar Heymann mit Sohn Walter waren nicht die einzigen, die in jener Nacht verhaftet wurden. Tatsächlich wurden alle jüdischen Bürger, die noch in Hof wohnten, aus ihren Wohnungen geholt und ins Landgerichtsgefängnis verbracht. Dies befand sich im Gebäude das früheren Klarissenklosters hinter dem Gericht in der Theaterstraße 8 (heute Klostertor 2-4).

Nach der Zeugenaussage der Wirtschafterin der Familie Linz aus den späten 1940er Jahren, Marie Kießling, sollten auch Sally und Selma Linz verhaftet werden. Irgendwann nach Mitternacht wurde an der Haustür Marienstraße 73 geläutet. Da das Ehepaar Linz nach Eisenach verreist und Marie Kießling allein in der Wohnung war, traute sie sich zunächst nicht zu öffnen. Nachdem ein Nachbar die Haustür geöffnet hatte, wurde an der Wohnungstür Sturm geläutet. Als Marie Kießling öffnete, standen zwei Männer in NS-Uniformen vor ihr, wohl ein SS- und ein SA-Mann. Sie fragten nach Sally Linz, glaubten aber nicht, dass er verreist sei. So gingen sie in die Wohnung, um nachzusehen – zuerst im Schlaf- und etwas länger im Herrenzimmer. Als einer der beiden äußerte, die Juden sähen kein Tageslicht mehr, und Marie Kießling in ihrer Aufregung spontan antwortete, »Ach, lieber Gott, wenn nur eine Wendung käme!«, bedrohten die beiden sie mit Verhaftung, gingen dann aber wieder (SA BA, K 107 3737-3, Bl. 34).

Über die anderen Verhaftungen sind keine Schilderungen überliefert. Doch wurde jeder eingelieferte Häftling in das Gefangenenbuch B des Landgerichtsgefängnisses eingetragen. Diese Gefangenenbücher geben Einblick in das Haftsystem des NS-Regimes. Die meisten Einträge von 1938 waren die von Häftlingen, die nur eine Nacht in Hof blieben. Die Daten verraten, dass sie Ferntransporten angehörten: »Polizeihaft v. Buchenwald n[ach] Wien«, »Unters[uchungs]-Haft v. Wien n. Leipzig« oder »Schutzh[aft] v. Villach n. Lichtenburg«. Für sie alle ist in einer Spalte »Sch« vermerkt, was für Schutzhäftling steht. Bei den Einträgen in der Reichskristallnacht und den Folgetagen hingegen ist »P« für Polizeihäftlinge angegeben und dementsprechend als Haftgrund »Polizeihaft«.

Das Ehepaar Karl und Berta Böhm aus der Fabrikzeile, 57 und 50 Jahre alt, wurden am 10. November 1938, um 4 Uhr aufgenommen. Ihnen folgten um 4 Uhr 20 das Ehepaar Hans und Emma Lax (57 und 61 Jahre alt), um 4 Uhr 30 Ella Heymann (51) mit ihrem Sohn Walter Heymann (14) aus der Hallstraße 9 und zehn Minuten nach ihnen der Fabrikant Heinrich Eberstadt (52) aus der Konradsreuther Straße 11. Um 4 Uhr 45 Uhr folgten der Religionslehrer Leopold Weil (50) mit Ehefrau Berta (73) aus der Ludwigstraße 54 sowie Max Heymann (56) aus der Hallstraße 9. Als vorerst letzte Jüdin aus Hof wurde um 5 Uhr die Kaufmannsehefrau Sabina Reiter (60) aus der Ludwigstraße 54 ins

Gefangenenbuch eingetragen. Sie wurde anstelle ihres krank im Bett liegenden Mannes Abraham Adolf Reiter verhaftet (siehe Kap. *Familie Reiter*).

Später kamen Juden aus anderen Orten der Region. Zwischen 7 Uhr 25 Uhr und 8:00 Uhr wurden die jüdischen Oberkotzauer eingeliefert: das Ehepaar Wolf und Paula Marcus (64 bzw. 74 Jahre alt) mit ihrer Schwester Cezilie Adler (66), zwanzig Minuten nach ihnen Dr. med. Julius Joachimczyk (71) und um 8 Uhr Siegfried Löwy (82) mit Tochter Margarete Benker (45). Bei ihr waren die Verhaftenden übereifrig, denn mit einer christlichen Mutter galt sie als »jüdischer Mischling« bzw. als »Halbjüdin« und wäre gar nicht für die Haft vorgesehen gewesen (ITS 1.2.2.1, Ordner 1967).

Gegen 8 Uhr wurde vom Gefängnis telefonisch bei der Polizei-Direktion angefragt, was mit den eingelieferten Juden geschehen solle. Nach einer Aussage von Kriminalsekretär Johann Hundhammer vom Juni 1948 hatte Polizeidirektor Ernst Hildebrandt angeordnet, sie in Polizeihaft zu nehmen, was Hundhammer an das Gefängnis weitergab. Seiner Überzeugung nach wäre diese Anordnung auf Weisung einer höheren Dienststelle ergangen (SA BA, K107 3737-1:100).

Am Vormittag trafen weitere Häftlinge im Gefängnis ein. Um 11 Uhr 30 Uhr wurden fünf Münchberger aufgenommen: der Fabrikant Gustav Braunsberg (25) mit Hausgehilfin Lore Alexander (41) sowie Philipp Glaser (55) mit seinen älteren Söhnen Hermann (20) und Alfred (18). Die Glasers waren am Arbeitsplatz in der Baumwollweberei »Braunsberg & Co. GmbH« verhaftet worden. Um 11 Uhr 55 Uhr wurde wieder eine Hoferin ins Gefangenenbuch eingetragen: die Kaufmannswitwe Paula Anders (69). Um 13 Uhr wurde der Kaufmann Isidor Grünebaum »v[on] Naila angeliefert« und um 16 Uhr aus Münchberg Philipp Glasers Ehefrau Regina (47) und die Söhne Julius (13½) und Eduard (noch keine 8 Jahre alt). Als letztes traf um 18 Uhr 50 Uhr der Kaufmann Theodor Ellbogen aus Rehau ein (ITS 1.2.2.1, Ordner 1967; StA Müb, 109-01-20:8; SA BA, K 193 Nr. 5).

Auch die christlich verheiratete Edith Scherdel, geborene Peiser, aus Schwarzenbach/Saale sollte durch SA- oder SS-Leute in Haft genommen werden. Sie hatte kurz vorher eine schwere Operation und hätte wieder nach Nürnberg zur Bestrahlung gemusst. Deshalb – wohl in Absprache mit dem Kreisleiter und Bürgermeister von Schwarzenbach Benno Kuhr – »wurde der Haftbefehl in der Weise vollzogen, dass Frau Scherdel im Krankenhaus Hof unter Aufsicht des Medizinalrats Dr. Mohr interniert wurde.« Dort befand sie sich vom 10.11.1938 bis zum 14.11.1938 (Archiv EHü; SA BA, Spk Hof Land 3215:313).

Welche Stellen die Inhaftierungen verfügt hatten, wurde erst nachträglich eingetragen. Für die Oberkotzauer hatte das Bezirksamt Hof am Tag nach der Inhaftierung die Aufnahmeverfügung ausgestellt, für die

Die Reichskristallnacht

Münchberger das Bezirksamt Münchberg zwei Tage nach der Einlieferung und für die Hofer die Polizei-Direktion Hof am 17.11.1938.

Die untenstehende Tabelle mit der Abschrift aus dem Gefangenenbuch B des Landgerichtsgefängnisses Hof gibt die Daten nochmals übersichtlich wieder (ITS 1.2.2.1, Ordner 1967) mit folgenden Angaben: 2: Name, Beruf, Wohnort (bei Ausländern Staatsangehörigkeit); 3: Welche Art von Haft?; 4: Geburtsdatum; 5: Familienstand; 6: Bekenntnis; 8: Haftgrund; 9: Aufnahmeverfügung der Behörde mit Datum – wurde erst nachträglich eingetragen; 10: Datum der Aufnahme mit Uhrzeit; Beendigungsverfügung der Behörde mit Datum; 11: Datum der Beendigung der Haft mit Uhrzeit; 12: Grund der Beendigung der Haft; 13: Zahl der Hafttage. Abkürzungen: Bez.-Amt=Bezirksamt; israel.=israelitisch; jüd.=jüdisch; led.=ledig; P=Polizeihaft; Pol.Dir.=Polizei-Direktion; Sch=Schutzhaft; verh.=verheiratet; verw.=verwitwet; *=Kriminalsekretär Hundhammer.

2	3	4	5	6	8	9	10	11	12	13
Böhm Karl, Kaufmann, Hof	P	17.11.1881	verh.	israel.	Pol.-Dir. Hof 17.11.38	10.11.38, 4.00 Uhr	Pol.-Dir. Hof 17.11.38	17.11.38, 6.00 Uhr	nach Dachau überstellt	7
Böhm Berta, Ehefrau, Hof	P	6.8.1888	verh.	israel.	Pol.-Dir. Hof 17.11.38	10.11.38, 4.00 Uhr	Pol.-Dir. Hof 11.11.38 mündl. Hundh*	11.11.38, 17.55 Uhr	Entlassung	1
Lax Hans, Kaufmann, Hof	P	24.6.1881	verh.	israel.	Pol.-Dir. Hof 17.11.38	10.11.38, 4.20 Uhr	Pol.-Dir. Hof 17.11.38	17.11.38, 6.00 Uhr	nach Dachau überstellt	7
Lax Emma, Ehefrau, Hof	P	3.2.1877	verh.	israel.	Pol.-Dir. Hof 17.11.38	10.11.38, 4.20 Uhr	Pol.-Dir. Hof 11.11.38 mündl. Hundh*	11.11.38, 17.55 Uhr	Entlassung	1
Heymann Ella, Ehefrau, Hof	P	13.3.1887	verh.	israel.	Pol.-Dir. Hof 17.11.38	10.11.38, 4.30 Uhr	Pol.-Dir. Hof 19.11.38 mündl. Hundh*	11.11.38, 17.55 Uhr	Entlassung	1
Heymann Walter, Sohn, Hof	P	17.12.1923	led.	israel.	Pol.-Dir. Hof 17.11.38	10.11.38, 4.30 Uhr	Pol.-Dir. Hof 15.11.38 mündl. Hundh*	15.11.38, 18.45 Uhr	Entlassung	5
Eberstadt Heinrich, Fabrikbesitzer, Hof	P	10.5.1886	verh.	ohne	Pol.-Dir. Hof 17.11.38	10.11.38, 4.40 Uhr	Pol.-Dir. Hof 17.11.38	17.11.38, 6.00 Uhr	nach Dachau überstellt	7

2	3	4	5	6	8	9	10	11	12	13
Weil Berta, Ehefrau, Hof	P	1.2.1865	verh.	israel.	Pol.-Dir. Hof 17.11.38	10.11.38, 4.45 Uhr	Pol.-Dir. Hof 11.11.38 mündl. Hundh*	11.11.38, 17.55 Uhr	Entlassung	1
Weil Leopold, Lehrer, Hof	P	29.8.1888	verh.	israel.	Pol.-Dir. Hof 17.11.38	10.11.38, 4.45 Uhr	Pol.-Dir. Hof 17.11.38	17.11.38, 6.00 Uhr	nach Dachau überstellt	7
Heymann Max, Kaufmann, Hof	P	27.5.1882	verh.	israel.	Pol.-Dir. Hof 17.11.38	10.11.38, 4.45 Uhr	Pol.-Dir. Hof 11.11.38 mündl. Hundh*	11.11.38, 17.55 Uhr	Entlassung	1
Reiter Sabina, Ehefrau, Hof	P	2.2.1878	verh.	israel.	Pol.-Dir. Hof 17.11.38	10.11.38, 5.00 Uhr	Pol.-Dir. Hof 17.11.38	11.11.38, 17.55 Uhr	Entlassung	1
Anders Paula, Kaufmannswitwe, Hof	P	25.9.1869	verw.	israel.	Pol.-Dir. Hof 17.11.38	10.11.38, 11.55 Uhr	Pol.-Dir. Hof 11.11.38	11.11.38, 17.55 Uhr	Entlassung	1
Ellbogen, Theodor, Kaufmann, Rehau	Sch	3.1.1871	verh.	jüd.	Bez.-Amt Rehau 10.11.38	10.11.38, 18.50 Uhr		17.11.38, 6.00 Uhr	nach Dachau überstellt	7

Hausdurchsuchungen

Die Polizei setzte die Maßnahmen gegen die jüdischen Bürger Hofs fort. Nach der Aussage des Kriminalsekretärs Johann Hundhammer vor dem Untersuchungsrichter am 30.6.1948 habe sein Vorgesetzter, der Leiter der Polizei-Direktion Hof, Ernst Hildebrandt, am 10.11.1938 gegen 18 Uhr angeordnet, die Wohnungen der Juden nach Waffen und verbotenen Druckschriften zu durchsuchen. Als SS-Obersturmführer hatte er – nach SS-Standartenführer und Oberbürgermeister Richard Wendler – den höchsten SS-Dienstgrad in Hof. Johann Hundhammer war von 1934 bis 1945 Sachbearbeiter für Angelegenheiten auf dem politisch-polizeilichen Sektor bei der Kriminalpolizei Hof. Die Aufgabe der Durchsuchungen teilte er sich mit zwei Kollegen seiner Abteilung. Johann Hundhammer selbst übernahm die Wohnung Linz, Kriminalsekretär Dietel die Wohnung Reiter und seines Wissens Kriminalsekretär

Die Reichskristallnacht

Hager die Wohnung Böhm. Hildebrandt erklärte, dass für die Durchsuchung Angehörige der Allgemeinen SS beigegeben würden, die im Polizei-Revier 1 warteten. Dort angekommen, traf Hundhammer vier SS-Männer, unter anderem den Angestellten der Deutschen Arbeitsfront (DAF) Fritz Müller und den Kanzleisekretär Johann Hartenstein (SA BA, K107 3737 Bl. 31).

Man darf sich den NS-Staat nicht so vorstellen, dass das gesamte Rechtssystem außer Kraft gesetzt war. Auch damals war ein richterlicher Beschluss für eine Hausdurchsuchung erforderlich. Ohne einen solchen stellte das Eindringen in eine Wohnung – insbesondere in Tateinheit mit dem Erbrechen von Behältnissen – eine Straftat, und zwar Hausfriedensbruch, dar.

Die Durchsuchung der Wohnung des Vorstandes der Israelitischen Kultusgemeinde, des Kaufmanns Sally Linz, Marienstraße 73, I. Stock, wurde ebenfalls von der Zeugin Marie Kießling geschildert. Sie war von 1912 bis 1940 Wirtschafterin der Familie, die aus vier Personen bestanden hatte: neben Sally Linz aus seiner Ehefrau Selma Linz, geborene Epstein, und den beiden Söhnen Hans und Günther. Hans Linz war im Mai 1933 nach Lyon gegangen und Günther Linz im Oktober 1938 nach Berlin. Sally und Selma Linz waren zu jener Zeit in Eisenach, wo Sally Linz verhaftet und ins KZ Buchenwald verschleppt wurde; er wurde erst am 13.12.1938 wieder entlassen.

Nach Marie Kießling erschien Kriminalsekretär Johann Hundhammer mit zehn[!] SS-Männern am 11. November um 19 Uhr. Auch sie klingelten an der Wohnungstür Sturm und verschafften sich Eintritt. Schränke und Schubladen wurden mit Nachschlüsseln geöffnet, die Johann Hundhammer mitgebracht hatte. Eine Schreibtischschublade und eine Kassette wurden aufgesprengt. Einzelne SS-Männer gingen, andere kamen, unter anderen Kreisleiter Benno Kuhr in SS-Uniform. Die Durchsuchung der Wohnung Linz dauerte bis etwa 21 Uhr. Sichergestellt und abtransportiert wurden Bücher der Kultusgemeinde, Gebetbücher und Geschäftsbücher, ein Rollschrank mit Büchern und das Schifferklavier des Sohnes Günther Linz. Marie Kießling vermisste hinterher außerdem zwei Silberleuchter für jüdische Festtage, ein ererbtes Silberschild aus Familienbesitz, eine Schreibtischschublade mit den Familienbildern und eine Sparbüchse mit Geldern für arme Juden. Nach ihrer Rückkehr stellte Selma Linz das Fehlen einer Kassette fest. Zurück gegeben wurden später die Schublade, die Geldkassette und die Geschäftsbücher. Sally Linz vermisste darüberhinaus eine goldene Uhr (SA BA, K 107 3737-3 Bl. 34-35).

Über Demolierungen und Durchsuchungen, über Beschlagnahmungen oder Diebstähle in den Wohnungen der anderen jüdischen Hofer sind keine Berichte überliefert. Aus den Ermittlungen der Hofer Staatsanwaltschaft und dem Pogrom-Strafverfahren haben wir heute nur Kenntnis über die Durchsuchung der Wohnung von Familie Linz und die Demolierung der Wohnungseinrichtung der Familie Heymann. In den Wiedergutmachungsakten der Familie Böhm befindet sich eine Aufstellung der Gegenstände, Schriftstücke und Geldbeträge, die am 11.11.1938 in der Wohnung der Böhms in der Fabrikzeile 20 konfisziert wurden, während Karl und Berta Böhm im Hofer Gefängnis inhaftiert waren. Die Aufstellung ließ die Buchhalterin der Firma Gebrüder Böhm, Kuni Ziegler, bei der Schutzpolizei Hof im Juli 1945 protokollieren.

> Kommando der Schutzpolizei Hof　　　　　　Hof, den 18. Juli 1945
> Aufstellung der s[einer] Z[ei]t beschlagnahmten Gegenstände und Wertsachen l[au]t Aussage vor Frau Ziegler, Hof, Alsenbergerstr. 53:
>
> Brieftasche mit Geld
> beinahe eine ganze Bibliothek
> 2 große neue Koffer
> Privatsachen: Schriften
> 300 RM im Kuvert
> 1 Kassette mit ungefähr RM 68.00
> 1 Radiogerät Marke: ›Saba‹
> verschiedene Sachen unbekannt.
>
> Für die Abschrift:
> *Stern*
> Rechtsanwalt

Nur das Radiogerät wurde später zurückerstattet (SA N, WB IIIa 111, Bl. 143 und 186).

Von der Durchsuchung der Wohnung der Familie Reiter in der Ludwigstraße 54, in der seit November 1937 auch Leopold und Bertha Weil wohnten, ist heute lediglich bekannt, dass sie – wie erwähnt – von Kriminalsekretär Dietel geleitet wurde.

Wenn Johann Hundhammer in seiner Aussage nur drei Wohnungen erwähnte, mag er zwischenzeitlich die anderen vergessen haben. Mit grösster Wahrscheinlichkeit wurden auch die Wohnung von Hans und Emma Lax in der Heimgartenstraße 2 durchsucht und dort Gegenstände beschlagnahmt. Da das kinderlose Ehepaar die Deportation nicht überlebte, hat niemand in einem Wiedergutmachungs- oder Entschädigungsverfahren den Verlust benennen und die Vorkommnisse schildern können. Wie die einzige überlebende Verwandte, die Schwester von Emma Lax, Klara Habermann, geborene Lump, mit ihren Anträgen scheiterte, haben wir am Ende des Kapitels Familien Lax und Lump dargestellt. Möglicherweise wurden auch die Wohnungen von Paula Anders, Altstadt 8, und Heinrich Eberstadt, Konradsreuther Straße 11, durchsucht und dort Beschlagnahmungen vorgenommen. Beide wurden ja ebenfalls im Landgerichtsgefängnis inhaftiert. Dass ihre Wohnungen von der Durchsuchung ausgenommen worden wären, weil sie mit »Ariern« verheiratet waren, wäre pure Spekulation.

Entlassungen und Überstellungen

Am 11.11.1938, dem Tag nach den Inhaftierungen, wurden abends neun Frauen und Kinder wieder aus dem Gefängnis entlassen, um 17:55 Uhr Paula Anders (69), Berta Böhm (50), Emma Lax (61), Ella Heymann (51), Berta Weil (73) und Sabine Reiter (60), außerdem um 18:00 Uhr Regina Glaser aus Münchberg mit ihren beiden jüngsten Söhnen Julius und Eduard. Von den Männern wurde allein Max Heymann (56) auf freien Fuß gesetzt, wie erwähnt war er gelähmt. In den meisten Hofer Fällen teilte Johann Hundhammer die Entlassungsverfügung mündlich mit. Wie bei den Inhaftierungsverfügungen hatte er sicherlich auch diesen Auftrag von Polizei-Direktor Hildebrandt erhalten.

In den nächsten Tagen wurden nochmals sieben Inhaftierte entlassen: am 12. November um 10:15 Uhr die drei Frauen aus Oberkotzau und am Nachmittag Siegfried Löwy, am 14. November um 10 Uhr 14 Uhr die drei Münchberger Lore Alexander und die älteren Glaser-Söhne Alfred und Hermann, sowie schließlich am 15. November um 18 Uhr 45 Uhr Walter Heymann, der noch keine 15 Jahre alt war. Nach den Entlassungen der 18 oben Genannten, verblieben im Landgerichtgefängnis die folgenden jüdischen Männer: Karl Böhm, Heinrich Eberstadt, Hans Lax und Leopold Weil aus Hof, Gustav Braunsberg und Philipp Glaser aus Münchberg, Isidor Grünebaum aus Naila, Dr. Julius Joachimczyk und Wolf Marcus aus Oberkotzau sowie Theodor Ellbogen aus Rehau.

Noch während der Entlassungsphase wurden jüdische Männer aus anderen oberfränkischen Städten ins Landgerichtgefängnis Hof überstellt. Und zwar am 14. November um 18 Uhr 10 16 Männer aus Coburg und zwei aus Kulmbach, die wohl mit einem Transport eintrafen, am 15. November um 11 Uhr 45 12 Männer aus Bayreuth im Alter zwischen 30 und 56 Jahren, und um 19 Uhr 35 16 Männer aus dem Raum Lichtenfels (Altenkunstadt, Burgkunstadt, Seubelsdorf und Lichtenfels selbst) im Alter von 28 bis 55 Jahren.

In Coburg hatten die Ausschreitungen bereits am 9. November vormittags begonnen, als eine Rotte von SA-Leuten im Auftrag der NSDAP-Kreisleitung in die Wohnung der jüdischen Familie Frank eindrang, den Kaufmann Max Frank misshandelte und ihn zusammen mit seinem Sohn Wilhelm abführte. Rechtsanwalt Dr. Martin Baer wurde von einem SA-Mann mit einem Eisenstock zusammengeschlagen und dann auf der Polizeiwache mit Fußtritten misshandelt. Nachts wurden Geschäfte heimgesucht, Schaufenster eingeworfen, Einrichtungen verwüstet, Warenauslagen auf die Straße geworfen. Am frühen Morgen des 10. Novembers wurden alle 40 jüdischen Familien Coburgs zusammengetrieben. Sie mussten in Dreierreihen durch Coburg laufen, vorbei an Schaulustigen, die sie verhöhnten und verspotteten. Am Marktplatz angekommen, durften Frauen und Kinder nach Hause gehen. Männer und Jugendliche wurden in die städtische Turnhalle am Anger gebracht, die als Gefängnis diente. Vor dem Gebäude kam es zu antijüdischen Kundgebungen (Fromm 1990:92-95). Laut Monatsbericht der Stadt Coburg an die Regierung wurden insgesamt 38 Juden festgenommen, davon sollen 16 der Geheimen Staatspolizei überstellt worden sein (StA CO, A 6588). Tatsächlich handelte es sich um jene 16, die am 14.11.1938 ins Hofer Gefängnis eingeliefert wurden.

In Bayreuth war eine große Zahl von jüdischen Bürgern in der Reichskristallnacht aus ihren Wohnungen heraus verhaftet und zur Polizeiwache im Alten Rathaus, Maximilianstraße, gebracht worden, wo sie teils im Schlafzeug in der Kälte im offenen Innenhof ausharren mussten, bis sie später in eine Viehhalle beim Schlachthof hinter der Rotmainhalle in der Hindenburgstraße geschafft wurden. Während die Frauen und älteren Männer am Morgen des 10. Novembers nach Hause gehen durften, wurden 23 männliche Juden »als Polizei- bzw. Schutzhaftgefangene in das Gerichtsgefängnis Bayreuth«, Markgrafenallee 30, eingeliefert. Elf von ihnen wurden am 18. und 19. November wegen »Überalterung, Krankheit, körperlicher Behinderung und dergl[eichen]« aus der Haft entlassen (Hübschmann 2000 passim). Zwischenzeitlich hatte man die erwähnten zwölf Bayreuther nach Hof überstellt.

Die zwei ältesten Häftlinge, Wolf Marcus und Dr. Julius Joachimczyk aus Oberkotzau, blieben in Hof. Sie wurden am 22. bzw. 23. November nachmittags entlassen, also nach 12 bzw. 13 Tagen Haft. Aus den anderen Polizeihäftlingen wurde ein Transport zusammengestellt, der 54 Männer umfasste. Ihr Abtransport wurde im Gefangenenbuch in den Spalten 11 und 12 mit 17. November 38, 6 Uhr – nach Dachau überstellt, festgehalten. Die Häftlinge kamen aus Altenkunstadt (5), Burgkunstadt (5), Bayreuth (12), Coburg (15), Hof (4), Münchberg (2), Naila (1), Neustadt bei Coburg (1), Kulmbach (2), Seubelsdorf (1), Rehau (1) und Lichtenfels (5). Es muss ein auffälliges Ereignis gewesen sein, als eine so große Gruppe von Häftlingen die 1,8 km von der Theaterstraße zum Bahnhof laufen musste – zu einer Zeit, als viele Berufstätige bereits unterwegs waren, zumal auch einheimische Bürger unter den Gefangenen waren.

Die reguläre Bahnstrecke von Hof in den Süden führte über Marktredwitz und Regensburg. Der weitere Ablauf ist nicht ganz klar, da die Autoren Ophir und Wiesemann in vier Kapiteln (zu Bayreuth, Coburg, Kulmbach und Lichtenfels) voneinander abweichende Versionen wiedergeben (Ophir/Wiesemann 1979:121, 128, 141, 142).[33] Fest steht allerdings, dass der Transport sein geplantes Ziel Dachau nicht erreichte. Beleg hierfür ist eine, wenn auch ungenaue, Wiedergabe eines Interviews, das einer der Bayreuther Häftlinge 1988 gab. Bei einem Besuch seiner ehemaligen Heimatstadt äußerte Arthur Strauß, dass die Männer per Bahn ins Konzentrationslager Dachau geschafft werden sollten. »Als unser Zug verspätet ankam, war das Lager bereits überfüllt. So rückten wir im Gefängnis Regensburg ein.« (*Nordbayerischer Kurier* 1988)[34] Diese Information ist nur hier zu finden.

Der folgende Ablauf lässt sich rekonstruieren: Der Transport kam nur bis zum Hauptbahnhof Regensburg. Dort müssen die Bewacher erfahren haben, dass das KZ Dachau überfüllt war. Sie erhielten den Befehl, die Gefangenen ins Regensburger Gefängnis zu bringen. Doch zunächst wurden die Häftlinge auf dem Bahnhof misshandelt. »Sämtliche Verhafteten wurden mit dem Gesicht zur Wand gestellt und mit Erschießen bedroht.« Dies erwähnen Ophir und Wiesemann in allen ihren vier Versionen (1979:121, 128, 141, 142). Nach diesen Scheinerschießungen erfolgte der Fußmasch vom Bahnhof ins 1 km 1 entfernte Gefängnis in der Augustenstraße 4. Im dortigen Gefangenenbuch B wurden die 54 Männer um 12:30 Uhr desselben 17. Novembers als Nummern 1017 bis 1070 eingetragen. Die Aufnahmeverfügung erteilte aber nicht die lokal zuständige Polizei, sondern die für die oberfränkischen Männer zuständige »G. St. P. Nürnberg-Fürth«, d.h. die Gestapo-Leitstelle in Nürnberg, und zwar an jenem 17.11.1938. Nach fünf Tagen verfügte die Gestapo Regensburg die Beendigung der Haft mit dem Grund: Ablieferung an die »P[olizei-] D[irektion] Hof«. Am 22.11.1938 um 10:15 Uhr wurden alle 54 wieder ausgetragen (SA AM, JVA Regensburg 286). Es ging zurück nach Hof, wo sie wieder im dortigen Gefangenenbuch B eingetragen wurden: Haftgrund: Polizeih[aft], Aufnahmeverfügung: Pol[izei] Dir[ektion] Hof 22.11.38, Zeit der Aufnahme: 22. Nov. 38. 1715 (ITS 1.2.2.1, Ordner 1967).

In der Folgezeit wurden die 54 Männer nach und nach entlassen; der erste, Isidor Grünbaum aus Naila, bereits knapp zwei Stunden nach der

---

33 Die Quelle der Autoren kann man nur im hebräischen Original von 1970 überprüfen; die deutsche Ausgabe von 1979 hat keine Quellenangaben.

34 Die Überfüllung des KZ Dachau wird auch von Ophir/Wiesemann in ihrem Kapitel Coburg erwähnt, allerdings erwecken sie den Eindruck, der Transport wäre am 10.11.1938 direkt von Coburg abgegangen. Die am 10. November in Coburg nicht Freigelassenen »sollten nach Dachau gebracht werden. Als sich jedoch herausstellte, daß das dortige Konzentrationslager überfüllt war, wurde der Transport auf dem Bahnhof Regensburg ausgeladen.« Unkorrekt ist dann wiederum, dass sich auf dem Regensburger Bahnhof, »bereits Häftlinge aus den jüdischen Gemeinden Lichtenfels, Kulmbach und Bayreuth befanden« (Ophir/Wiesemann 1979:128). Ebenso inkorrekt ist ihre Darstellung, nach den Misshandlungen auf dem Regensburger Bahnhof »schaffte man sie nach Hof ins Gefängnis.« In keiner ihrer Versionen erwähnen sie die Haft im Regensburger Gefängnis.

Rückkehr. Bei fast allen verfügte die Polizei-Direktion Hof die Entlassung, bei den vier Männern aus Naila, Münchberg und Rehau das jeweilige Bezirksamt. Eine auffällige Ausnahme gibt es: der Coburger Alfred Bamberger wird aufgrund einer Verfügung der Kreisleitung Lichtenfels vom 24.11.1938 durch Stadtinspektor Plettenberger nach Bamberg überstellt und noch am selben Tag 13 Uhr ausgetragen. Acht Männer wurden bis Ende November entlassen: aus Altenkunstadt (1), Hof (4), Kulmbach (2), Lichtenfels (1), Münchberg (2), Rehau (1). Eine grössere Gruppe von 15 Männern wurde am 02.12.1938 vormittags 9:50 Uhr frei gelassen. Sie waren aus Altenkunstadt (3), Bayreuth (5), Burgkunstadt (2), Coburg (4) und Lichtenfels (1). Karl Böhm, Hans Lax, Leopold Weil und Heinrich Eberstadt aus Hof wurden aufgrund einer Verfügung der Polizei-Direktion Hof vom 30.11.1938 gemeinsam an jenem Tag um 11:45 Uhr entlassen.

Für diejenigen aus dem Bezirksamt Lichtenfels erwähnen Ophir und Wiesemann: »Noch während ihres Aufenthalts im Gefängnis wurden sie gezwungen, ihre Geschäfte aufzulösen und ihre Häuser und ihren sonstigen Besitz zu einem Bruchteil ihres Werts zu verkaufen.« (1979:142)

Presseberichterstattung

In der seit 1933 gleichgeschalteten Presse gab das Reichspropagandaministerium in Berlin vor, wie über die »Aktionen« berichtet werden sollte. Sein Organ war das Deutsche Nachrichtenbüro (DNB), die offizielle zentrale Presseagentur des NS-Staates. Zusätzlich gab das Propagandaministerium am 10.11.1938 eine Pressekonferenz, in der folgende Sprachregelungen und Direktiven ausgegeben wurden.

> Im Anschluß an die ausgegebene DNB-Meldung können eigene Berichte gebracht werden. Die Berichte sollen nicht allzugroß aufgemacht werden, keine Schlagzeilen auf der ersten Seite, vorläufig keine Bilder bringen. Sammelmeldungen aus dem Reich sollen nicht zusammengestellt werden, aber es könne berichtet werden, daß auch im Reich ähnliche Aktionen durchgeführt worden seien. Über örtliche Vorgänge könne ausführlicher berichtet werden. Dies alles nur auf der zweiten oder dritten Seite. Wenn Kommentare für nötig befunden würden, so sollen sie nur kurz sein und etwa sagen, daß eine beträchtliche und begreifliche Empörung der Bevölkerung eine spontane Antwort auf die Ermordung des Gesandtschaftsrates gegeben habe.

BArch, ZSg. 102/13 zitiert nach Paulus 2000:40

Der *Hofer Anzeiger* hielt sich genau an diese Direktive. Am 11.11.1938 brachte er auf Seite 1 einen Aufruf Dr. Goebbels' über die gesamte Brei-

Die Reichskristallnacht

Nummer 308   **Freitag, 11. November 1938**   **137. Jahrgang**

Aufruf Dr. Goebbels'

Berlin, 10. November. Reichsminister Dr. Goebbels gibt bekannt:

Die berechtigte und verständliche Empörung des deutschen Volkes über den feigen jüdischen Meuchelmord an einem deutschen Diplomaten in Paris hat sich in der vergangenen Nacht in umfangreichem Maße Luft verschafft. In zahlreichen Städten und Orten des Reiches wurden Vergeltungsaktionen gegen jüdische Gebäude und Geschäfte vorgenommen.

Es ergeht nunmehr an die gesamte Bevölkerung die strenge Aufforderung, von allen weiteren Demonstrationen und Aktionen gegen das Judentum, gleichgültig welcher Art, sofort abzusehen. Die endgültige Antwort auf das jüdische Attentat in Paris wird auf dem Wege der Gesetzgebung bezw. der Verordnung dem Judentum erteilt werden.

Hofer Anzeiger
11.11.1938:1

te und auf Seite 11 links oben folgende Meldung, in der auf nationalsozialistische Weise verdreht, entstellt und gelogen und die Gewalttaten verharmlost wurden. Ein Beitrag rechts daneben mit der Überschrift »Großkampf gegen die Ratten im Stadtkreise Hof« nimmt viermal soviel Fläche ein und sollte wohl auf den ersten Blick Assoziationen wecken.

Vergeltung für den Pariser Mord.

Die Mordtat des Juden Grünspan, der ein hoffnungsvolles deutsches Menschenleben zum Opfer fiel, hat im ganzen Reiche die hellste Empörung ausgelöst. Die zynische Äußerung des Mordbuben, daß es ihm nur darauf angekommen sei, einen Deutschen umzubringen, zeigt deutlich, daß der Deutsche im Auslande vor der gemeinen Rachsucht der Juden nicht mehr sicher ist. Dagegen wendet sich das deutsche Volk mit seiner ganzen Kraft. Es wird sich zur Wehr setzen und die Sicherheit seines Lebens verteidigen. Es wird auch zum Angriff vorgehen, bis dem jüdischen Wahn, den nationalsozialistischen Staat schädigen zu können, ein Ende gesetzt ist.

Wie in vielen anderen deutschen Städten ist es auch in Hof am Donnerstag früh zu Demonstrationen gegen die Juden gekommen. In der Erbitterung über den Tod des deutschen Gesandtschaftsrates vom Rath wurden die Fensterscheiben des Kaufhauses Ury zertrümmert ebenso das jüdische Formenschild Bottina, das demnächst in andere Hände übergeht. Vor dem Synagogenraum in der Hallstraße wurden in den Morgenstunden jüdische Bücher verbrannt. Gegen 11 Uhr wurde die Einrichtung der Synagoge auf Autos weggefahren.

Juden aus Hof und der Umgebung wurden zum Schutze gegen die verständliche Erregung der Bevölkerung in Haft genommen.

Hofer Anzeiger
11.11.1938:11

Auswirkungen

Nach der Reichskristallnacht wurde die Verfolgung der Juden forciert. Allein am 12.11.1938 erließ der Beauftragte für den Vierjahresplan, Generalfeldmarschall Hermann Göring, drei Verordnungen gegen Juden:
– Verordnung über eine Sühneleistung, derzufolge den Juden deutscher Staatsangehörigkeit in ihrer Gesamtheit die Zahlung einer Kontribution von einer Milliarde Reichsmark an das Deutsche Reich auferlegt wurde.
– Verordnung zur Wiederherstellung des Straßenbildes bei jüdischen Gewerbetreibenden, derzufolge alle Schäden, die durch die Ausschreitungen zwischen dem 8. und 10.11.1938 entstanden waren, von den jüdischen Opfern selbst zu beseitigen waren, wobei sie auch noch die Kosten zu tragen hatten. Die Versicherungsansprüche von Juden deutscher Staatsangehörigkeit wurden zugunsten des Deutschen Reiches beschlagnahmt.
– Verordnung zur Ausschaltung der Juden aus dem deutschen Wirtschaftsleben, derzufolge Juden ab dem 1.1.1939 jeglicher Handel und der Betrieb eines Handwerks verboten wurde (RGBl I, 1938:1579-81).
 In der kurzen Zeit vom 13.11.1938 bis zum 17.1.1939 wurde eine Vielzahl diskriminierender Verordnungen gegen Juden erlassen: das Verbot des Besuches von Theatern, Konzerten und Kinos, der Ausschluss der jüdischen Kinder von öffentlichen Schulen und der jüdischen Studenten von Hochschulen, die Einschränkung der öffentlichen Fürsorge, des Wohnrechts und der Bewegungsfreiheit, der Einzug der Führerscheine, der Zwangsverkauf jüdischen Eigentums an Grundstücken und Gebäuden, Geschäften und Produktionsmitteln sowie die Beschränkung der Verfügungsrechte über Wertpapiere, Kunst- und weitere Wertgegenstände, Berufsverbote für jüdische Hebammen, Zahn- und Tierärzte und Heilberufe. Schließlich, am 24.1.1939, erteilte Göring Heydrich den Auftrag, die »Judenfrage« durch »Auswanderung oder Evakuierung« zu lösen (Pätzold 1997:679-680).

Der Vorschlag, der Gesamtheit der Juden eine »Sühneleistung« aufzuerlegen, wurde am 10.11.1938 bei einem Gespräch zwischen Adolf Hitler, Hermann Göring und Joseph Goebbels von letzterem gemacht, ging aber auf Adolf Hitler selbst zurück. Dieser hatte nach dem Attentat auf Wilhelm Gustloff ein Gesetz zu einer Judensondersteuer ausarbeiten lassen. Im August 1936 proklamierte Hitler in einer geheimen Denkschrift zum Vierjahresplan, dass zur Erreichung der militärpolitischen Ziele Deutschlands unter anderem ein Gesetz erlassen werden solle, »das das gesamte Judentum haftbar macht für alle Schäden, die durch einzelne Exemplare dieses Verbrechertums der deutschen Wirtschaft und damit dem deutschen Volke zugefügt werden« (Barkai 1988:126).
 Während einer mehrstündigen Besprechung am 12.11.1938, an der mehr

Die Reichskristallnacht

als einhundert Funktionäre teilnahmen, erläuterte Hermann Göring, wie aus der Judenfrage für das Deutsche Reich der größtmögliche Gewinn zu erzielen sei. Das folgende Zitat von Herman Göring führt den Geist und die Vorstellungswelt der nationalsozialistischen Führer vor Augen:

»Ich werde den Wortlaut wählen, daß die deutschen Juden in ihrer Gesamtheit als Strafe für die ruchlosen Verbrechen usw. usw. eine Kontribution von 1 Milliarde auferlegt bekommen. Das wird hinhauen. Die Schweine werden einen zweiten Mord so schnell nicht machen. Im übrigen muss ich noch einmal feststellen: Ich möchte kein Jude in Deutschland sein.« (International Military Tribunal 1984, Dok. PS-1816.)

Die Verordnung über eine Sühneleistung der Juden deutscher Staatsangehörigkeit wurde am 12.11.1938 im Reichsgesetzblatt veröffentlicht. Wie von Göring angekündigt, heißt es dort:

> Die feindliche Haltung des Judentums gegenüber dem deutschen Volk und Reich, die auch vor feigen Mordtaten nicht zurückschreckt, erfordert entschiedene Abwehr und harte Sühne. Ich bestimme daher auf Grund der Verordnung zur Durchführung des Vierjahresplans vom 18. Oktober 1936 ... das Folgende:
> § 1 Den Juden deutscher Staatsangehörigkeit in ihrer Gesamtheit wird die Zahlung einer Kontribution von 1 000 000 000 Reichsmark an das Deutsche Reich auferlegt.
> § 2 Die Durchführung erläßt der Reichsminister der Finanzen im Benehmen mit den beteiligten Reichsministern.
> Berlin, den 12. November 1938.
> Der Beauftragte für den Vierjahresplan
> **Göring**
> **Generalfeldmarschall**

RGBl I, 1938:1579

Per Durchführungsverordnung vom 21.11.1938 dehnte das Reichsministerium für Finanzen die »Abgabepflicht« auf staatenlose Juden aus. »Sie erhält den Namen ›Judenvermögensabgabe‹« (RGBl I, 1938:1638-1640). Die Finanzbehörden konnten sich bei der Durchführung auf die »Verordnung über die Anmeldung des Vermögens von Juden« vom 26.4.1938 stützen, nach der alle Juden ein Vermögen über 5.000 RM bis Ende Juli anzumelden hatten. Alle jüdischen Steuerzahler dieser Kategorie erhielten vom jeweiligen Finanzamt einen »Bescheid über die Judenvermögensabgabe«, in dem ihnen mitgeteilt wurde, dass sie eine Abgabe von 20 Prozent ihres angemeldeten Vermögens in vier Raten zu zahlen hätten. Die Raten waren fällig am 15.12.1938, 15.2.1939, 15.5.1939 und 15.8.1939. Mit der Zweiten Verordnung über die Sühneleistung der Juden vom 19.10.1939 wurde der Prozentsatz von 20 auf 25 Prozent erhöht und eine damit verbundene 5. Rate (über die verbliebenen 20 Prozent) bis zum 15.11.1939 fällig (RGBl I, 1939:2059). Insgesamt entzog der Fiskus den jüdischen Steuerzahlern bis 1940 den Betrag von 1.126.612.496 RM (Aly 2005:63). Zur eigentlichen Judenvermögensabgabe konnten noch Zinsen, Versäumniszuschläge oder/und Zwangsvollstreckungskosten hinzukommen. In Hof mussten beispielsweise Leopold und Bertha Weil insgesamt 7.300 RM zahlen (BLEA, BEG 21345, Bl. 25), Karl und Berta Böhm 7.500 RM (SA N, WB III a 111, Bl. 239) und Heinrich Eberstadt 27.049 RM (SA N, WB III 3836, Fall 15, Bl. 50).

Juristische Beurteilungen

Der Prozess, der gegen die Hofer Täter vom 10. November 1938 nach der NS-Zeit angestrengt wurde, ließ sich gut an. So stellte der Hofer Oberstaatsanwalt Dr. Mangold am 4.5.1948 fest: »Die Führung der Voruntersuchung ist geboten, da die Straftaten sehr schwerwiegend sind, die Ermittlung des Sachverhalts schwierig ist und die Tatsachen infolge der von der Spruchkammer teilweise unsachgemäß durchgeführten Vernehmungen entstellt worden sind« (SA BA, K 107 37371:5).

Voruntersuchungen begannen, Haftbefehle wurden ausgestellt, Zeugen vernommen. Am 20.1.1951 wurde gegen 19 von 29 in die Voruntersuchungen einbezogenen Angeschuldigten Klage erhoben. Fünf waren inzwischen verstorben. Das Verfahren gegen Nikol Strobel musste ausgesetzt werden, da er seit 1945 verschollen war. Er soll entweder als SD-Führer bei Kriegsende von Polen erschlagen oder in ein russisches Lager verbracht worden sein.

Am 10.8.1951 beschloss die Strafkammer, in allen 19 Fällen die Verfolgung auszusetzen. Dabei urteilten die drei Juristen der Strafkammer sehr milde, mit sehr viel Verständnis und Entgegenkommen für die Angeklagten. Um nur zwei Beispiele zu nennen: »Das Verhalten Fenzels erfordert Sühne, wenngleich zu seinen Gunsten zu berücksichtigen ist, dass er auf Grund seines einfachen Bildungsganges offenbar in besonderem Ausmaße der irreführenden Propaganda der NSDAP und der Massenpsychose erlegen ist.« Bei Oberbürgermeister Richard Wendler erkannten die Juristen: Sein Verhalten sei zwar nicht unerheblich, jedoch könne zugunsten »des Angeschuldigten ... nicht verkannt werden, dass er mit großer Wahrscheinlichkeit seine Stellung als Oberbürgermeister aufs Spiel gesetzt hätte, wenn er die weitere Durchführung der gegen die Synagoge gerichteten Gewaltaktion der SS verhindert hätte.« In acht Fällen wurde für die Angeschuldigten angeführt, dass sie von den Alliierten interniert worden waren, wobei man von »Internierungshaft« sprach. In 17 Fällen beschloss die Strafkammer: Selbst wenn ein Sühnebedürfnis

Die Reichskristallnacht

anzuerkennen gewesen wäre, wäre keine Strafe höher als sechs Monate zu verhängen gewesen. Damit wäre jedoch das vom Bundestag beschlossene Straffreiheitsgesetz vom 31.12.1949 zur Anwendung gekommen.

Staatsanwalt Erich Hess hingegen sah die Beteiligung zumindest von Franz Aurnhammer, Ernst Fenzel und Hans Pössnecker schwerwiegender als die Strafkammer. Er legte Beschwerde gegen den Beschluss ein und begündete sie für die beiden Erstgenannten folgendermaßen:

»Aurnhammer war der leitende SS-Führer und Fenzel der zuständige SA-Führer. Es ... muß ... berücksichtigt werden, daß sie als fanatische nationalsozialistische Führer sich diesem Befehl blindlings und aus Überzeugung unterordneten. ... In Wirklichkeit aber war es so, daß er [Aurnhammer] die Aktion gegen das Gotteshaus geführt, laufend Anweisungen gegeben und Parteimännern, die sich nicht fügen und an der Schandtat nicht teilnehmen wollten, unter Drohungen Einsatzbefehl gegeben hat. Der angeschuldigte Aurnhammer hat sich rücksichtslos und brutal erwiesen und trägt die Verantwortung in erheblichem Maße für das, was damals geschehen ist und was die ihm unterstellten SS-Angehörigen taten. So liegen die Dinge auch bei dem Angeschuldigten Fenzel, der im übrigen der im Einsatz befindlichen SA durch seine aktive Beteiligung an der Zerstörung und Plünderung besonders beispielhaft war. Im übrigen hat die Strafkammer nicht genügend berücksichtigt, daß beide Angeschuldigten dem oberen Führungskreis angehörten, von dem die Aktion ausging, und daß sie in der Menge, innerhalb deren sich auch Angehörige ihrer eigenen Formationen an dem Zerstörungswerk beteiligten, schon kraft ihrer mit Befehls- und Disziplinargewalt ausgestatteten Stellung eine die Beteiligten zusammenhaltende und in ihrer Einsatzbereitschaft bestärkende Wirkung ausübten. Ihr Tatbeitrag war entscheidend und erheblich. ... Ihr Einsatz bei der Synagogenschändung in Hof verlangt darüber hinaus [über die Buße durch die Internierung, Anmerkung des Verfassers] eine entsprechend schwere Strafe. Eine Amnestierung der Angeschuldigten Aurnhammer und Fenzel ist nicht gerechtfertigt.«

SA BA, K 107 3737-1:263-264

Aufgrund dieser Beschwerde wurde gegen die drei Genannten das Hauptverfahren eröffnet. Nach zweitägiger Verhandlung erging am 25.2.1953 das Urteil: Das Verfahren wurde eingestellt.

KURZE VORSTELLUNG DER AUSGEWÄHLTEN FAMILIEN

Da nicht alle Familien, Ehepaare und Einzelpersonen ausführlich beschrieben werden können, wurden sieben exemplarisch ausgewählt, die hier kurz vorgestellt werden.

Familie Böhm war eine Kaufmannsfamilie, bestehend aus dem Ehepaar Karl und Berta Böhm mit zwei Söhnen. Der Familienvater verkaufte Textilwaren an die Landbevölkerung vor allem im Frankenwald, indem er seine Kunden zu Hause aufsuchte. Der ältere Sohn floh 1933 in die Schweiz, studierte in Frankreich und emigrierte 1937 in die USA. Der jüngere wanderte 1934 direkt dorthin aus. Die Eltern folgten ihnen im Sommer 1941 nach vielen schlimmen Erlebnissen.

Familie Braun bestand aus dem Stadtarzt und berufsmäßigen Stadtratsmitglied Georg Braun, seiner evangelisch-lutherischen Ehefrau und dem in Hof geborenen Sohn Jürgen. Nach ihrer Vertreibung aus Hof im Mai 1933 gingen sie nach Berlin, wo selbst die »arische« Frau Braun Zwangsarbeit leisten musste. Der Sohn wurde als »Halbjude« klassifiziert und zur Lagerarbeit im Harz gezwungen.

Familie Franken betrieb ein erfolgreiches Herrengarderobegeschäft mit Textilwarengroßhandel und Schneiderei. Die Eltern hatten drei in Hof geborene Töchter, die in der NS-Zeit versuchten, in verschiedenen Städten Deutschlands ihren Lebensunterhalt zu verdienen. Die jüngste lebte wieder in Hof, als die Familie genötigt wurde, Hof zu verlassen. Sie erhielten eine Zuzugsgenehmigung für Leipzig, wohin auch die beiden anderen Töchter gingen. Alle fünf mussten dort Zwangsarbeit verrichten. Als sie gemeinsam nach Argentinien auswandern wollten, galt die Ausreiseerlaubnis nur noch für den Familienvater Max Franken. Die Mutter, Therese Franken, und die drei Töchter werden 1942 nach Riga deportiert. Zwei Töchter überlebten.

Familie Heymann: Max und Eleonore Heymann hatten 1912 das Schuhwarengeschäft »Ludwig Schloß« mit Schuhmacherei übernommen. Bis Ende 1932 war es auf Max Heymann angemeldet, dann bis Anfang 1936 auf Eleonore Heymann. Von den beiden in Hof geborenen Söhnen ging der ältere 1936 nach Brooklyn, New York, während der jüngere mit den Eltern die Reichskristallnacht in Hof erlebte und dann mit ihnen nach Mannheim ging, von wo aus sie 1940 nach Süd-Frankreich deportiert wurden. Der Vater starb im Lager Nexon. Sohn Walter wurde nach Auschwitz deportiert, bei der Ankunft als arbeitsfähig selektiert und starb dort nach 1 1/3 Jahren gerade 20jährig. Die Mutter Ella Heymann musste noch 16 Monate nach der Befreiung im Lager bleiben und kam erst 1946 zu ihrem Sohn nach Brooklyn.

Ehepaar Lax und Schwestern Lump: Erst zwei, dann drei Schwestern namens Lump aus Wüstensachsen betrieben in Kulmbach und Hof Geschäfte für Damenhüte und Zubehör. Durch ihre Heiraten trennten sich ihre Wege. Die eine, Emma Lump, heiratete Hans Lax aus Unterfranken. Sie führten das Putzgeschäft in Hof gemeinsam weiter. Nach ihrer Vertreibung aus Hof gingen sie nach Leipzig, von wo aus sie 1942 in ein Ghetto ins besetzte Polen deportiert wurden. Sie sind verschollen.

Familie Reiter: Der Inhaber des renommierten Kaufhauses »Adolf Reiter« und seine Ehefrau Sabina Reiter hatten fünf in Hof geborene Söhne. Der älteste hatte sich als promovierter Ingenieur in Dresden selbständig gemacht bzw. machen müssen. Nach brutalen Misshandlungen floh er 1933 nach London. Der mittlere kehrte nach dem Jura-Studium nach Hof zurück und verteidigte als Rechtsbeistand erfolgreich mehrere politisch Linksstehende. Daraufhin wurde er von der örtlichen Presse diffamiert und verlor seine Stelle im Vorbereitungsdienst, seine juristische Laufbahn war damit beendet. 1933 vor der Verhaftung gewarnt, floh auch er nach London. Während der Reichskristallnacht waren die Eltern mit ihrem jüngsten Sohn noch in Hof und wurden – ebenso wie Böhms und Heymanns – ins Gefängnis gesperrt. Im Februar 1939 gingen auch sie nach London, wo Adolf Reiter schon bald starb, gebrochen und krank nach den Verfolgungen.

Ehepaar Weil: Der Religionslehrer Leopold Weil und seine wesentlich ältere Ehefrau Berta lebten seit 1914 in Hof. Er begleitete die jüdische Gemeinde durch die schweren 1920er und durch die schlimmen 1930er Jahre. In Hof mussten sie immer wieder umziehen, bis auch sie vertrieben wurden und nach Leipzig gingen, Frau Weil im Mai und Herr Weil im September 1939. Ihre Wege trennten sich mehrmals. Bertha Weil wurde von Berlin nach Theresienstadt deportiert, Leopold Weil von Sachsenhausen nach Auschwitz.

FAMILIE BÖHM

Privatadresse: Bismarckstraße 53, Wilhelmstraße 23, Fabrikzeile 20
Geschäftsadresse: Klosterstraße 23, ab 1.2.1927 Wilhelmstraße 4, Manufakturwarenhandel, Modewarenhandel, Warenagentur
Personen: **Böhm, Karl**, geboren am 17.11.1881 in Oberlangenstadt (Kreis Kronach), gestorben am 28.4.1974 in Santa Barbara, CA, USA
Böhm, Berta, geborene Oppenheimer, geboren am 6.4.1888 in Guntersblum (Kreis Mainz, Hessen-Nassau), gestorben am 13.2.1974 in Santa Barbara, CA, USA
Böhm, Werner, geboren am 19.6.1913 in Oberlangenstadt (Kreis Kronach), emigrierte 1933 nach Zürich, 1934 nach Dijon, Frankreich, im Dezember 1937 in die USA, gestorben am 18.10.2011 in New Brunswick, NJ, USA
Böhm, Erich, geboren am 15.7.1918 in Hof, emigrierte 1934 in die USA, gestorben am 11.9.2017 in Santa Barbara, CA, USA

Herkunft

Karl und Berta Böhm waren Nachkommen des deutschen Landjudentums. Bertel Oppenheimer stammte aus Guntersblum bei Worms im Großherzogtum Hessen-Darmstadt. Die jüdische Gemeinde war dort im 16. Jahrhundert entstanden und hatte ab 1770 eine Synagoge. 1834 lebten dort 169 Juden. Wie überall auf dem Land nahm im 19. Jahrhundert der jüdische Bevölkerungsanteil ab, vor allem als ab den 1860er Jahren durch Freizügigkeit (freie Wohnortwahl) viele Familien in die Städte zogen. Als Bertel Oppenheimer zwei Jahre alt war, waren nur noch 80 der 2.183 Einwohner von Guntersblum mosaisch (Michaelis 2014:16). Ihre Eltern waren der Kaufmann Sigmund Oppenheimer (1846-1922) und Mithilde »Merle«, geborene Herzog (1853-1929), die irgendwann vor 1870 nach Guntersblum gezogen waren. Als S. Oppenheimer ist der Name des Vaters auf einem Denkmal auf dem allgemeinen Friedhof zu Ehren der Guntersblumer Männer aufgeführt, die am Deutsch-Französischen Krieg 1870/71 teilgenommen hatten. Bertel war das sechste von sieben Kindern aus dieser Ehe, oder besser gesagt, sie war die sechste Geburt ihrer Mutter. 1879 war die erste Tochter von Oppenheimers, Rosa, mit knapp zwei Monaten gestorben, und im Mai 1886 waren die Zwillinge Auguste und Frida einen bzw. zwei Tage nach ihrer Geburt gestorben. Als der älteste Sohn, Jakob (geboren am 6.12.1876) im Oktober 1895 zu Verwandten in die USA auswanderte, waren nur noch drei Kinder in der Familie: Clementine, genannt »Clemi« (geboren am 20.8.1883), Bertel als die mittlere und der kleine Siegfried (geboren am 24.4.1894). Oppenheimers hatten ein Geschäft an der Ecke Julianenstraße-Nordhöfer Straße (BHSA, LEA 7117:B1; Guntersblum 2018; Michaelis/Hager-Latz 2001:176-178; Boehm o.J.).

Karl Böhm stammte aus Oberlangenstadt im Kreis Kronach, wo bereits um 1693 mindestens 24 jüdische Familien gelebt haben sollen (Krzywinski 1988:263). Bis zum Anfang des 19. Jahrhunderts durften Juden in den deutschen Staaten nur dort wohnen, wo ihnen eine Adelsherrschaft, ein Bischof oder der Kaiser Schutz gewährte. Die Juden mussten an ihre Herrschaft eine jährliche Gebühr und Naturalabgaben zahlen und wurden so zu »Schutzjuden«. 1691 war Oberlangenstadt in den Besitz der Freiherrn von Künßberg auf Nagel gekommen, die somit die Schutzherren der dortigen Juden wurden. Um 1758 lebten so viele jüdische Familien im Ort, dass sie sich den Bau einer Synagoge leisten konnten (Krzywinski 1988:263).

Im Juni 1813 erließ der bayerische Staat das Judenedikt. Nur in Orten, wo bereits Juden ansässig waren, sollten weiterhin Juden wohnen dürfen. Die Zahl der jüdischen Familien wurde pro Ort begrenzt, in Oberlangenstadt auf 15. Die Familienoberhäupter wurden in Juden-Matrikeln[35] eingetragen. Sie mussten den Untertaneneid leisten und vererbbare Familiennamen annehmen. Erstmals war den Juden erlaubt, was ihnen jahrhundertelang verwehrt war: Grundbesitz zu erwerben und ein Handwerk zu erlernen und auszuüben. Nun sollten sie sich von einem erlernten Handwerk oder der Feldarbeit auf eigenem Land ernähren. Denn sie sollten dem »gemeinschaedlichen und verderblichen Schacherhandel« entwöhnt werden, womit der Kleinhandel und das Hausieren gemeint war (Hübschmann 2016:27-28).

Die Matrikelstellen waren nicht vererbbar. Wollte sich ein junger Jude in seiner Heimatgemeinde ansässig machen und heiraten, so musste er dies beantragen. Die bayerischen Behörden prüften, ob er sich und seine Familie ernähren könne, auf welchem Nahrungszweig (Beruf) er seine Existenz gründen wolle und ob eine Matrikelstelle frei war bzw. in absehbarer Zeit frei wurde. In der Praxis konnte sich von einer jüdischen Familie am Heimatort meist nur ein Sohn, vielleicht zwei Söhne ansäs-

---

35 Dies bezieht sich auf das Königreich Bayern. In anderen deutschen Staaten versteht man unter »Judenmatrikeln« die Verzeichnisse der Geburten, Heiraten und Sterbefälle von Juden eines Ortes.

Familie Böhm

sig machen, selten drei. Die andern mussten zeitlebens ledig bleiben, auswandern oder eine Matrikelstelle in einem andern Ort finden (Hübschmann 2016:27-28).

In den Judenmatrikeln von Oberlangenstadt ab 1818 finden wir zwei Männer, die den Namen Böhm angenommen haben: die Brüder Hirsch Koppel (23.4.1786-4.6.1854) und Joseph Koppel (30.4.1788-20.5.1862). Koppel, eine Ableitung von Jacob, ist nicht der Familienname, sondern der Vorname des Vaters (Vatername oder Patronym). Die Brüder hießen in der Langform Hirsch ben (Sohn von) Koppel bzw. Joseph ben Koppel. Hirsch Böhm, Inhaber der Matrikelstelle mit der Nummer Oberlangenstadt III, hatte seinen Schutzbrief am 9.4.1812 erhalten und lebte vom Hausierhandel. Joseph Böhm war am 30.4.1788 in Oberlangenstadt geboren, erhielt am 29.7.1816 die Erlaubnis, sich auf der Ortsmatrikelnummer X ansässig zu machen und lebte vom Handel mit Baumwollwaren, später vom Schnittwarenhandel. Sein Sohn Koppel bzw. Jacob Joseph Böhm (24.11.1817-7.3.1877) durfte die Matrikelstelle am 4.3.1846 übernehmen. Auch er lebte vom Schnittwarenhandel und war Besitzer des Hauses Nummer 53 (heute Alte Poststraße 2), gleich das erste Haus am Ortseingang neben der Brücke über die Rodach. Später nannte er sich Kaufmann, ebenso wie sein ältester Sohn Abraham Koppel oder »Adolf« Böhm (11.2.1849-30.3.1926), der Vater von Karl Böhm. Dieser war am 17.11.1881 im erwähnten Haus Nummer 53 geboren worden als das dritte von neun Kindern und als ältester Sohn von Adolf Böhm und der gebürtigen Nürnbergerin Bertha Lebrecht (1856-1930).[36] 1883 kaufte der Vater das Anwesen Nummer 12 in Oberlangenstadt, und die Familie zog dorthin um (SA BA, K H 3, 562; SA BA, K 221, 656).

Als ein Gradmesser für Integriertheit von Angehörigen einer Minderheit in die Mehrheitsgesellschaft gilt, inwieweit sie in den örtlichen Vereinen und gemeindliche Gremien vertreten sind. Da Integration beiderseitig ist, stellt sich einerseits die Frage, ob ein Angehöriger der Minderheit den Vereinen und Gremien beitreten will, und andrerseits, ob er aufgenommen wird. Bekleidet er dann eine Funktion, etwa im Vorstand, ist der Integrationsgrad höher. Dies war bei den jüdischen Oberlangenstädtern der Fall. »So waren ... Coppel Böhm, Abraham Hirsch Kronacher und Abraham May Vorstandsmitglieder der Einquartierungskommission (1855-1865), Coppel Böhm, Leo Fleischmann, Nathan Fechheimer waren Vorstandsmitglieder des Brandversicherungsausschusses (1855-1865), Adolph Böhm wurde 1903 für die anstehende Reichstagswahl in den Wahlausschuß gewählt; von 1876 bis 1881 fungierte Wilhelm

---

36 Von den neun Geschwistern Böhm starb eine ältere Schwester Karls, Meta, 1886 im Alter von sechs Jahren, ein jüngerer Bruder, Julius, 1890 mit nur zwei Monaten und die jüngste Schwester, Laura, 1911 mit 20 Jahren. Zu Beginn der NS-Zeit lebten noch sechs Geschwister Böhm.

May als Beigeordneter des Gemeindeausschusses, dessen letztes jüdisches Mitglied Marx Salomon von 1912-1929 war; weiterhin waren jüdische Bürger (u. a. Wilhelm May, Marx Aaron) Mitglieder des Armenausschusses.« (Krzywinski 1988:268)

Nach der Heirat von Karl Böhm und Berta Oppenheimer am 31.5.1912 in Guntersblum zog die Braut nach Oberlangenstadt ins Haus Nummer 12 ein. Hier brachte sie am 19.6.1913 ihren ersten Sohn, Werner, auf die Welt (StanA Küps, GebReg Oberlangenstadt 1913/16; Guntersblum 2018).

Wie sein Vater und Großvater, so handelte auch Adolf Böhm mit Textilien. Als die Brüder Karl und Alfred (geboren am 12.10.1882) von ihm die Firma übernahmen und sie »Gebrüder Böhm« nannten, setzten sie den Textilhandel mindestens in der vierten Generation fort. Am 29.11.1913 wurde im Handelsregister des Amtsgerichtes Hof die Firma »Gebrüder Böhm Manufaktur- und Modewarenhandel« eingetragen. Obgleich sich die Brüder als Geschäftspartner trennten und Karl Böhm Alleininhaber der Firma in Hof wurde, behielt er den Firmennamen »Gebrüder Böhm« bei (Boehm o.J.). Am 11.9.1916 meldete er das Gewerbe bei der Stadt Hof mit Sitz in der Klosterstraße 23 an (StA Hof, GewKat). Bereits vorher, zum 13.8.1913, war das junge Paar mit dem Kleinkind nach Hof gezogen (StA Hof, A 8025). Sie wohnten in den ersten Jahren in der Bismarckstraße 53 (BHSA, IV, 9020:9).

Kriegsdienst

Am 6.4.1915 wurde Karl Böhm als Landsturmpflichtiger zum Landwehr-Infanterie-Regiment 7, Ersatz-Bataillon, 1. Kompanie eingezogen, am Gewehr 88/05 ausgebildet und am 10.7.1915 zum 7. Bayerischen Landwehr-Infanterie-Regiment ins Feld abkommandiert (BHSA, IV, 9020:9). Dort diente er in der 12. Kompanie und musste vom 12.7. bis 12.12.1915 am Stellungskampf im Wald von Kalancourt teilnehmen sowie vom 18.12.1915 bis zum 11.11.1918 am Stellungskampf in Lothringen. Er war also Frontsoldat. Mehrmals musste er im Krankenrevier bleiben, zweimal wegen »Verschüttung durch Mine«, nämlich im Sommer 1915 und vom 21.8. bis 10.9.1915 (BHSA, IV, 3726:108). Während des Krieges kam der zweite Sohn, Erich, am 15.7.1918 in Hof auf die Welt. (StA Hof, A1/579, GebReg. Nr. 206/18). Dieser schrieb viele Jahre später zu den Kriegserfahrungen seines Vaters: »My mother recalled that the traumas of experiencing trench warfare, and being wounded twice in battle, changed him forever« (Boehm o.J.). Am 20.11.1918 wurde Karl Böhm das Eiserne Kreuz 2. Klasse verliehen, und vier Tage später wurde er von Bilfingen nach Guntersblum entlassen (BHSA, IV, 3726:108).

Familie Böhm

Seine Frau Berta besuchte zu jener Zeit mit Kleinkind Erich und dem kleinen Werner ihre Eltern. 1990 erinnerte sich letzterer bei einem Interview: »Da waren wir da zu Besuch und da ist plötzlich ein fremder Mann erschienen, in Uniform und das war mein Vater, den ich seit Jahren nicht gesehen hatte« (Boehm/Wieler 1990).

Hof

Kurz nach Karl Böhms Rückkehr nach Hof zog die Familie in die Wilhelmstraße 23 in den I. Stock,[37] später in die Fabrikzeile 20/II. Die Firma verlegte Karl Böhm am 1.2.1927 in die Wilhelmstraße 4. Den Textilhandel betrieb er nicht in einem offenen Laden, sondern hatte hier sein Lager im Erdgeschoss und im Dachboden. Ein Bild von der Büro- und Lagereinrichtung kann man sich nach einer Aufstellung von 1938 machen: Sie bestand aus 3 Schreibpulten (Diplomatenart), 1 hohen Schreibpult, 1 eisernen Kassaschrank, 2 Schreibmaschinen, 2 Ladentischen, 2 Warenregalen, verschiedenen kleineren Schränken, Sessel, Rollschränkchen und dergleichen mehr (SA BA, K 107 5294:28, 32).

Ein Zeitzeuge aus dem Frankenwald erinnerte sich noch 2017 an Karl Böhm. Manfred Ströhlein (geboren 1933) aus Geroldsgrün-Silberstein wohnte früher in Dürrenwaid (nordöstlich von Silberstein). »S Beemla«, wie man Karl Böhm nannte, kam regelmäßig von Hof zu ihnen ins Dorf gefahren. Er hatte damals eines der ersten Autos. Böhm ging von Haus zu Haus und verkaufte vor allem Bettwäsche. Manfred Ströhleins Mutter sei sehr zufrieden mit ihm gewesen. Außerdem hat er seinen Kunden

Abbildung links:
Wilhelmstraße 4 in Hof, ab Februar 1927 Sitz der Firma »Gebr. Böhm«

Abbildung rechts:
Fabrikzeile 20, wo Familie Böhm im zweiten Stock wohnte
(Beide Fotos: E. Hübschmann, 2018)

---

37 AdrB Hof 1929/30: Böhm, Karl (Firma: Gebr. Böhm), Kaufmann, Wilhelmstraße 23/I; Hausbesitzer: Schlossermeisterswitwe Aug. Meinel und deren Kinder (Parterre) (S. 23); im Gewerbeteil (S. 480) ist unter Schnittwarenhändler: »Böhm Gebrüder (Inhaber: Böhm Karl)« aufgeführt, aber nicht unter Modewaren.

die Beträge teilweise gestundet; man konnte auf drei bis vier Mal bezahlen. Das aber hätten einige ausgenutzt. Sie kauften von ihm Ware, ohne je die Absicht zu haben, zu bezahlen – eben weil er Jude war. Bei der Auswanderung nahm er seine Aufzeichnungen mit, und so hätte nach dem Krieg sein Sohn die ausstehenden Beträge kassieren können (Ströhlein, pers. Mitt., 6.11.2017). Aus der Feder von Sohn Eric Boehm liest sich dieselbe Sache ähnlich:

»Before the war, he [Karl Böhm] often allowed customers to buy goods on a long-term installment plan. Based on the records I had recovered from his former secretary, Karl collected a substantial amount of money after the war from customers who had refused to pay their debts during the Nazi period.«

Boehm o.J.

Auf diese Fälle von Zahlungsunwilligkeit werden wir nochmals zurückkommen.

Antisemitismus in der Weimarer Republik

In der wirtschaftlich schlimmen Zeit der 1920er Jahre war die finanzielle Lage seiner Eltern ziemlich prekär, glaubte Werner Boehm in einem Interview 1990. Er selbst wurde in seiner Kindheit oft geneckt und beschimpft, er habe Christus getötet oder »Ihr Juden habt ihn getötet« oder mit der Schmähung »Hep-hep!«, einer Abkürzung von Hierosalyma est perdita, d.h. »Jerusalem ist zerstört«. »Diese Sachen kamen andauernd« (Boehm/Wieler 1990). Entweder hatten sich in Hof diese Schmähungen über hundert Jahre erhalten oder sie waren wiederbelebt worden. Der drohende Zuruf »Hep-Hep!« war namensgebend für die gewalttätigen Ausschreitungen im frühen 19. Jahrhundert. Die Hep-Hep-Unruhen oder auch Hepp-Hepp-Krawalle waren 1819 von Würzburg ausgegangen und hatten sich rasch im ganzen Land und bis nach Prag und Wien verbreitet, ja sogar bis nach Amsterdam, Kopenhagen, Helsinki, Krakau und Russisch-Polen. Ob der Zuruf tatsächlich die lateinische Bedeutung hatte, wie Werner Boehm meinte, oder von Hebräer abgeleitet wurde, wird seit jenen Unruhen diskutiert. Diese akademische Frage ist für jene nebensächlich, die den Zuruf erdulden mussten.[38] »Ich hatte immer

---

38 Diese Erfahrungen Werner Böhms in der Weimarer Zeit waren für den Interviewer Joachim Wieler, der schon einige Juden und Jüdinnen interviewt hatte, die aus größeren Städten kamen, neu und auffällig. Er vermutete darin eine Besonderheit kleinerer Städte der Größe Hofs bzw., dass solche Antisemitismen in kleineren Städten vielleicht leichter möglich waren als in Großstädten.

Schwierigkeiten, immer! – in der Schule, als Jude, vom ersten Tag des Gymnasiums an. Mein Betragen war nicht immer angemessen. Aber ich hatte immer Schwierigkeiten. Ich war einer von zwei Juden im ganzen Gymnasium« (Boehm/Wieler 1990).[39] Seine Mutter, die auf Sparsamkeit und Langlebigkeit aller Dinge bedacht war, sagte ihm: »Du kannst deinen besten Anzug anhaben, aber wenn dich jemand beschimpft, dann musst du dich wehren, auch wenn der Anzug dabei zerrissen wird.« Dies hätte ihm einen gewissen Stolz eingeprägt.

Für die weitere Lebens- und Verfolgungsgeschichte ist es wichtig, die berufliche Karriere von Werner Böhm vorwegzunehmen. In den USA wurde er zu einem der führenden Entwickler der universitären Ausbildung für Sozialarbeit von internationalem Rang. Er war also den größten Teil seines Lebens mit sozialen Fragen von Individuen beschäftigt. Unsere Quelle ist ein Interview mit ihm im Oktober 1990 in New Brunswick, New Jersey, im Rahmen der Oral History-Forschung zu Flüchtlingen, die nach 1933 aus Deutschland vertrieben worden waren und in den USA Sozialarbeiterinnen und Sozialarbeiter wurden.[40] Aus dem Interview spricht ein hoher Grad von Selbstreflektion, Sensitivität und Empathiefähigkeit.

Während seine Mutter Werner Böhm dazu erzogen hatte, sich zu wehren, gab es andererseits zwei Dinge in seinem Elternhaus, die zu einer starken Verstörtheit in seiner Adoleszenz führten. Der emeritierte Professor für Social Work vermutete in jenem Interview, dass die Abwesenheit des Vaters in den ersten Jahren seiner Kindheit und der Umstand, dass die Ehe seiner Eltern nicht sehr gut war, zu seinen emotionalen Schwierigkeiten als Jugendlicher beigetragen hätten. »Ich war damals so verstört, dass ich verschiedene Sachen gemacht hab, die später große Schwierigkeiten bereiteten. Ich ging als Adoleszenter ins Kino, hab mich neben Frauen gesetzt und hab versucht, an ihre Beine zu fassen, was natürlich früher oder später zu Klagen und schließlich zu meiner Demission führte. Ich wurde vom Gymnasium entlassen wegen unsittlichen Verhaltens.« Er verstand sich selbst nicht und noch weniger seine Eltern, die damit völlig überfordert waren. Er war derart verstört, dass er seine eigenen Leistungen in der Schule nicht mehr beurteilen konnte, »dass ich nimmer wusste, ob die Examen, die ich schrieb, in Latein, in Deutsch usw., ob ich die gut oder schlecht gemacht hatte. ... Es war eine schlimme Zeit. Als ich dann schließlich entlassen wurde, was eine soziale Schmähung war und eine furchtbare Sache für meine Eltern, die mich nicht verstanden haben. Die haben nur davon gesprochen, was ich

---

39 Der andere jüdische Schüler war Hans Linz, geboren am 11.7.1913 in Hof, Vater: Kaufmann, im Schuljahr 1930/31 in Klasse IX (Humanistisches Gymnasium Hof 1931).
40 Der Mitschnitt des Interviews wurde freundlicherweise vom Deutschen Zentralinstitut für soziale Fragen (DZI) in Berlin-Dahlem zur Verfügung gestellt.

ihnen angetan hab, nicht was ich brauche.« In den schriftlichen Arbeiten rutschte er auf Note 4 ab, so in Deutsch oder Physik. Im Mündlichen blieb er gut, in den Fächern Griechisch, Latein und Englisch stand er auf zwei. »Mein Abgangszeugnis war ein Durchfallzeugnis»; es wurden nur die schriftlichen Resultate berücksichtigt, nicht aber die mündlichen. Der Direktor verwies ihn an den Klassenleiter. Da der aber ein Krypto-Nationalsozialist[42] war, verbot es ihm sein Stolz, mit ihm zu sprechen. »Das war im September 1931, also fünf Monate vor dem Abitur. Es war eine schlimme Sache.« Einen Monat lang war er zu Hause. »Mein Vater hat arrangiert, dass einer meiner Mitschüler mir Nachhilfestunden gibt, was weiter demütigend war.« Durch gute Beziehungen zum Kultusministerium über den Vater eines Freundes erhielt er die Erlaubnis, im linksrheinischen Bayern, nämlich in Ludwigshafen, das Gymnasium fortzusetzen. Er wohnte dort bei einem Studienrat, einem Vetter seiner Mutter, der ihn beaufsichtigte, damit er sich nicht erneut unsittlich verhalte. Doch hatte er weiterhin das Problem, seine Fähigkeiten nicht beurteilen zu können. »Ich weiss noch, als die erste Physik-Prüfung zurückkam: zwei. Das war der Wendepunkt. ... ich glaube, wenn ich damals 4, also mangelhaft bekommen hätte, das wäre das Ende gewesen für mich. ... Es war eine schlimme Zeit. Es hat lang gedauert, lang (!!!) gedauert, bis ich über die Entlassung hinweggekommen bin. Ich sah mich selbst als einen schlechten Jungen.« Die schlechten Noten aus Hof wurden in Ludwigshafen nicht berücksichtigt. 1932 machte er erfolgreich Abitur, ging nach Würzburg und studierte ab dem Sommersemester Jura und Volkswirtschaft.

Die Semesterferien verbrachte er in Hof. Im Herbst trainierte er für das Reichssportabzeichen auf einem Sportplatz, als ihn ein Gymnasiast beschimpfte. Er ging zu ihm und ohrfeigte ihn. Daraufhin forderte ihn sein ehemaliger Turnlehrer, ein Nationalsozialist, auf, den Platz sofort zu verlassen. Er erwiderte, dass er das nicht tun werde, weil es ein öffentlicher Platz sei. Die Sache führte sogar zu Polizeiberichten. Als Karl Böhm davon erfuhr, fürchtete er, sein Sohn könnte deshalb von der Universität geworfen werden. Unter anderem sprach er mit dem Schulleiter. Denn wenn es »zum Prozess gekommen wäre – denn als ich den jungen Mann ohrfeigte, hab ich auch sein Hemd zerrissen – dann hätte er alle Schüler als Zeugen im Amtsgericht Hof aufrufen lassen. Daraufhin hat das Gymnasium, derselbe Direktor, der mich rausgeworfen hat, davon abgesehen und hat verlangt, dass ich einen Entschuldigungsbrief schreibe. Mein Vater hat gesagt, ich muss den Entschuldigungsbrief schreiben, und ich hab ihn auch geschrieben. Das tut mir heut (!!!) noch leid, dass ich ihn geschrieben hab. Ich habe mich nicht widersetzt, [lachend:] was eigentlich meine Art ist.«

41 Die Vorsilbe *Krypto-* oder *Krypt-* hat die Bedeutung »verborgen, versteckt, geheim«. Hier ist wohl ein heimlicher Nationalsozialist gemeint.

Familie Böhm

Flucht über Worms, die Schweiz und Frankreich nach Amerika

»Dann kam das zweite Semester in Würzburg, dann im Januar wurde Hitler Kanzler, und im März war die Wahl. Und da hab ich mich exmatrikuliert. Es war mir ganz klar, dass ich raus müsste. Also nicht, dass ich unbedingt aus Deutschland raus musste, aber dass persönliche und allgemeine Schwierigkeiten zu überwinden waren.«

Boehm/Wieler 1990

Werner Böhm meldete sich zum 12.3.1933 von seiner Würzburger Adresse Franz-Ludwig-Straße 9 ab und kehrte wieder nach Hof zurück (ITS 3.1.1.3, 78790275). Dort war er bekannt, »politisch und aus dem, was vorher passiert ist. Ich konnte nicht durch die Stadt gehen, ohne beschimpft zu werden.« Eines Nachmittags, wohl am 30. oder 31. März, kam seine Mutter Bertel Böhm nach Hause – der Vater war auf Reisen – und erklärte ihm: »Du musst sofort weg!« Werner Böhm schrieb:

»Ich kann mich noch erinnern, ich hab Mereschkowskis da Vinci[42] gelesen und bin sofort weg, mit dem Fahrrad, in kurzen Hosen, Rucksack usw. Am ersten Tag bin ich nach Oberlangenstadt gefahren ... und hab dort übernachtet. Mein Onkel war da in Dachau, aus Gründen, die ich nicht weiß.«

Boehm/Wieler 1990

Der jüngste Bruder seines Vaters, Joseph Böhm (1897-1979) hatte das elterliche Haus Oberlangenstadt 12a übernommen und dort eine kleine Korbmöbelfabrik mit mehreren Angestellten betrieben. Im März 1933 wurde er von seinem Freund und Trauzeugen Adam Ruff (geboren 1897), der sehr schnell zu einem machtvollen Nationalsozialisten avanciert war, angezeigt; er habe sich als Jude politisch engagiert. Er wurde im Kronacher Gefängnis inhaftiert und am 4.4.1933 ins Gefängnis St.Georgen-Bayreuth überstellt. In einer Gruppe von rund sechzig Schutzhäftlingen, die als Sozialdemokraten und Kommunisten am 10. und 11.3.1933 verhaftet worden waren, kam er am 25.4.1933 ins KZ Dachau. Dort wurde er so brutal misshandelt, dass er bleibende Schäden davontrug.

Joseph Böhm wurde am 25.5.1933 entlassen (Adolph Kurt Böhm, pers. Mitt., 1.4.2011, 17.6.2014; Böhm 2014; Fränkischer Wald 1933; ITS 1.1.6.1, 9908507). Genau genommen war er also Ende März noch nicht in Dachau, sondern im Kronacher Gefängnis.

Von Oberlangenstadt fuhr Werner Böhm am 1.4.1933 mit dem Fahrrad nach Worms, eine Strecke von 286 km.

---

42 Dmitri Mereschkowski: Leonardo da Vinci. Ein Historischer Roman; das russische Original erschien 1901.

»Das war der Boykott-Tag. In ganz Deutschland waren vor den jüdischen Geschäften Posten der SA und Schilder ›Kauft nicht bei Juden‹, ›Juda verrecke!‹ usw. Ich bin dort überall durchgefahren, und ich kann mich nicht erinnern, dass ich Furcht hatte. Die haben mich nicht erkannt. Ich war wie ein Pfadfinder auf einem Ausflug. In jeder Stadt, durch die ich kam, hat es diese SA-Posten gehabt ... Ich kam spätabends in Worms an, bei meinen Verwandten,[43] und die Juden der Stadt waren sehr (!) aufgeregt. Denn die Nazis haben alle verehrten, lang ansässigen Leute gezwungen, mit Zahnbürsten [die Bürgersteige zu putzen], also dieselbe Sache wie in Wien. ... es war schlimm. Dann kam ein Brief von meiner Mutter, drei Tage später, in dem sie uns mitteilte, dass sie ihren Mann jetzt besucht hat, im Gefängnis. Also alle männlichen Juden wurden in Schutzhaft genommen.[44] Das war noch nicht sehr schlimm, das war noch kein Terror. Und ich dachte mir, ich muss sofort nach Haus, denn mein Vater wurde genommen, weil ich nicht da war. Später hab ich gehört, dass am selben Tag, an dem die andern verhaftet wurden, am Tag, nach dem ich weggegangen bin, das Treppenhaus voller SA-Leute war. Die wollten mich verhaften. ... ich wäre nach Dachau gekommen, das wäre das Ende gewesen.«

Boehm/Wieler 1990

Da er nicht zurückkehren konnte, ohne verhaftet zu werden, beantragte sein Vater einen Reisepass für ihn. Eigentlich hätte er diesen persönlich abholen müssen, doch erreichte Karl Böhm, der sehr obsessiv sein konnte, dass der Pass vom Bezirksamt Hof nach Worms gesandt wurde. Dort konnte ihn Werner in Begleitung eines Erwachsenen – denn er war noch nicht volljährig – abholen und unterschreiben.

»Das war fast ein Wunder. Vier Monate später wäre das unmöglich gewesen. Da war alles schon gründlich nazifiziert. Mein Vater hat das erreicht. Ich bewundere das.«

Boehm/Wieler 1990

In einer Gruppe überquerte Werner Böhm die Grenze zur Schweiz per Auto, da hier die Grenzkontrollen weniger streng waren als im Eisenbahnverkehr. Er nahm das Jura-Studium an der Universität Zürich auf.[45] Privat fand er dort zwar gute Aufnahme, doch »war sehr wenig

---

43 In Worms lebte seit dem 4.7.1923 Werner Böhms Mutterbruder Siegfried Oppenheimer (geboren am 24.4.1894), der seit 1925 mit Klara Wurmser aus Worms verheiratet war. Seit dem 12.10.1931 wohnten sie in der Burkhardstraße 7. Sie emigrierten zusammen mit Tochter Hilde (geboren am 5.6.1926) zum 28.7.1938 nach Paraguay und von dort 1939 nach Brasilien (Schlösser/Schlösser 2012).
44 Wie im Kapitel *Der Boykott* ... erörtert, wurden nicht alle männlichen Juden Hofs, sondern nur elf von ihnen in Schutzhaft genommen.
45 Beim Hofer Einwohnermeldeamt wurde Werner Böhm zum 17.4.1933 mit Ziel Zürich abgemeldet (StA Hof, A 8085).

Geld da, manchmal hat mein Vater Geld schicken können, manchmal nicht. Er hatte nicht viel Geld. Dort hab ich mich wieder [ex]matrikuliert und hab nach einem Semester entschieden«, dass es in der Schweiz unmöglich war, »einen akademischen Beruf auszuüben ... Nur reiche Leute wurden in der Schweiz aufgenommen, und ältere. Für Studenten war es unmöglich.«

Er ging nach Dijon in Frankreich, um dort sein Jura-Studium fortzusetzen. Karl Böhm besuchte ihn, sondierte eine Auswanderung dorthin und stellte Anträge bei Behörden. Sie mieteten im Haus 49 rue Saumaise ein Zimmer, wo Werner bis zum Studienabschluss wohnte. In der Zwischenzeit, um 1935, wurde ein Gesetz erlassen, wonach nur jene eine freiberufliche Tätigkeit in Frankreich ausüben könnten oder in den Staatsdienst aufgenommen würden, die schon zehn Jahre eingebürgert wären, wobei die Einbürgerung erst nach drei Jahren möglich und sehr schwer zu erreichen war. Werner Böhm teilte seinem Vater seine Absicht mit, in die USA zu gehen. Der war einverstanden, bestand aber darauf, dass der Sohn das Studium zuerst beende. Er hatte ein Jahr Zeit für die Dissertation über Rechtsphilosophie und deutsche Literatur, unter anderem über Jakob Wassermann. Die Verteidigung der Arbeit konnte erst nach dem Druck der Dissertation stattfinden, und für diese war die Erlaubnis des Rektors Voraussetzung. Im November hatte Werner Böhm die Arbeit eingereicht, hatte aber für den 6. Dezember die Schiffskarte für die Überfahrt nach Amerika. Glücklicherweise hatte der Vater eine Cousine in Paris, die den Druck bezahlte. Die Druckerei schickte die fertigen Exemplare direkt an die Universität, wo sie just an dem Tag eintrafen, an dem der Rektor die Erlaubnis unterschreiben wollte, aber noch nicht vorliegen hatte. Zu Beginn der Verteidigung wurde er mit Vorwürfen überhäuft, bekam aber die Doktorwürde verliehen. Seine noch immer sehr verärgerte Professorin warf ihm vor: »C'est commercial«, er habe die Sache wie eine Geschäftsangelegenheit behandelt. Diese Diskriminierung machte ihn sehr betroffen. »Das ist ein Jude, der macht das so, verletzt alle Normen.«

Boehm/Wieler 1990

Bereits als Hitler Reichskanzler wurde, hatten Verwandte in den USA an alle Familienmitglieder telegrafiert: »Wir werden unserer Familie beistehn.« Von einem Onkel[46] in Youngstown, Ohio, und unter Mithilfe von vielen Verwandten, trotz ihrer Furcht, er würde ihnen zur Last fallen, bekam Werner Böhm das »Affidavit of Support« (Boehm/Wieler 1990). Neben den Gesundheitszeugnissen war und ist dieses Dokument das wichtigste zur dauernden Einwanderung in die USA. Die Unterzeich-

---

46 Dieser Onkel war sein Mutterbruder Jakob Oppenheimer genannt Jake, geboren am 6.12.1876, vermutlich in Guntersblum, Kreis Mainz, gestorben am 6.12.1948 in Los Angeles, CA; siehe in diesem Kapitel im Abschnitt *Auswanderung*.

ner verbürgen sich, für den Einwanderer aufzukommen, damit er kein Sozialhilfefall wird, und zwar bis dieser selbst eingebürgert ist oder »can be credited with 40 quarters of work (usually 10 years)«[47] (USCIS 2017).

Im Herbst bewilligte das Auswanderungsamt in München dem Vater Karl Böhm den Betrag von 400 US-Dollar für die Auswanderung des Sohnes. Auch hier drückt sich die fiskalische Ausbeutung der Juden durch den NS-Staat aus. Nach dem regulären Tarif hätte dies etwa 1.000 RM entsprochen. Das Amt legte jedoch fest, dass Karl Böhm 2.000 RM zahlen musste (SA N, WB III 111, Bl. 7).

Am 6.12.1937 ging Werner Böhm in Antwerpen an Bord eines Schiffes der Red Star Linie GmbH, Hamburg, des Reeders Arnold M. Bernstein (Boehm/Wieler 1990). Im Zuge der »Verdrängung der Juden aus der deutschen Wirtschaft« war Bernstein im Januar 1937 wegen angeblichen Verstößen gegen Devisenbestimmungen zu 2½ Jahren Haft und einer Geldstrafe von 400.000 US-Dollar verurteilt worden. Da er den Betrag nicht zahlen konnte, wurden seine Schiffsgesellschaften beschlagnahmt und von einem von der deutschen Regierung eingesetzten Treuhänder weiterbetrieben (Swiggum/Kohli 2007). Die Besatzung bestand aus Nationalsozialisten. Da Werner Böhm aber einen Betrunkenen vor dem Suizid bewahrt hatte, was für den Kapitän Unannehmlichkeiten zur Folge gehabt hätte, waren die Offiziere sehr zuvorkommend zu ihm.

Das Besondere der Überfahrt war aber etwas sehr Persönliches. Werner Böhms Mutter hatte arrangiert, dass der Stewart ihm jeden Morgen einen datierten Brief von ihr auf den Frühstückstisch legte. Den letzten las er am 12. Tag bei der Vorbeifahrt an der Freiheitsstatue gegen 5 oder 6 Uhr morgens unter Tränen – vor Rührung und Ungewissheit, was aus ihm werden würde. Davon schrieb auch seine Mutter und auch, dass sie sich vielleicht nicht mehr wiedersehen würden (Boehm/Wieler 1990).

Erich Böhm wird zu Eric H. Boehm

Der zweite Sohn der Familie, Erich Böhm, besuchte ab dem 11.4.1929 die Staatliche Oberrealschule Hof (mit Handelsabteilung) am Schlossplatz.[48] »Die Verfolgungsumstände haben sich selbstverständlich in dem Umgange mit den Klassencollegen schon 1933 ausgewirkt«, schrieb sein

---

47 Die Bedeutung ist vermutlich, dass die Bürgschaft solange anhält, bis der Einwanderer 40 Quartale Arbeit nachweisen kann, was ohne Unterbrechungen 10 Jahren entspricht.

48 Die umgangssprachlich »OR« genannte Schule wurde mit dem Umzug 1965 ins Schiller-Schulhaus in Schiller-Gymnasium umbenannt. Im früheren Schulgebäude am Schlossplatz befindet sich heute die Staatliche Fachoberschule und Berufsoberschule Hof.

Familie Böhm

Vater Ende Januar 1958. Er selbst drückte es in einem Interview im Jahr 2009 so aus: Er und sein Bruder durften nicht in Dorfteichen schwimmen oder an deutschen Sonnwendfeiern teilnehmen, »simply because we were Jewish. Some people in my class were ardent Nazi and anti-Semitic ... I remember very vividly; it bothered the hell out of me.« (Wallace 2009) Bertel Böhm hielt den Kontakt zu einem von Erichs Lehrern, der den Böhms wohlgesonnen war. Er legte ihr den Austritt des Sohnes aus der Schule nahe. Nach der eigenen, mehrtägigen Inhaftierung, der versuchten Verhaftung von Werner und wahrscheinlich weiterem auf Böhms ausgeübten Druck war Karl Böhm in Sorge um Erich und organisierte dessen Auswanderung in die USA. Im April 1934 reiste einer der beiden für zwei Tage nach Stuttgart, wo am 21.4.1934 das Konsulat der USA das Visum Nr. 20351 Q ausstellte. Erich Böhm brachte das Schuljahr noch zu Ende; sein Austritts-Zeugnis vom 29.6.1934 konnte sich sehen lassen: Die Beurteilungen in den einzelnen Fächern sind »lobenswert« oder »hervorragend.« Nur in Turnen hatte er mangelhaft und in Mathematik »entsprechend«, was der Note 3 der bis Note 5 gehenden Beurteilungen entsprach. Im August 1934 war es so weit. Karl und Erich Böhm reisten gemeinsam nach Hamburg, wo der Sechzehnjährige am 17.8.1934 an Bord der »S.S. Bremen« ging, eines Schiffs des Norddeutschen Lloyds (BLEA, BEG 1859, Bd.3:3; BLEA, BEG 2385, Bl. 10; NARA T715 1934). Viele Jahre später wird er dieses Ereignis mit den Worten kommentieren: »From that moment, I shut Germany out of my life.« (Boehm 2011)

Am 23.8.1934 kam er in New York an, mit 25 US-Dollar in der Tasche. Die Passagierliste verrät sein Aussehen: »Height: 5' 5" [1,65 m], Complexion: fair, Hair: blond, Eyes: blue« und dass er beabsichtige, dauerhaft in den USA zu bleiben und US-Bürger zu werden. Als Ziel gab er an: »Uncle J. Oppenheimer, 240 Lora Laurel Ave., Youngstown, OH.« Sicherlich holte ihn dieser Bruder seiner Mutter, Jacob Oppenheimer, an der Schiffsanlegestelle ab, so wie er es bei Werner Böhm tat. Nach einem mehrtägigem Aufenthalt in New York reiste er bzw. reisten sie nach Youngstown, Ohio (NARA T715 1934).

Jakob Oppenheimer (geboren am 6.12.1876 in Guntersblum) war 1895 in die USA gekommen und 1904 eingebürgert worden. Seine Frau Blanch, geborene Hess (geboren 1886), wurde als Tochter deutscher Einwanderer in Missouri geboren. Jakob Oppenheimer hatte nicht nur für das Affidavit von Erich Böhm gebürgt, sondern finanzierte auch die Ausbildung seines Neffen: vom September 1934 bis Juni 1936 an der High School in Youngstown bis zum Abitur (graduation), vom September 1936 bis Juni 1940 am College in Wooster, Ohio, bis zum Bachelor of Arts in Geschichte und Chemie und zum Teil auch noch am Massachusetts State College in Amherst, Mass., von September 1940 bis Juni 1941. An der High School hatte Erich Böhm wegen der Sprachschwierigkeiten zunächst einige Klassen unter der seinem Alter entsprechenden Stufe beginnen müssen (BLEA, BEG 2385, Bl. 39). Doch schon innerhalb eines Jahres schrieb er eine Kolumne für die Schülerzeitung. Ein Schlüsselmoment für seine Berufswahl war, als sein Chemieprofessor in Wooster ihn zu einem Vorstellungsgespräch sandte, er aber wegen seiner Religion abgewiesen wurde. Darüber empört, besorgte der Professor ihm eine Stelle als Lehrassistent mit einem vollen Stipendium an der Fletcher School of Law and Diplomacy in Medford-Boston, Mass. Dort entwickelte Eric Boehm seine Begeisterung für Geschichte und politische Fragen. 1942 schloss er sein Studium dort mit dem Master Degree (M.A.) in International Relations ab. Anschließend trat er in die US-Armee ein, nachdem er 1941 eingebürgert worden war und fühlte, er müsse etwas für »sein Land« tun, das ihm die USA geworden waren.

Beim Army Air Corps wurde er als 1st Lieutenant in der Nachrichtenabteilung in einem »interrogation center« in England stationiert. Seine Aufgabe war, gefangene Angehörige der deutschen Luftwaffe zu verhören, wozu er aufgrund seiner Sprachkenntnisse und seiner Ausbildung als einziger Offizier unter den Kollegen prädestiniert war. Seine Art der Befragung war nicht die harte oder gar aggressive. Vielmehr ging er mit dem ersten Offizier, den er vernehmen musste, auf dem (abgesicherten) Gelände spazieren und konnte ihn überzeugen, dass seine Kooperation im eigenen Interesse lag. Denn je länger der Krieg dauerte, umso schlimmer würde die Situation in Deutschland werden, wurde dieses doch Tag für Tag bombardiert. Unter den von ihm Verhörten war auch Generalmajor Eckhard Christian (1907-1985), der ab 1.9.1944 formell der Chef des Führungsstabes der Luftwaffe war, somit zur oberen NS-Führung gehörte und am 8.5.1945 in Flensburg-Mürwik in britische Gefangenschaft geriet. Karl Koller (1898-1951), der letzte Chef des Generalstabes der Luftwaffe ab November 1944, war »unglaublich unkooperativ, weil er nicht von einem ranghöheren Offizier vernommen wurde«, so Eric Boehm im Interview 2009 (BLEA, BEG 2385, Bl. 39; Wallace 2009; Dinaberg 2011; Santa Barbara Independent 2017). Auf seine weitere Karriere kommen wir zurück.

Verfolgung der Böhms in Hof

Willkürliche Inhaftierungen und unfaire juristische Verfahren gehören zur Machtausübung aller totalitären Staaten. Der NS-Staat benutzte angebliche Gesetzesübertretungen durch jüdische Bürger zu deren Unterdrückung. Bürger zeigten Juden zum eigenen Vorteil oder aus Judenhass an – häufig unter falschen Behauptungen. Auf dieser Ebene erfolgten Denunziationen jedoch überwiegend aus der Überzeugung, dem Führer müsse man bei seinen großen Aufgaben »entgegenarbeiten«, wie es Ian

Familie Böhm

Kershaw herausgearbeitet hat (Kershaw 2013). Hinzu kamen antijüdische Verordnungen und Gesetze in einer so großen Zahl, dass es schwer war, sie alle einzuhalten. Bei besonders demütigenden Gesetzen wie dem Tragen des Judensterns ab September 1941 riskierten auch viele Juden einen Verstoß. Es ist heute meist nicht möglich, zu beurteilen, ob in einzelnen Fällen ein Quäntchen Wahrheit an den juristischen Beschuldigungen war. Viele Übertretungen sind den Betroffenen nicht zu verdenken, etwa wenn jemand versuchte, Geldbeträge aus dem eigenen Vermögen ins Ausland zu bringen. Wurde er erwischt oder denunziert, war das ein Verstoß gegen die Devisenbestimmungen.

Viele Unterlagen gingen verloren, wurden im Krieg zerstört oder absichtlich vernichtet, um Spuren zu verwischen. Von der Korrespondenz der Kriminal-Abteilung der Polizei-Direktion Hof von 1933 beispielsweise existiert nur noch das Geschäftstagebuch. Im April 1933 geht es darin mehrfach um jüdische Männer aus Hof; einer von ihnen ist Karl Böhm. Am 1. April sandte die Staatsanwaltschaft Hof seinetwegen unter dem Betreff »D 608/33, Wechselmißbrauch« ein Schreiben ab, das am 6. April beantwortet wurde. Am 22. April schrieb die Gemeinde Mainleus wegen »überm[äßiger] Zinsforderung«, beantwortet am 6. Mai. Was mag sich hinter diesen Korrespondenzen verborgen haben?

Oben haben wir bereits erfahren, dass Karl Böhm Ende März/Anfang April 1933 in Schutzhaft war im Zusammenhang mit dem Boykott gegen jüdische Kaufleute und ihre Geschäfte (siehe Kapitel *Der Boykott*). Belege für die damaligen Inhaftierungen, wie wir sie vom Gefangenenbuch des Landgerichtsgefängnisses Hof kennen, oder Verzeichnisse, welche jüdischen Hofer in Schutzhaft genommen wurden, konnten trotz intensiver Recherche nicht ausfindig gemacht werden.

Für die spätere Zeit sind mehrere Inhaftierungen von Karl Böhm dokumentiert, angefangen bei der vom 10.11.1938. In der Kristallnacht waren er und seine Frau Berta früh um 4 Uhr die ersten der Hofer, die ins Landgerichtsgefängnis eingeliefert wurden. Wie im Kapitel *Die Reichskristallnacht* beschrieben, gehörte Karl Böhm zu jenen 54 jüdischen Männern aus Oberfranken, die ins KZ Dachau überstellt werden sollten, und nach sechs Tagen Haft in Regensburg wieder zurück ins Hofer Gefängnis kamen. Karl Böhm wurde am 30.11.1938 um 11Uhr 45 mit drei anderen Hofern und zwei Kulmbachern entlassen.

Devisenvergehen

Im Frühjahr 1938 versuchte Karl Böhm sein Privat- und Geschäftsvermögen zu schützen, indem er es seinen beiden Söhnen schenkte. Er meinte, ein Vermögen, das einem Ausländer gehöre, genieße stärkeren Schutz als das Vermögen eines inländischen Juden, so seine spätere Erklärung vor Gericht. Im April 1938 konsultierte er einen Notar in Hof, der ihn darauf aufmerksam machte, dass sich nach den Allgemeinen Grundsätzen des BGB niemand vollkommen vermögenslos machen darf und dass Schenkungen ins Ausland der Genehmigung der Devisenstelle bedurften. Er solle den Übereignungsvertrag der Devisenstelle in Nürnberg zur Prüfung vorlegen. Karl Böhm verstand dies so, dass die Genehmigung erst erforderlich sei, wenn das Geld außer Landes gebracht werde, und legte den von ihm ausgefertigten Schenkungs-Akt vom Juni 1938 der Behörde nicht vor.

Die 1931 zur Kontrolle des Devisenabflusses geschaffenen Devisenstellen waren bei den Oberfinanzpräsidenten (späteren Oberfinanzdirektionen) angesiedelt und wurden ab 1933 zur fiskalischen Ausbeutung der jüdischen Bürger genutzt.[49] Ab 1936 wurde ihre Machtstellung zunehmend ausgeweitet. Mit dem »Gesetz zur Änderung des Gesetzes über die Devisenbewirtschaftung« (RGBl I, 1936:1000) vom 1.12.1936 erhielten die Devisenstellen die Befugnis, Sicherungsanordnungen zu treffen. Hatte ein Sachbearbeiter den Verdacht, ein jüdischer Bürger wolle Vermögen verschieben, oder unterstellte er es ihm, konnte er anordnen, dass Vermögensbeträge auf Sperrkonten einzuzahlen waren, oder er konnte veranlassen, dass über Grundstücke, Wertpapiere, Bankguthaben oder Beteiligungen nur noch mit Genehmigung der Devisenstelle verfügt werden durfte. Ab 1937 wurden Zollfahndung, Finanzamt und Gestapo über alle Verfügungen informiert. Außerdem leitete jenes Gesetz eine enge Zusammenarbeit mit Banken und Grundbuchämtern ein. Bei den ersten Anzeichen von Auswanderungsabsichten ließen die Devisenstellen bei jüdischen Bürgern mit Grundbesitz einen Vermerk zur Absicherung der Reichsfluchtsteuer für das Finanzamt im Grundbuch eintragen.

Werner Böhm in New York und Erich Böhm in Wooster (Ohio) gaben Anfang Juni 1938 eine Erklärung ab, dass sie die Schenkung des gesamten Privat- und Geschäftsvermögen der Eltern sowie der Firma Gebrüder Böhm annehmen würden. Karl Böhm verfasste unter dem 19.6.1938 einen mehrseitigen »Schenkungs-Akt«, in dem er das Vermögen aufzählte:

1. Die gesamte Möbel- und Hauseinrichtung einschließlich Federbetten, Matratzen, Wäsche, Hausrat, Bildern, Klavier und überhaupt allen Gegenständen, auch Uhren, Ringen und dergleichen,
2. drei Hypothekenforderungen gegen die Witwe eines Stickereifaktors in Stadtsteinach von insgesamt 5.200 RM,
3. eine Kriegsanleihe und ein Wertpapier, die allerdings für eine Vorzugsrente respektive für einen Kredit in Depots hinterlegt waren,

---

[49] Ende 1941 kamen die »Dienststellen für die Einziehung von Vermögenswerten« hinzu, ab Mitte 1942 unter der Bezeichnung »Vermögensverwertungsstellen«.

Familie Böhm

4. zwei Lebensversicherungen,
5. in den Geschäftsräumen in der Wilhelmstraße 4 vorhandene Waren im Wert von 6.333 RM, die dortigen Gegenstände aller Art sowie die Büro- und Lagereinrichtung,
6. das Bargeld und die Wechselbestände in Höhe von 2.569,58 RM,
7. Außenstände in Höhe von 10.410,67 RM und ein Bankanspruch von 1.134,87 RM.

Auch die »uneinbringlich angenommenen Forderungen« sollten eingeschlossen sein. Karl Böhm behielt sich das Recht vor, »diese einzelnen Vermögensbestandteile nach seinem Ermessen zu belehnen & wieder von dieser Belastung frei zu machen«, wie umgekehrt auch seine Söhne ihren Eltern das Recht einräumten, »für Rechnung & im Auftrage der Beschenkten Vermögensbestandteile ... in Geldwerte umzusetzen & umgekehrt allenfalls vorhandene Geldmittel oder Wertpapiere in Sachwerte umzusetzen.« Mit anderen Worten: Die Eltern behielten das Verfügungsrecht über das Vermögen. In Bezug auf die Ungesetzlichkeit, sich gänzlich vermögenslos zu machen, beendete Karl Böhm den Schenkungs-Akt mit dem Passus: »Es wird bemerkt, dass sich diese Schenkung hinsichtlich ihrer Höhe um den Betrag mindert, der für die persönlichen Verbindlichkeiten & die des Wirtschaftsbetriebes sowie für die Lebenshaltung des Unterzeichneten & seiner Ehefrau aufgewendet werden muss.« (SA BA, K 107 5294:28-32)

Im November darauf brach die Reichskristallnacht über die Juden des Deutschen Reiches herein, und nur wenige Tage danach erließ Hermann Göring die Verordnung, die den Juden eine Zahlung von 1 Milliarde Reichsmark als »Sühneleistung« auferlegte (siehe Kapitel *Reichskristallnacht*). Karl Böhm erhielt einen Bescheid über die Judenvermögensabgabe mit Datum 6.12.1938. In seiner Vermögenserklärung vom 28.1.1938 hatte er sein Vermögen wie folgt angegeben:

1. Gesamtwert seiner Textilwarenhandlung nach Abzug der Betriebsschulden	10.798 RM
2. Anleiheablösungsschuld des Deutschen Reiches (Kriegsanleihe) im Nennwert von	5.625 RM
3. Pfandbrief der Bayerischen Handelsbank im Nennwert von	150 RM
4. Hypothekenforderung gegen Katharina Schott, Stadtsteinach	4.000 RM
5. Lebensversicherung	2.500 RM
	<u>23.073 RM</u>

SA BA, K 107 5294:28-29

Das Finanzamt Hof setzte sein Vermögen auf 27.000 RM fest und somit die zwanzigprozentige Judenvermögensabgabe auf 5.400 RM, von ihm in vier Raten à 1.350 RM bis Mitte August 1939 zu zahlen. Gegen diesen Bescheid legte Karl Böhm am 20.12.1938 Beschwerde ein, auch mit dem Hinweis, dass sein Vermögen durch Schenkungs-Vertrag in das Eigentum seiner beiden im Ausland lebenden Söhne übergegangen sei. Acht Tage später ergänzte er, dass sich das im Eigentum seiner Söhne stehende Vermögen beträchtlich vermindert habe, und am 30.12.1938 gab er »sein ›abgabepflichtiges Vermögen‹ mit 10.083,37 RM« an (SA BA, K 107 5294:28-32).

Am 21.2.1939 war die Dritte Verordnung auf Grund der Verordnung über die Anmeldung des Vermögens von Juden erlassen worden. Sie besagte: Alle Juden (mit Ausnahme der ausländischen Staatsangehörigen) hatten die in ihrem Eigentum befindlichen Gegenstände aus Gold, Platin oder Silber sowie Edelsteine und Perlen binnen zwei Wochen an die vom Reich eingerichteten öffentlichen Ankaufsstellen abzuliefern. Für Hof und Umgebung war dies die städtische Hofer Pfandleihanstalt. Karl Böhm verfuhr doppelgleisig. Einerseits genügte er dieser Anordung, denn bei Nichterfüllung drohte eine Geld- oder Gefängnisstrafe, auf der anderen Seite beharrte er auf der Schenkung. Am 6.3.1939 gab er an die Städtische Pfandleihanstalt, öffentliche Ankaufstelle, sechs Goldgegenstände ab, die er maschinenschriftlich verzeichnete: 1. einen goldenen Damenring mit Stein, 2. einen weiteren goldenen Damenring mit Stein, 3. einen goldenen Herrenring ohne Stein, 4. eine goldene Damenarmbanduhr, 5. zwei Broschen. Er schließt: »Bezüglich der Bewertung & evtl. Veräußerung bitte ich vor dieser Massnahme mit mir in Fühlung zu treten.« Anderntags schrieb er an die Pfandleihstelle:

»An meine gestrige Ablieferung Ziffer 1 – 5 von insgesamt 6 Goldgegenständen nehme ich ergebenst Bezug.
In Anbetracht dessen, dass bezüglich dieser Gegenstände die Eigentumsfrage noch nicht geklärt ist, bitte ich & beantrage von einer Weitergabe der Gegenstände zum Zwecke ihrer Verwertung oder Veräußerung vorerst Abstand zu nehmen & mir den Inhalt dieses Schreibens gefl. zu bestätigen.
[e.U.] *Karl Israel Böhm*«

Am 9.3.1939 antwortete ihm der zuständige Stadtinspektor:

»Ihrem Antrag kann nicht stattgegeben werden, da gemäß der ergangenen Anordnungen alle zur Anlieferung gekommenen Gegenstande ohne Ausnahme verwertet werden. Die verantwortliche Entscheidung darüber, was unter Berücksichtigung der Ausnahmefälle abzuliefern ist, haben die Verpflichteten selbst zu treffen. Ich verweise dabei nochmals auf das mitfolgende Merkblatt, dessen Jnhalt Jhnen ja bekannt war.
Städt. Pfandleihanstalt Hof. Abt. Öffentl. Ankaufsstelle.«

Am 11.3.1939 insistierte Karl Böhm. Erneut schrieb er an die Pfandleihanstalt und bat, »nach wie vor die Verwertung oder Veräußerung, überhaupt jede Verfügung über die Sachen vorerst zu unterlassen, da die einschlägigen gesetzlichen Bestimmungen auch für öffentliche oder amtliche Stellen gelten.« Am 5.5.1939 schrieb er nochmals, bat wiederholt, jede Verfügung zu unterlassen. »Sollten die Sachen wider Erwarten anderweitig schon abgegeben sein, dann bitte ich bis zur Klärung solche zurückzufordern.« Und schließlich schrieb er am 11.5.1939 zum fünften Mal an die städtische Ankaufstelle:

»Wenn es sich bei den eingegangenen M 19,92 um eine Vergütung für die eingelieferten 6 Gold & Edelsteingegenstände handeln soll, so stelle ich diesen Betrag hierfür zur Verfügung, da ich, wie wiederholt mitgeteilt, mit einer Verwertung oder Veräusserung nicht einverstanden bin.

Ich ersuche wiederholt die Sachen, falls solche abgegeben wurden, bis zur Klärung der angeschnittenen Gesichtspunkte zurück zu fordern & jede Verwertung zu unterlassen. Ich beziehe mich auf meine Mitteilungen vom 7/3, 11/3 & 5/5 39. Diese Sache ist erfahrungegemäss nach den einschlägigen Bestimmungen des BGB zu behandeln. *Karl Israel Böhm*« StA Hof, A 8356

Sein Schreiben vom 5. Mai muss er verfasst haben, als er die Antwort auf seine Beschwerde von den Finanzbehörden erhalten hatte. Im Auftrag des Oberfinanz-Präsidenten Nürnberg wurde ihm unter dem 3.5.1939 mitgeteilt, dass seine Beschwerde als unbegründet zurückgewiesen wurde. Die Schenkung müsse rechtlich unbeachtlich bleiben, da sie als ernstlich nicht gewollt anzusehen sei. Mehrere Argumente wurden aufgeführt, die gegen die Ernstlichkeit der Schenkung sprächen, und was bei den einzelnen Posten hätte unternommen werden müssen, um die Schenkung überhaupt rechtswirksam zu gestalten. Vor allem sei die Abtretung ohne die Genehmigung der Devisenstelle unwirksam (§§ 11ff. Devisen-Gesetz).

»Würde der Beschwerdeführer die Abtretung ernstlich gewollt haben, würde er sich daher wegen Verletzung des Devisengesetzes strafbar gemacht haben. Gegen die ernstliche Schenkungsabsicht des Beschwerdeführers spricht auch die Tatsache, daß dieser seiner Verpflichtung, die durch Schenkung erfolgte Vermögensminderung, ja Vermögenslosigkeit, dem Regierungspräsidenten sofort anzuzeigen, nicht nachgekommen ist. Auch dadurch hätte sich der Beschwerdeführer strafbar gemacht.« SA BA, K 107 5294:28-32

Karl Böhm musste die »Sühneleistung« in voller Höhe zahlen. Zu den vier Raten von insgesamt 5.400 RM sollte noch eine fünfte Rate von 25% hinzukommen, womit Karl Böhm auf eine Abgabe von 6.750 RM gekommen wäre. Er musste aber mehr zahlen. Das Finanzamt Hof beschlagnahmte sein Warenlager und ließ ihn die Ware an seinen früheren Abnehmerkreis verkaufen. Außerdem setzte es den Treuhänder Max Schiller ein, der ihn und den Verkauf überwachte. Den Erlös führte er entweder selbst oder über diesen Treuhänder an das Finanzamt Hof ab, bis die Höhe der Forderungen erreicht war. Das Honorar von Max Schiller von 350 RM musste Karl Böhm außerdem bezahlen sowie 400 RM für Zinsen und Zwangsvollstreckungskosten, so dass er insgesamt die Summe von 7.500 RM aufwenden musste (SA N, WB IIIa 113, Bl. 5).

Die freundlich-wohlwollende Interpretation des Sachbearbeiters beim Oberfinanzpräsidenten in Nürnberg, dass Karl Böhm seine Schenkung gar nicht ernst gemeint haben könne, zeigt, welchen Ermessensspielraum Individuen selbst in einem totalitären System haben. Dabei blieb es jedoch nicht. Der Fall muss auf den Schreibtisch eines anderen Behördenangestellten gekommen sein, der ihn zu Ungunsten Karl Böhms beurteilte. Es kam zur Anklage wegen eines »Vergehens gegen §§ 11 Abs. II, 42 Abs. I Ziff. 3« des Devisengesetzes vom 4.2.1935 bzw. »durch unerlaubten ›Schenkungsakt‹ vom 19.6.1938 und Übereignung seines gesamten Vermögens an seine in Amerika lebenden Söhne und dem Versuch, sein Vermögen dem Zugriff des Staates zu entziehen.« (SA BA, K 107 5294)

Strafverfahren

Unter dem Vorsitz von Amtsgerichtsrat Dr. Jauernik fand am 28.6.1939 die Hauptverhandlung in der öffentlichen Sitzung des Schöffengerichts beim Amtsgericht Hof statt (Az. 2 Ms 9/39). Die Devisenstelle in Nürnberg trat als Nebenklägerin auf und hatte einen Assessor Karl Golder nach Hof entsandt. Der Niederschrift zur Sitzung ist kein extrem antisemitisches Verhalten der handelnden Personen abzulesen. Es liest sich wie eine reguläre juristische Verhandlung, wenn man davon absieht, dass die Devisengesetze hauptsächlich auf jüdische Bürger angewandt wurden. Für das Gericht konnte die Ernstlichkeit der Schenkungserklärung nicht in Frage gezogen werden. Karl Böhm habe mit Vorsatz gehandelt. Antisemitismus tritt dennoch hervor, wenn der Vorsitzende Dr. Jauernik festhalten lässt:

»Wenn der Angekl[agte] mit echt jüdischer Rabulistik[50] glauben machen will, dass er sich hierüber geirrt habe, so erscheint diese Schutz-

---

50 Laut Duden ist ein Rabulist jemand, der in spitzfindiger, kleinlicher, rechthaberischer Weise argumentiert und dabei oft den wahren Sachverhalt verdreht (www.duden.de/rechtschreibung/Rabulist (5.5.2018)). Bereits die frühen Wörterbuchhersteller betonten die abwertende Konnotation des Begriffes, so etwa Adelung 1769. Nach ihm ist ein Rabulist »ein geschwätziger und dabey ränkvoller Sachwalter, welcher den Sinn des Gesetzes nach seinem Vortheile zu drehen weiß; ein Zungendrescher« (Adelung 1798:906).

behauptung in Anbetracht seiner Geschäftsgewandtheit und Gesetzeskenntnis völlig unglaubhaft. ... Nach alledem ist festzustellen, dass der Angeklagte vorsätzlich ohne Genehmigung der Dev[isen]Stelle über auf Reichsmark lautende Forderungen zu Gunsten von Ausländern verfügt hat.«

SA BA, K 107 5294, Bl. 12

Der Staatsanwalt beantragte, Karl Böhm zu einer Gefängnisstrafe von einem Jahr und einer Geldstrafe von 20.000 RM zu verurteilen. Ferner beantragte er die Einziehung der Werte, auf die sich die strafbare Handlung bezog. Der Vertreter der Nebenklägerin, Assessor Karl Golder, schloss sich an. Der Richter verurteilte Karl Böhm zu 6 Monaten Gefängnis sowie zu 12.000 RM Geldstrafe, ersatzweise 250 Tage Gefängnis (zusätzlich). Mit Rücksicht auf die Höhe der Geldstrafe wurde davon abgesehen, die strafgegenständlichen Werte einzuziehen. Natürlich musste der Verurteilte auch die Kosten des Verfahrens tragen. Erschwerend fiel für den Richter ins Gewicht, dass er einschlägig vorbestraft war, d.h. bereits wegen eines Devisenvergehens verurteilt worden war, außerdem »daß es ihm darauf ankam, sein Vermögen dem berechtigten Zugriff des Staates zu entziehen, und daß seine Tat beträchtliche Summen zum Gegenstande gehabt hat.« Strafmildernd wurde berücksichtigt, dass eine Schädigung des Reiches nicht eingetreten war (SA BA, K 107 5294, Bl. 28-37).

Bei jener »einschlägigen Vorstrafe« ging es um einen Betrag von 35 US-Dollar. In seinen Wiedergutmachungsansprüchen führte Karl Böhm ihn 1948 als Posten 119c auf, ohne zu erwähnen, wessen er beschuldigt worden war. Etwa im Jahre 1936 hatte er eine Geldstrafe von 315 RM wegen dieses Devisenvergehens an das Hauptzollamt Hof gezahlt, welches die 35 US-Dollar konfisziert hatte (SA N, WB IIIa 111, Bl. 5).

Zusammen mit seinem Rechtsbeistand Justin Baum[51] ging Karl Böhm in Berufung. Die Verhandlung fand am 25.8.1939 vor der Großen Strafkammer des Landgerichts Hof unter dem Vorsitz von Landgerichtsrat Weiß statt. Das Urteil des Schöffengerichts Hof vom 28.6.1939 wurde abmildernd geändert. Nunmehr wurde Karl Böhm wegen eines versuchten Vergehens gegen genannte Paragraphen des Gesetzes über Devisenbewirtschaftung zu einer Strafe von 5 Monaten Gefängnis sowie zu

---

51 Justin Baum (geboren am 24.9.1893 in Bamberg) war von 1925 bis zu seinem Berufverbot am 30.11.1938 Rechtsanwalt in Aschaffenburg. Ab 1.2.1939 war er, in Bamberg wohnend, einer der ganz wenigen zugelassenen Rechtskonsulenten in Oberfranken, die ausschließlich für jüdische Klienten tätig sein durften. Am 5.3.1943 wurde er von der Gestapo verhaftet, in das Fürther Gefängnis verschleppt und von dort am 14.8.1944 nach Auschwitz deportiert – obwohl er durch seine Ehe mit einer evangelischen »Arierin« eigentlich geschützt gewesen wäre. Bei der Räumung des KZ Auschwitz kam er im Januar 1945 ins KZ Groß-Rosen, wo er verschollen ist (Deusel/Beisbart/Fichtl 2010:36).

10.000 RM (ersatzweise 200 Tage Gefängnis) verurteilt (SA BA, K 107 5294, Bl. 28-37).[52]

Seine Haftstrafe verbüßte Karl Böhm im Gefängnis Nürnberg-Zellenstraße. Er trat sie am 12.10.1939 um 16:40 Uhr an. Der Eintrag im Gefangenenbuch »Ers[atz] Strafe: 200 Tage aus M 10000.-« wurde später gestrichen und »Ersatzstrafe bezahlt« daruntergesetzt. Vermutlich Berta Böhm hatte am 14.2.1940 bei der Gerichtskasse Hof den Betrag von 12.369,02 RM für Strafe und Kosten eingezahlt (SA N, JVA Nbg 80, Nr. 3081; SA BA, K 107 5294, Bl. 65). Woher mögen Böhms einen derart hohen Betrag genommen haben, wo doch ihr Gesamtvermögen 22 Monate zuvor 23.073 RM betrug (bzw. 27.000 RM nach Festlegung durch das Finanzamt Hof), und dieses hauptsächlich aus Sachwerten und Forderungen bestand und angesichts der vom NS-Regime gewollt schlechten Verdienstmöglichkeiten der jüdischen Bürger in jener Zeit sowie der Minderung des Vermögens durch die Judenvermögensabgabe? Zu der Geldstrafe, den Gebühren und Kosten kamen noch die Rechtsanwaltskosten von mindestens 200 RM hinzu. Am 12.3.1940 war die Haft verbüßt, und Karl Böhm wurde um 10 Uhr 15 nach »Hof i/B., Fabrikzeile 20 zur Frau« entlassen (SA N, JVA Nbg 80, Nr. 3081).

Auch nach der NS-Zeit blieb Karl Böhm dabei, dass er sein und seiner Frau Privat- und Geschäftsvermögen an die beiden Söhne übertragen habe. Die Anträge auf rückerstattende Wiedergutmachung stellte er 1948 nicht in seinem, sondern in deren Namen. Er führte zwar den (umfangreichen) Schriftverkehr, doch als Anspruchsberechtigte fungierten Werner W. Boehm und Eric H. Boehm. In den Erläuterungen seines Antrages an das Zentralanmeldeamt in Bad Nauheim vom 27.4.1948 schrieb er:

»Durch Schenkungsvertrag vom 19. Juni 1939 sind solche in das Eigentum meines Vermögens gelangt mit der Absicht, durch diesen Vertrag das Vermoegen vor dem allgemeinen bekannten unsittlichen Zugriff des Reiches zu schuetzen.«

Er war außerdem der Überzeugung, dass sowohl die Anklageerhebung wie die Verurteilung in beiden Instanzen unrechtmäßig waren, weil jenes Devisengesetz vom 4.2.1935 »bereits unter 12. Dezember 1938 (RGBl I 1938 S. 1733) aufgehoben« worden war (SA N, WB IIIa 111:126). Ein

---

52 Nach Ophir und Wiesemann wurde Karl Böhm im Juli 1939 wegen Übertretung der Devisenbestimmungen zu sechs Monaten Haft und 12.000 Mark Geldstrafe verurteilt (1979:137). Diese unkorrekten Angaben dürften auf dem falschen Vermerk einer sechsmonatigen Abwesenheit von Hof auf seiner Einwohnermeldekarte beruhen: »Ehemann vom 12.9.1939 bis 12.3.1940 in Nürnberger-Gefängnis (Entl[assungs]Besch]eid[] vom 12.3.1940.)« (StA Hof, A 8025).

Blick ins Reichsgesetzblatt scheint dies zu bestätigen.[53] Hatte man ihn angeklagt, weil zum Zeitpunkt der Schenkung das Gesetz noch in Kraft war?

»Arisierung« von Warenbeständen

Zu der Flut der antijüdischen Verordnungen, die nach der Reichskristallnacht erlassen wurden, gehörte auch die I. Verordnung zur Ausschaltung der Juden aus dem deutschen Wirtschaftsleben. Mit ihr ordnete der Beauftragte des Vierjahresplanes Hermann Göring an: Juden ist vom 1.1.1939 ab der Betrieb von Einzelhandels- oder Versandgeschäften oder Bestellkontoren sowie der selbstständige Betrieb eines Handwerks untersagt. Ebenso ist ihnen verboten, auf Märkten, Messen oder Ausstellungen Waren oder gewerbliche Leistungen anzubieten oder Bestellungen darauf anzunehmen. Jüdische Gewerbebetriebe, die entgegen dem Verbot geführt werden, sind polizeilich zu schließen (RGBl I, 1938:1580, zitiert nach Walk 1996:254). Demzufolge musste Karl Böhm die Firma »Gebrüder Böhm« abmelden, was er am 24.1.1939 mit Betriebsende zum 31.12.1938 tat. – Doch vorher hatten ihm die Eigentümer des Anwesens Wilhelmstraße 4 »das Geschaeftslokal in seiner Eigenschaft als Jude gekuendigt«, woraufhin er das »Speisezimmer in der Fabrikzeile zur Aufbewahrung heranziehen« musste, so Karl Böhm in einem Entschädigungsantrag (BLEA, BEG 2385, Bl. 50). Wie groß der Druck war, den die Kreisleitung respektive die Hofer Parteileitung der NSDAP auf Vermieter ausübte, jüdischen Mietern zu kündigen, berichteten auch Max Franken und sein Vermieter Georg Dollwetzel (siehe Kapitel *Familie Franken*).

Wie es Karl Böhm überhaupt möglich war, Ware an seine früheren Kunden zu verkaufen, die ja auf dem Land, vor allem im weit entfernten Frankenwald, wohnten, ist nicht überliefert. Er muss die Strecken per Bahn und zu Fuß zurückgelegt haben, denn am 3.12.1938 verfügte der Reichsführer SS und Chef der Deutschen Polizei Heinrich Himmler per Erlass, dass Führerscheine und Kraftwagenzulassungspapiere der Juden für ungültig erklärt würden und ihre Ablieferung angeordnet werde (Walk 1996:262). Elf Tage später verfügte der Koblenzer Regierungspräsident den Zwangsverkauf »jüdischer« Autos:

»Auf Grund der Entziehung der Führerscheine, die am 3.12.38 angeordnet worden ist, haben Juden ihre Kraftfahrzeuge an Deutsche zu verkaufen.« (Walk 1996:74) Am 22.2.1939 bestätigte das Reichsverkehrsministerium, dass Führerscheine und Kraftfahrzeugscheine, die für Juden

---

53 Siehe die »Bekanntmachung des Gesetzes über die Devisenbewirtschaftung. Vom 12. Dezember 1938«, (RGBl I 1938:1733, aufrufbar unter Österreichische Nationalbibliothek, Alex)

ausgestellt waren, sofort einzuziehen waren. Ausgenommen waren ausländische Staatsangehörige und Beschädigte, die auf die Benutzung eines Fahrzeuges angewiesen waren (Walk 1996:283).

Im Juni 1940 muss Karl Böhm einen Antrag an die Stadt Hof gestellt haben, ihm vorübergehend den Warenverkauf in seiner Wohnung zu genehmigen. Überliefert ist in einer (stark ausgedünnten) Arisierungsakte im Staatsarchiv Bamberg eine Besprechung des Oberbürgermeisters Richard Wendler mit den Vertretern des Industrie- und Handelsgremiums Hof, N. Rammensee (1. stellvertretender Geschäftsführer) und E. Wolf (Geschäftsführer). Die beiden Herren stimmten in allen Punkten mit dem Oberbürgermeister überein, die er in einer Stellungnahme am 13.6.1940 festgehalten hatte. Wie auch immer der Warenverkauf oder der Ausverkauf durchgeführt werde, würde er einer vorübergehenden Errichtung einer Einzelverkaufsstelle gleichkommen. Damit bedürfe es einer Ausnahmebewilligung nach dem Einzelhandelsschutzgesetz, was aber bei

»der gegenwärtigen Lage auf dem Textilwarengebiet keinesfalls zu gestatten wäre, und daß schließlich der Verkauf der Waren in der Wohnung des Juden Böhm nicht in Betracht kommen kann. Die Verwertung des Warenlagers ist unseres Erachtens nur auf dem Weg über die Fachorganisation des Einzelhandels möglich.«

Dieser Meinung schloss sich die Industrie- und Handelskammer in Bayreuth am 18.6.1940 an (SA BA, N 32 53).

Es ist richtig, dass die produzierende Textilindustrie in der NS-Zeit sehr schlecht dastand, da sie zu einem Großteil von Fasern abhing, die für Devisen aus dem Ausland importiert werden mussten. Bereits 1934 begann das NS-Regime mit Massnahmen, um dem Rohstoffmangel zu begegnen, wie etwa durch Arbeitszeitkürzung in den Webereien. Wolle und Baumwolle verarbeitende Betriebe wurden in ihren Investitionen beschränkt. »Die Errichtung neuer und die Erweiterung bestehender Betriebe wurde grundsätzlich verboten.« Die Spinnereien mussten den Baumwollgarnen ab Februar 1936 mindestens 8 %, ab Oktober 1937 sogar 20 % Zellwolle beimischen (Eitler 2019, in Druckvorbereitung). So wenig die Textilindustrie produzierte, so wenig kam in die Läden. Gleichgültig, ob die Restbestände der erloschenen Firma »Gebrüder Böhm« nun von Karl Böhm in seiner Wohnung oder durch die »Fachorganisationen des Einzelhandels« verkauft worden wären, sie wären auf alle Fälle zum Endverbraucher gekommen. Die Absicht ist evident: Hier sollte jüdischer in »arischen« Besitz überführt werden und dies offenbar in Verbindung mit persönlicher Bereicherung.

Noch war das Warenlager vor dem Zugriff der Fachgruppen durch die Beschlagnahme des Finanzamtes geschützt. Karl Böhm stellte erneut einen Antrag, Ware bei sich zu Hause verkaufen zu dürfen, diesmal am

Familie Böhm

21.12.1940 an die Regierung von Ober- und Mittelfranken in Ansbach. Diese holte Stellungnahmen bei den zuständigen Stellen ein. Die Industrie- und Handelskammer Bayreuth antwortete dem Regierungspräsidenten am 10.1.1941 unter Verwendung der Schreiben vom Juni 1940:

> Betrifft: Verwertung von Textilwarenbeständen der nichtarischen früheren Firma Gebr. Böhm in Hof. Zum dortigen Ersuchen v[om] 21.12.40.
> Eine Geschäftsveräußerung liegt hier nicht vor. Im Hinblick auf die derzeitige Versorgungslage in Textilwaren erscheint es uns erwünscht, die Restbestände des früheren jüdischen Geschäftes der Verbraucherschaft zuzuführen. Am zweckmäßigsten dürfte die Verwertung auf dem Wege über die Fachorganisation des Einzelhandels erfolgen.
> Heil Hitler!
> Industrie- und Handelskammer. Der Vizepräsident: Die Geschäftsführer.

SA BA, N 32 Nr. 53

Nachdem die Judenvermögensabgabe bezahlt war, bestand der Rest der Böhm'schen Warenbestände im Februar 1941 immerhin noch aus etwa 2.000 Metern Textilwaren in Wolle, Baumwolle und Seide sowie aus etwa 600 fertigen Textilwaren-Artikeln. Folgendes Geschehen erfuhr Karl Böhm von seiner früheren Angestellten Kunigunde Ziegler im April 1941. Er selbst befand sich zu jener Zeit in Schutzhaft. In die Wohnung der Böhms kamen drei Männer, deren Namen er im Entschädigungsverfahren mit Fiedler, Ohnemüller und Finck angab. Bei ihnen dürfte es sich um Vertreter der Fachorganisation des Einzelhandels gehandelt haben, was durch einen Vergleich mit dem Adressbuch Hofs von 1936/37 gestützt wird. Unter diesen Namen finden sich ein Textilwarengroßhändler, ein Stickereigeschäftsinhaber und ein Konfektionsgeschäftsinhaber. Erstgenannter hatte seine Ehefrau mitgebracht. Die Herren diktierten Kuni Ziegler in die Schreibmaschine Mengenangaben und Geldbeträge nach ihren eigenen Bewertungen. Die Summe betrug 450 RM, welche die Männer in drei ungefähr gleiche Teile unter sich aufteilten und bei der Bayerischen Staatsbank einzahlten. Karl Böhm selbst habe für die Ware nichts erhalten. Er gibt zwar nicht an, zu wessen Gunsten der Betrag eingezahlt wurde. Wäre es für ihn gewesen, wäre er auf ein Sperrkonto gekommen, von dem er nur mit Genehmigung der Devisenstelle Beträge hätte abheben können. Nach seiner Auswanderung wäre das Guthaben nach der 11. Verordnung zum Reichsbürgergesetz dem Deutschen Reich anheim gefallen. Die von den drei Herren vorgenommenen Bewertungen waren derart niedrig – bei der Meterware etwa 30 bis 40 Pfennig pro Meter –, dass Frau Fiedler ihre Bedenken äußerte. Dem Ehepaar Böhm bleibe ja nichts mehr zum Leben. Herr Fiedler habe seine Frau mit den Worten zurechtgewiesen: »Rosa, dafür hab ich dich nicht mitgenommen.« (BLEA, BEG 2385, Bl. 50-51)

Weitere Inhaftierungen

Die eben erwähnte Schutzhaft im Jahre 1941 war Teil einer längeren Haft, die man als Ketteninhaftierung bezeichnen könnte. Am 21.1.1941 um 16 Uhr wurde Karl Böhm ins Landgerichtsgefängnis Hof in Polizeihaft genommen. Diese wurde nach 33 Tagen am 24.2.1941 um 17:30 Uhr aufgehoben, doch kam er nicht frei, sondern war ab genau dieser Uhrzeit Untersuchungshäftling, nachdem am Amtsgericht Hof ein richterlicher Haftbefehl erlassen worden war. Der Grund: »Verordnung z[ur] Durchführung d[es] Ges[etzes] über d[ie] Änderung von Familiennamen u.a.« Gemeint sind das »Gesetz über die Änderung von Familiennamen und Vornamen« vom 8.1.1938, das rückwirkend zum Jahresbeginn in Kraft getreten war (RGBl I, 1938:9) bzw. die 2. Verordnung zur Durchführung dieses Gesetzes, die am 18.8.1938 bekanntgemacht wurde (RGBl I, 1938:1044). Nach § 2 Abs. 1 des Gesetzes mussten jüdische Männer ab dem 1.1.1939 in amtlichen Angelegenheiten den zusätzlichen Vornamen »Israel« führen, jüdische Frauen den Namen »Sara«.[54] Nach Ophir und Wiesemann wurde Karl Böhm im März 1941 zu 40 Tagen Haft und einer Geldstrafe verurteilt (1979:137). Er selbst nannte in einem Wiedergutmachungsantrag den Betrag von 300 RM zuzüglich Gerichtskosten von 200 RM für »Weglassung des Beinamens Israel« (StA N, WB III 111, Bl. 5 u. 7). Am 7.3.1941 verfügte das Amtsgericht Hof, dass Karl Böhm am 12. März entlassen werden solle, denn die Gefängnisstrafe von 1 Monat und 15 Tagen war durch die Untersuchungshaft verbüßt. Seine Entlassung wurde für 16 Uhr 40 ins Gefangenenbuch eingetragen, doch wurde er erneut zu genau dieser Uhrzeit wieder eingetragen, diesmal zur Polizeihaft aufgrund einer Verfügung der Polizei-Direktion Hof vom selben Tag. Zwei Tage später wurde er wieder aus- und sogleich wieder eingetragen. Diesmal hatte das Geheime Staatspolizeiamt Berlin unter dem 1.3.1941 seine Schutzhaft verfügt, also zu einer Zeit, als er noch in Untersuchungshaft war. Endlich am 10.4.1941 um 9 Uhr 35 kam er nach insgesamt 79 Tagen frei, doch nicht als Entlassung, sondern als »Unterbrechung« der Schutzhaft wegen Vorbereitung der Ausreise, befristet auf den 22.4.1941. Mit anderen Worten: Wären Böhms nicht bis zu diesem Termin ausgewandert, wäre Karl Böhm wieder inhaftiert worden (ITS 1.2.2.1, 11743497).

Hierher gehört, was Werner Böhm im Interview 1990 erwähnte: Seine Eltern waren nach Berlin gegangen, um dort ihre Auswanderung durchzubekommen. Jeden Tag mussten sie sich bei der Gestapo melden, um

---

54 Der Wortlaut von § 2 Abs. 1 lautet: »Soweit Juden andere Vornamen führen als sie nach § 1 Juden beigelegt werden dürfen, müssen sie vom 1. Januar 1939 ab zusätzlich einen weiteren Vornamen annehmen, und zwar männliche Personen den Vornamen Israel, weibliche Personen den Vornamen Sara.« (RGBl I, 1938:1044)

über die Fortschritte zu berichten (Boehm/Wieler 1990) (vgl. Kapitel *Familie Franken*).⁵⁵

Auswanderung

Die Einreisevisa für die USA hatte das Ehepaar Böhm zur Zeit ihres Aufenthaltes in Berlin bereits. Sie waren am 3.2.1941 in Stuttgart ausgestellt worden. Werner Boehm hatte eine Gehaltserhöhung zum Abschluss einer Lebensversicherung für die Absicherung des Affidavit für die Eltern verwendet. Die enormen Hürden der Einreise-Erlaubnis in die USA waren also genommen. Jedoch gab es weitere Probleme. Seit der Kapitulation Frankreichs war der Hafen von Lissabon im damals neutralen Portugal der einzige Hafen für Verfolgte des NS-Staates, um aus Europa herauszukommen. Um aber zu diesem letzten Tor in die freie Welt zu gelangen, waren mehrere Transitvisa erforderlich. Sie zu beschaffen, kostete sehr viel Zeit (Boehm/Wieler 1990; NARA T 715 1941).

Das Fristende der Schutzhaft-Unterbrechung wurde gleichzeitig das Datum der Abmeldung beim Hofer Einwohnermeldeamt. Dort wurde für Karl und Berta Böhm eingetragen: »22.4.1941 Wegzug nach Amherst, Massachusetts, USA.« (StA Hof, A 8025) Eric Boehm schrieb hierzu: »towards the end of their waiting period, my parents were expelled from Hof and assigned to sequestered ›Jewish buildings‹ in Berlin.« (Boehm o.J.) Sie wurden also aus Hof hinausgeworfen und mussten in ein »Judenhaus« in Berlin ziehen. Am 12.5.1941 durften sie für kurze Zeit nach Nürnberg ziehen, wo sie zum 26.5.1941 nach Stuttgart bzw. USA abgemeldet wurden (StA Nbg, C 21/X Nr. 1; ITS 2.1.1.1, 70166934). Am Flugplatz Stuttgart wollten sie das Flugzeug nach Madrid nehmen, doch gab es Probleme mit dem Gesamtgewicht. Hierzu wieder Eric Boehm:

»On their departure, at the Stuttgart airport, my parents' fate hung on the balance of a scale. Had they weighed over a certain amount, only my father could have left; fortunately, after my mother went on the scale, they were both permitted to go on the flight to Madrid.«   Boehm o.J.

Von dort fuhren sie vermutlich mit dem Zug nach Lissabon, und endlich am 31.5.1941 verließen sie Europa auf der »S.S. Excambion«. Die Überfahrt hatte Bertel Böhms Bruder Jake Oppenheimer bezahlt. Als Reise-

---

55 Karl Böhm selbst erwähnt die Schutzhaft summarisch im Antrag seiner Frau an das Bayerische Landesentschädigungsamt von 1953: »ich persoenlich wurde außerdem 1938 1939 1940 bis zur Auswanderung 1941 in Hof und in Berlin zeitweise in Schutzhaft genommen« (BHSA, LEA 7117, Bl. B1).

ziel gaben sie an: »Eric Boehm (son), 44 Pleasant St., Amherst, Mass.« Am 9.6.1941 kamen sie in New York an (NARA T 715 1941).

Eric Boehm nach dem Krieg

Nach der Befreiung Europas von den Nationalsozialisten wurde Eric Boehm zu den »headquarters of the U.S. Military Government« in Berlin versetzt. Er erhielt den Auftrag, als Offizier die Auflösung des Obersten Kommandos der Deutschen Luftwaffe zu leiten. Dort hatte er »seine Begegnung mit der Geschichte«, wie er in einer kurzen Autobiografie 2011 schrieb. Er war der Dolmetscher im Offiziersrang bei der Festnahme von Generalfeldmarschall Wilhelm Keitel. »Beim anschließenden Kriegsverbrecherprozess in Nürnberg wurde Keitel zum Tode verurteilt und gehängt. Persönlich an der Kapitulation des Nazi-Deutschlands beteiligt zu sein, war der Höhepunkt meiner militärischen Laufbahn« (Boehm 2011). Nach dem Militärdienst arbeitete Eric Boehm in Berlin beim Medien-Prüfungsausschuss der US-Regierung in Deutschland und sichtete deutsche Zeitungen, um Informationen zu sammeln. Damals lernte er Inge Pauli kennen. 1948 schlossen sie die Ehe in Glencoe, Illinois, in einer Doppelhochzeit. Das andere Brautpaar waren Werner Boehm und die aus Rumänien stammende Bernice Rosenberg, beide Sozialarbeiter mit akademischem Titel. Eric Boehm setzte sein Studium im Promotionsstudiengang an der Yale University fort. 1949 veröffentlichte er sein Buch »We Survived: Fourteen Stories of the Hidden and Hunted in Nazi Germany« (Boehm 1966²). Darin gab er die Geschichten von jüdischen und nichtjüdischen Gegnern des Nationalsozialismus wieder und wie sie in der Illegalität überlebten. Seine Intention war, einem amerikanischen Publikum die Auswirkungen einer totalitären Diktatur auf das Leben von Juden, Dissidenten und anderen Regimegegnern zu verdeutlichen. Das Werk wurde wiederholt herausgegeben, zuletzt 2003 und im Jahre 2015 als illustriertes eBook. 1951 machte er den Abschluss mit einem PhD in international relations and history. In den 1950er Jahren, während und nach dem Koreakrieg, wurde Eric Boehm – erneut von der U.S. Air Force eingezogen – im Nachrichtendienst in Wien und München eingesetzt. Im Juli 1956 reisten seine Eltern erstmals nach 15 Jahren wieder nach Deutschland und besuchten ihn in München, für Bertel Böhm war diese Reise mit höchst unangenehmen Begleiterscheinungen verbunden (siehe unten).

In Wien begründeten Inge und Eric Boehm die noch heute renommierten Historical Abstracts – eine neue Art, das Studium der Geschichte zu systematisieren und zu organisieren. 1960 in die USA zurückgekehrt, verband das Ehepaar Boehm diese Publikation und andere ihrer bibliografischen Periodika in dem von ihnen in Santa Barbara, CA, gegründeten Verlag American Bibliographical Center – Clio Press, benannt nach Klio, der griechischen Muse der Geschichtsschreibung, heute international bekannt als ABC-Clio.[56]

Traumata, Leiden

Über Karl und Bertel Böhms erste Zeit in New York schrieb Eric Boehm:

»My parents ... lived with my brother, Werner, who was a social worker. Life in America was a big adjustment for them. My mother worked in a relative's jewelry store. My father went from being the owner of his own business in Germany to being a shipping clerk. He eventually became an entrepreneur, importing and distributing hand-stitched handkerchiefs and doilies. He also invented an innovative bookkeeping system. For most of the years after the war, he was a legal consultant, assisting with the restitution of Jewish property stolen by the Nazis.«

Boehm o.J.

Karl und Bertel Böhms Adresse in New York war viele Jahre 640 West 153rd Street, ein sechsstöckiges Haus in relativ ruhiger Lage gegenüber des Trinity Church Cemetery im Norden von Manhattan, nur 120 m hinunter zum Riverside Drive, der parallel zum Hudson River verläuft. Seine Tätigkeit als »legal consultant« übte er mit großer Energie aus. In der ehemaligen Festung Lichtenau in Mittelfranken, die vom Staatsarchiv Nürnberg als Depot genutzt wird, werden die Akten von 48 Wiedergutmachungsfällen verwahrt, die er in seinem Namen, hauptsächlich aber im Namen seiner beiden Söhne geführt hat. Hinzu kommen die vier Akten beim Bayerischen Landesentschädigungsamt München für sich, Bertel und die Söhne. Die Akten zeichnen sich durch großen Umfang aus. beispielsweise hat seine Entschädigungsakte den außergewöhnlichen Umfang von etwa 740 Blatt. Dies hatte mehrere Gründe. Er war häufig mit den Antworten der Sachbearbeiter aus der Wiedergutmachungsbehörde III (Oberfranken und Mittelfranken) nicht einverstanden und schrieb erneut – meist handschriftlich auf Aerogrammen – oder beschwerte sich. Er schöpfte aber auch alle Rechtsmittel aus. Kam es vor den Wiedergutmachungsbehörden zu keiner Einigung, wurde der Fall zur Wiedergutmachungskammer beim zuständigen Landgericht verwiesen. Konnte

---

56 Der Verlag ABC-CLIO ist ist auf die Veröffentlichung von geschichts- und sozialwissenschaftlichen Nachschlagewerken spezialisiert. Zu seinem Programm gehören Bücher, Datenbanken und Fachzeitschriften. Verlagschef ist seit 1982 Eric Boehms ältester Sohn Ronald, genannt Ron. Die renommierten *Historical Abstracts* wechselten 2007 zu EBSCO Information Services in Birmingham, Alabama.

auch dort keine Einigung erzielt werden, ging der Fall an den Wiedergutmachungssenat beim Oberlandesgericht München. Als letzte Instanz konnte der Cora angerufen werden, der United States Court of Restitution Appeals of the High Commission for Germany mit Sitz im Justizpalast Nürnberg. Diesen Instanzenweg ging Karl Böhm mehr als einmal.

Die Verfolgung der Juden endete nicht mit dem Kriegsende, geschweige denn mit dem Einmarsch der US-Truppen in Hof am 15.4.1945. Vor allem für die Älteren lebte die Verfolgung in ihnen weiter, bei vielen, wenn nicht bei allen, bis zum Lebensende. Wie es Bertel Böhm damit ging, geben zwei Dokumente aus ihrer Entschädigungsakte wieder. Das erste ist ein Antrag auf Unterstützung für die Heilkosten, die in den USA bekanntermaßen sehr hoch sind und vom Patienten selbst aufgebracht werden müssen.[57] Bei einem Aufenthalt in München im Juli 1956 gab Karl Böhm gegenüber dem Bayerischen Landesentschädigungsamt folgenden Bericht:

»Meine Gattin ist, wenn auch nur fuer einige Tage, mit mir gleichzeitig 1933[58] verhaftet worden. In dieser Zeit wurde auch die Verhaftung meines Sohnes, der damals auf Ferien zu Hause war, ergebnislos versucht; ich persoenlich wurde außerdem 1938 1939 1940 bis zur Auswanderung 1941 in Hof und in Berlin zeitweise in Schutzhaft genommen. Diese Umstaende hatten bei meiner Frau eine voellige Nervenzerruettung zur Folge, sie entbehrte meist der Nachtruhe; schon das Klingeln an der Korridortuere in der Nachtzeit bedeutete in der Regel den Besuch der Gestapo, da jeder Kontakt mit den frueheren Bekannten und Freunden aufgehoert haben musste. Diese Gestapo in Verbindung mit derselben in Nuernberg,[59] die alle juedischen Familien in Hof ins Verhoer nahm, war haeufig in meiner

---

57 Die Wiedergutmachungs- und Entschädigungsakten der in die USA Geflüchteten lassen allgemein vermuten, dass sich die Allerwenigsten die Beiträge einer Krankenkasse hatten leisten können.

58 Nach dem, was wir über die Inhaftierungen wissen, muss es hier statt 1933 1938 heißen.

59 In Hof gab es keine Gestapo-Stelle. Grundsätzlich gab es in ganz Nordbayern nur die Gestapo-Leitstelle Nürnberg-Fürth mit zwei Außenstellen, einer regulären in Würzburg und einer nach dem Ersten Weltkrieg als städtische Behörde gegründeten *Politischen Polizei* in Bamberg, die von der Gestapo übernommen worden war. Es ist unwahrscheinlich, dass Gestapo-Beamte häufig von Nürnberg nach Hof gefahren sind. Geheimpolizeiliche Aktivitäten dürften an die örtliche Kriminalpolizei, SA oder SS oder den SD übertragen worden sein. Der SD (Sicherheitsdienst) des Reichsführers SS (von Himmler 1931 als Geheimdienst der NSDAP bzw. der ihr zugehörigen SS gegründet), wird allgemein in der Unterdrückungsgeschichte zu wenig beachtet. Tatsächlich war er ein Teil des nationalsozialistischen Machtapparates, der gezielt zur Bekämpfung und Vernichtung politischer Gegner und Einschüchterung der Bevölkerung eingesetzt wurde. In Hof war beispielsweise der hauptamtliche SS-Obersturmbannführer Nikol Strobel SD-Führer, der seit 1945 verschollen ist und angeblich bei Kriegsende in Polen erschlagen oder in ein russisches Lager verbracht wurde (SA BA, K 107 3737-1:191).

Familie Böhm

Wohnung, um sich ueber irgenwelche nichtigen Dinge zu informieren. Meine Frau ist auch in Amerika dauernd beim Klingeln erschrocken.«

BHSA, LEA 7117, Bl. 4

Das folgende Attest betont den ursächlichen Zusammenhang von nationalsozialistischer Verfolgung und dem schlechten Gesundheitszustand Berta Böhms der späteren Jahre.

> Nora Gottschalk, M. D., 275 East 764th Street, New York 56. N.Y., Jerome B-5577, Dezember 9, 1953
>
> Aerztliches Zeugnis
> Frau Bertha Boehm, 640 West 153rd Street, New York, N.Y., die im Jahre 1941 aus Deutschland nach den Vereinigten Staaten auswanderte, konnte sich bis auf den heutigen Tag nicht von den Aengsten und Aufregungen, denen sie waehrend der letzten Jahre ihres Aufenthaltes in Deutschland durch die Verfolgung des Regimes ausgesetzt war, erholen.
> Frau Boehm litt schon bei ihrer Ankunft in den Vereinigten Staaten an Gallen- und Magenbeschwerden, eine physische Reaktion der vorangegangenen Aengste und Sorgen. Es entwickelte sich als Folgeerscheinung eine chronische Gallenblasen-Entzuendung, die im April 1942 die operative Entfernung der Gallenblase noetig machte.
> Die Magenbeschwerden verschlimmerten sich, und eine Roentgenuntersuchung zeigte ein Magenulcus, das im Oktober 1945 durch Resektion von mehr als drei Viertel des Magens entfernt werden musste. Als Folge dieser radikalen Operation muss Frau Boehm immer Diaet leben und ist in einem aeusserst delikaten Gesundheitszustand, der staendige aerztliche Ueberwachung erfordert.
> Frau Boehm ist seit ihrer Ankunft in den Vereinigten Staaten arbeitsunfaehig, und es kann mit Sicherheit gesagt werden; dass ihre Gesundheit infolge der oben angefuehrten Gruende so unterminiert wurde, dass sie nie wieder faehig sein wird, ihren Lebensunterhalt zu verdienen und auch ihren einfachen Hausfrauenpflichten nicht nachkommen kann.
> [e.U.] *Nora Gottschalk, M.D.*

BHSA, LEA 7117, Bl. 3

Wie erwähnt, besuchten Karl und Bertel Boehm 1956 ihren in München stationierten Sohn Eric und dessen Ehefrau Inge. Wie schwer die in Hof erlittenen Verfolgungen auf Bertel Boehms Seele, Geist und Körper lasteten, wird durch folgendes Attest deutlich. Es wurde von Dr. med. Clemens Bembé, Facharzt für Innere Medizin mit Röntgendiagnostik von der Decker'schen Privatklinik in München, am 11.8.1956 ausgestellt.

»Seit 3 Monaten, seit dem Zeitpunkt, seitdem die Patientin sich auf die Besuchsreise nach Deutschland vorbereitet nach 15jährigem Auslands-

BHSA, LEA 7117, Bl. 3

aufenthalt – traten wieder verstärkt Magen- und Darmbeschwerden auf und zwar hauptsächlich in Form von Schmerzen sowie Erbrechen. Die Beschwerden verstärkten sich in den letzten Wochen. [Eine] Röntgenuntersuchung ergab kein[en] Anhalt für Ulkus.«

Mit anderen Worten, die Beschwerden rührten nicht von einem Geschwür her, sondern werden psychosomatisch gewesen sein.

Wenigstens der Entschädigungsantrag von Frau Böhm wurde vom Bayerischen Landesentschädigungsamt bewilligt. In der Begründung heißt es unter anderem:

»Durch Versicherungen an Eides Statt und insbesondere durch ärztliche Behandlungsbefunde hat die Antragstellerin glaubhaft dargelegt, daß sie durch die erlittenen, sowie unter dem Eindruck der ständig drohenden nationalsozialistischen Verfolgungsmaßnahmen einen bleibenden, nicht unerheblichen gesundheitlichen Schaden erlitten hat.«

Bertel Boehm erhielt 1957 einen fünfstelligen DM-Betrag an Kapitalentschädigung für die Zeit 1.1.1934–31.10.1953, eine monatliche Rente von 250 DM ab 1.5.1957 und für die Zeit ab 1.11.1953 eine Rentennachzahlung von einem unteren fünfstelligen DM-Betrag. Der monatliche Rentenbetrag wurde wie üblich in gewissen Abständen angepasst, so betrug er ab 1.1.1971 628 DM (BHSA, LEA 7117, Bl. 32, 150).

Weitere Nachrichten von Karl und Berta Böhm

Im Jahr 1961 besuchten die Böhms Bertels 14 Jahre jüngeren Bruder Siegfried Oppenheimer. Von Guntersblum war er 1923 nach Worms gegangen und hatte dort, wie erwähnt, 1925 Klara Wurmser geheiratet. Ende Juli 1938 waren sie mit ihrer Tochter Hilde (geboren am 5.6.1926) zunächst nach Paraguay ausgewandert und 1939 weiter nach Brasilien (Schlösser/Schlösser 2012). Die brasilianischen Konsularämter stellten in den 1960er Jahren Touristenkarten mit Passfotos für 30-Tages-Visa aus (Brasil, Cartões de Imigração 1961). So verfügen wir heute über Fotos von Bertel und Karl Boehm.

Passfotos von Bertel und Karl Böhm für ihre Touristenkarten zur Einreise nach Brasilien im Juni 1961 (Cartões de Imigração, Arquivo Nacional, Rio de Janeiro, Brasília)

1968 zogen Karl und Bertel von New York zu ihrem jüngeren Sohn in Kalifornien. Nochmals Eric Boehm aus seiner Biografie zu seinen Eltern:

»Father gained tremendous satisfaction from having accumulated enough savings by 1968, from his restitution work in postwar Germany, to pay cash for a home in Santa Barbara. My parents' time spent in Santa Bar-

Familie Böhm

bara, with children Eric and Inge and grandchildren Ron and Steve, was a positive highlight at the end of their lives.«

Boehm o.J.

Karl und Bertel Boehms neue Adresse lautete: 3052 Paseo Tranquillo, Santa Barbara, Calif. 91305 – 2½ Meilen oder zehn Autominuten von Eric und Inge entfernt. Bertel Boehm starb am 13.2.1974 im La Cumbre Convalescent Hospital in Santa Barbara im Alter von nicht ganz 86 Jahren. Karl Boehm folgte ihr wenig später. Er starb am 28.4.1974 in derselben Klinik im Alter von 92 Jahren. Auf der Sterbeurkunde heisst es: »death was caused by: Cerebrovascular Accident, due to Cerebral Arteriosclerosis.« Beide wurden auf dem Goleta Cemetery in der San Antonio Road in Santa Barbara beigesetzt (BLEA, LEA 7117, Bl. 159; LEA 7146, Bl. 734). Ein Foto bei »Find A Grave« zeigt die Grabplatten ihrer Urnengräber neben denen von Familienangehörigen (no. 6129867).

Werner Boehms Karriere

Nach seinem Studium an der Tulane University in New Orleans ab 1939, das er 1941 mit dem Master's Degree in Social Work abschloss, arbeitete Werner Boehm in Sozialämtern in Boston und New York. Auch er diente in der US-Armee. Nach dem Zweiten Weltkrieg lehrte er an der University of Wisconsin und der University of Minnesota und kam an die Rutgers University, wo er von 1963 bis 1972 Dekan an der School of Social Work war. Während seiner Amtszeit führte er die Bachelor- und Promotionsstudiengänge im Fach Sozialarbeit ein. Von 1973 bis 1981 war er Direktor des Centers for International Cooperative Social Welfare an der Rutgers University. Bis 1985 hielt er Vorträge in Frankreich und Deutschland und organisierte internationale Fachtagungen. Für fast ein halbes Jahrhundert hatte er eine Führungsrolle im Bereich der Sozialarbeiter-Ausbildung der USA inne. Große Bekanntheit erlangte er mit einer Orientierungsstudie über die Lehrplanentwicklung für soziale Arbeit für den Council on Social Work Education 1955-1960. Viele der Ergebnisse und Empfehlungen dieser Studie haben Bedeutung für die (akademische) Ausbildung von Sozialarbeitern bis heute. Als Experte für Sozialarbeit war er für das US-Außenministerium beratend tätig sowie für die Vereinten Nationen in den USA, in Europa und in Südamerika. Zu den vielen ihm verliehenen Auszeichnungen gehören der Fulbright Award (1969) oder der Council on Social Work Education's Significant Lifetime Achievement Award (1995).

Werner Boehm hatte 1983 den Verlust seiner Frau, Dr. Bernice Boehm, zu verschmerzen und 2010 den ihres Sohnes, Andrew Boehm. Nach mehreren Umzügen in New Jersey lebte er mit seiner zweiten Ehefrau Laurie,

Dr. Werner Boehm in New Brunswick, NJ, USA, am 25.10.1990 während des Interviews durch Joachim Wieler, Evang. Fachhochschule Darmstadt (Deutsches Zentralinstitut für soziale Fragen, Berlin)

geborene Horn, die letzten Jahre in New Brunswick, NJ. Werner Boehm starb am 18.11.2011 in Brunswick im Alter von 98 Jahren (Star-Ledger 2011).

Eric Boehms Engagement

Eric and Inge Boehm waren 52 Jahre verheiratet, bis sie im November 2000 verstarb. Er hatte zwar den Verlag 1982 an Sohn Ron übergeben, ging aber nie in den Ruhestand. Schon sehr früh setzte er sich für den Umweltschutz ein und engagierte sich in verschiedenen Gremien, etwa im Vorstand der Anti-Defamation League oder in mehreren Organisationen, die Ausbildungen fördern. Er war Rotarier und Mitglied der Congregation B'nai Brith, der reformorientierten israelitischen Gemeinde in Santa Barbara. Seine letzte Firmengründung war die Boehm Biography Group, in der der über 90jährige aktiv mit seinem Sohn Steven und Enkel Jeff zusammenarbeitete. Ihr Ziel ist es, einen Studiengang in biographischen Studien zu schaffen und so das Verfassen von Biographien und das Beschaffen des narrativen und sonstigen Materials hierfür als akademische Ausbildung zu ermöglichen (Dinaberg 2011). Eric Hartzell Boehm verstarb am 11.9.2017 in Santa Barbara im Alter von 99 Jahren.

Eric Boehm (oben): als Soldat der US-Army (Steve Malone, News-Press); (unten): im April 2011 in Santa Barbara, CA (Valorie Smith / Noozhawk)

FAMILIE BRAUN

Privatadresse:	Hallplatz 1
Arztpraxis:	Hallplatz 7
Personen:	**Braun, Dr. med. Georg**, geboren am 28.12.1886 in Posen, Zuzug nach Hof zum 1.5.1920 von Berlin, Beruf: Hofer Stadtarzt seit 1920
	dessen Ehefrau: **Braun, Anna Sophie Margarete**, geborene Korhammer, geboren am 3.3.1892 in Augsburg (evangelisch-lutherisch)
	deren Sohn: **Braun, Hans Jürgen**, geboren am 6.11.1927 in Hof (evangelisch-lutherisch)

Georg Braun wurde als Sohn des Kaufmanns Wilhelm Braun und dessen Ehefrau Hedwig, geborene Kroh, geboren. Er besuchte die Schule in Posen und dann in Berlin, wohin die Familie übersiedelte. Er studierte Medizin in München, Straßburg/Elsaß und Berlin und erhielt die Approbation zum Arzt am 16.5.1913. Am Ersten Weltkrieg nahm er als Sanitätsoffizier teil.

Im Frühjahr 1920 kam er nach Hof, wo er am 20.4.1920 zum Stadtarzt und berufsmäßigen Stadtratsmitglied gewählt wurde – zum einzigen Stadtarzt Bayerns mit jüdischer Religion, wie er in einem sogenannten »Lebenslauf« 1951 gegenüber dem Entschädigungsamt Berlin angab (EB Berlin 3969, Bl. M 7). Seine Sonderrolle in der Stadtverwaltung verdeutlicht ein Blick in das Hofer Adressbuch 1929/30. Im Abschnitt »Städtische Behörden« werden vier berufsmäßige Mitglieder des Stadtrates aufgeführt: zwei Stadtbauräte für Hochbau und Tiefbau, der Stadtschulrat und der Stadtarzt mit folgendem Text: »Braun Dr. Georg, Stadtarzt, zugleich Wohlfahrtsreferent, stellv. Vorsitzender des Bezirksfürsorgeverbandes Hof-Stadt und Vorsitzender der Wohnungskommission.« (AdrB Hof 1929/30:532) Die Aufgabenbereiche und Dienstzeiten von »Stadtarzt: Dr. Georg Braun, Hallplatz 7« gibt dasselbe Adressbuch im Teil II »Einwohner, Firmen etc.« wieder:

Dr. med. Georg Braun als Soldat 1915 (Privatbesitz Familie Braun, Delaware)

Allgemeine Sprechstunde: Dienstag, Donnerstag, Samstag vormittags 9–10 Uhr, Mittwoch nachmittags 3–4 Uhr, Säuglingsfürsorge-Sprechstunde und Mütterberatungsstunde: Montag und Donnerstag nachmittags 2–4 Uhr, Sprechstunde für Kleinkinder und Schulkinder: Mittwoch nachmittags 2–4 Uhr, Sprechstunde für Lungenkranke: Dienstag und Freitag nachmittags 2–3 Uhr.

AdrB Hof 1929/30:264

Dr. med. Georg Braun mit Ehefrau Margarete, Sohn Jürgen und Mutter Hedwig Braun um 1930 (Privatbesitz Familie Braun, Delaware)

Am 13.3.1926 heiratete er in Hof Anna Sophie Margarete Korhammer. Sie war ab 1911 Turn- und Handarbeitslehrerin am Mädchenlyzeum in Augsburg gewesen. Eine kirchliche Trauung ist bei der evangelisch-lutherischen Gemeinde Hof nicht verzeichnet (Leo Hartung, pers. Mitt., 24.1.2018). Die sich daraus ergebende Vermutung, dass Georg Braun nicht konvertierte und die Trauung allein vor dem Standesamt stattfand, wird durch den Taufeintrag des Sohnes Jürgen Hans vom 8.11.1927 verifiziert. Beim Vater des zwei Tage zuvor geborenen Kindes ist als Religion »mosaisch« angegeben (Evangelisch-Lutherisches Kirchengemeindeamt Hof, Taufeintrag 14/1928/835; pers. Mitt. Leo Hartung, 24.1.2018).

Am 28.1.1930 wurde Georg Braun als Stadtrat wiedergewählt und sein Dienstvertrag bis einschließlich 20.4.1940 verlängert (EB Berlin 3969, Bl. E 11). Über seine Tätigkeit als Stadtarzt hinaus war er Beisitzer des Verwaltungsausschusses des Arbeitsamtes als Vertreter der öffentlichen Körperschaft und Mitglied des Sozialauschusses des Bayerischen Städtetages. Außerdem war er von 1930 bis 1932 als Gutachter tätig (EB Berlin 3969, Bl. B 39).

Die oben erwähnte und »Lebenslauf« genannte Schilderung der Verfolgungsumstände gegenüber dem Entschädigungsamt Berlin begann Georg Braun mit einer Schilderung seiner beruflichen Schwierigkeiten in Hof:

»Als Ende der zwanziger Jahre die Arbeitslosigkeit besonders groß war, hatte ich neben anderen das Referat des Wohlfahrt- und Jugendamtes. Infolge der Arbeitslosigkeit waren große wirtschaftliche und politische Spannungen aufgetreten und machten eine solche Stellung schon an sich sehr schwierig. Durch die Stadträte der NSDAP mit ihren unbegründeten Anwürfen und Unterstellungen wurde sie allmählich unerträglich und stellte sehr große Anforderungen an meine Nerven. In der zweiten Hälfte des März 1933 war ich zu einer Stadtratsitzung eingeladen, aber unter Drohung mit Gewalt am Betreten des Sitzungssaales und damit auch an der Ausübung meiner Rechte als Stadtrat verhindert worden. Am gleichen Vormittag wurde ich dann in meinem Arbeitszimmer im Wohlfahrtsamt von einem uniformierten Polizisten verhaftet und durch die Stadt ins Gefängnis abgeführt.«

EB Berlin 3969, Bl. M 7

In einem Schreiben an das Entschädigungsamt Berlin vom 26.11.1960 schilderte Georg Braun weiter:

»Als ich nach mehrtägiger Schutzhaft April 1933 aus dem Gefängnis in Hof entlassen wurde, wurde mir bestellt, daß ich meine Amtstätigkeit nicht ausüben dürfte und ich sofort die Stadt verlassen solle. Bereits am nächsten Tage fuhr ich allein zu meiner Mutter nach Berlin. Ende April teilte mir auf Anfrage der Oberbürgermeister von Hof mit, daß ich mit einer Wiedereinstellung nicht zu rechnen hätte. Ich reiste daraufhin nach Hof, gab sofort meine Wohnung auf, lagerte meinen ganzen Hausrat (einschl. Wäsche und Winterkleidung) dort in einen Speicher ein und kehrte sofort mit Frau und Sohn nach Berlin zurück.«

EB Berlin 3969, Bl. D 22

»Von hier begann mein Rechtsstreit mit dem Stadtrat wegen der Zahlung meines Gehaltes und später um die Höhe der Pension. Er endete erst am 12.4.34 mit dem Abschluss eines Vergleiches.«

EB Berlin 3969, Bl. M 8

Während des Rechtsstreits wurde er in den Ruhestand versetzt. Das offizielle Schreiben aus dem bayerischen Innenministerium vom 12.9.1933 lautete:

> Der Herr Reichsstatthalter hat auf Vorschlag der Bayrischen Staatsregierung den Stadtarzt Dr. Georg Braun in Hof auf Grund des § 6 des Gesetzes zur Wiederherstellung des Berufsbeamtentums im Interesse des Dienstes in den Ruhestand versetzt.
> gez. Adolf Wagner. Zur Beglaubigung: München, den 12. September 1933. Staatsministerium des Innern. – Geheimes Expeditionsamt.

Bis Ende März 1934 lebten Brauns in Berlin ohne eigene Wohnung. Dann konnte Georg Braun im Stadtteil Charlottenburg eine Wohnung für die Familie in der Droysenstraße 15 finden, und Frau Braun konnte den Haushalt und die Einrichtung aus Hof holen (EB Berlin 3969, Bl. M 7, M 8, E 7). Ab Frühjahr 1939 wohnte auch seine Mutter Hedwig mit im Haushalt.[60]

Die Familie war auf seinen Verdienst angewiesen. Da eine Rückkehr nach Hof unmöglich war, entschloss sich Dr. Braun, die Zulassung für eine Kassenpraxis in Berlin zu beantragen. Obwohl er eine schriftliche

---

60 Die Adressbücher Berlins für die Jahre 1937 bis 1939 führen Hedwig Braun als Bewohnerin des Hauses Bochumer Straße 14 in Berlin NW21 auf. Laut den Ergänzungskarten zur Volkzählung vom 17.5.1939 hat sie zu diesem Termin bereits mit im Haushalt des Sohnes Georg Braun, Droysenstraße 15, gewohnt (BArch, VZ).

Bestätigung der kassenärztlichen Organisation in Berlin besaß, dass er die Vorbedingungen zur Ausübung der Tätigkeit erfüllte, wurde sein Antrag abgelehnt. Sein Einspruch dagegen sollte am 28.2.1934 vor dem Schiedsamt beim Oberversicherungsamt verhandelt werden. Inzwischen aber war eine Verordnung erlassen worden, nach der »Nichtarier« in Städten über 100.000 Einwohnern nicht mehr zur Kassenpraxis zugelassen werden sollten. Georg Braun schreibt in seinem Lebenslauf 1951:

»Infolge der dauernden Aufregungen und der für mich ganz ungeklärten Lage war ich an zunehmender Schlaflosigkeit erkrankt, zu der Herz- und später auch Magenbeschwerden hinzukamen. Ich selbst hielt diesen Zustand anfangs für rein nervös; die Beschwerden nahmen aber so zu, daß ich ärztl. Hilfe in Anspruch nehmen mußte, und ich war seitdem fast dauernd bei den verschiedensten Fachkollegen in Behandlung, ohne daß eine Heilung erreicht wurde. Prof. Mosler hielt Anfang 1939 den Zustand für hoffnungslos, sodaß ich die Vorbereitungen zur Auswanderung einstellen musste.«

Eine weitere Verfolgungsmaßnahme des NS-Regimes war der Entzug der Approbation aufgrund der Vierten Verordnung zum Reichsbürgergesetz vom 25.7.1938. Diese Verordnung besagte: »Der Reichsminister des Inneren oder die von ihm ermächtigte Stelle kann auf Vorschlag der Reichsärztekammer Ärzten, deren Bestallung auf Grund des § 1 erloschen ist, die Ausübung des Ärzteberufes widerruflich gestatten. Die Genehmigung kann unter Auflagen erteilt werden.« (RGBl. I:969f) Die wenigen, die solche eine Genehmigung erhielten, mussten sich »Krankenbehandler« nennen und durften ausschließlich jüdische Patienten behandeln. Dr. Braun wurde am 1. Oktober 1938 als Krankenbehandler für Juden zugelassen.

»In der Droysenstraße und ihrer Umgebung wohnten s[einer] Z[ei]t sehr viele Juden. Als später die Abtransporte begannen, gehörten Selbstmorde unter ihnen zur Tagesordnung. Unter den verzweifelten Menschen waren auch nahe Freunde und Verwandte. Da die meisten Transporte nachts durchgeführt wurden und grade in diesen Stunden viele Selbstmorde verübt wurden, wurde meine nächtliche ärztliche Hilfe mit ihren schwierigen Wiederbelebungsversuchen unter ungünstigsten Bedingungen häufig in Anspruch genommen. Dies war für mich eine schwere körperliche und seelische Belastung, besonders da ich selbst unter Herzbeschwerden sehr zu leiden hatte. Zudem war es mir während des Krieges unmöglich, wegen meines Leidens Badekuren durchzuführen oder auch nur ganz kurz Berlin zu verlassen, um mich von den durchwachten Bombennächten auszuschlafen, da das Verlassen der Wohnungen nach

Familie Braun

20 Uhr verboten war. Dazu kam die Bedrohung durch die Gestapo, verschärft durch Denunziationen. Schließlich beunruhigte uns der Beauftragte für jüdische Behandler bei der Ärztekammer Berlin, Dr. Hermann, mit seinen Anordnungen und Drohungen.«

EB Berlin 3969, Bl. M 8

Ein schlimmer Schlag für Dr. Braun betraf seine »damals noch sehr rüstige Mutter.« Am 17.3.1943 hatte sie die Wohnung verlassen, um bei der Kartenstelle Lebensmittelkarten zu holen. Doch sie kam nicht zurück. Sehr viel später sollte Dr. Braun erfahren, dass man sie von der Kartenstelle weg verhaftet und mit dem Transport I/90 als Evakuierungsnummer 11658 nach Theresienstadt deportiert hatte. Dort kam sie zusammen mit 1.285 anderen Personen am 18.3.1943 an. Nur 221 Menschen überlebten diesen Transport, nicht aber Hedwig Braun. Sie starb dort im Ghetto am 9.9.1943 (Terezín 2841). »Nach Berichten von zurückgekommenen Inhaftierten ist sie dort infolge der menschenunwürdigen Unterbringung und der unzweckmäßigen Ernährung verstorben.«

EB Berlin 3969, Bl. M 7f.

Jürgen Braun

Der Sohn Jürgen Braun wurde nach den Nürnberger Rassegesetzen als »Halbjude« bzw. als Mischling 1. Grades eingestuft und hatte darunter auf verschiedene Weise zu leiden. Nach Beendigung der 6. Klasse musste er die Oberrealschule »Goetheschule Wilmersdorf« mit der Mittleren Reife zu Ostern 1943 verlassen. Abitur und Studium wurden ihm verwehrt. Er begann eine Lehre in der Chemischen Fabrik »Labopharma«.[61] Als diese durch Bomben zerstört wurde, wechselte er zu Schwarzkopf in Tempelhof. Dort wurde ihm nach einem Vierteljahr gekündigt, weil eine Laborantin nicht mit einem Mischling zusammen arbeiten wollte. Überhaupt musste er immer wieder persönlichen Verfolgungen ausweichen. Auch seine dritte Lehrstelle, im chemischen Laboratorium des Stahlwerkes Spandau, konnte er nicht beenden. Mitten aus dem Lehrvertrag heraus wurde er am 5.11.1944 zur Organisation Todt Mitte »B« zwangsverpflichtet und musste kurze Zeit in Zerbst (Anhalt) Zwangsarbeit verrichten. Anschließend wurde er nach Braunlage im Harz verlegt und musste dort Holzfällerarbeit leisten. Er war im Lager »Granit und Schotterwerk« untergebracht und durfte sich nicht frei bewegen. Zu den Arbeitsbedingungen gehörten: mangelnde Kleidung bei 15 Grad Kälte und einer Schneehöhe von 1,50 m, unzureichende Verpflegung und übermäßige Arbeitszeit (EB Berlin 3456, Bl. M 7, E 5, X 4). Die etwa 50 Zwangsarbeiter des Lagers wurden um 6 Uhr geweckt, um nach dem

---

61 »Labopharma«, Dr. Johannes Riesenberg & Co. GmbH, Chemische Fabrik Charlottenburg, Oranienstraße 11 (AdrB Berlin 1942, Teil I:1693).

Appell 8 Stunden Waldarbeit zu leisten (NLA WO, 83 Slg. Zg. 1/2005 Nr. 28, zit nach Steinsieg 2017:162). Das Lager war eines von 35 der OT-Einsatzgruppe IV »Kyffhäuser«, Oberbauleitung Hannover. Die Zwangsarbeiter waren verschiedenen Betrieben zugewiesen, das Lager bei Braunlage dem Forstamt Braunlage, zu dem die »Granit- und Schotterwerke« gehörten. (BArch, R 50 I/349).[62]

Über die katastrophalen Verhältnisse in dem Lager berichtete viele Jahre später Klaus Barner, der leitende Arzt und Besitzer eines von seinem Großvater gegründeten Sanatoriums[63] in Braunlage. Der Steinbruch der »Granit- und Schotterwerke« am Wurmberg, die auch an das Reichsparteitagsgelände in Nürnberg geliefert hatten, war zu Fuß eine halbe Stunde vom Sanatorium entfernt. Sein Vater Dr. med. Wiegand Barner, Arzt und Inhaber des Sanatoriums, war mit einer Jüdin, Annie Barner, geborene Matthias, verheiratet und deshalb für die Nationalsozialisten wehruntüchtig. Er hatte aber die Aufgabe, sich medizinisch um die Häftlinge im Lager zu kümmern. Eines Tages nahm er seinen 14 Jahre alten Sohn Klaus, ohne ihn vorzubereiten, mit in den Steinbruch. Was der Junge dort in einer Baracke sah, hat ihn derart schockiert, dass es ihn Jahrzehnte lang beschäftigte. Das Erlebnis ging auch deshalb so tief, weil er selbst ja auch »Halbjude« war und die Gefangenen nur wenig älter als er waren (Hirsch unpupl:200f).

Ohne es näher auszuführen, gab Jürgen Braun in seinem Entschädigungsantrag an, er sei nur durch Zufall der geplanten Vernichtung des Lagers im April 1945 entgangen.[64] Wohl um dieser oder dem Abtransport zu entgehen, wagte er es zusammen mit einem Mithäftling, aus dem Lager zu fliehen. Im Wald baten sie Waldarbeiter um Hilfe, die das zwar ablehnten, sie aber auch nicht denunzierten. Sie rieten ihnen, ins Sanatorium des Doktor Barner zu gehen. Dort klopften sie im Dunkeln an und wurden tatsächlich von Wiegand Barner aufgenommen. Er versteckte sie auf dem großen, mit Sachen vollgestellten und deshalb unübersichtlichen Dachboden. »In den nächsten Tagen wurden die beiden von Annie Barner verpflegt, und jemand brachte ihnen das Essen und

---

62 Für diesen Hinweis sei Bernhard Bremberger, Berlin, und Friedhart Knolle, Verein Spurensuche Harzregion e.V., vielmals gedankt.
63 Heute firmiert das Haus unter: Krankenhaus & Sanatorium Dr. Barner, Fachkrankenhaus für Psychosomatische Medizin und Psychotherapie, Dr. Barner-Straße 1, Braunlage/Harz.
64 Nach Einschätzung von Friedhart Knolle vom Verein Spurensuche Harzregion e.V. (Forschungs- und Erinnerungsarbeit zu Zwangsarbeiterschicksalen und NS-Geschichte im Harzgebiet) bestand unter vielen Lagern im Harz mit Kriegsgefangenen und Zwangsarbeitern aus verschiedenen Ländern durchaus ein gewisser Austausch – etwa über Kassiber, über die Informationen aus alliierten Radiosendern verbreitet wurden. Von Berichten über Lagerauflösungen und Todesmärsche kann die Überzeugung entstanden sein, das OT-Lager solle vernichtet werden (pers. Mitt., 25.4.2018). Vgl. Knolle 2014.

Trinken ins Versteck auf dem Dachboden. Als Braunlage befreit war, saßen sie bei der Familie mit am Tisch. Einer von ihnen hat noch einen Monat bei Barners gewohnt.« (Hirsch unpubl:242)[65]

Margarete Braun

Anfang Dezember 1944 wurde auch Margarete Braun dienstverpflichtet, obwohl sie bereits die Altersgrenze überschritten hatte. Dass sie mit einem Juden verheiratet war, wog schwerer als ihr Status als »Arierin«. Auch ihre Argumente, dass sie einen großen Haushalt und die Praxis ohne jede Hilfe zu versehen hatte, wurden nicht anerkannt, ihr Antrag auf Freistellung wurde abgelehnt. Sie selbst schilderte 1954:

»Wie alle Frauen von jüdischen Männern wurde ich zu einer Arbeit gezwungen, die weder meiner wirtschaftlichen und gesellschaftlichen Stellung noch meiner Ausbildung und dem früheren Beruf entsprach. Ich mußte erst im Hotel Eden im finstern Keller Kartoffeln schälen und wurde danach als Hilfsarbeiterin zu der Firma ›Neumann Kinderbekleidung, Spandauer Straße 28‹ vermittelt. Ich hatte bis zum Kriegsende Knabenanzüge zu nähen. Seitdem leide ich an Herzbeschwerden und heftigen Kreuzschmerzen, die auf Überanstrengung durch Überbelastung in der Arbeit und beim ungewohnten Maschinennähen zurückzuführen sind. Vorher war ich nie ernstlich krank gewesen, habe sogar mit 40 Jahren noch das ›goldene Sportabzeichen‹ errungen, war also bestimmt gesund und leistungsfähig. Jetzt stehe ich dauernd in ärztlicher Behandlung. ... Ich habe auch während der Hitlerzeit immer mit meinem Mann zusammengelebt. Seit 1933 wohnen wir in Berlin, seit 1934 in der jetzigen Wohnung. Ich habe alle Schwierigkeiten und Aufregungen erdulden müssen, die Frauen jüdischer Männer hatten und aus gleichen Fällen bekannt sind, vermehrt um die Sorgen um unser einziges Kind.«

EB Berlin 200709, Bl. M 3, B 1

Die erwähnten Herzbeschwerden waren so gravierend, dass sie ab Januar 1951 – also mit 58 Jahren – wegen Erwerbsunfähigkeit eine Rente von der Angestellten-Versicherung bekam.

---

65 Um 1990 besuchte Jürgen Braun Braunlage und stellte sich Klaus Barner, der inzwischen die Leitung des Sanatoriums übernommen hatte, als einer der beiden vor, die 1945 von Wiegand Barners Familie versteckt worden waren. Daraus entwickelte sich eine Korrespondenz zwischen den beiden Männern (Johannes Barner, Braunlage, pers. Mitt., 17.2.2018).

Nach der Befreiung

Jürgen Braun arbeitete nach seiner Befreiung als Dolmetscher bei der britischen Militärpolizei in Braunlage. Ende August 1945 kehrte er nach Berlin zurück und nahm ab Anfang September an den Sonderkursen des Charlottenburger Gymnasiums zur Erlangung der Hochschulreife teil. Bereits im Dezember 1945 bestand der 18-Jährige das Abiturientenexamen. Ab April 1946 nahm er ein Chemie-Studium an der Technischen Universität Berlin auf. Die Vorprüfung und die Diplomprüfung der Fakultät für Allgemeine Ingenieurwissenschaften bestand er mit »sehr gut« und erhielt am 30.11.1951 den Grad eines Diplom-Ingenieurs verliehen. Im November 1951 ging er in die USA, und ab Februar 1952 studierte er an der Universität von Texas in Austin, Texas, USA (EB Berlin 3456, Bl. C 2, E 5, X 4). Juergen H. Braun blieb nach dem Studium in den USA. Die letzten Jahre lebte er in Delaware, in den Städten Newark, Wilmington und schließlich in Hockessin (Intelius, 27.1.2018). Als er dort im Jahre 2010 starb, hinterließ er drei Kinder und vier Enkel.

Ab Juni 1945 übte Georg Braun wieder den Beruf des Arztes aus, indem er in Berlin eine allgemeine ärztliche Praxis betrieb (EB Berlin 3969, Bl. M 8). Wie seine Frau erholte auch er sich von den krankmachenden Belastungen in der NS-Zeit nicht mehr. Im Oktober 1951 bescheinigte sein Hausarzt dem 64-Jährigen eine Erwerbsbeschränkung von 75 %, wobei er »die Schädigungen durch die Verfolgung, nämlich die Schädigung des Herzens, die Schädigung des Nervensystems und die erneute Magen-Darmerkrankung auf 50-55 %« schätzte (EB Berlin 3969, Bl. B 2).

Im Jahr 1962 siedelten Georg und Margarete Braun von Berlin nach Bad Kissingen über. Dort verstarb er am 23.8.1969. Die Sterbeurkunde verrät, dass er die Religion nie gewechselt hatte; sie ist mit »israelitisch« angegeben (EB Berlin 3969, Bl. M 68).

Dr. med. Georg Braun mit Ehefrau Margarete in Bad Kissingen in den 1960ern (Privatbesitz Familie Braun, Delaware)

FAMILIE FRANKEN

Privatadresse: Ludwigstraße 43
Geschäftsadresse: Ludwigstraße 36, Herrengarderobegeschäft »Max Franken«, Textilgroßhandel, Schneiderei
Personen: **Franken, Max**/Familie, geboren am 25.3.1881 in Emmerich (Kreis Rees, Rheinprovinz), emigrierte 1941 von Leipzig nach Buenos Aires, Argentinien, gestorben am 2.5.1957 in Buenos Aires, Argentinien
dessen Ehefrau: **Franken, Therese Henriette**, geborene Silberberg, geboren am 7.2.1885 in Halle/Saale, deportiert am 21.1.1942 von Leipzig nach Riga, gestorben am 11.12.1944 im KZ Stutthof
und deren drei Töchter:
Franken, Margarete, geboren am 24.8.1914 in Hof, deportiert am 21.1.1942 von Leipzig nach Riga, wohnte 1948 in Breesen, Kreis Malchin, Mecklenburg, ab 1958 in Koblenz, gestorben am 26.6.1986 in Koblenz
Franken, Lore, geboren am 15.6.1918 in Hof, deportiert am 21.1.1942 von Leipzig nach Riga, gestorben Mitte April 1945 in Chinow/Pommern nach der Befreiung durch die Rote Armee
Franken, Käthe, geboren am 10.8.1922 in Hof, deportiert am 21.1.1942 von Leipzig nach Riga, verheiratete Hoffmann, gestorben am 21.2.2012 in Karlsfeld, Kreis Dachau

Max Franken war der jüngste Sohn von Joseph David Franken (1845-1927) und Minna Franken, geborene Strauß (1843-1937). Er hatte eine Schwester Helene, die ein Jahr älter war, und mehrere ältere Halbbrüder aus erster Ehe seines Vaters. Er selbst fasste seine Herkunft 1952 in einem Entschädigungsantrag in folgende Worte, aus denen der hohe Grad der Integriertheit seiner Familie in die deutsche Gesellschaft spricht:

»Als das neunte Kind des Kupferschmiede- u. Klempnermeisters Josef Franken wurde ich am 25.III.1881 in Emmerich a. Rhein geboren. Mein Vater machte den Feldzug 1870/71 mit. Er kämpfte bei Gravelotte, St. Frivat, Le Mans, Sedan usw. An Winterabenden erzählte er uns Kindern von seinen Kriegserlebnissen. In meiner Heimatstadt war er Feuerwehrhauptmann und Gruppenführer beim Kriegerverein. 1928 starb

Max Franken (rechts) als Soldat der Kgl. Bay. Armee, Erster Weltkrieg (Foto: Privatbesitz Familie Hoffmann, Karlsfeld)

NLBV 216259, Bl. 8

mein Vater, die Feuerwehr und der Kriegerverein bewiesen ihm die letzte Ehre.
6 Brüder erlernten ein Handwerk, wie Schneider, Schuhmacher, Metzger, Cigarrenmacher, Steinmetz u. Bäcker, während ich allein als der Jüngste Kaufmann wurde. Im Kriege 1914/18 standen wir alle unter den Fahnen, 2 Brüder starben für ihr Vaterland.«[66]

Max Frankens spätere Ehefrau, Therese Silberberg, war das dritte von sechs Kindern des Kaufmanns Leopold Silberberg (geboren 1856) aus Halle an der Saale und der Henriette Jütel, geborene Bauchwitz (geboren 1860 in Kloster Zinna bei Luckenwalde). Leopold Silberberg hatte 1881 in Halle ein Textilwarengeschäft gegründet, das die Eheleute nach ihrer Heirat 1882 gemeinsam führten. Mit Eintritt des Sohnes Gustav in den Betrieb firmierte er unter »Leopold Silberberg & Sohn« und war als Versandgeschäft in der Hauptsache mit dem Vertrieb von Wäsche, Tuchen und Schneidereibedarfsartikeln befasst. Das Geschäft befand sich im eigenen Haus Hindenburgstraße 48, einem mehrstöckigen herrschaftlichen Wohnhaus in sehr guter Lage. Silberbergs wohnten im Hochparterre in einer Wohnung mit sechs bis acht Zimmern. Auch noch im hohen Alter arbeitete Frau Silberberg ganztägig im Geschäft mit und

---

66 Einer der beiden gefallenen Brüder war Heinrich Franken, der dem Reserve-Infanterie Regiment Nr. 18 angehörte und an seinem 20. Geburtstag am 26.8.1917 starb (Reichsbund Jüdischer Frontsoldaten 1932:33).

Familie Franken

stand diesem vor – insbesondere nach dem Tod des Ehemannes 1932 bis zum erzwungenen Verkauf 1938. Beide Brüder von Therese kämpften im Ersten Weltkrieg »für ihr Vaterland«. Gustav trug eine Kriegsverletzung davon; der ältere Bruder Adolf war Kriegsfreiwilliger und ist im April 1915 in Frankreich gefallen (NLBV 221535, Bl. I 27; NLBV 221534 passim).

Max Franken und Therese Silberberg hatten sich in Halle kennengelernt, wo er seit kurzem der Inhaber des Herren-Konfektionsgeschäftes »Eduard Cohn«, Leipziger Straße 1, war, und sie »das wohlhabende und schon etwas späte Mädchen« (AdrB Halle 1910, I:54; Hoffmann 1993:1). Sie heirateten am 8.6.1910 und zogen in die Magdeburger Straße 27 II (SA Leipzig, PP-M 252; AdrB Halle 1911, I:55). Anschließend finden wir Max Franken in den Adressbüchern von Plauen im Vogtland von 1912/13 und 1913/14 eingetragen als »Geschäftsführer, Schildstraße 20«. Von Plauen zog das Ehepaar zum 15.2.1914 nach Hof. Hier wohnten sie zunächst in der Ludwigstraße 35, später in der Hausnummer 43 (StA Hof, A 8025). Ein gutes halbes Jahr später kam die erste Tochter Margarete auf die Welt, im Juni 1918 Lore und im August 1922 Käthe. Alle drei Töchter sind in Hof geboren.

Abbildung links: Lore und Margarete Franken 1920 (Stadtarchiv Hof, FG 26011)
rechts: Käthe Franken bei ihrer Einschulung in Hof, Ostern 1924 (Privatbesitz Familie Hoffmann, Karlsfeld)

Margarete, Lore und Käthe Franken um 1930 (Privatbesitz Familie Hoffmann, Karlsfeld)

Das Geschäft vor dem Erweiterungsumbau 1929 (Stadtarchiv Hof, FG 18749)

Die Firma »Max Franken«

Max Franken meldete sein Herrengarderobegeschäft mit dem Laden in der Ludwigstraße 36 zum 2.3.1914 an. Den Heeresdienst verrichtete er

Familie Franken

beim 7. Infanterie-Regiment, zu dem er am 1.5.1915 eingezogen wurde. Somit konnte er sich um den Aufbau seines Geschäftes erst nach seiner Entlassung im Januar 1919 kümmern. Zum 14.11.1919 meldete er zusätzlich das Gewerbe eines Textilwarengroßhandels an und zum 5.5.1921 eine Schneiderei mit den Werkstätten in der Klosterstraße 10 und 27 sowie in der Ludwigstraße 36 und 39. Nach seinen eigenen Worten von 1953 entwickelte sich das Geschäft zusehends. »Es erreichte 1925 mit einem Umsatz von 500.000 RM und etwa 100 Arbeitern, Zuschneidern u. Angestellten seinen höchsten Stand.« (StA Hof, GewKat BX 72:228; NLBV 216259, Bl. 92k) Die Frankens zählten »zu den angesehenen Geschäftsleuten im ganzen nördlichen Oberfranken«, schrieb die Tochter Käthe 1949. »Mein Vater unterhielt die größte und leistungsfähigste Maßwerkstätte im nördl. Oberfranken!« (EB Berlin 163106, Bl. M 55, M 57) Er war

Das Geschäft nach dem Erweiterungsumbau. Ein Wärschdlamoo verkauft gerade in der Mitte des Geschäftes, ein zweiter steht am Bordstein. (Stadtarchiv Hof, FG 20073)

»der Max Franken, der Kaufmann, der Herrenbekleider, Geschäftsmotto: ›Strengste Reellität, coulanteste Bedienung, streng feste Preise, beste Fabrikate‹. Mein Vater wollte mit seinem Herrenkonfektionshaus ›Großstädtisches‹ leisten, und es gelang ihm. Zuletzt waren 80 Angestellte in seiner Schneiderei beschäftigt und Professoren und Geigenvirtuosen zählten zu seiner Kundschaft.«

Hoffmann 1993, Kap. 1

Schneidereiwerkstätten der Firma »Max Franken« in der Klosterstraße 10 u. 27 (Stadtarchiv Hof, FG 18661, FG 18662)

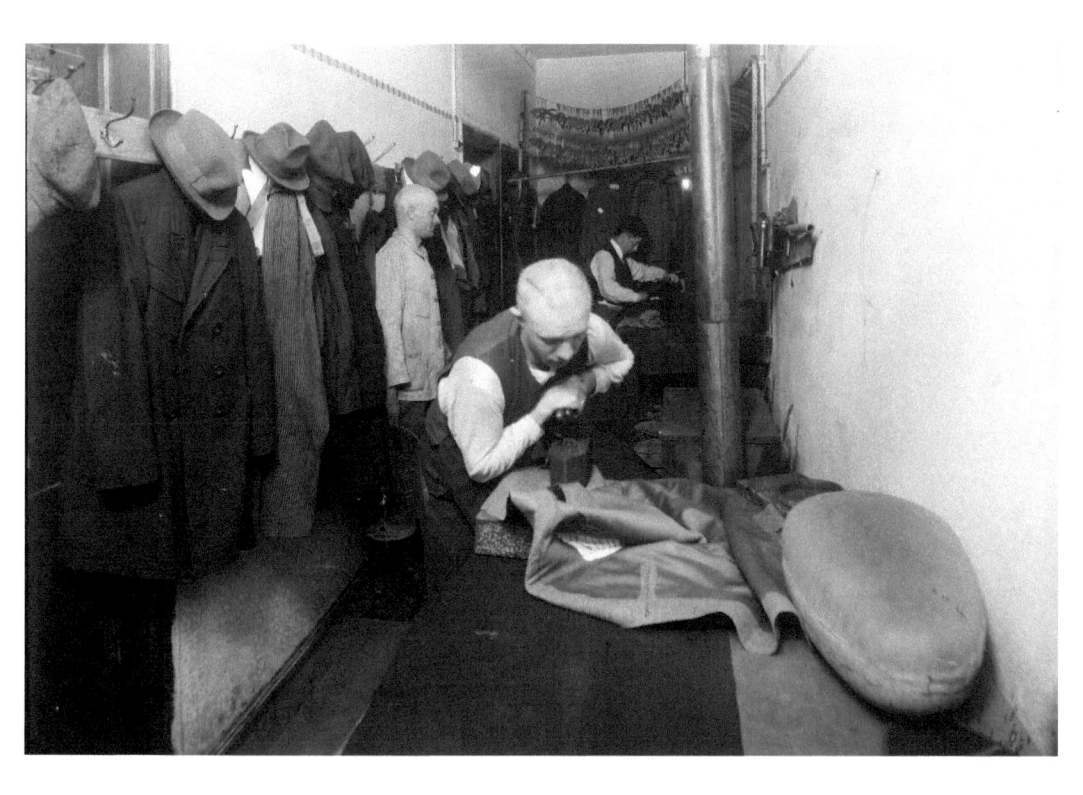

Ausführlicher beschrieb sie das Unternehmen im Jahre 1962:

»Dazu ist zu bemerken, daß mein Vater sein Herren- und Knabenbekleidungsgeschäft 3-stufig aufgebaut hatte: Einzelhandel mit mittlerer und besserer Herren- und Knabenbekleidung, Betrieb einer Maßwerkstätte für feinste Herrenschneiderei mit 2 Zuschneidern und durchschnittlich 20 Maßschneidern, in der überwiegend hochwertigste englische Stoffe für die prominente Kundschaft des Gebietes Hof, Bayreuth bis Weiden verarbeitet wurden, und schließlich Betrieb einer Konfektionsabteilung mit weiteren 2 Zuschneidern und bis zu 80 Werkstättenschneidern (1929) sowie Beschäftigung mehrerer auswärtiger Schneidermeister in Lohn- und Heimarbeit. In dieser Hinsicht hatte der Betrieb meines Vaters eine Sonderstellung inne; alle Aufwendungen waren darauf gerichtet, diese Dreiteilung ständig zu vervollkommnen, auszubauen und zu erweitern. Allein der jährliche Aufwand für Zeitungswerbung belief sich auf durchschnittlich 36.000.-- RM.«

Tatsächlich hatte die Regierung von Oberfranken im Juli 1926 anerkannt, »dass das Unternehmen ... nicht als Handwerks-, sondern als Fabrikbetrieb zu betrachten ist«, weil »die Beschäftigungszahl mit durchschnittlich 54 Arbeitern eine sehr erhebliche war, daß die Arbeit in ausgedehnten Betriebsräumen erfolgte, daß in großem Maße Arbeits-

Schneidereiwerkstätten der Firma »Max Franken« in der Ludwigstraße 36 u. 39 (Seite 131) (Stadtarchiv Hof, FG 18663, FG 18984)

NLBV 223941 Bd. 2 Bl. 90)

Zwei Schaufenster des Geschäftes »Max Franken«, Ludwigstrasse 36, um 1933 (Stadtarchiv Hof, FG 18565, FG 18985)

maschinen verwendet wurden und daß der Umsatz der Firma meist über das Maß hinausging, das in Handwerksbetrieben dieser Art üblich ist.« (Oberbürgermeister Högn 1956, BLEA, EG 73626:110).
Zur Rolle ihrer Mutter erzählte Käthe Hoffmann 1993 ihrer Enkelin:

»Meine Mutter hätte eigentlich nichts arbeiten müssen. Sie hatte ein Dienstmädchen und eine Wäscherin, für uns Kinder sorgte das Kindermädchen Emmi Hartmann. Aber meine Mutter kochte selbst, nicht weil es nötig gewesen wäre, sondern weil es ihr Freude machte. Sie half auch im Geschäft mit, leitete die Kinderabteilung und führte die Kundenkartei. Diese Kundenkartei enthielt die Namen all der Kunden, die nicht auf einmal zahlen konnten, sondern ihre Ware in wöchentlichen Raten abstotterten.«

Hoffmann 1993, Kap. 1

Die älteste Tochter Margarete sollte später einmal das Geschäft übernehmen. Aus diesem Grunde besuchte sie im Anschluss an die Volksschule zwei Jahre lang die Höhere Handelsschule in Köln und bestand dort 1930 die Handelsprüfung. Bis 1935 war sie im väterlichen Betrieb als Chefsekretärin tätig (EB Berlin 348698 Bl. M 8).

Wohltätigkeit

Wie verhielt es sich mit Max Frankens Rolle in der Hofer Gesellschaft? Im Juni 1952 bestätigte ihm der Hofer Oberbürgermeister Högn, dass er »dem Städt. Wohlfahrtsamt und anderen Einrichtungen heute noch als ein Wohltäter der hilfsbedürftigen Bevölkerung in bester Erinnerung ist.« (NLBV 216259 Bl. 35) Dies schicken wir voraus, da so seine eigene ausführliche Darstellung umso glaubhafter wird, die er für die Entschädigungsämter in München und Hildesheim zu formulieren hatte, was ihm als nun völlig verarmtem Emigranten in den 1950er Jahren sehr schwer fiel.

Im Februar 1957 schilderte er dem Leiter der Entschädigungsbehörde in Hildesheim:

»Ich benütze diese Gelegenheit, wenn auch nicht sehr gerne, Ihnen aus meiner Tätigkeit in Hof zu berichten. Man nannte mich ›den Vater der Armen u. Bedürftigen‹. Ich stattete Ferienkolonien aus und schickte unterernährte Mitschülerinnen meiner Töchter, von Schulärzten sorgfältig ausgesucht, zu ihrer Erholung nach Neubau im Fichtelgebirge in den Gasthof Specht unter Führung einer verarmten Adligen Frl. Else von Lassow. Dort brachte ich auch meine kriegsbeschädigten Angestellten zur Erholung unter. Als die Stadt Hof ein Säuglingsheim eröffnete, spendeten meine Kinder ein kompl. Zimmer. Weiter gründete ich für meine Arbeiter aus meinen Mitteln eine Unterstützungskasse. Erkrankte ein Arbeiter, so erhielt er aus dieser Kasse die Differenz zwischen Lohn u. Krankenkasse. Dann nahm ich 8 verarmte Bürger u. Bürgerinnen in mein Haus auf, gab ihnen Mittagbrot und Lebensmittel. Ich verteilte weiter wöchentlich eine Menge Brot an Arme. Der noch jetzt in meinem früheren Geschäft tätige Hausdiener Ernst Rank kann Ihnen das Vorstehende bestätigen.

Ich gab der Stadt für arme Konfirmanden Anzüge und gab ihr, wenn für Arme bestimmt, diese Ware zu Einkaufspreisen ab. Ich gab der evang.

Max Franken in den 1920er Jahren (Privatbesitz Familie Hoffmann, Karlsfeld)

Gemeinde durch Herrn Dekan Brot und der kath. Kirche durch Herrn Kirchenrat Bauer ansehnliche Geschenke für ihre Armen zum Weihnachtsfest. Zu mir kam der evang. und kath. Frauenverein und auch das Hofer Rote Kreuz.

So lebte ich als deutscher Staatsbürger jüd. Glaubens in allem besten Sinne für mein Vaterland.«

An Oberregierungsrat Sieber in Hildesheim, 6.2.1957, NLBV 216259 Bl. 147-149

Auch in den Kreisen seiner Berufskollegen genoss Max Franken hohes Ansehen. Er war Schriftführer im Hofer Kaufmännischen Verein. Später wurde er zum Mitglied des Vorstandes seiner Berufsorganisation in München gewählt (NLBV 216259 Bl. 157).

Antisemitismus

Bereits 1920 wehrte sich Max Franken gegen antisemitische Ausschreitungen und Hetze gegen Juden in Hof. Am 26. Januar schrieb er »An den hochwohllöblichen Stadtrat der Stadt Hof«:

»Betreff: Judenhetze
Dem hochwohllöblichen Stadtrat bitte ich Nachfolgendes mit dem gleichzeitigen Ersuchen entsprechender Würdigung ergebenst vortragen zu dürfen. Eine schmachvolle Hetze gegen die deutschen Juden hat seit dem unglücklichen Ausgang, den der Krieg für uns zeitigte, eingesetzt. Sie wird von denen propagandiert, die mit dem Rufe ›Sieg oder Niederlage‹ das deutsche und auch andere Völker ins Unglück führten. Diese Tatsache ist bereits von der Geschichte festgestellt. Mit der von diesen Kreisen betriebenen Judenhetze wollen sie die Schuld von sich auf Andere abwälzen, durch Verwirrung und noch größeres Elend die Massen zermürben, um schließlich wieder die Macht an sich reißen zu können. Es ist hier nicht der Platz, diese Frage eingehender zu würdigen. Hier möchte ich nur feststellen, daß leider auch in unserer Stadt mit allen Mitteln gegen die Juden gehetzt wird; dies wird auch gewiß einer Anzahl von Mitgliedern des hochwohllöblichen Stadtrats bekannt sein. Die Form der Hetze schließt eine Selbstverteidigung aus, da die Urheber nicht genügend Mut aufweisen, persönlich hervorzutreten. Ich bedaure es außerordentlich, daß sich der Vorstand der israelitischen Kultusgemeinde bisher nicht veranlaßt sah, beim Stadtrat Protest gegen dieses unsaubere Treiben zu erheben. Unter zirka 40000 Einwohnern leben am hiesigen Platze zirka 70 Juden, d.h. 1/6 vom Hundert der Bevölkerung, die soweit mir bekannt in anständiger Weise ihren Berufen nachgehen. Ich stelle die Frage, ob es dem hochwohllöblichen Stadtrate nicht möglich sein wird, die Ehre und das Ansehen dieser Wenigen besser zu schützen?

Familie Franken

Die bisher unter der Decke schwelende Hetze besteht seit Monaten darin, daß man speziell auch an meine Schaufenster fast wöchentlich kleine oder größere bedruckte Zettel wüsten antisemitischen Inhalts anklebt. Mit 7 Brüdern wurden wir 1914 zur Fahne einberufen, einer erlitt den Heldentod, ein zweiter schmachtet schon seit Jahren in französischer Gefangenschaft, ein dritter kehrte krank zu seiner Familie zurück. Mein Vater machte 1870 den Krieg gegen Frankreich mit. Wir alle, und ich glaube wohl jeder Jude, den deutsche Erde gebar, erfüllte seine vaterländische Pflicht genau so gerne als seine christlichen Volksgenossen. Jeder anständige Jude wird mit der gleichen Hingabe wie seine christlichen Volksgenossen bereit sein, am Wiederaufbau unseres Vaterlandes mitzuhelfen. Verbunden mit diesen für mich selbstverständlichen Pflichten leite ich aber auch das Recht her, von den Behörden zu verlangen, meine Ehre gegen derartige gemeine Hetzen zu schützen, besonders aber gegen solche, die geheimen Brutstätten entstammen. Mir liegt das Wohl unserer Notleidenden ganz gewiß mehr am Herzen als den Kreisen, die gegen mich hetzen, weil ich als Jude geboren bin, und die glauben, die Liebe zum Vaterland für sich gepachtet zu haben. Ich warne den hochwohllöblichen Stadtrat, mit entsprechenden Maßnahmen nicht zu warten, bis es zu spät ist. Ich zweifle keinen Moment daran, daß der hochwohllöbliche Stadtrat in seiner Gesamtheit dieses Treiben scharf verurteilt und Mittel finden wird, diese Hetzer dingfest zu machen, um sie der gerechten Strafe zuzuführen. Ich erlaube mir noch, die Bitte aussprechen zu dürfen, die Materie in einer öffentlichen Stadtratssitzung zur Sprache zu bringen. Mit ergebenster Hochachtung, Max Franken
Nota Bene: Auf den in No. 22 des *Hofer Anzeiger* unter Bayreuth erschienenen Artikel ›antisemitische Bewegung‹ erlaube ich mir hinzuweisen.«

StA Hof, A 2928 zit. nach Kluge 2002

Niedergang und Verkauf des Geschäftes

Das Bekleben der Schaufenster mit antisemitischen Hetzparolen hörte nicht auf – ganz im Gegenteil. Als Meilenstein für die Hinwendung der Mehrheit der Hofer Einwohner zum Nationalsozialismus, aber auch des Unterganges seines Unternehmens sah Max Franken den »Deutschen Tag« vom September 1923 an (siehe Kapitel *Der Deutsche Tag in Hof*). Im Exil in Buenos Aires erläuterte Maximo Franken 1957 seinen Schaden im beruflichen Fortkommen wie folgt, wobei er von sich selbst in der dritten Person als »der Antragsteller« schrieb:

»In Hof (Saale) begann die Boykotthetze gegen jüdische Geschäftsinhaber lange vor der Machtergreifung des Nationalsozialismus. Auftakt zur Boykottierung jüdischer Geschäftsleute und zu der Hetze gegen sie war ein am 23. September 1928 [es muss 16.9.1923 heißen, Anm. d. Verf.] veranstalteter ›Deutscher Tag‹, an dem Hitler die Stadt besuchte, die ihn, bekränzt und geschmückt wie zu einem großen Fest, mit Begeisterung aufnahm. Die Wirkung, die von diesem ›Deutschen Tage‹ ausging, war erheblich: Die jüdischen Geschäftsleute, insbesondere auch der Antragsteller, wurden von einem großen Teil ihrer bisherigen Kundschaft gemieden und auch von Freunden nicht mehr öffentlich gegrüsst. Vor allem gingen die Umsätze – und in noch stärkerem Masse die Netto-Geschäftsgewinne erheblich zurück.«

28.5.1957, NLBV 216259 Bl. 176

Einer anderen Schilderung von Maximo Franken aus dem Jahr 1953 entnehmen wir weitere Details:

»Am 23. Sept. 1923 [es muss 16. Sept. heißen, Anm. des Verf.] war Adolf Hitler anläßlich eines ›Deutscher Tags‹ erstmals in Hof. Die ganze Stadt zitterte vor Begeisterung, und Hof blieb eine der ersten nationalsoz. Städte. Ich behaupte, daß dieser 23. Sept. 1923 der erste Nagel am Sarge meines Unternehmens war. Trotzdem brachte ich den Mut auf, das Geschäft 1929 bedeutend zu vergrößern. Ich mietete das ganze Polandsche Haus[67] und bezahlte dafür jährlich 19.200 RM Miete. Nach der Fertigstellung setzte eine intensive Nazihetze ein, die sich von Monat zu Monat verstärkte. Am 1.4.1933 wurde ich verhaftet und eingesperrt. Am Ladeneingang standen 2 SA-Männer mit Gewehren und ließen keinen Käufer ins Geschäft. Der Umsatz war gleich null, die Verluste riesengroß. So laborierte ich weiter, bis das Unternehmen im Jahre 1936 gänzlich zum Erliegen kam.«

NLBV 223941 Bd. 2, Bl. 119

An anderer Stelle erwähnt Max Franken, dass er für den Umbau des Geschäftes von Edmund Poland, für Inneneinrichtung und die Anschaffung neuer Maschinen etwa 50.000 RM ausgab (NLBV 216259 Bl. 92h).

Der Sachbearbeiter der Entschädigungsanträge in Hildesheim bemühte sich sehr um die Klärung der Frage, ob der Niedergang des Franken'schen Unternehmens allein durch die nationalsozialistischen Maßnahmen verschuldet war oder ob nicht auch die Weltwirtschaftskrise 1929-1932 dazu beitrug. Er bat mehrere Institutionen um gutachterliche Stellungnahmen, so die Industrie- und Handelskammer für Oberfranken (IHK) in Bayreuth, Max Frankens Hausbank ab 1920, das Institut für Zeitgeschichte in München und das Staatsarchiv Bamberg. Von diesen wurden allgemeine historische Aussagen gemacht, etwa zu Wahlergebnissen. In Bamberg konnte sich der Bearbeiter nur auf Archivalien berufen, die bereits ans Archiv abgegebenen worden waren. Statt

---

67 Edmund Poland, Privatier, war der Eigentümer des Hauses Ludwigstraße 36, in dem er im II. Stock wohnte (ADRB HOF 1936/37:433).

Informationen und Daten mitzuteilen, interpretierte er – nicht unbedingt zum Vorteil für Max Franken. Immerhin bestätigte Dr. Tischer von der IHK in Bayreuth:

»Nach unseren Ermittlungen begann der Boykott gegen jüdische Geschäfte in Hof bereits im Jahre 1928 und steigerte sich allmählich. Der Geschäftsrückgang der Firma Max Franken ist zum erheblichen Teil auf diese Boykottmaßnahmen zurückzuführen. ... Der Geschäftsumfang der Firma Max Franken war für Hofer Verhältnisse bedeutend.« NLBV 216259 Bl. 159

Nachkriegsbürgermeister Hans Högn bescheinigte Max Franken, sich »als solider und sozialer Geschäftsmann erwiesen« zu haben. Der Bayerischen Hypotheken-und Wechselbank, Filiale Hof, war er 1923 »als gewandter und tüchtiger Geschäftsmann« geschildert worden. Man kann davon ausgehen, daß solch ein Geschäftsmann sein Unternehmen gut aus der Weltwirtschaftskrise geführt und wieder zum Blühen gebracht hätte, wenn nicht nationalsozialistische Maßnahmen dies verhindert hätten. Und tatsächlich kam der Sachbearbeiter in der Hildesheimer Entschädigungsbehörde zu dem Schluss:

»Da im übrigen eine wirtschaftliche Gesundung und ein Wiederaufblühen des Betriebes nach Abklingen der Wirtschaftskrise in den Jahren ab 1936 durch die Boykottmaßnahmen der Jahre 1933 bis 1936 und den verfolgungsbedingten Verkauf 1936 unmöglich gemacht wurde, ist der Anspruch dem Grunde nach gegeben.« NLBV 216259 Bl. 92k

Bei diesen Ermittlungen fällt bei der Zeugenaussage des ehemaligen kaufmännischen Angestellten Georg Künzel[68] vom 8.5.1962 eine sehr hohe Fachkompetenz auf. Künzel schilderte die Entwicklung der Umsätze und den Reingewinn ab 1927. Diese seien bis 1929 – beeinflusst durch eine erhöhte Werbetätigkeit – noch steigend gewesen. Nach den Umsätzen von 1928 in Höhe von 350.000 RM und von 400.000 RM im Jahre 1929 schätzte er den Reingewinn für diese Jahre auf 24.500 RM bzw. 28.000 RM. Dabei betonte er, dass die hohen Beträge dieser Jahre besonders mit der hohen Beschäftigtenzahl von über 100 Mitarbeitern zusammenhingen. Davon waren allein fünf im Büro beschäftigt. Nach 1929 seien Umsatz und Reingewinn gesunken, wobei Georg Kün-

---

[68] Georg Künzel, Jahrgang 1904, 1962 verheirateter Behördenangestellter in Hof, kaufmännische Ausbildung im Bankfach, am 1.9.1927 Eintritt in die Firma Max Franken als kaufmännischer Angestellter mit den Aufgabenbereichen: Einkauf, Verkauf, Werbung, ab etwa 1929 im Betriebsrat der Firma, erhielt als solcher genauen Einblick in die Geschäftsvorgänge. Er schied zum 1.4.1933 aus, hielt aber den Kontakt zum Firmenchef bis zu dessen Wegzug nach Leipzig (NLBV 223941 Bd.2:101-102).

zel bemerkte, »daß sich ja bei Verringerung des Umsatzes der Reingewinn nicht nur in gleichem Maße verringert wie der Umsatz, sondern in erhöhtem Maße, wenn wie im Falle Franken die fixen Unkosten nicht auch entsprechend angepaßt werden, der Personalbestand nicht auch entsprechend rigoros verringert wird. Das tat Franken damals nicht.« Mit anderen Worten, Max Franken wählte nicht den Weg der Entlassungen. Er unternahm andere Schritte. Er verpfändete seiner Bank im Februar 1932 eine Lebensversicherung und alsbald eine zweite. Ab 1934 musste er beide beitragsfrei setzen, d.h. er konnte die Beiträge von jährlich 500 bzw. 645 RM nicht mehr aufbringen. Außerdem erhielt er Hilfe von Lieferanten, so dass er den Betrieb noch mehrere Jahre halten konnte (NLBV 223941 Bd. 2 Bl. 38 und Bl. 77-80). Und dies, obwohl Zulieferer von NS-Stellen genötigt wurden, nicht mehr an jüdische Unternehmer zu liefern.

Georg Künzel gab in seiner Zeugenaussage vom Mai 1962 auch wichtige Details der Verfolgungsmaßnahmen an:

»Die starke Verbreitung des judenfeindlichen Organs ›Der Stürmer‹ im Hofer Bezirk, das Anpinseln von Hakenkreuzen an den Schaufenstern der Firma Franken, die Anbringung von judenfeindlichen Handzetteln mit entsprechender Propaganda gegen den Einkauf in jüdischen Geschäften am Geschäft. Nach der Machtübernahme durch die NSDAP war das Geschäft im Jahr 1933 ... für einige Tage geschlossen und dann für eine Zeit von etwa einer Woche vor der Eingangstür mit einem SA-Doppelposten besetzt. Nach der Wiedereröffnung war es durch entsprechende Plakette als jüdisches Geschäft gekennzeichnet. Wer als Käufer das Geschäft von dieser Zeit an betrat, mußte in Kauf nehmen, daß er nicht nur notiert, sondern auch fotografiert wurde. Zudem spielte eine große Rolle die öffentliche Meinungsbildung durch die Tagespresse, die Gleichschaltung der Presse, die Unmöglichkeit der Inserierung, die Arisierung der Konfektionsherstellerbetriebe, die vor dem Umsturz zu einem erheblichen Teil in jüdischem Besitz gewesen waren, endlich auch die besondere Förderung der nichtjüdischen Geschäfte durch Staat und Partei.«

Darüber hinaus machten NS-Stellen auf Großhändler Druck, nichts mehr von jüdischen Firmen zu beziehen. Ab der Kontingentierung der Rohstoffe ab 1936 konnten »politisch nicht einwandfreie«, d.h. »judenfreundliche« Geschäftsleute mit einer Benachteiligung bei der Materialzuweisung bedroht werden.

Nachdem Max Franken schon in den Jahren 1930 bis 1934 trotz intensiver Bemühungen nur geringe Gewinne erzielen konnte, hatte er im Jahre 1935 weder einen Geschäftsgewinn noch eine Entschädigung für seine eigene Arbeit; im Jahre 1936 ergab sich ein Verlust. Es war ihm somit nicht mehr möglich, das Geschäft zu halten (NLBV 216259 Bl.

159). Er sah sich genötigt, es zu verkaufen, und bot es per Zeitungsannoncen an. Käufer wurde der in Augsburg ansässige Geschäftsführer Paul Egen.[69] Gemäß Kaufvertrag vom 12.5.1936 übernahm er die Maschinen und Geschäftseinrichtung für den Preis von 15.000 RM, die er in monatlichen Raten von 300-350 RM zu zahlen hatte. Passus 3 regelte den Verkauf und Erlös des Warenbestandes. In einem Nachtrag zum Kaufvertrag vom 17.11.1936 wurde der Kaufpreis für Geschäftseinrichtung und Maschinen auf 17.500 RM festgesetzt und der des Warenlagers auf 13.384,02 RM, was dem Einkaufspreis entsprach. Die Zahlungsweise wurde wie folgt geändert: Paul Egen verpflichtete sich, die Beträge, die Max Franken an seine Gläubiger zu zahlen hatte, jeweils zum Fälligkeitsdatum zur Verfügung zu stellen. Die Schulden beliefen sich auf insgesamt 10.884,02 RM. Den restlichen Kaufpreis in Höhe von 20.000 RM sollte Paul Egen in monatlichen Raten von mindestens 300 RM bezahlen, wobei es ihm freistand, höhere Ratenzahlungen zu leisten (NLBV 223941 Bd. 2, Bl. 114f).

Max Franken musste also einen erheblichen Verlust hinnehmen. Die Ratenzahlungen dürften Paul Egen nicht schwer gefallen sein, nachdem das Herren- und Knabenbekleidungsgeschäft als »arisches« Unternehmen wieder ungehindert Fahrt aufgenommen hatte. Trotzdem war allem Anschein nach Paul Egen kein Ariseur, der die Notlage eines Juden ausnützte. Gestützt wird dieser Eindruck von zwei Tatsachen. Die beiden Männer hatten nach 1945 ein gutes Verhältnis. So bestätigte Paul Egen im März 1952, dass Max Franken das Herren-Bekleidungsgeschäft 25 Jahre lang mit Fleiß und Umsicht geführt und zu einem angesehenen Unternehmen entwickelt habe. Als er den Betrieb 1936 gekauft habe, sei dieser infolge des Juden-Boykotts erheblich geschrumpft gewesen. Dieser Boykott hätte Max Franken in der nicht allzu großen Stadt Hof weit früher getroffen, als dies in Großstädten der Fall gewesen wäre. »Herr Franken hätte sein Geschäft sicherlich nicht verkauft, wenn er nicht durch die nazistische Boykotthetze dazu gezwungen worden wäre, denn er fühlte sich als alter Hofer Bürger und hängt noch heute an Deutschland.« (NLBV 216259 Bl. 25a). Der zweite Beleg ist im Wiedergutmachungsverfahren zu finden. Max Franken hatte zwar die Restitution seines Unternehmens angemeldet, aber am 22.9.1949 mit der Begründung zurückgezogen, dass der Kaufpreis unter damaligen Umständen angemessen gewesen sei (SA N, WB III a 5259:3 u. 10).

Die herangezogenen Quellen geben keine Auskunft darüber, ob Paul Egen den Betrag von 20.000 RM in Gänze gezahlt hat bzw. zahlen konnte. Vergegenwärtigen wir uns die Laufzeit der vereinbarten Abzahlung der 20.000 RM: Bei 300 RM monatlich kommt man auf etwas

---

69 AdrB Augsburg 1935: Egen Paul, Geschäftsführer, Alexanderstraße 19/0 (1935, I:84; II:20)

über 66 Monate oder auf 62 Monate à 300 RM plus 4 Monate à 350 RM. So hätte Paul Egen von Dezember 1936 bis Mai 1942 zahlen müssen. Dem steht zum einen die Verschärfung antijüdischer Gesetze einschließlich der Sperrung der Konten von Juden mit deutscher Staatsangehörigkeit gegenüber, wobei die Devisenstellen der Finanzämter festsetzten, ob und wieviel monatlich abgehoben werden durfte. Zum anderen folgte der Auswanderung Frankens die Ausbürgung. Mit dieser dürfte nicht nur das gesamte inländische Vermögen dem Deutschen Reich anheimgefallen sein, sondern auch jegliche Forderung. – Als die Tochter Käthe Hoffmann 1962 Entschädigung nach ihrem Vater beantragte, bemerkte sie, dass die Rückerstattungsansprüche ergebnislos waren, nachdem Paul Egen zwischenzeitlich verstorben und das Geschäft unter seinem Schwiegersohn in Konkurs gegangen war (NLBV 223941 Bl. 91).

Verhinderung anderer Verdienstmöglichkeiten – Patente

Zu den Rechten, die den jüdischen Bürgern im Deutschen Reich entzogen wurden, gehörten auch Patentrechte. Max Franken hatte 1937 und 1938 zwei Reichspatente beim Reichspatentamt in Berlin eingereicht. Nr. 683440, ausgegeben am 06.11.1939, bezog sich auf einen verstellbaren Halter für Kopfkissen, den man an oder auf einem Bettgestell aufstellen kann. Die am 23.09.1941 veröffentlichte Nr. 710889 beschrieb eine Klemme für Schaufenstertraggestelle (Deutsches Patent- und Markenamt 2018). Nach seiner Darstellung hätte nach den Nürnberger Gesetzen kein Jude mehr frei arbeiten dürfen, es sei denn mit amtlicher Genehmigung.[70] Diese sei ihm verweigert worden. Er hatte vor, seine Patente in Gemeinschaft mit einem christlichen Sozius zu verwerten. Auch dazu benötigte er die Genehmigung des Reichswirtschaftsministeriums. Als sein Antrag dort abgelehnt wurde, richtete er ein Sondergesuch an den Reichswirtschaftsminister Hermann Göring. Aber auch dieses wurde abgewiesen. Die Patente wurden zwar nicht gelöscht, aber die NS-Behörden hinderten ihn an der Verwertung. Außerdem hatte Max Franken zwei Gebrauchsmuster[71] beim Patentamt angemeldet. Gegenüber dem

---

70 Die Betonung liegt bei »nicht mehr frei arbeiten dürfen« sicherlich auf dem Wort *frei*. Nach Kenntnis des Verfassers konnten jüdische Deutsche nach der Verabschiedung des Blutschutzgesetzes und des Reichsbürgergesetzes im September 1935 durchaus noch arbeiten und auch Geschäfte betreiben. Letzteres wurde erst ab Dezember 1938 unmöglich.

71 In Deutschland und Österreich können noch heute gewerblich anwendbare Erfindungen durch ein Gebrauchsmuster geschützt werden, wenn diese neu sind und auf einem erfinderischen Schritt beruhen. Im Deutschen Reich waren solche geschützten Produkte von 1891 bis 1945 mit der Kennzeichnung »D.R.G.M.« versehen.

Bayerischen Landesentschädigungsamt er seinen Verlust für die Patente und Gebrauchsmuster mit insgesamt 70.000 DM (BLEA, EG 73626 Bl. 111; NLBV 216259 Bl. 92i).

Häufiges Umziehen

Die häufigen Wohnungs- und Ortswechsel der deutschen Juden in der NS-Zeit sind auffällig. Neben Kündigungen gab es eine Reihe von anderen Gründen. Es wurde immer schwerer, Arbeit zu finden, was mehr und mehr nur bei anderen Juden möglich war. Wer in einem Unternehmen mit jüdischen Inhabern oder in einer jüdischen Familie arbeitete, verlor seine Anstellung, sobald der Arbeitgeber auswanderte, die Firma »arisiert« wurde oder wegen Umsatzeinbußen schließen musste. Bei Firmenübernahmen wurde oft im Vertrag festgehalten, dass die Belegschaft übernommen werde, nicht aber die namentlich genannten jüdischen Angestellten. Je mehr Juden auswanderten, desto seltener gab es Stellen als Hausangestellte oder Hauslehrerinnen. Bei den Töchtern der Familie Franken spiegelt sich dies wie folgt wieder.

Die älteste Tochter, Margarete, verließ Hof erstmals im Alter von knapp 21 Jahren im Juni 1935, kam aber mehrmals nach Hof zurück. Lore Franken verließ das Elternhaus mit knapp 18 Jahren Anfang März 1936 und wechselte mehrmals den Wohnort. Die jüngste Tochter, Käthe Franken, verließ Hof im Alter von 14½ Jahren Mitte März 1937. In den Meldeunterlagen sind ihre Berufe mit »Volontärin, Hausangestellte« angegeben.

Nach diesen lesen sich die Umzüge der beiden ältesten Töchter bis 1938/39 wie nachstehend.

Margarete Franken wohnte vom 17.6. bis 18.12.1935 in Burg bei Magdeburg, dann bis zum 5.7.1936 in Hof, anschließend bis zum 21.8.1936 in Donaueschingen, seither bis zum 15.10.1936 wieder in Hof, bis zum 1.7.1937 in Reichenbach im Vogtland, bis zum 31.8.1937 wieder in Hof, bis zum 20.12.1938 in Augsburg und schließlich bis zum 2.8.1939 in München. (StA Hof, A 8025; StA München, EMA-NS; SA Leipzig, 20031 PP-M 1822)

Die Gründe für Margarete Frankens Wegzug aus Hof hingen mit dem Niedergang des väterlichen Geschäftes zusammen. Ihrem Vater war es nicht mehr möglich, sie länger zu beschäftigen. So musste sie sich einen anderen Erwerb suchen. Wir wissen nicht, womit sie ihren Lebensunterhalt von 1935 bis 1937 verdiente. In Augsburg pflegte sie eine gemütskranke Dame, Frau Schloßberger. Anschließend lernte sie Krankenpflege im jüdischen Krankenhaus in München in der Israelitischen Privatklinik e. V. in der Hermann-Schmid-Straße 5. Sie wohnte im dazugehörigen Schwesternheim. Eine Abschlussprüfung durfte sie allerdings nicht ablegen; die wurde ihr als Jüdin versagt (EB Berlin 348698 Bl. M 8; StA München, EMA-NS). Im Mai 1942 befahl der Reichsführer SS und Chef der deutschen Polizei Heinrich Himmler die Räumung dieser Klinik. Die in dem Haus untergebrachten Patienten, Schwestern und Ärzte wurden ab Juni 1942 in drei aufeinanderfolgenden Transporten nach Theresienstadt deportiert. Das Krankenhaus musste an die NS-Organisation Lebensborn e.V. verkauft werden (Heusler/Schmidt/Strnad 2012).

Lore Franken verzog am 2.3.1936 nach Lübbecke in die Langestraße 40/42 bei Schöneberg (StA Hof, A 8025). Am 30.6.1936 kehrte sie nach Hof zurück, um am 15.7. desselben Jahres nach Rastatt in Baden, Roonstraße 2 zu ziehen (Stadt Lübbecke, Meldekarte). Am 16.9.1937 zog sie weiter nach Worms, Moltke-Anlage 11 bei Familie Albert Löb, am 12.11.1938 nach Leipzig (Schlösser/Schlösser 2012). Lore Franken wohnte also 4½ Monate in Lübbecke in Westfalen und je 14 Monate in Rastatt und Worms. In Lübbecke war sie Haustochter bei Familie Schöneberg. Paul Schöneberg betrieb das Manufakturwarengeschäft »M. B. Weinberg« in der Langestraße 40/41, seine Frau Meta, geborene Weinberg, hatte eine Tochter, ebenfalls mit dem Namen Lore, die sechs Jahre jünger als Lore Franken war.[72] Im November 1938 war »M. B. Weinberg« das einzige Ladengeschäft im Kreis Lübbecke mit jüdischen Inhabern. In der Reichskristallnacht wurde die Wohnungseinrichtung der Schönebergs zerstört, die Treppe des Wohnhauses wurde abgesägt. Ein Lehrer habe seine Schulkinder ermutigt, das Schaufenster des Manufakturwarengeschäfts einzuschlagen. Frau Schöneberg lag monatelang krank im Jüdischen Krankenhaus in Hannover. Im Mai 1939 wohnte die 15¼-jährige Lore Weinberg in Berlin-Wilmersdorf bei einer Familie Cohn – möglicherweise nun selbst als Haustochter. Später wurden die beiden Frauen von Berlin aus nach Auschwitz deportiert, Meta Weinberg im Januar 1943 und Lore Weinberg im Oktober 1943. Nur Lore Weinberg überlebte (BArch, VZ; Beckmann 2015; BArch, GB).

Über Lore Frankens Zeit in Rastatt haben wir keine Kenntnis. Sie ist weder im dortigen Einwohnerbuch von 1936 aufgeführt noch konnte im Stadtarchiv »eine Meldekarte ermittelt werden« (StA Rastatt, pers. Mitt., 1.6.2017). Lore Frankens Adresse Roonstraße 2 geht lediglich aus der Abmeldung in Lübbecke hervor, der Wegzug von dort aus der Anmeldung in Worms. Wie trügerisch Einwohnermeldedaten sein können, sehen wir gerade in dieser Stadt. Gemeldet war Lore Franken bei Albert Löb, dem Inhaber des regional sehr bekannten Kaufhauses »M. Knopf«, Kämmererstraße 34. Es galt in Worms und darüber hinaus als gut geführtes Geschäft für Billigwaren, besaß einen großen Kundenstamm

---

[72] Über die Familie sind wir durch Volker Beckmanns Dissertation von 2001 gut unterrichtet: Die jüdische Bevölkerung der Landkreise Lübbecke und Halle i.W. (1815-1945) – seit 2015 überarbeitet online verfügbar (Beckmann 2015).

und beschäftigte vor 1933 sechzig Angestellte. In Albert Löbs Haushalt soll Lore Franken beschäftigt gewesen sein. Tatsächlich lebte und arbeitete sie aber im Haushalt von dessen Tochter und Schwiegersohn. Dieser, Otto Hochheimer, arbeitete als Kaufmann im Kaufhaus Knopf mit. Er und Gertrude Sophie (»Trude«) Löb hatten 1932 geheiratet und hatten zum Zeitpunkt des Einzugs von Lore Franken eine vierjährige Tochter Laura. Der Sohn Frank kam im Juli 1938 zur Welt. Trude Hochheimer »war ausgebildete Konzertpianistin, sie hatte in Wien und Frankfurt studiert. Die häufigen Hauskonzerte in der Moltke-Anlage 11 waren in Worms noch lange in guter Erinnerung. Nach 1933 konnten diese nicht mehr mit christlichen Mitwirkenden stattfinden, sondern nur noch innerhalb des jüdischen Kulturbundes, dessen Vizepräsidentin Trude Hochheimer-Löb wurde.« (Schlösser/Schlösser 2012)

Zu Käthe Frankens Leben in dieser Zeit verfügen wir über zwei Schilderungen aus eigener Hand:

»Ich besuchte in dieser Stadt [Hof] die Volks- und höhere Töchterschule. Im Jahre 1936 wurde ich, nicht ganz 14 Jahre alt, der Schule verwiesen. Ich wollte später Medizin studieren. Durch die nat[ional]soz[ialistische] Gesetzgebung wurde ich in meinem Beruf gehindert, Ärztin zu werden. Mit nicht ganz 14 Jahren musste ich eine Stelle zu Kindern in Gotha annehmen. Als meine Arbeitgeber auswanderten, kehrte ich nach Hof zurück.«

Mein Lebenslauf, verfasst um 1955/57, EB Berlin 163106 Bl. E 5

Viele Jahre später erzählte Käthe Franken, inzwischen verheiratete Hoffmann, ihrer Enkelin:

»Auf einmal war kein Geld mehr da. Weil wir von irgend etwas leben mußten (und auch, weil die Stimmung zu Hause so trostlos war) sollten wir nun als ›Haustöchter‹ in fremde Familien. Das war durchaus anständig und für uns eigentlich die einzige Chance. Ich kam mit 14 Jahren zu Hans und Ruth Rehbock nach Gotha. Meine Aufgabe war es, auf das Baby Rolf aufzupassen und Ruth im Haushalt zu helfen. Hatte ich Heimweh? Wenn ich es recht bedenke, spürte ich davon erstaunlich wenig. Ich hatte ein schönes Zimmer, die Rehbocks nahmen mich wie eine Tochter auf, und immerhin lebte ich endlich wieder in einem Haus, in dem die Stimmung nicht so trostlos war wie bei uns. Die Rehbocks waren Zionisten und warteten sowieso nur darauf, baldmöglichst nach Palästina auszuwandern. So kam ich damals in den Zionistenbund. Man traf sich einmal die Woche, sang hebräische Lieder, lernte jüdische Geschichte und unternahm zusammen Ausflüge. Es machte Spaß, endlich einmal wieder mit jungen Leuten zusammenzusein. Eigentlich kam ich nicht wegen den Zionisten in den Zionistenbund, sondern wegen Gerhard Meyer, der so hübsch und blond war. Älter als ich war er auch, und natürlich wollte er von mir nichts wissen.

Manchmal habe ich auch die Lore besucht, die bei der Industriellenfamilie Hochheimer in Worms lebte. Als es die Rehbocks dann wirklich schafften, nach Palästina zu kommen, durfte ich auch nach Worms ziehen. Wieder lebten wir gemeinsam in einem Zimmer, und niemand behandelte uns wie Dienstboten. Keine schlechte Zeit. Zu erleben gab es auch etwas. Jeden Tag führte ich Anni, die Schäferhündin der Familie, spazieren in der heimlichen Hoffnung, meinem neuen Schwarm Ludwig Kiefer zu begegnen. Ich hatte ihn im jüdischen Sportverein kennengelernt. Bald radelten wir gemeinsam am Rhein entlang. Geknutscht haben wir natürlich auch. Auch als ich Worms später wieder verlassen mußte, blieb ich mit Ludwig in Kontakt.«

Hoffmann 1993, Kap. 1

Wir wissen nicht, warum Käthe Franken Worms verlassen musste. Laut ihrer Einwohnermeldekarte war sie zum 8.3.1938 von Gotha zu Hochheimers gezogen; als Beruf ist »Haustochter« angegeben. Nach 158 Tagen, zum 13.8.1938, meldete sie sich wieder ab mit dem Ziel Hof. (StA Worms, Abt. 11/2). Ihre Schwester Lore blieb in Worms und erlebte dort die Reichskristallnacht:

»Otto Hochheimer lag damals im Martinsstift. Dorthin brachte Trude Hochheimer in ihrer Not auch ihren erst einige Monate alten Sohn, und die Nonnen versteckten ihn. Auch gelang es den Schlägertrupps nicht, bis ans Krankenbett Otto Hochheimers vorzudringen, Dr. Denschlag hat sie persönlich daran gehindert. Aber die Wohnung wurde total zerstört.«

Schlösser/Schlösser 2012

Auch die Wohnung der Familie Albert Löb wurde völlig demoliert. Er selbst wurde in jener Nacht 64-jährig ins Konzentrationslager Buchenwald verbracht. Außerdem wurde er gezwungen, das Haus Moltke-Anlage 11 zu verkaufen. Die Familien Löb und Hochheimer mussten ausziehen. Sie zogen Ende Dezember 1938 nach Wiesbaden. Von hier aus betrieben Hochheimers die Auswanderung in die USA, die ihnen 1939 gelang (Schlösser/Schlösser 2012 passim; BArch, GB, Oktober 2017). Lore Franken meldete sich wenige Tage nach der Reichskristallnacht, zum 15.11.1938, von Worms nach Leipzig ab, wohin ihre Eltern und Käthe Anfang des Monats gezogen waren.

Wohnungskündigung 1938

Zu den vielen antijüdischen Maßnahmen des NS-Staates gehörte auch die Aufhebung des rechtlichen Schutzes jüdischer Mieter und Vermieter. Das Gesetz über Mietverhältnisse mit Juden vom 30. April 1939 (RGBl

I, Sp. 864) besagte, dass »deutschblütige« Vermieter ihren jüdischen Mietern kündigen durften, wenn sie einen Ersatzwohnraum nachweisen konnten. Jüdischen Mietern war es nur noch erlaubt, an Juden unterzuvermieten. Wollten Juden leerstehende Räume vermieten, mussten sie eine behördliche Genehmigung einholen.

Doch schon lange vor diesem Gesetz, insbesondere nach der Reichskristallnacht, forderten Kommunalverwaltungen Vermieter auf, ihren jüdischen Mietern zu kündigen. In der »arischen« Bevölkerung kursierten irrige Vorstellungen wie diese: »Während die Juden zu Wenigen in großen Wohnungen leben, müssen deutsche mehrköpfige Familien auf engstem Wohnraum wohnen.« Solche Vorurteile wurden vom NS-Staat geschürt. Entsprechend dem von »Ariern« geforderten Recht auf mehr »Lebensraum« für das deutsche Volk sollte die Bevölkerung »deutschen Blutes« beim Wohnraum bevorzugt werden. Die Durchführung des Gesetzes war in die Hände der Stadtverwaltungen gelegt. In Hof war es die Partei- und Kreisleitung, die hier aktiv wurde. Sie veranlasste, dass der Vermieter der Familie Franken die Wohnung in der Ludwigstraße 43 kündigte. Maximo Franken schrieb im September 1952 an den Präsidenten des Bayerischen Entschädigungsamtes:

»Etwa 25 Jahre wohnte ich in Hof. Davon etwa 20 Jahre privat im Hause des Herrn Carl Staffort, Ludwigstraße 43.[73] Im Jahre 1936 kaufte Herr Gustav Dollwetzel dieses Haus. Er gehörte der S.A. an und trug das goldene Parteiabzeichen. Trotz des politischen Gegensatzes waren wir befreundet. Auch nach dem Hauskauf änderte sich nichts an unserem Verhältnis. Ich blieb in meiner Wohnung, und keiner könnte mich aus seinem Hause bringen, so meinte Herr D. wiederholt. Die politische Weiterentwicklung im Sinne des Staatsoberhauptes konnte jedoch niemand aufhalten. Auf Weisung der Kreisleitung kündigte mir Herr Dollwetzel am 1.6.1938 meine Wohnung. Mit dieser Kündigung begab ich mich zum damaligen Stadtoberhaupt Dr. Rammensee.[74] Dieser erwirkte vorerst die Rücknahme der Kündigung. Meine Situation in dem Hause blieb jedoch die gleiche. Ich wußte, daß ich bald räumen mußte.« NLBV 216259 Bl. 46

Weitere Details liefert eine Bestätigung Gustav Dollwetzels, die gleichzeitig unterstreicht, dass die Welt keineswegs auf simple Weise schwarz versus weiß ist, sondern sehr viel komplexer:

---

73 Nach den Hofer Adressbüchern von 1929/30 und 1936/37 waren die Eigentümer des Hauses die Tapeziermeisterswitwe Margarete Staffort und deren Kinder, die im I. Stock des Rückgebäudes wohnten.
74 Dr. Rammensee war damals stellvertretender Bürgermeister. Der Oberbürgermeister war Dr. Richard Wendler.

> Hof/Bay[ern], den 19. Januar 1954
> Bestätigung
> Ich bestätige hiermit Herrn Max Franken, jetzt wohnhaft in Buenos Aires, Argentinien, daß er in dem von mir im Jahre 1937 erworbenen Haus in Hof/Bay[ern], Ludwigstraße 43, über 20 Jahre wohnte.
> Obwohl ich seinerzeit der NSDAP angehörte, dachte ich niemals daran, Herrn Franken, der jüdischer Abstammung war und ich mit ihm in gutem Einvernehmen lebte, die Wohnung zu kündigen. Ja, ich vermietete ihm sogar auf Wunsch eine schönere Wohnung im Rückgebäude meines Anwesens, die nicht zur Front der Hauptstraße lag. Nach wiederholter Aufforderung der Hofer Parteileitung der NSDAP mußte ich Herrn Franken kündigen.
> Herr Franken selbst gab sich alle Mühe, für seine Familie in Hof eine andere Wohnung zu bekommen, schon um mir allein keine Unannehmlichkeiten zu bereiten, ihm wurde aber jedesmal von den damaligen Machthabern durch Intrigen– sogar durch die Stadtbehörde in Hof, eine andere Wohnungsmöglichkeit verweigert. Ihm wurde sogar nahegelegt, ins Armenhaus zu ziehen. ...
> [e.U.] *Gustav Dollwetzel*
> *Hof/Saale*
> *Ludwigstraße 43«*

Den weiteren Verlauf schilderte wiederum Maximo Franken. Seine Unterstreichungen behalten wir bei:

»In diesen Tagen bot der Volksschuloberlehrer Netsch[75] eine Wohnung in seinem Hause an. Er kaufte viele Jahre in meinem Geschäft, wir waren befreundet. Ich begab mich sofort zu Netsch, und wir wurden als Mieter mit offenen Armen empfangen. Ich wünschte eine Klärung durch die Kreisleitung. Frau Netsch meinte, daß sie allein als Hausbesitzer zu entscheiden hätten und nicht die Kreisleitung. Ich kannte die Situation besser und bestand auf meiner Forderung. Wir vereinbarten für den nächsten Tag eine Zusammenkunft. Kaum waren wir dort, da kam Frau N. mit hochrotem Kopf, ganz aufgelöst zurück. Die Kreisleitung hatte ihr einen üblen Empfang bereitet. Der Beamte schrie sie an und sagte: ›Wie können Sie sich überhaupt unterstehen, als Beamtenfrau um die Genehmigung der Wohnungsvermietung an einen Juden zu uns zu kommen. Scheren Sie sich zum Teufel.‹ So standen die Dinge für mich etwa im Sept. 1938. Daraufhin besuchte ich erneut das Stadtoberhaupt, schilderte ihm den Fall und bat um eine Wohnung für mich und meine

---

75 Hofer Adressbücher von 1929/30 (S.178) und 1936/37 (S.205): Netzsch, Erhard, Oberlehrer, Wölbattendorfer Weg 41/I.

Familie Franken

Frau und meine 3 Töchter. Seine Antwort lautete: ›Die einzige Möglichkeit, Sie unterzubringen, ist das Armenhaus.‹ Ich hätte aufschreien können. Man bietet einem angesehenen Bürger, der stets seine Pflicht der Stadt gegenüber erfüllte, der wie ein Vater für seine zahlreichen Arbeiter und für die Armen sorgte, das Armenhaus als Wohnstätte an. Das war ein Schlag, den ich bis heute nicht überwinden konnte.«

NLBV 216259 Bl. 46

An anderer Stelle drückte Maximo Franken es so aus: »Nie aber hätte ich an einen Wohnungswechsel gedacht, weil ich 25 Jahre in Hof wohnte und mich dort nach einem kräftigen bayer. Wort ›sauwohl‹ fühlte.« (BLEA, EG 73626 Bl. 40)

Max Franken bemühte sich in verschiedenen Städten um Zuzugsgenehmigungen – vergebens. Als die Familie nach Halle an der Saale zur Mutter von Frau Franken, Henriette Silberberg, ziehen wollte, wurden sie auch dort zurückgewiesen:

»Ich suchte dann, in Nürnberg oder München unterzukommen, ich wandte mich an jüd. Organisationen. Überall Zuzugsverbot für Juden. Ich wollte dann nach Halle, woselbst meine Schwiegermutter ein eigenes Haus besaß. Ich telegrafierte. Die Antwort: ›Ausgeschlossen, keine Zuzugsgenehmigung.‹«

NLBV 216259 Bl. 46

Ähnlich auch Käthe Hoffmanns Schilderung ab der Zeit nach der Wohnungskündigung:

»Wir mußten versuchen, eine neue Bleibe zu finden. In Hof gab es niemanden, der noch einen Juden als Mieter wollte. Man schlug meinem Vater vor, ins Armenhaus zu ziehen, und selbstverständlich lehnte er das entrüstet ab. Dann versuchten wir, nach Halle in das Haus meiner Großeltern zu kommen, aber der zuständige Gauleiter verweigerte den Zuzug. Schließlich gelang es meinem Vater, in Gohlis, einem Vorort von Leipzig, zwei Zimmer bei einer polnisch-jüdischen Familie zu mieten und auch den Zuzug genehmigt zu bekommen. Zum Umzug mußten wir Mädchen alle zurück nach Halle. Der Möbelwagen war schnell gepackt. Wirklich viel war von unserem umfangreichen Hausstand nicht übriggeblieben.«

Hoffmann 1993

Leipzig

Es ist möglich, dass Max Franken eine Zuzugsgenehmigung für Leipzig erhielt, weil er dort Verwandtschaft hatte. Sein fünf Jahre älterer Halbbruder Moritz lebte hier seit August 1928, seit Mai 1935 auch dessen evangelisch-lutherische Ehefrau Anna und ihr beiden Kinder. In Hof hatte Max Franken sich, seine Ehefrau Therese und Tochter Käthe zum 1.11.1938 mit dem Ziel Leipzig, Menckestraße 48/I im Stadtteil Gohlis, abgemeldet (StA Hof, A 8025). Dort allerdings zogen Frankens nicht ein, sondern ausweislich ihrer Meldeblätter in ein anderes Haus mit vorwiegend polnisch-jüdischen Mietern, nämlich in den 3. Stock des Hauses Pfaffendorfer Straße 21 (SA Leipzig, 20031 PP-M 252 und 1822).[76] Es ist jedoch auffällig, dass auch in dem Haus in der Menckestraße, für das die Zuzugsgenehmigung zunächst galt, polnische Mieter jüdischen Glaubens wohnten (AdrB Leipzig 1938; BArch, VZ; BArch, GB). Wieso erteilte die Leipziger Stadtverwaltung Zuzugsgenehmigungen für diese Häuser?

»In Leipzig, in den Zimmern der Polen bekam ich zum ersten Mal richtig Angst, nicht nur um mein Auskommen, sondern auch um mein Leben. Als unser Möbelwagen vor der neuen Bleibe hielt, fanden wir die zur Adresse gehörige Türe versiegelt. Mein Vater rannte zur Polizei, die schickte ihn zum Rechtsanwalt. Der Rechtsanwalt öffnete uns die Türe. Nie werde ich den ersten Blick in diese gespenstische Wohnung vergessen. Die Wohnung war vollständig eingerichtet, aber totenstill, die Luft alt und abgestanden. Die Betten lagen zerknautscht und ungemacht da, auf dem Tisch stand ein halbaufgegessenes Frühstück. Nur von den Bewohnern fehlte jede Spur. Wir konnten nicht verstehen, wie eine große polnische Familie verschwinden konnte, ohne eine einzige Fotografie mitzunehmen, einen Mantel aus der Garderobe zu nehmen oder die Zuckerdose in die Speise zu stellen. Später erfuhren wir, daß es in Leipzig kurz vor unserer Ankunft ein Pogrom gegen polnische Juden gegeben hatte. Unsere Vermieter waren also deportiert worden. Der Rechtsanwalt öffnete die zwei für uns vorgesehenen Zimmer zum Gebrauch, der Rest der toten Wohnung blieb versiegelt. Es war eine furchtbar deprimierende Angelegenheit.«

Hoffmann 1993, Kap. 3

Was Käthe Hoffmann schildert, waren die Spuren der »Polenaktion« genannten Abschiebung polnischer Juden vom 28.10.1938, drei Tage vor dem Eintreffen der Frankens in Leipzig. Nach dem Anschluss Österreichs an das Deutsche Reich im März 1938 hatte die polnische Regierung mit einer Flüchtlingswelle gerechnet, d.h. mit der Einreise von bis zu 20.000 jüdischen Polen aus Österreich in ihr Heimatland. Das polnische Parlament verabschiedete ein Gesetz, demzufolge alle polnischen Staatsbürger, die länger als fünf Jahre im Ausland lebten, ihre Staats-

---

76 Der Eigentümer war der orthopädische Schuhmachermeister Rudolf Esch (AdrB Leipzig 1938). Die Pfaffendorfer Straße führt vom Innenstadtring bis zum Nordplatz und liegt ebenfalls im Stadtteil Gohlis. Sie verlief damals in nordnordöstlicher Richtung entlang des Zoologischen Gartens.

angehörigkeit verlieren sollten. Daraufhin erließ der Reichsführer SS und Chef der Deutschen Polizei Heinrich Himmler am 26.10.1938 einen Runderlass mit der Anordnung, dass »polnische Juden das Reichsgebiet bis zum 29.10.38 zu verlassen haben.« (Walk 1996:247) Am 28. Oktober wurden bis zu 17.000 Polen, die meist nach dem Ersten Weltkrieg ins Deutsche Reich übersiedelt waren, in Sammeltransporten per Eisenbahn und in Viehwagen an die Ostgrenze abtransportiert. Überwiegend wurden sie während der Nacht zu Fuß über die Grenze gejagt. Aus Leipzig waren es etwa 1.600 jüdische Kinder, Frauen und Männer.[77] Sehr viele der Abgeschobenen wurden von den polnischen Behörden nicht ins Land aufgenommen, sondern in einem Lager bei Zbaszyn (Bentschen) interniert. Die Umstände der Unterbringung waren miserabel. Die Menschen litten an Hunger und Kälte.

Betroffen von diesen »Polenausweisungen« war auch die Familie des in Paris lebenden Herschel Grynszpan. Wie berichtet (siehe Kapitel *Reichskristallnacht*), hatte die Nachricht vom Unglück seiner Verwandten ihn veranlasst, am 7.11.1938 in der deutschen Botschaft in Paris den Legationssekretär Ernst vom Rath niederzuschießen. Dies wiederum hatte das Hitler-Regime zum Vorwand für einen seit langem geplanten Pogrom gegen Juden genommen. So steht die Abschiebung, deren Auswirkungen die Frankens in der Leipziger Wohnung vorfanden, in direktem Zusammenhang mit jenen reichsweiten Ausschreitungen vom November 1938, die später als »Reichskristallnacht« bezeichnet wurden, und der darauf folgenden Flut antijüdischer Gesetze. Darüberhinaus kann die »Polenausweisung« als »Paradigma für spätere nationalsozialistische Maßnahmen gegen Juden angesehen werden, denn sie erforderte bereits eine enge Zusammenarbeit von Polizei, Reichsbahn, Diplomatie und Finanzbehörden.« (Gottwaldt/Schulle 2005:27)

Von der Leipziger Zeit erzählte Käthe Hoffmann 1993 weiter:

»Natürlich war es in den zwei Zimmern zu eng für uns fünf. Wieder mußten wir Mädchen zusehen, eine Anstellung zu bekommen. Ich kam diesmal zu den Königshöfern,[78] einem ganz frommen Ehepaar. Der Mann trug Pejes (Schläfenlocken), die Frau Scheitel (Perücke über ge-

---

77 Das bundesdeutsche Gedenkbuch (Stand 13.10.2017) kennt allein 1457 Menschen mit Wohnort Leipzig, die nach Polen abgeschoben wurden (BArch, GB).
78 Laut Käthe Frankens Einwohnermeldebogen wohnte sie bei Königshöfer in der Ludendorffstr. 104 II ab ihrem ersten Tag in Leipzig, jedoch nur bis Ende 1938 (SA LEIPZIG, 20031, PP-M 1822). Das AdrB Leipzig 1938 führt noch auf: Königshöfer Samuel, Kaufm C 1 Waldstr. 56 II und ebr. Königshöfer Wolle C 1 Waldstr. 56 I. – Das AdrB Leipzig 1939 führt nur noch die Firma in der Ludendorffstr. 104 auf. 1938 war die Wald- mit der Elsterstrasse zur Ludendorffstrasse vereinigt worden. Da auch die Unterlagen zur Volkszählung zum 17.05.1939 keine Einwohner Königshöfer in Leipzig aufführt, dürften Königshöfers fortgezogen oder ausgewandert sein.

Familie Franken vermutlich in der Leipziger Zeit: stehend Lore und Margarete, sitzend Therese, Max und Käthe Franken (Privatbesitz Familie Hoffmann, Karlsfeld)

schorenem Haar). Bei ihnen erlebte ich die Reichskristallnacht. Es war der blanke Wahnsinn. SS-Leute stürmten in die Wohnung und zertraten alles, was ihnen in den Weg kam, zerschlugen Geschirr und warfen Möbel durch die geschlossenen Fenster im ersten Stock einfach auf die Straße. Die alten Leute standen einfach in einer Ecke und sahen zu. Überall flogen Federn. Ich begann zu heulen, hatte solche Angst, wollte nur noch weg. Zwischen Tränen und Federn tauchte auf einmal die alte Frau Königshöfer vor mir auf. ›Geh nur‹, sagt sie, ›da kann man nichts mehr ändern.‹ Irgendwie packte ich meine Koffer. Irgendwie kam ich durch die dunklen Straßen nach Hause zu meinen Eltern. Dabei hatten wir Glück. Kein SS-Mann fand unsere Wohnung. Wir saßen einfach zu Hause und warteten, bis es vorbei war.«

Lore Franken zog nach ihrem Wegzug von Worms zunächst zu den Eltern, musste aber häufig umziehen, wie die folgende Abschrift der Meldebögen wiedergibt. Anfang Februar 1939 zog auch Henriette Silberberg in die zwei Zimmer der Frankens. Sie war in Halle gezwungen worden, ihr Haus in der Hindenburgstraße 48 zu verkaufen (Winkelmann 2008). Laut Halleschem Adressbuch von 1940 war der neue Besitzer eine Gesellschaft der Deutschen Arbeitsfront, die »Neue Heimat, Gemein[nützige] Wohnungs- u. Siedlungs-Gesellschaft d[er] DAF im Gau Halle-Merseburg GmbH« (AdrB Halle 1940:48). Auch Frau Frankens Bruder Gustav Silberberg mit Ehefrau Sara, genannt Selma, musste Anfang März 1939 von Halle nach Leipzig ziehen.

Als letzte zog Margarete Franken im August 1939 von München zu. Nach ihren eigenen Worten sahen sich ihre Eltern wegen der politischen Ereignisse veranlasst, sie nach Leipzig zu holen (EB Berlin 348698 Bl. M 8). Bis Frühjahr 1939 wohnte die Familie im dritten Stock, anschließend im Erdgeschoss (BArch, VZ; AdrB Leipzig 1940). Vermutlich hing dies mit dem Wegzug der Mieterin Grete Altmann und deren Auswanderung nach Chile zusammen und mit der zuvor erfolgten Verhaftung ihres Untermieters Marcell Birnbaum im März 1939. Nach Grete Altmann wohnte in der Parterrewohnung die alleinstehende Haushaltshilfe Helene Seidel, die vielleicht eine mehrköpfige Familie aufnehmen konnte (Ellen Bertram, pers. Mitt.).

In Leipzig mussten die drei Töchter das Geld verdienen. Lore arbeitete in einer jüdischen Pension und Margarete im jüdischen Kinderheim als Pflegerin und Erzieherin sowie in der Jungenabteilung. Käthe arbeitete zuerst in einem Altenheim, dann als Hausangestellte in einem jüdischen Krankenhaus, dem Eitingon-Stift, wo sie 80 Mark im Monat verdiente – eine recht bescheidene Existenz (EB Berlin 163106 Bl. 56; EB Berlin 348698 Bl. M 8) »Es war eine widerliche Arbeit, den ganzen Tag Tellerwaschen. Aber immerhin konnte ich so die Erste-Hilfe-Kurse des Roten Kreuzes besuchen.« (Hoffmann 1993, Kap. 4) Am 30.06.1939 wurde das Krankenhaus »arisiert«, und sie verlor diese Stellung (BLEA, EG31493, Bl. 16). Ihre nächste Arbeitsstelle war wieder ein Posten als Hausmädchen. Ab Mai 1940 arbeitete sie

»bei dem jüdischen Justizrat Meyrowitz[79] und seiner an den Rollstuhl gefesselten Frau. Von Frau Meyrowitz war ich begeistert, eine hübsche und feine Frau und trotz ihrer hohen Stellung bescheiden und mit allem zufrieden. Meine Aufgabe war es nur, der Frau in allen täglichen Dingen zu helfen. Es war mehr ein Vergnügen als eine Arbeit.«

Hoffmann 1993, Kap. 4

Familie Meyerowitz hatte noch ein Jahr vorher in der Kronprinzstraße 1c (heute Kurt-Eisner-Straße) in der Südvorstadt gewohnt. Justizrat Martin Meyerowitz hatte einen Abschluss bei der Prüfungskommission des Kammergerichts und der Justizprüfungskommission Berlin. Seine Frau Helene war eine geborene Eichelbaum aus Insterburg. Die Kinder Ilse

---

79 Die Schreibweise wechselt je nach Quelle zwischen Meyrowitz und Meyerowitz.

(geboren 1912) und Peter (geboren 1917) waren in Königsberg geboren. Ilse hatte einen Abschluss an der höheren Lehranstalt Leipzig erworben. Peter war knapp 22jährig am 27.6.1939 – also ein knappes Jahr vor Lore Frankens Arbeitsbeginn in der Familie – nach Großbritannien ausgewandert (BArch, VZ). Martin Meyerowitz wird im Leipziger Adressbuch von 1938, ja sogar noch in jenem von 1939, als Rechtsanwalt am Reichsgericht aufgeführt (1938, I:583; 1939, I:597). Ursprünglich war es das Ziel der Nationalsozialisten, dass alle jüdischen Anwälte schon kurz nach der »Machtergreifung« ihre Zulassung verlieren sollten. Mit dem Gesetz über die Zulassung zur Rechtsanwaltschaft vom 7.4.1933 sollte dies umgesetzt werden. Doch Reichspräsident von Hindenburg hatte verlangt, dass eine Ausnahmeregelung, das sogenannte »Frontkämpferprivileg«, im Gesetz verankert wurde. Martin Meyerowitz gehörte zu jenen, die die Voraussetzungen für diese Regelung erfüllten. Die 5. Verordnung zum Reichsbürgergesetz vom 27.9.1938 entzog dann jedoch allen »nichtarischen« Rechtsanwälten im »Altreich« (ohne die angeschlossenen Gebiete) die Zulassung mit Wirkung zum 30.11.1938. Lediglich 172 Anwälte erhielten die Genehmigung, als Konsulenten ausschließlich für jüdische Mandanten tätig sein zu dürfen. Ihre Zulassung war jederzeit widerruflich; der Ort der Niederlassung wurde zugewiesen und durfte nicht länger als eine Woche verlassen werden (Müller 1987:67-70). Auch zu diesen – wenn man so will – Privilegierten gehörte Martin Meyerowitz. Im Leipziger Adressbuch von 1940 und 1941 lautet sein Eintrag: Meyerowitz, Martin Israel, Konsulant, C 1, Jacobstr. 11 III (1940, I:604; 1941, I:617). Der Eintrag zeigt, dass die Familie nicht in der Kronprinzstraße bleiben durfte, sondern in das Judenhaus Jacobstraße 11 umziehen musste. Hierher zog also Käthe Franken zum 15.5.1940 und trat vermutlich gleichzeitig ihre Stelle dort an (SA Leipzig, 20031 PP-M 1822).[80]

Zwangsarbeit

Der NS-Staat nutzte Zwangsarbeit als Mittel zur Verfolgung von politischen wie auch wirtschaftlichen Zielen. Insbesondere während des Krieges reichte diese vom Arbeitszwang für sozial oder rassisch definierte Gruppen über den Arbeitsdienst für die Einwohner der besetzten Länder bis hin zum Industrieeinsatz von KZ-Häftlingen. Aber schon vor dem Krieg existierten mehrere Formen von Zwangsarbeit. Vom Regime zu »Arbeitsscheuen« diffamierte Menschen, Landstreicher und Mehr-

---

80 Meyerowitzens überlebten die NS-Zeit nicht. Am 3.4.1942 wurde der Justizrat verhaftet und am 10.6.1942 ins KZ Flossenbürg überstellt, wo er am 23.6.1942 zu Tode kam. Helene Meyerowitz wurde am 28.5.1943 von Berlin aus ins Ghetto Theresienstadt deportiert. Sie starb dort am 27.8.1944 (BArch, GB 928809 und 11208889).

fachverurteilte brachte man in der ersten Hälfte des Jahres 1938 zur Zwangsarbeit in Konzentrationslager. Die Arbeitsämter organisierten ab Ende 1938 den »geschlossenen Arbeitseinsatz« aller jüdischen Bürger, die staatliche Transfergelder erhielten. Ab 1940 waren alle Juden deutscher Staatsangehörigkeit betroffen. Vorreiter war hier die Stadt Leipzig. Sie führte im April 1940 als erste deutsche Großstadt einen uneingeschränkten Arbeitszwang für Juden ein. An Leipzig orientierten sich spätere zentrale Entscheidungen von Reichsbehörden. 1941 waren über 50.000 Juden auf dem Bau, im Forst oder in der Industrie in isolierten Kolonnen zwangsbeschäftigt (Gruner 1997:813; Held 2011:13). Für die überwiegend dem Bürgertum angehörenden Menschen war die harte körperliche Arbeit in ungeeigneter Bekleidung eine tägliche Tortur vom frühesten Morgen bis spät in den Abend. Außerdem erhielten Juden weniger Lebensmittel als »Arier«. Die Stadt Leipzig hatte als erste deutsche Stadt bereits im Oktober 1939 eingeführt, dass auf die Lebensmittelkarten der jüdischen Deutschen, aber auch der Juden mit polnischer, tschechischer und slowakischer Staatsangehörigkeit ein »J« aufgedruckt wurde. Damit verbunden war die Einrichtung von fünf gesonderten Verkaufsstellen für Lebensmittel. Juden durften ihre Lebensmittel nur noch aus diesen Geschäften beziehen (Held 2011:12).

Max Franken wurde zu schwerer körperlicher Arbeit vom 1.2.1939 bis zum 1.3.1941 herangezogen – zuerst beim Stadtrat Leipzig und ab dem 3.4.1940 bei einem Privatunternehmen, dem Bau- und Gartengestaltungsbetrieb Fritz Ehrling, Leipzig W 32, Zschochersche Straße 81. Degradiert zum Erdarbeiter musste der fast 60jährige Mann bei geringstem Lohn zentnerschwere Zement- und Kohlensäcke bis zu 20 Stunden täglich tragen und Bauarbeiten verrichten. Käthe Hoffmann erzählte 1993 von anderer Zwangsarbeit, bei der ihr Vater den ganzen Tag Loren schieben musste und jeden Abend fürchterlich schmutzig und müde nach Hause kam. Bei dieser Schwerstarbeit zog er sich einen doppelseitigen Leistenbruch zu. Er meldete sich bei dem Vorarbeiter und machte ihn darauf aufmerksam, dass es ihm unmöglich wäre, solche schweren Lasten zu tragen. Dessen Antwort war: »Du Schwein bist zu faul.« Der Bruch vergrößerte sich infolge der Arbeit und auch, weil Max Franken die Mittel fehlten, sich geeignete Bruchbänder zu kaufen (NLBV 223941 Bd. 1 Bl. 2; Bd. 2 Bl. 30; NLBV 216259 Bl. 23b, 32a, 92d; Hoffmann 1993). Den doppelseitigen Bruch erwähnte er mehrmals in den 1950er Jahren. Auch in der Emigration fehlten ihm die Geldmittel für eine Operation. Als er 1956 eine erste Entschädigungszahlung erhielt, erwähnt er in einem Schreiben an das Bayerische Finanzministerium, dass er sich nun endlich operieren lassen könne (BLEA, EG 73626, Schreiben MF vom 26.6.1936:7). Es ist aber nicht sicher, ob es dazu kam. Hinweise in den Akten lassen vermuten, dass er die Gelder für dringendere Vorhaben einsetzen musste, wie etwa die Unterstützung der Angehörigen.

Familie Franken

Auch Käthe Hoffmann wurde zur Arbeit gezwungen, wie sie meinte, auf Grund einer Verordnung, die alle jüdischen Frauen von 18 bis 45 Jahren dienstverpflichtete. Sie wurde der Stelle bei Ehepaar Meyerowitz enthoben (EB Berlin 163106, Bl. E 5) und musste ab November 1940 bei einer Firma Lommatzsch[81] arbeiten:

»Für mich bedeutete das acht Stunden Arbeit täglich in einer Lumpenfabrik, Kleiderfetzen, Altpapier und anderes Dreckzeug sortieren. Der Gestank war widerlich, und im Winter stand ich jeden Tag eine Ewigkeit frierend auf der Außenplattform der Tram [Straßenbahn], weil Juden die Abteile nicht benutzen durften.«

Hoffmann 1993, Kap. 4

Die Zwangsarbeit bei Lommatzsch bei unzureichender Ernährung durch die reduzierten Lebensmittelkarten sah Käthe Hoffmann in den 1950er Jahren als den Auslöser ihrer Gesundheitsprobleme an (EB Berlin 163106, Bl. B 2).

Glückliche Momente

Und doch gab es für Max und Therese Franken auch glückliche Momente. »Sie hatten sich mit dem argentinischen Konsul Barsanti angefreundet, und die gesellschaftliche Anerkennung tat ihnen sichtlich gut. Mein Vater sang wieder Arien, die Frau Konsul begleitete ihn am Klavier.« (Hoffmann 1993, Kap. 4)

Bevor Konsul Arnaldo Barsanti nach Leipzig kam, war er in der litauischen Stadt Kaunas gewesen – ebenfalls als argentinischer Konsul. Ein Foto von ihm im dortigen Offiziersclub vom Februar 1938 gibt eine

Der argentinische Konsul Arnaldo Barsanti auf einem Empfang in der Botschaft in Kaunas Februar 1938 (Nacionalinis Mikalojaus Konstantino Ciurlionio dailes muziejus, NCDM. Kauno. Lietuva, diplomatiniskaunas.lt)

Vorstellung von der mondänen Welt, in die Frankens etwas eintauchen konnten. Später war Barsanti argentinischer Generalkonsul in Frankfurt am Main (NLBV 216259 Bl. 46). Käthe Franken erzählte:

»Nach Feierabend wurde es schöner. Ich ging mit dem Halbjuden Gerd Ardel aus. Als Halbjude konnte er sich mehr erlauben als ich, und wenn wir zusammen waren, traute ich mich sogar ins Kino. Sonst trafen wir uns reihum bei uns daheim, lauter junge Leute, die endlich ein bißchen Spaß haben wollten. Wir spielten Pfänderspiele und Flaschendrehen, und manchmal tanzten wir auch. Ich war bei jedem Hüpfen begeistert dabei, Lore sah meistens schüchtern und ein wenig skeptisch vom Rand her zu. Meinem Vater wurde unsere Ausgelassenheit leicht zu viel. Oft war er sauer und immer sehr streng. Wer zu spät zum Abendbrot kam, wurde ohne Essen ins Bett geschickt.«

Hoffmann 1993, Kap. 4

Haft und Misshandlung

Am 29.8.1941 teilte das Untersuchungsgefängnis I dem Leipziger Einwohner-meldeamt mit, dass Max Franken seit dem 26.8.1941 im Polizeigefängnis einsaß. Eine zweite Mitteilung derselben Haftanstalt vom 4. September führte zum Eintrag auf dem Meldebogen: »seit 3.9.41 Grassistraße 20 I Schwarzberg.« Im Untersuchungsgefängnis I, Moltkestraße 47,[82] war Max Franken vom 29.8. bis 4.9.1941 inhaftiert – also direkt im Anschluss an die Haft im Polizeigefängnis (SA Leipzig, 20031 PP-M 252; NLBV 216259 Bl. 22). – Was war geschehen? In der Untersuchungshaft wurde ihm am 3.9.1941 der am Vortag ausgestellte Strafbefehl in der Sache 125 Cs 144/41 des Amtsgerichtes Leipzig mit folgendem Inhalt zugestellt:

> Sie werden beschuldigt,
> in Leipzig als Jude Deutscher Staatsangehörigkeit in Schreiben an Firmen den Ihnen gesetzlich zukommenden Vornamen ›Israel‹ weggelassen zu haben.
> In der letzten Zeit haben Sie in verschiedenen von Leipzig abgesandten Briefen an die F[irm]a. May & Co. in Sebnitz und an andere Firmen den Vornamen ›Israel‹ weggelassen, um dadurch bei diesen Firmen den Eindruck zu erwecken, daß Sie arischer Abstammung sind.

---

81 Im AdrB Leipzig von 1941 ist im III. Teil unter dem Gewerbe »Lumpen« aufgeführt: Lommatzsch, R. W 31 Ziegelstraße 30 (1941, III:85).
82 Heute August-Kästner-Straße 47

Wegen dieses Vergehens nach den §§ 2 bis 4 der 2. Verordnung zur Durchführung der Gesetze über die Änderung von Familien- und Vornamen vom 17.8.1935 wurde gegen Max Franken eine Geldstrafe von 1.000 Reichsmark verhängt, ersatzweise eine Gefängnisstrafe von 20 Tagen. Zusammen mit den Gebühren musste der Gesamtbetrag von 1.050 RM gezahlt werden, was noch am selben Tag geschah. Nach der Erinnerung von Käthe Hoffmann kratzte ihre Mutter »das saftige ›Bußgeld‹ zusammen.« Dem Konsul Barsanti gelang es, Max Franken aus dem Gefängnis zu befreien. Er wurde allerdings nicht entlassen, sondern der Gestapo »zugeführt« (NLBV 223941 Bd. 1 Bl. 4-5; NLBV 216259 Bl. 22; Hoffmann 1993, Kap. 4). Wir wissen nicht ob und wie lange die Geheime Staatspolizei ihn bei sich behielt. Die hier zu schildernde Misshandlung kann in den drei Tagen im August vor der Untersuchungs-Haft geschehen sein oder nach dieser.[83]

Im Gefängnis saß Max Franken mit Kommunisten in einer Zelle. Bei einem nächtlichen Überfall wurden sie von Gestapo-Männern brutal zusammengeschlagen. Max Franken wurde die Hälfte seiner Zähne ausgeschlagen, sein Gehör trug einen bleibenden Schaden davon (BLEA, EG 73626, Schreiben MF vom 26.6.1956; NLBV 216259 Bl. 66b und 92d). Auch hier fehlten ihm in der Emigration die Mittel, sich das Gebiss richten zu lassen.

Es ist gut möglich, dass Familie Franken schon vor diesen schrecklichen Erlebnissen in die Grassistraße 20 gezogen war, dies aber dem Einwohnermeldeamt nicht mitgeteilt hatte. Die neue Adresse muss Max Franken bei Haftende im Untersuchungsgefängnis angegeben haben, das dann die Meldebehörde verständigte. Käthe Hoffmann erzählte 1993 ihrer Enkelin, es sei ihrem Vater gelungen, »eine 3-Zimmer-Wohnung in einer guten Gegend hinter dem Gewandhaus zu mieten.« Da das damalige Gewandhaus die Adresse Grassistraße 5 hatte, dürfte sie die Wohnung dort gemeint haben. Auch Lore Frankens Meldebogen führt auf: seit »5.9.41 Grassistraße 20 I.« Die Eigentümer des Hauses waren die Schwarzenberg'schen Erben. Im I. Stock wohnten Ernestine Schwarzenberg mit den Töchtern Wilhelmine und Ilse sowie ihrer Schwester. In zwei weiteren Haushalten wohnten jüdische Mieter (BArch, VZ; AdrB Leipzig 1938 und 1941, II:177; SA Leipzig, 20031 PP-M 252 und 1822).

---

[83] In einer eidesstattlichen Erklärung versicherte ein Gerd Adel 1958, Max Franken sei »in der Zeit vom 24.8.1941 bis 4.10.1941 im Gefängnis Leipzig, Harkortstraße, inhaftiert« gewesen – ein Zeitraum, den der Betroffene selbst nirgends angab (NLBV 223941 Bd. 2:36). In der Harkortstraße befand sich das Landgericht. Ob es dort ein Landgerichtsgefängnis gab, kann nach den damaligen Adressbüchern nicht verifiziert werden. Nach Ellen Bertram (pers. Mitt., 18.1.2018) kamen die Verhafteten als erstes ins Polizeigefängnis im Gestapo-Gebäude in der Wächterstraße 6.

Familie Franken

Der Judenstern ab September 1941

Dass Juden ein Kennzeichen an der Kleidung tragen mussten, ist keine nationalsozialistische Erfindung. Im 13. Jahrhundert führten einige deutschsprachige Städte einen gelben Ring ein, den die Juden sichtbar an ihrer Kleidung zu tragen hatten. Dieser Ring wurde ab 1530 für jüdische Männer, Frauen und Kinder aller deutschsprachigen Länder gefordert und in vielen Staaten eingeführt. Österreich schaffte diese Judenkennzeichen 1690 wieder ab, Preußen erst 1790 (Neiss 2010:176). Der NS-Staat adaptierte den gelben Ring und führte den Judenstern als Zwangskennzeichen für Personen ab dem 6. Lebensjahr ein, die nach den Nürnberger Gesetzen von 1935 als Juden galten. Er wurde im September 1939 im besetzten Polen und am 1.9.1941 mit der »Polizeiverordnung über die Kennzeichnung der Juden« (RGBl I:547) im Deutschen Reich zur Pflicht. Wer den Judenstern nicht trug oder bei wem er nicht deutlich zu sehen war, konnte mit einer Geldbuße oder Haftstrafe bis zu sechs Wochen bestraft werden. Später wurden Verstöße auch durch Inhaftierung in einem Konzentrationslager geahndet.

Die meisten deutschen Bürger jüdischer Abstammung empfanden die Kennzeichnung als ungeheuerliche Demütigung, so auch Max Franken.

»Als die Sterne kamen, wurde es wirklich hart. Für meinen Vater war der gelbe Judenstern ein Schlag, von dem er sich nie wieder ganz erholte. Der Stern hat ihn um seinen letzten Verstand gebracht. Natürlich bekam man die Dinger nicht umsonst, sondern mußte sie bei der jüdischen Gemeinde kaufen. Dann nähten wir sie an, deutlich sichtbar, auf jedes Kleidungsstück. Wer sich traute, konnte versuchen, den Stern auf der Straße zu verdecken, mit einem Schal, dem Mantelkragen, einer Tasche. Ungefährlich war das nicht. Wer beim ›Verdecken‹ erwischt wurde, wurde hart bestraft. Ich habe es trotzdem getan, vor allem in fremden Stadtteilen, wo mich niemand kannte. So jüdisch habe ich nun auch wieder nicht ausgeschaut.«

Hoffmann 1993, Kap. 4

Max Frankens Emigration

Es muss im Frühjahr 1941 gewesen sein, als die Gestapo Max Franken zu sich bestellte, um ihn zur Auswanderung aufzufordern. Man sagte ihm:

»›Auch Sie sind gemeint.‹ Ich mußte mich wöchentlich melden und über meine Auswanderung berichten. Ich wollte nicht von Deutschland weg, weil ich bei meinem absoluten Optimismus an dieses grässliche Ende nicht glauben wollte.«

BLEA, EG 73626, Endurteil S. 4

Am 29.4.1941 stellte Max Franken den erwünschten Antrag auf Auswanderung beim Polizeipräsidium für sich, seine Frau und die drei Töchter. Obgleich es oberstes Ziel des NS-Staates war, dass alle Juden das Land verließen, mussten viele Hürden genommen werden. Max Frankens Auswanderungsakte zeigt exemplarisch, wie viele Stellen eingeschaltet wurden: Zollfahndungsstelle Leipzig 28.4.1941, Jüdische Kultusvereinigung 29.4.1941, Finanzamt Leipzig 29.4.1941, Geheime Staatspolizei 2.5.1941, NSDAP-Kreisleitung 2.5.1941, Steueramt der Stadt 14.5.1941. Sie alle stellten Bescheinigungen für die Familie Franken aus. Am 27.5.1941 wurde ein Reisepass, gültig für ein Jahr, an Max Franken ausgehändigt (SA Leipzig, 20031 PP-S 399/49).

Die größte Hürde war, dass fast kein Staat auf dem Globus bereit war, jüdische Flüchtlinge aufzunehmen. Die erwähnte Intervention des Konsuls Barsanti ebnete hier den Weg. Als Max Franken in Haft saß, ging die Nachricht ein, dass auf Barsantis Fürsprache die argentinischen Behörden die Landungsgenehmigung für alle Familienmitglieder bewilligt hatten. Sie mussten Deutschland in kürzester Zeit verlassen (NLBV 216259 Bl. 128). Käthe Hoffmann berichtete 1993:

»Im September 41 erfuhren wir von einem Transport von Berlin nach Argentinien – eine der letzten Möglichkeiten, noch aus Deutschland rauszukommen, soviel war uns damals schon klar. Wir wußten, daß es – wenn überhaupt – nur unsere Eltern schaffen würden. Frauen unter 45 waren schließlich dienstverpflichtet und kriegsnützlich. Meinen Vater hat das natürlich nicht sonderlich beeindruckt. Zusammen mit meiner Mutter reiste er nach Berlin, um dort an den ›richtigen Stellen‹ unsere Ausreise zu erwirken. In Berlin angekommen sah die Sache auf einmal ganz anders aus. Einer neuen Bestimmung zufolge durften nur noch Juden über 60 ausreisen. Also nur Vati. Mein Vater versuchte trotzdem eine Beschwerde. ›Was willst du, Jud, sei doch froh, daß du alleine rauskommst,‹ sagte man ihm dort. Dann wollte der Vater natürlich auch nicht weg und seine Familie im Stich lassen. Doch meine Mutter ließ ihm keine Ruhe, denn bei der Rückkehr nach Leipzig wäre er wegen der dummen Unterschriftengeschichte[84] sofort wieder verhaftet worden.

Zwei Tage nach dem großen Abschied stand meine Mutter tränenüberströmt bei Meyrowitz vor der Türe. So habe ich sie nie wieder gesehen. Sie schluchzte nur noch ›der Vati, der Vati‹, immer wieder. Ich bewundere meine Mutter heute noch dafür, daß sie damals gesagt hat: ›Du, fahr, ich komm mit den Kindern nach.‹ Ein paar Tage später hatte sich meine Mutter wieder im Griff. Sie gab die Wohnung auf und arbeitete in der Pension bei Lore, half Margarete im Kinderheim aus und bügelte bei Meyrowitz die Wäsche. Das war eine wahnsinnig harte Zeit für sie.«

84 Gemeint ist das Weglassen des Zwangsnamens *Israel*

Familie Franken

Max Franken hatte in Eile gepackt und die 7 Zentner Gepäck über die Schweiz zum Ausreisehafen Lissabon gesandt. Doch als der Dampfer Anfang November den Hafen verließ, war das Gepäck noch nicht eingetroffen. Es wurde später von der »Comcenidade Israeltien de Lisboa« übernommen, wo es noch 1957 gelegen hat (NLBV 216259 Bl. 128). Nur mit dem Handgepäck und mit dem, was er am Leibe trug, kam der 60-Jährige am 7.11.1941 in Argentinen an.

»Unsere Gedanken waren in dieser Zeit natürlich immer in Argentinien, wo unser Vater versuchte, für uns eine Ausreisegenehmigung zu bekommen. Auch für ihn war es die einsamste und traurigste Zeit seines Lebens.« Hoffmann 1993

Deportation nach Riga

Käthe Franken und Ludwig Kiefer, ihr Schwarm in Worms, waren seit Sommer 1938 in Kontakt geblieben.

»Wir schrieben uns Briefe, und 1941 kam mir per Post ein Heiratsantrag ins Haus. Meine Mutter und ich wußten nicht so recht, was wir damit anfangen sollten. Schließlich nahm ich an. Am 18.1.42 sollte die Hochzeit sein.« Hoffmann 1993

Doch sie hatte zu diesem Termin schon die Mitteilung erhalten, dass sie »evakuiert« werden sollte. Käthe Hoffmann hat 1993 ihrer Enkelin Swantje die Geschichte ihrer Deportation und der ihrer Mutter und Schwestern sehr eingehend geschildert. Sie beschreibt den Leidensweg der Frauen durch verschiedene Konzentrationslager so detailreich, anschaulich und nüchtern, dass dieser Bericht exemplarisch auch für die Erfahrungen anderer in diesem Buch angesprochenen Personen gelten kann. Er soll daher nahezu ungekürzt und ohne weitere Kommentare wiedergegeben werden:

»Mitte Januar 42 war es dann soweit. Der Marschbefehl war da. Koffer packen und startbereit sein war alles, was uns gesagt wurde. Wohin die Reise gehen sollte, erfuhren wir nicht. Am 20. Januar wurde ich von der Wehrmacht frühmorgens vor dem Haus der Meyrowitz abgeholt. Man setzte mich zusammen mit vielen anderen auf die Ladefläche eines Lastwagens. Zuerst einmal kamen wir in ein provisorisches Sammellager, die Turnhalle einer Schule. Zum Glück traf ich dort Mutti, Lore und Margarete wieder. Die Turnhalle diente uns mehrere Tage als Unterkunft. Geschlafen wurde auf Decken auf dem Boden, zu Essen gab es Brot und Tee. Dann begann der Horror.

In der Morgendämmerung wachte ich auf. Über mir brüllte ein SS-Mann. Sie scheuchten uns auf Lastwagen, und ab ging es zum Güterbahnhof Leipzig. Der Zug machte uns noch mehr Angst. ›So kann man doch keine Menschen befördern‹, sagten die Leute. Aber wir wurden in den nackten Waggons transportiert, nackt bis auf einige Holzbänke. Vier Personen pro Bank, acht Personen pro Abteil. Die Toilette war eingefroren und natürlich bald unbeschreiblich dreckig. Hier saßen wir tagelang. Der Zug rollte nur nachts, tagsüber stand er bewacht auf irgendwelchen Güterbahnhöfen, wo, das wußten wir nicht. Niemand durfte ins Freie. Es war ein bitterkalter Winter, und die Innenwände der Waggons waren glitzrig vom Eis. Uns ging es besser als den meisten. Wir hatten einen Bettsack dabei und verkrochen uns darunter, so gut es nur ging. Glücklicherweise waren wir auch schlau genug, die Stiefel auszuziehen – wer das nicht tat, dem erfroren bei den eisigen Temperaturen die Zehen.

Heute weiß ich, daß wir vier Tage unterwegs waren. Damals kam es mir vor wie eine ganze Ewigkeit. So eine traurige Fahrt kann man sich fast nicht vorstellen. In unserem Wagen war ein Kind, das weinte die ganze Zeit vor Kälte. Die Erwachsenen sprachen vom Essen. Wenn Du nichts hast, sprichst Du vom Essen.

Irgendwann erreichte der Zug dann doch sein Ziel, die mickrige Bahnstation Shirotawa in Lettland. Draußen wurde es langsam hell. Lore kletterte aus dem Wagen. Ein Soldat lief auf sie zu und zog ihr mit dem Gewehrkolben eine über den Kopf. Einfach so. Lore kletterte wieder in den Waggon zurück. Aussteigen durften wir erst, als der Ghetto-Kommandant Krause angekommen war. So eisig kalt war es damals, daß wir auf einmal wieder in den Wagen zurückwollten. Aber nun hieß es strammstehen. Wir mußten das Gepäck abgeben. Meinen kleinen Proviantkoffer habe ich trotzdem behalten, Margarete sogar ihren großen Koffer. Dann begann der Marsch über eisige Landstraßen, überall nur Schnee, wo man auch hinsah. Unendlich langsam ging es voran, schließlich waren wir völlig erschöpft. Was mit denen passierte, die nicht mehr konnten, weiß ich bis heute nicht. Ich habe nie zurückgeschaut. Wahrscheinlich blieben sie einfach liegen. Diesen traurigen Marsch werde ich mein ganzes Leben nicht vergessen.

Als ich die Stimme hörte, konnte ich es zuerst gar nicht glauben: ›Ist von Leipzig Franken da?‹ Unser Name, hier in der Eiswüste. ›Hier!‹ habe ich dann geschrien. Es war meine Kusine Lene aus Köln. Sie und andere Ghettobewohner hatten das Lager verlassen, um unter den Neuankömmlingen nach Verwandten zu suchen. Lene hatte sogar einen Schlitten dabei, auf den wir unser Gepäck legen konnten. Außerdem bekamen wir gute Ratschläge für das Überleben im Ghetto: ›Wenn wir ankommen, müßt ihr runter von der Straße, ein Zimmer finden, egal wie!‹ Als wir endlich ankamen, wurde es schon dunkel. Das Ghetto war eine Geisterstadt: Wohnblock um Wohnblock, die Straßen menschenleer und totenstill. Dann hat man uns auf einen Wohnblock losgelassen. Die Leute stolperten durch das dunkle Treppenhaus die vier Stockwerke hinauf, traten, boxten und schubsten. Wir auch. Erst im vierten Stock fanden wir etwas Platz für uns vier: Ein kleines Zimmer und eine Küche. Gemütlich war es nicht, und auch hier fanden wir die Innenwände vereist.

Eng war es schon, und es wurde noch enger, als später drei weitere Frauen vor der Türe standen. Meine Mutter hat sie trotzdem hereingelassen.

Warum die Häuser leer standen, erfuhren wir zum Glück erst später. Hier hatten lettische Juden gewohnt, die eines Tages von der SS einfach auf die Straße getrieben und erschossen worden waren. Die ersten deutschen Transporte aus Köln waren arm dran: Ihre Aufgabe war es, die Leichen von den Straßen zu schaffen und in Massengräbern zu verscharren. Dafür hatten die Kölner später die besten Posten im Ghetto.

Am nächsten Morgen machte ich mich auf die Suche nach meinem Gepäck. Man hatte uns immerhin versprochen, es uns wiederzugeben. Ich habe es sogar gefunden, ein großer Haufen Koffer auf offener Straße, bewacht von einem jüdischen Ghettopolizisten. Ein Prager Jude, der Aussprache nach. Er verbietet mir, mein Köfferchen zu holen. Da bin ich wütend geworden: ›Ach was, nicht erlaubt, schau einfach weg.‹ Der Prager schaute wirklich weg, und ich kam mit meinem Köfferchen davon.

In den folgenden Wochen habe ich das Ghetto dann besser kennengelernt. Ein altes, armes Wohnviertel, etwas außerhalb von Riga, hermetisch abgeriegelt. Die Macht hatte einmal natürlich die SS, dann aber auch die Kölner, die alle wichtigen Posten im Ghetto besetzten und deutlich schöner und modischer gekleidet waren als der Rest von uns.

Essen gab es theoretisch in den Wohnblocks und praktisch überhaupt nicht. Wir bekamen minderwertiges Wehrmachtsessen in winzigen Portionen. Wenn man einmal die Maden aus Brot und Mehl gesammelt hatte, blieb von der ganzen Sache nicht mehr viel übrig. Von diesen Rationen allein konnte kein Mensch leben. Wir mußten uns etwas anderes einfallen lassen. …

Gleich nach der Ankunft wurden wir Mädel einem Arbeitskommando zugeteilt, unsere Mutter durfte glücklicherweise zu Hause bleiben. Wir mußten nach Riga, Schnee schippen. Dazu mußte man erst mal eine ganze Stunde nach Riga hineinlaufen, natürlich auf verschneiten Straßen, der Bürgersteig war nur für unseren lettischen Aufseher. Dann wurde geschippt bis zum Umfallen. Margarete hat das nicht lange durchgehalten. Nach den ersten paar Tagen meldete sie sich im Hospital als Krankenschwester. Leiter des Hospitals war ein Doktor Aufrecht – natürlich aus Köln. Nach der Befreiung wurde er erschossen, weil er todkranke Menschen für arbeitsfähig erklärte und damit umbrachte. Margarete hatte Glück, das Krankenhaus war ein guter Posten, und die Margarete hat ihn voll ausgenützt. Von den mageren Krankenrationen hat sie regelmäßig etwas für sich oder ihren Freund Herbert Feldmann abgezweigt. …

Lore und ich sind weiterhin zum Schneeschippen gegangen. Es war ja so kalt. Wir haben uns Nasenschützer aus Zeitungspapier gebaut und Lumpen um die Füße gewickelt, um nicht zu erfrieren. Aber der Posten hatte auch seine guten Seiten. In Riga kam man mit den Einheimischen zusammen. In Riga konnte man tauschen. Am Besten ging das auf der Damentoilette im Stadtzentrum, wohin uns der lettische Aufpasser nicht folgen durfte. Für die Armbanduhr meiner Mutter habe ich dort ein Stück Schinken bekommen. Ich habe es mit einer Schnur an der Unterhose befestigt und dann baumelte er unter dem Rock vor sich hin. Das war natürlich verboten. Jeden Abend mußten wir am Schlagbaum vor dem Eingang des Ghettos strammstehen. Dann wurden Stichproben ›gefilzt‹. Jeder, bei dem sich ein Tauschobjekt fand, wurde auf der Stelle erschossen. Genickschuß. Meine Mutter hat immer geweint, weil ich es trotzdem riskierte. Aber Essen mußten wir ja auch.

Noch schwieriger war es, passende Tauschobjekte zu finden. Unsere Sachen waren bald weg, danach gab es nur noch eine Möglichkeit, an neue Wertsachen zu kommen: das Requirieren. Man schlich sich in noch leerstehende Wohnungen der lettischen Juden und suchte nach Dingen, die die SS bei ihrer Razzia übersehen hatte. Ich fand immer was. Da war ich Spitze. Wenn unsere Truppe es wieder mal geschafft hatte, am Schlagbaum vorbeizukommen, ging es noch zum Galgen. Jeder Arbeitstrupp mußte die Hinrichtungsstätte einmal umrunden, bevor alle nach Hause durften. Man mußte die Aufgehängten dabei anschauen, wehe man hat nicht hingeschaut!

Aufgehängt werden konnte man im Ghetto wegen jeder Kleinigkeit. Mich hätte es auch einmal fast erwischt. Einmal war es ziemlich warm, und ich saß mit meiner Mutter vor unserem Wohnblock in der Sonne. Da bog der Ghettokommandant Krause um die Ecke. Wenn man den sah, mußte man natürlich strammstehen – Hände an die Naht. Aber ich schaffte es einfach nicht mehr rechtzeitig. Krause sah mich nur an. Noch am selben Tag kam der Befehl, sich in der Kommandantur zu melden. Krause erwartete mich. Ich war richtig überrascht, was für ein kleiner Hund er eigentlich war. ›Setz dich,‹ sagte er zu mir, ›gefällt's Dir hier?‹ Was sollte ich darauf sagen. Mich überkam ein waschechtes Leck-mich-am-Arsch-Gefühl.

›Ganz gut,‹ grinste ich.

›Hast einen Wunsch?‹ Ich mußte nicht lange nachdenken. ›Ich hätte gerne einen Ausweis für's Lettenghetto.‹

Fünf Minuten später stand ich wieder vor der Tür. Den Ausweis hatte ich in der Hand. Der Ghettopolizist im Vorzimmer konnte es nicht fassen: ›Wie hast du denn das angestellt?‹, fragte er.

Ich habe mich natürlich gefreut. Vor allem über den Ausweis. Durch den Zaun hindurch hatte ich den Jakob, einen hübschen lettischen Juden kennengelernt. Und gute Geschäfte machen konnte man bei den Letten auch. Oft hatten sie Freunde und Verwandte in der Umgebung, die ihnen Essen brachten und ihnen manchmal sogar bei der Flucht halfen.

Ein anderer Lette, der Wagenheim, hat mich einmal gefragt, ob ich wegwolle. ›Geh mit mir raus aus dem Ghetto, ich kann untertauchen,‹ sagte er. Ich habe abgelehnt. Immer wenn jemand geflohen war, haben sie seine ganze Familie umgelegt, manchmal noch viel mehr Juden. Mit der Frau von Jakobs Bruder habe ich mich damals richtig angefreundet. Richtig verstanden haben wir uns nicht, aber mit dem Jiddisch ging es provisorisch schon ganz gut.

Die Frau hatte einen Sohn, den Moische, und am Ende ist es ihr sogar gelungen, ihn aus dem Ghetto zu schmuggeln.

Kinder unter 10 gab es bei uns nur wenige. Alle wurden gut versteckt. Ab und zu führte die SS Suchaktionen durch. Alle Kinder, die sie fanden, wurden in leeren Eisenbahnwaggons vergast. Wir mußten Angst vor den Appellen haben. Da wurden die Alten, Kranken und Arbeitsunfähigen aussortiert. Was mit denen dann passierte, war klar. Wir haben unserer Mutter jedesmal mit Lippenstift die Wangen rot gefärbt, damit sie es noch einmal schaffte. Eines Tages hat der Kommandant dann doch auf Mutti gedeutet. Sie hat auch gar nicht protestiert, ließ nur still den Kopf hängen. Da ist die Margarete vorgetreten. Als Krankenschwester hatte sie schon ihre Privilegien. ›Herr Kommandant, das ist meine Mutter!‹ Da hat Margarete die Mutti gerettet …

Manchmal haben wir auch für die Wehrmacht gearbeitet. Lore hatte Glück und bekam einen tollen Job bei der Luftwaffe. Als Zimmermädchen. Da gab es gutes Essen – und viel. Außerdem wurde dort geheizt. Die Soldaten waren nett zu Lore, sie wurde richtig beliebt. Aber natürlich haben die Kölnerinnen bald entdeckt, was für ein guter Posten das war. Eines Morgens, als sie sich zur Arbeit melden wollte, war ihr Platz schon besetzt. Das Kommando zog ohne sie los. Aber die Soldaten haben Lore dann doch vermißt. Gegen Mittag kam ein Oberst mit dem Auto und holte Lore ab.

Auch ich habe es eine Zeit zur Wehrmacht geschafft. Das war ein Riesenglück.

Die Soldaten haben uns Essen oder Ami-Zigaretten geschenkt. Mit Ami-Zigaretten konnte man einfach alles ertauschen. Einmal habe ich dann einen bekannten Namen auf einem Türschild gelesen. Ich bin sofort hinein. Der Heinrich, der sich im Geschäft meines Vaters vom Lehrling zum Buchhalter hochgearbeitet hatte! Seine Mutter ist unsere Waschfrau gewesen. Ich habe mich so gefreut, aber ihm war es nur peinlich. Da habe ich gemerkt, daß die Menschen schlecht sind. …

Im Herbst 1942 wurde das Ghetto von Riga aufgelöst. Zuerst kamen die Kinder dran. Der Ghettovorstand Schulz mußte sie selbst zusammensuchen, auch seine eigenen Jungs. Der wußte, um was es ging. Die Mütter waren ahnungslos und wurden zur Arbeit geschickt. Dann rollten die Lastwagen an. Schulz setzte seine Kinder eigenhändig in den Lastwagen. ›Paß gut auf den Mekki auf,‹ sagte er zu seinem Ältesten, obwohl er genau wußte, daß es nicht mehr viel zum Aufpassen gab. Als die Laster abfuhren, brach Schulz bewußtlos zusammen. Später am Tage kamen die Mütter von der Arbeit und suchten nach ihren Kindern. Ein fürchterliches Geschrei war das, die Leute haben sich ihre Köpfe an die Wand geschlagen.

Wir Erwachsenen wurden auf verschiedene andere Lager verteilt. Wir hatten dabei fast ein bißchen Glück. Wir kamen nach Mühlgraben› einem Wehrmachtsstützpunkt bei Riga. Dort mußten wir für das ABA arbeiten – das Armeebekleidungsamt. Unsere Aufgabe war die ›Wiederverwertung des Besitzes Gefallener.‹ Im Klartext bedeutete das, sich täglich durch riesige Berge blutiger, schweißiger, stinkender Soldatenkleidung zu wühlen. Mir reichte es bald. Warum sollte ich mich anstrengen? Das nützte ja doch nichts. Ich habe mich gedrückt, wo ich nur konnte. Sobald die Aufsicht weg war, habe ich mir irgendwo ein Loch in die Wäsche gegraben und geschlafen. Die anderen haben dann gesagt, ich sei auf dem Klo. Die Mutti mußte dann auch arbeiten. Immer hat sie gewissenhaft gewurstelt – um nicht zu denken!

Die Kleider, die wir sortierten, hätten wir selber gut gebrauchen können. Irgendwann habe ich es einmal probiert, mit einer Pelzweste und zwei Unterhosen, die ich mir auf dem Klo unter die Kleidung gebunden habe. Ich kam in eine SS-Kontrolle. Am nächsten Morgen stand ich mit einem roten Fetzen am Arm im Strafkommando. Ganz alleine durfte ich da im Laufschritt schwere Loren schieben. Bis Mittag habe ich das durchgehalten, dann bin ich zusammengebrochen.

Der Unteroffizier Schwelmbach hat mich dann geschlagen, bis ich mich nicht mehr bewegt habe. Das war ein Schwein! Abends hat man mich in die Krankenstation gebracht. Ich konnte nur noch auf dem Bauch liegen, der ganze Rücken war offen. Die Mutter wurde hysterisch.

›Du kannst es ja nicht lassen!‹ schrie sie immer wieder. ›Ja,‹ sagte ich, ›aber essen müssen wir doch auch was.‹

Irgendwann haben wir gemerkt, daß es mit dem Kriegsglück der Deutschen nicht mehr so weit her war. Im Herbst 1943 konnte das ABA den Stützpunkt Mühlgraben nicht mehr halten. Wir wurden im Hafen von Riga eingeschifft. Vorher wurden wir noch markiert, damit wir nicht mehr abhauen konnten. Allen Frauen wurden die Haare geschoren, die Männer bekamen einen kahlen Rasurstreifen quer über den Schädel. Sah lustig aus, wie in einer Verrücktenanstalt. Die Mutti sah aus wie der Großvater.

Wir reisten zwei Tage im Rumpf eines Frachters, ohne Essen und ohne Licht. Die besten Plätze waren an der Wand, wo man sich wenigstens anlehnen konnte. Als Toilette gab es einen einzigen Eimer – für über 100 Leute! Viele Leute sind gestorben und haben angefangen, zu stinken. Immer hörten wir die Sirenen. Drei Schiffe mit Häftlingen waren von Riga aufgebrochen, eines davon haben sie abgeschossen. Nach zwei Tagen im Schiffsbauch kamen wir in Danzig an. Die SS zählte die Toten drinnen und die Lebenden draußen. Dann ging der Transport weiter, auf ›Äppelkarren‹, offenen, flachen Frachtschiffen. ...

Als wir im KZ Stutthof ankamen, war es schon dunkel. Als erstes mußten wir zur Entlausung. Man hat uns nackt ausgezogen und dann in einem riesigen Bottich voller milchiger Flüssigkeit untergetaucht. Es war eine üble Lauge, in die sie uns da getaucht haben und sie juckte und brannte auf der Haut wie der Teufel. Dann mußten wir Aufstellung nehmen, und man warf uns wahllos ein paar alte Kleidungsstücke zu. Natürlich paßte nichts. Wir sahen so komisch aus in den alten Fetzen, daß wir auf einmal anfingen, zu lachen. Mutti bekam eine winzige Jacke, die ihr nicht mal bis zu den Ellenbogen reichte, und fror. So bekleidet brachte man uns in eine Baracke, in der wir die erste Nacht auf dem Fußboden verbringen durften. Ich werde nie vergessen, wie wir dort in Militärdecken gewickelt auf den neuen Tag warteten. Ich hatte Mutters Kopf in meinen Schoß genommen. Irgendwann mußte ich dann auf den Lokus, einfach ein Brett mit acht Löchern und einer Grube drunter. Dort sah ich zum ersten Mal die anderen Häftlinge. Noch nie in meinem Leben hatte ich solche Jammergestalten gesehen. Gegen die waren wir fett! Ich verlor die Nerven und rannte heulend zu Lore: ›Hier kommen wir nie wieder raus!‹

Am nächsten Morgen hat man uns in die Baracke eingewiesen. Jeder bekam einen schmalen Holzverschlag, der uns von nun an als Schlafplatz dienen sollte. Unsere Blockälteste war eine Russin, ein brutales Mannweib mit Donnerstimme, sie hatte einen Geliebten bei der SS. Trotzdem hätte es schlimmer kommen können. Schura, die Russin, konnte menschlich sein, wenn sie jemanden mochte. Mich mochte sie. Denn ich hatte ihr einen Teddybären gebaut. Eines Tages hat sie mich gebeten, ihr einen Teddybären zu machen. Dafür bekam ich eine Scheibe Brot extra und mußte nicht mehr zum Zählappell. Aus Watte, Stoff und Papier habe ich ihr dann etwas zusammengebastelt, was entfernt an einen Osterhasen erinnerte. Schura war selig, und von da an hatte ich einen Stein im Brett.

Jeden Morgen um 6 Uhr trieb uns Schura mit einem zackigen ›Dawai! Dawai!‹ in den Waschraum. Nur die allerersten haben es geschafft, sich tatsächlich zu waschen.

Wenn man Glück hatte, konnte man sich das Gesicht mit Tonseife waschen und an den eigenen Klamotten trockenwischen. Das war's. Grausam!

Um 7 Uhr war Zählappell. Eine Stunde strammstehen. Wer sich rührte, bekam eines mit dem Gewehr übergezogen. Meine Mutter weinte meistens. Sie wollte an den Stacheldraht. Wer es bis zum Stacheldraht schaffte, wurde erschossen. Immer wieder überredeten wir Mädchen sie, es doch bleiben zu lassen.

Nach dem Appell gab es das ›Frühstück‹, einen Napf voll Kaffee, kaum mehr als braunes Wasser. Dann ging es zurück in die Kojen, zum Saubermachen. Aber egal wie oft sie saubergemacht wurden, unsere Kojen stanken immer wie ein Schweinestall. Zuerst gab es für uns Frauen keine weitere Arbeit. Die ständige Langeweile war schlimmer als alle Arbeiten, die wir bis dahin verrichtet hatten. Wir vertrieben uns die Zeit mit der Jagd nach Läusen, und natürlich erzählten sich die Frauen gegenseitig, was sie früher so alles gekocht hatten.

Mittags gab es zum ersten Mal am Tag etwas Eßbares, verteilt von ungarischen Jüdinnen. Die Ungarinnen waren in Stutthof das, was die Kölner in Riga gewesen waren. Sie besetzten alle wichtigen Posten im Lager und hatten sogar ihre langen Haare behalten dürfen. Sehr hübsche Mädchen waren das! Das Mittagessen war eine Art dünner Eintopf, und die Ungarinnen schöpften für uns andere nur die dünne Brühe im Kessel ab, ohne jemals umzurühren. Den fetten Rückstand unten im Topf haben sie für sich selbst aufgehoben. Sagen konnte man da natürlich nichts.

Abends gab es dann noch eine Scheibe Komißbrot mit einem Klecks Margarine oder Marmelade. Die sollte man sich für das Abendessen und das nächste Frühstück einteilen. Ich habe meine immer sofort gegessen, denn nachts haben sie geklaut wie die Raben.

Die Zeit des Tauschens war hier vorbei. Wer an mehr Essen kommen wollte, mußte seinen Körper verkaufen. Viele der hübschen Ungarinnen hatten ihre Verehrer bei der SS, obwohl die Männer grausam bestraft wurden, wenn man sie bei der ›Rassenschande‹ erwischte. Auch meine Freundin und Kojennachbarin Berta ließ ihren Freund mit in die Koje – nicht gerade angenehm für die Nebenliegenden. Eng genug war es ohnehin schon. Ich selber habe es nie versucht. Zu was?

Das Risiko war einfach zu hoch. Wer schwanger wurde, kam zur Abtreibung in die Krankenstation, und von dort kamen nur die wenigsten zurück.

Nachts habe ich versucht zu schlafen. Einfach war das nicht. In jeder unserer schmalen Kojen mußten vier Frauen schlafen. Wir kauerten dort also mit angezogenen Beinen – anders hätten wir gar keinen Platz gehabt – und teilten uns eine einzige Decke. Die Betten waren zweistöckig, Mutter und Margarete schliefen unten, ich und Lore oben im Holzverschlag. Oben war es etwas besser, weil man dort seine geknackten Läuse und Wanzen nach unten werfen konnte, ohne selbst vom Ungeziefer beregnet zu werden. Das Ungeziefer war am Schlimmsten. Die Wanzen waren dick wie ein Daumennagel, und von ihnen bekam man dicke brennende Quaddeln. Am allergemeinsten waren die Filzläuse. Sie bohrten sich einem so tief in die Haut, daß nur noch ihr Hinterteil heraussah. In regelmäßigen Abständen hielt man es einfach nicht mehr aus. Dann gingen wir auf den Lokus und suchten im trüben Licht der Gasfunzeln unseren Körper nach Läusen ab. Aus unserer verlausten Kleidung kamen wir praktisch nie, denn wenn man nachts etwas auszog, konnte man sicher sein, daß es am Morgen geklaut war.

Manchmal kam der Befehl: ›Antreten zum Impfen!‹ Dann schlich ich mich zurück zu den Pritschen und legte mich flach in einen der Verschläge, um vergessen zu werden. In der Krankenstation wurden Spritzen und Medikamente an den Frauen getestet, und manchmal hörte man auch von ›schweinischen‹ Experimenten.

Was man bei Menschen nicht machen konnte, haben sie eben an uns ausprobiert – war ja wurscht. Im KZ ist der letzte Anstand weggefallen – wenn man Ellenbogen hatte, mußte man sich rühren, wenn nicht – gute Nacht!

Nach einer Zeit mußten wir wieder arbeiten. Das ABA brauchte auch hier Arbeitskräfte, am liebsten uns Jüdinnen aus Riga. Immerhin waren wir schon eingearbeitet. Endlich kamen wir wieder Tag für Tag aus dem Lager, um für die Wehrmacht zu arbeiten. Das war besser, das Essen war reichlicher. Die Arbeit war natürlich nach wie vor scheußlich, diesmal hieß es Loren voller Stoffetzen schieben, den ganzen Tag bei eisiger Kälte. Als sie einmal Schneiderinnen gesucht haben, habe ich mich einfach gemeldet, obwohl ich keine Ahnung von der Sache hatte.

Bei den Nähmaschinen war es so schön warm. Die Aufseherinnen durften natürlich nicht merken, daß ich in Wirklichkeit gar nicht schneidern konnte. Ich hatte Glück. Mir gegenüber saß eine Jüdin aus Litauen, eine meisterliche Schneiderin. Jedesmal wenn sie merkte, daß ich mit meinem Pensum nicht fertig wurde, schob sie mir heimlich ein paar fertig genähte Sachen zu.

Meine Mutter konnte wirklich nähen, aber sie hatte sich nicht zum Nähkommando gemeldet. Tag für Tag schob sie ihre Loren über den Hof. Im Winter 1944 erkrankte Lore an Flecktyphus und verschwand in der Krankenbaracke. Gegen Weihnachten wurde dann auch Mutter krank – die Ruhr. Margarete hat Holz verbrannt, aber die Kohle hat nicht geholfen. Weil Schura mir Deckung gab, durfte ich auch unter Tags bei Mutti bleiben. Bald lag sie im Delirium. Den ganzen Tag machten ihre Arme Ruderbewegungen. ›Ich bin jetzt auf dem Schiff, ich fahr zum Vati, du wirst schon sehen!‹ sagte sie. Noch später hat sie mich dann nicht mehr erkannt. Als Margarete abends von der Arbeit kam, sagte ich nur ›Die Mutti ist tot.‹ Wir haben sie in eine Militärdecke gewickelt und vor den Block gelegt. Die Decke war zu kurz und man konnte Muttis Füße hervorstehen sehen. Da lagen schon so viele andere Tote, irgendwie hat es einen nicht mehr so berührt.

Am nächsten Morgen, als die Leichen abtransportiert werden sollten, waren sie festgefroren und ich mußte sie mit einer Spitzhacke wieder vom Eis loshauen.

Wie durch ein Wunder überstand Lore den Typhus und kehrte aus der

Krankenbaracke zurück. Als sie von uns hörte, daß die Mutter tot war, brach sie mit Schaum vor dem Mund zusammen.

Die Typhusepidemie breitete sich im Lager immer weiter aus. Gerüchte von einer Quarantäne waren zu hören. Eines war klar: diese Quarantäne würden die meisten von uns nicht überleben. Doch die Wehrmacht wollte unsere Arbeitskraft. Als ausgerufen wurde, daß die Jüdinnen aus dem Ghetto von Riga aus dem Lager evakuiert werden sollten, drängten einfach alle zu den Toren. Jeder wollte raus, und wir Echten hatten kaum eine Chance, durchzukommen. Als ich sah, wie aussichtslos die Sache war, rannte ich heulend zurück zu unserer Baracke. Dort fand mich Schura. Als ich ihr erzählte, worum es ging, packte sie mich und meine Schwestern an der Hand und rannte los.

Mit einem Ledergürtel hat sie brüllend auf alle Leute eingeschlagen, die sich uns in den Weg gestellt haben. Als eine der letzten Grüppchen haben wir es dann wirklich geschafft. Die Schura hat uns rausgeprügelt. Ich habe sie nie wieder gesehen. ...

Eigentlich hat sich nicht besonders viel geändert, nachdem wir der Quarantäne entkommen waren. Wir lebten wieder in Baracken, diesmal allerdings außerhalb der KZ-Umfriedung, und arbeiteten weiter für das ABA. Bei einem Arbeitseinsatz wurde ich von meinen Schwestern getrennt und war von nun an auf mich alleine gestellt. Im Februar 1945 wußten wir alle, daß der Krieg für die Deutschen sehr schlecht lief, aber natürlich nichts genaues. Dann hieß es, das Lager müsse aufgelöst werden. Zuerst waren die Krankenbaracken dran. Wir konnten uns schon vorstellen, wo die hinkamen. Etwas später war auch mein Block an der Reihe. Beim Verladen auf dem Güterbahnhof habe ich dann meine Schwestern wiedergetroffen. Lore hat gestrahlt wie ein Pfannkuchen. In den Güterwaggons kam es dann wieder darauf an, einen Platz an der Wand zu ergattern, damit man sich wenigstens ein bißchen anlehnen konnte. Die Leute haben sich rücksichtslos in den Wagen gedrängt, trampelten sich gegenseitig nieder und schlugen sich ohne Erbarmen um die besten Plätze. Das waren keine Menschen mehr, sondern Tiere. Wieder rollten wir nachts über Land, tagsüber standen wir auf entlegenen Bahnhöfen. Einmal wollte uns jemand von draußen Wasser geben, aber die SS hat ihm den Eimer aus der Hand geschlagen. Dann ging es zu Fuß weiter. Ein nächtlicher Marsch im Schnellschritt. Irgendwann konnte ich einfach nicht mehr. Ich habe mich auf den Boden gesetzt und wollte nichts mehr von der Welt wissen. Lore war verzweifelt: ›Komm, steh doch auf, du wirst sonst erschossen. Wir haben es so lange zusammen geschafft!‹ Mir war das völlig egal, ich blieb sitzen. Lore und Margarete gaben es auf und gingen weiter. Lore weinte. Zufällig wurde ich nicht erschossen. Andere schon. Später kam ein Leiterwagen vorbei, der mich in ein Durchgangslager brachte. Meine Schwestern fand ich dort nicht. Vier Wochen verbrachte ich dort in zugigen Baracken, schlafen mußten wir Häftlinge auf dem nackten Boden. Dann wurde auch dieses Lager aufgelöst.

Die SS trieb uns weiter über Land, übernachtet haben wir in Ställen und Scheunen. Niemand dachte daran, uns etwas zu essen zu geben. Überall wurde geschossen, Leuchtkugeln erhellten den Himmel, Trecks der geschlagenen Wehrmacht zogen hastig an uns vorbei. Die SS-Offiziere begannen, sich Zivilkleidung zu stehlen und sich heimlich davonzumachen.

Eines Morgens erwachte ich vom hysterischen Geschrei einer Mitgefangenen: ›Was machen wir jetzt bloß?‹ Ich drehte mich zu ihr um: ›Sag mal, spinnst du? Was sollen wir denn schon machen?‹

›Wir sind frei,‹ sagte sie, ›die Russen sind da.‹

Vor der Scheune begegnete ich dann dem ersten Iwan. Er hat mich zu Tode erschrocken – ganz dreckig, mit Bart. Mir reichte es. Ganz allein rannte ich los. Überall brannte es, vereinzelt fielen noch Schüsse. Heulend erreichte ich ein Dorf und setzte mich ins erste beste Bauernhaus. Dort saßen schon andere wie ich, ausgemergelte Gestalten, die sich Butter und Zucker mit bloßen Händen in den Mund schoben. Damit haben sie sich kaputt gemacht. Die konnten solches Essen doch gar nicht mehr vertragen. Ich habe nur ein paar Kartoffeln gegessen. Im Schlafzimmer habe ich den Sonntagsanzug des Bauern gefunden und angezogen. Mit einem Gürtel habe ich ihn so zusammengeschnürt, daß die Hose paßte. Sah lustig aus. Die Bauern sahen uns einfach nur zu. Sie konnten nichts sagen, der Krieg war ja verloren, und wir waren solche Jammergestalten. Jemand sagte zu mir: ›Du, ich habe deine Schwestern gesehen.‹ Also habe ich mich wieder auf die Suche gemacht.

Auf dem Weg habe ich überall KZ-Häftlinge gesehen. Manche haben das rohe Fleisch der verendeten Soldatenpferde gegessen. Viele sind dran gestorben. Ich kam an einem schönen Bauernhaus vorbei, groß sah es aus und friedlich. Also habe ich mich hineingewagt. In der Küche stand ich auf einmal einem Trüppchen Russen gegenüber, das sich gerade über die Vorräte hermachte. Ich erschrak furchtbar. Die Russen waren schlimm, die haben alle Frauen vergewaltigt. Die Russen boten mir Essen an, aber ich wollte nur noch weg.

Dann packte mich ein riesiger Iwan und zog mich in ein Kämmerchen. Ich habe mich gewehrt, aber er hatte mir bald meine weite Bauernhose heruntergezogen. Als ich dem sein bestes Stück gesehen habe ... wie bei einem Pferd. Da wäre ich kaputt gewesen. Plötzlich stand ein Offizier in der Türe. Zu mir machte er nur eine Handbewegung – verschwinde! Der Soldat ist streng bestraft worden, es war ihnen verboten, Häftlinge zu vergewaltigen.

Im Schloß des Dörfchen Chinow – es war zu einem Lazarett umfunktioniert – fand ich endlich meine Schwestern wieder – in furchtbarem Zustand. Beide waren todkrank. Ich habe sie mit zu meinem Bauern genommen, und in einem der Zimmer haben wir auf dem Boden geschlafen. In der Nacht kam ein Russe vorbei und vergewaltigte Margarete. Lore lag daneben und weinte.

Am nächsten Morgen war ich wieder beim Lazarett. Als ich merkte, daß niemand meinen Schwestern helfen wollte, begann ich zu heulen. Ein russischer Offizier sprach mich in deutscher Sprache an:

›Warum weinst du?‹

›Meine Schwestern sind so krank und dürfen nicht ins Hospital! Wenn meine Schwestern ins Lazarett kommen, melde ich mich freiwillig zur Arbeit.‹

Der Russe gab mir eine Krankenschwester mit. Lore lag wimmernd am Boden, Margarete hatte Typhus. Wir drei kamen ins Hospital. Margarete hatte hohes Fieber und schlafwandelte im Delirium. Oft fanden wir sie mit der Bettdecke über dem Kopf in irgendeine Ecke gekauert. Lore war zu schwach zum Essen. Der Offizier hatte extra Hühnerbrühe für sie geschickt, und ich versuchte, sie zu füttern. Aber sie wollte nicht. Da habe ich ihr eine gescheuert – tut mir heute noch leid. Lores Zehen waren erfroren und mußten abgenommen werden. Betäubungsmittel gab es keines. Wenn das tote Fleisch geschnitten wird, spüren es die Menschen nicht mehr, aber wenn man den Knochen durchsägt, schreien sie wie die Tiere.

Ich habe Lore bei der Operation festgehalten. Ein paar Tage später ist sie dann gestorben.

Margarete überlebte.

Ich überlebte.

Hinter dem Schloß wurde eine große Grube ausgehoben, in die alle totgefrorenen, schwarzen Gliedmaßen geworfen wurden. Über Nacht sind die schwarzen Körperteile dann wieder weiß geworden.

Hoffmann 1993 Kap. 6 bis 10

Wir waren frei.«

Nach der NS-Zeit

Max Franken lebte allein und einsam in Buenos Aires unter ärmlichen Verhältnissen. Noch im Alter von über 70 Jahren musste er »10-12 Stunden täglich arbeiten, um das täglich Brot zu verdienen« (NLBV 216259, Bl. 19). 1952 war seine Notlage so groß, dass er dem Hauswirt mehrere Monate die Miete schuldig bleiben musste. Nach dem Bundesentschädigungsgesetz (BEG) wurden die Anträge auf Entschädigung von dem Land bearbeitet, in dem der letzte Wohnsitz vor der Auswanderung oder der Deportation lag. Da Max Franken die letzten Jahre in Leipzig gewohnt hatte, musste das Bayerische Landesentschädigungsamt seinen Antrag wegen »fehlender Zuständigkeit« ablehnen, auch wenn man seinen Fall durchaus wohlwollend behandelte. Ein Referent vom bayerischen Finanzministerium, Dr. Hebeda, half ihm, ab Oktober 1954

Familie Franken

zumindest eine Unterstützung in Form einer Vorschussrente auf zu erwartende Zahlungen von monatlich 250 DM zu bekommen. Von Oktober 1955 bis Ende 1956 betrug die Rente 500 DM. Dann endlich regelte eine Neufassung des BEG auch die Entschädigung jener, deren letzter Wohnsitz in der inzwischen gegründeten DDR lag. Zuständig war nun die Entschädigungsbehörde in Hildesheim, Niedersachsen, was Max Franken umso mehr freute, als er dort in seiner Jugend mehrere glückliche Jahre verbracht hatte.

Maximo Frankens Einsamkeit war bis nach dem Kriegsende durch die Ungewissheit verschärft, dass er keine Nachricht von seiner Frau und den Töchtern hatte, später von dem Schmerz, seine Frau und seine Tochter Lore verloren zu haben. Von seinen fünf 1933 noch lebenden Halbbrüdern kamen vier in der Deportation ums Leben, ebenso seine Schwester Helene mit ihrer Tochter Lotte, seine Schwiegermutter Henriette Silberberg und deren Sohn Gustav und Tochter Frieda, Geschwister seiner Frau Therese. Ihre Leidenswege sind in folgender Übersicht zusammengestellt.

Verwandtschaft zu M. Franken	Name	Deportation	Sterbedaten
Bruder	Franken, David Josef	15.6.1942 v. Köln n. Theresienstadt	30.10.1942 Ghetto Theresienstadt
Bruder	Franken, Bernhard	22.10.1941 v. Köln n. Litzmannstadt (Lodz), Ghetto	14.8.1942 Ghetto Litzmannstadt (Lodz)
Bruder	Franken, Salomon	27.1.1942 v. Gelsenkirchen n. Riga, Ghetto	verschollen
dessen Ehefrau	Franken, Lina, geb. Jonassohn	27.1.1942 v. Gelsenkirchen n. Riga, Ghetto	11.1943, Riga-Jungfernhof
Bruder	Franken, Julius	22.10.1941 v. Köln n. Litzmannstadt (Lodz), Ghetto	5.1942, Kulmhof (Chelmno), Vernichtungslager
Schwester	Bruchfeld, Helene, geb. Franken	22.10.1941 v. Köln n. Litzmannstadt (Lodz), Ghetto	5.1942, Kulmhof (Chelmno), Vernichtungslager
deren Tochter	Bruchfeld, Lotte	22.10.1941 v. Köln n. Litzmannstadt (Lodz), Ghetto	5.1942 in Kulmhof (Chelmno), Vernichtungslager
Frankens Mutter Therese	Silberberg, Henriette Jütel Bauchwitz	19.9.1942 v. Leipzig n. Theresienstadt	28.9.1942, Ghetto Theresienstadt
ihr Bruder	Silberberg, Gustav Jechil	21.1.1942 v. Leipzig n. Riga	verschollen
ihre Schwester	Silberberg, Frieda	18.6.1943 v. Leipzig n. Auschwitz	verschollen

Käthe Frankens weiteres Schicksal

Von der schlimmen Unterernährung, dem permanenten Mineralien- und Vitaminmangel in den Lagern und den entsetzlichen Erlebnissen war Käthe Franken nach der Befreiung schwer krank und lag drei Monate in einem russischen Hospital. Anschließend machte sie in Berlin eine Ausbildung zur Krankenschwester in Kurzwelle[85] und Massage. Als solche arbeitete sie ab Februar 1946 in Berlin, ab August 1946 im dortigen Jüdischen Krankenhaus, Iranische Straße. 1947 wechselte sie zwischen Berlin und Hof. Eine Ehe mit dem polnischen Holocaust-Überlebenden Idel Frajkorn endete bereits nach 13 Monaten. Er starb an den Folgen seiner mehrjährigen Haft im KZ Buchenwald im Juni 1949 (EB Berlin 163106, Bl. 56).[86] Im Jahr 1950 litt Käthe Franken noch immer so sehr an einem lagerbedingten chronischen Gallen- und Magenleiden, dass ihr Hofer Arzt eine Brunnen- und Badekur in Bad Kissingen anordnete (BLEA, EG 31493). Der bayerische Staatskommissar für rassisch, religiös und politisch Verfolgte, Philipp Auerbach, später Leiter des Amtes für Wiedergutmachung in München, überwies ihr hierfür unbürokratisch 500 DM. Dies ist ein gutes Beispiel für Auerbachs Hilfe, die er Tausenden von Menschen angedeihen ließ, die wie er den Holocaust überlebt hatten.[87] Die vierwöchige Kur brachte Käthe Franken nur geringe Besserung. Die Kosten für die vom Kissinger Arzt angeratene Verlängerung hätte sie selbst tragen müssen. Sie wandte sich am 19.5.1950 noch einmal an Philipp Auerbach (BLEA, EG 31493). Ob er erneut helfen konnte, geht aus der Entschädigungsakte nicht hervor.

Im folgenden Juni kehrte sie Hof für immer den Rücken, um zu ihrem Vater überzusiedeln. Am 30.6.1950 verließ sie Marseille an Bord des Schiffes »Florida« in Richtung Buenos Aires. Dort erkannte sie ihren Vater, den sie acht Jahre und acht Monate nicht gesehen hatte, erst gar nicht, so sehr war er gealtert.

85 Kurzwelle bzw. Kurzwellentherapie (Diathermie) ist eine Behandlung mit elektromagnetischen Wellen im Hochfrequenzbereich, bei der das Gewebe auf 40 bis 41 Grad Celsius erwärmt und so die Blutzufuhr gesteigert wird.

86 Idel Frajkorn, Schlosser-Mechaniker, geboren am 15.7.1904, in Szczekociny [Schlesien], war vom 15.9.1942 bis 11.4.1945 in Weimar-Buchenwald inhaftiert (EB Berlin 163106, Bl. M 75). Die rituelle Trauung war am 16.5.1948 in Feldafing [DP-Camp]. (StA Hof, Meldekarte 2 Käthe Franken). Idel Freikorn, 1948 wohnhaft in Heidenheim an der Brenz, Kantstraße 22, ist am 25.6.1949 gestorben (Standesamt Heidenheim an der Brenz, Sterbeurkunde 261/1949) (EB Berlin 163106, Bl. M 63).

87 Philipp Auerbachs unbürokratische Hilfe für die notleidenden Verfolgten machte man ihm zum Vorwurf, allen voran der bayerische Justizminister Josef Müller, genannt »Ochsensepp«. Auerbach wurde 1951 der Veruntreuung und des Betruges beschuldigt und angeklagt. Die Verantwortlichen bei Gericht waren ehemalige Nationalsozialisten. Als er in einigen der vielen Punkte für schuldig befunden worden war, nahm er sich in der Folgenacht das Leben. Im Jahr 1954 wurde er rehabilitiert. Sein Fall spiegelt den Antisemitismus der Nachkriegszeit wieder (Wikipedia Auerbach).

Familie Franken

Alsbald bemerkte Käthe Franken, dass ihre Freundschaft zu Hans Hoffmann in Hof Folgen hatte. Bis dieser die Hürden zu seiner Übersiedlung nach Argentinien nehmen konnte, war der Sohn schon auf der Welt. Am 21.1.1952 fand die Eheschließung statt. 1954 wurde Käthe und Hans Hoffmann eine Tochter geboren.

Käthe Franken und Hans Heinrich Hoffmann aus Hof bei ihrer Hochzeit, Buenos Aires, 21.1.1952 (Privatbesitz Familie Hoffmann, Karlsfeld)

Maximo Frankens größter Wunsch war es, nach Deutschland zurückzukehren. »Noch einmal möcht ich die ›Meistersinger von Nürnberg‹ auf dem Festspielhügel in Bayreuth sehen ... noch einmal eine Fahrt auf einem Rheindampfer von Rüdesheim bis Bonn« erleben, schrieb der fast 76-Jährige am 6.2.1957 an das Amt in Hildesheim. »Wenn die Wiedergutmachungsanträge schnellstens abgefertigt würden, so habe ich jetzt die Hoffnung, meine alte liebe Heimat recht bald wieder zu sehen.« (NLBV 216259, Bl. 145f.). Es war ihm nicht vergönnt. Maximo Franken starb am 2.5.1957 in seiner Wohnung in Buenos Aires, Correa 3253, an einem Herzschlag (NLBV 216259, Bd. 1, Bl. 5).

Familie Hoffmann in Buenos Aires 1955: Hans und Käthe Hoffmann mit den Kindern Susanna und Enrique (Privatbesitz Familie Hoffmann, Karlsfeld)

Familie Hoffmann kehrte am 10.9.1957 nach Deutschland zurück und ließ sich in Karlsfeld bei München-Allach nieder, weil Hans Hoffmann bei dem Filmkamerahersteller Niezoldi & Krämer in Allach eine Stelle bekam. Käthe und Hans Hoffmann lebten über 58 Jahre in Karlsfeld an derselben Adresse, bis sie 2009 in ein Seniorenheim am Ort umzogen. Käthe Hoffmann starb am 21.2.2012 in Karlsfeld.

FAMILIE HEYMANN

Privatadresse: Ludwigstraße 54, Hallstraße 9
Geschäftsadresse: Lorenzstraße 7
Personen: **Heymann, Max**, geboren am 27.5.1882 in Tauberbischofsheim, deportiert am 22.10.1940 von Mannheim nach Gurs, gestorben am 29.11.1942 in Nexon.
Heymann, Eleonore/Ella/Elly, geborene Kuhn, geboren am 13.3.1887 (14.3.1886) in Haßloch/Pfalz, deportiert am 22.10.1940 von Mannheim nach Gurs, lebte ab 1948 in Brooklyn, NY, USA, gestorben im November 1976 in Brooklyn.
Heymann, Siegfried, geboren am 24.5.1916 in Hof, emigrierte am 13.10.1936 nach Brooklyn, NY, USA, gestorben im August 1990 in Brooklyn.
Heymann, Walter Manfred, geboren am 17.12.1923 in Hof, deportiert am 22.10.1940 von Mannheim nach Gurs und am 17.8.1942 von Drancy nach Auschwitz, gestorben am 21.12.1943 in Auschwitz.

Sigrid Friedrich-Wössner (1997:48) nennt sechs Ladengeschäfte in Hof, die von ihren jüdischen Inhabern im frühen 20. Jahrhundert an Glaubensgenossen verkauft wurden. Eines war das Schuhwarengeschäft »Ludwig Schloß«. Der Firmengründer Lehmann Schloß, genannt Ludwig, stammte aus Obbach im Bezirksamt Schweinfurt, wo seine Vorfahren Schutzjuden der Freiherren zu Rhein waren.[88] Er meldete den Schuhwarenhandel am 24.1.1894 in Hof an. Als er am 21.8.1909 starb, übernahm Max Schloß, ebenfalls aus Obbach, das Geschäft in der Lorenzstraße 7. Dieser verkaufte es am 21.10.1912 an Max Heymann, der das Schuhgeschäft unter dem alten Namen weiterführte (StA Hof, BX 59:278).

---

88 Die Brüder Michael Machol Nathan Schloß (1771-1846) mit Ehefrau Beile Moses von Wonfurt und Götz Nathan Schloß (1774-1842) mit Ehefrau Handlein Ellieser von Niederwerrn, beides Warenhändler, waren die Inhaber der Matrikelstellen 174 und 190 des Landgerichts Werneck (Rosenstock 2008:250f.).

Herkunft

Max Heymann war am 27.5.1882 in Tauberbischofsheim, Bezirksamt Mosbach in Baden, geboren, unweit der unterfränkischen Grenze. Sein Großvater Marx Heimann war Handelsmann in Impfingen, einem Dorf in der Nähe von Tauberbischofsheim mit einer eigenen jüdischen Gemeinde. Für die nichtjüdische Außenwelt wählten Juden im 19. und frühen 20. Jahrhundert gerne einen Vornamen mit identischem Anfangsbuchstaben wie der eigentliche. Ein Lehmann nannte sich Ludwig, ein Isaak Isidor, und Männer namens Marx nannten sich bevorzugt Max. Die Ashkenasi-Namensgebungstradition wurde in Mitteleuropa bis ins 20. Jahrhundert hinein beachtet. Nach dieser wurden die Kinder nach verstorbenen Vorfahren benannt. Max Heymann wurde also nach seinem Großvater Marx (Max) benannt, der folglich zu seiner Geburt bereits verstorben war. Max' Vater war der Pferdehändler Samuel Heimann, geboren im Juni oder November 1839 in Impfingen, seine Mutter Nanny Rosenfeld, geboren am 5.12.1844 in Kirchheim. Ihre beiden ältesten Kinder wurden noch in Impfingen geboren, Anna am 26.3.1870 und Frieda am 26.4.1872. Die Familie zog im Januar 1879 ins wenige Kilometer entfernte Tauberbischofsheim, wo Max als drittes und letztes Kind auf die Welt kam. Anna Heymann emigrierte 1890 nach New York und heiratete dort 1899 den Sohn deutscher Auswanderer, Leopold Karlsruher, der am 5.6.1873 in Brooklyn geboren war. Dieser Stadtteil sollte für die Familie zentrale Bedeutung bekommen. Frieda Heymann heiratete innerhalb der Branche des Vaters: 1895 schloss sie die Ehe mit dem Pferdehändler, Fuhrwerksbesitzer und späteren Weinreisenden Max Oppenheimer. Das Paar lebte bis 1925 in Würzburg. Dorthin gingen 1906 auch die Eltern Samuel und Nanny Heymann, wo sie 1916 bzw. 1920 starben (LABW, J 386 Bü 579:52; Nara T623; Strätz 1989:262, 430).

Eleonore Kuhn, auch Ella oder Elly genannt, war am 14.3.1886 in Haßloch/Pfalz als Tochter der Fruchthändlerseheleute Moses Kuhn und Pauline, geborene Kaufmann, geboren. Laut Familienbogen zog sie am 18.10.1909 von Haßloch nach Hof. Am 19.3.1912 heiratete sie Max Heymann in Mannheim, und am 7.4.1912 zog Max Heymann von Würzburg nach Hof (StA Hof, BE 370; Paul 2017:246). Ihre beiden Söhne sind in Hof geboren, Siegfried am 24.5.1916 und Walter Manfred am 17.12.1923.

Hof

Im Kapitel *Familie Böhm* hatten wir bereits einen Gradmesser für Integriertheit von Angehörigen einer Minderheit in die Mehrheitsgesellschaft benannt: ihre Mitgliedschaften in lokalen Organisationen, in denen sich

Familie Heymann

ihre Bereitschaft zur Integration wiederspiegelt. Ebenso wichtig ist die entgegengesetzte Richtung: Inwieweit sind die Mitglieder der Organisationen bereit, die »Anderen« aufzunehmen und ihnen sogar Funktionen zu übertragen. In der Phase zwischen den 1860er Jahren und 1914, die die Historiker »jüdische Assimilation« nennen, wurde dieses Ideal der Integration vielerorts erreicht: Man wusste zwar, wer Jude war, es spielte aber keine Rolle. Deutliche Zeichen dafür finden sich auch in Hof. In Adressbüchern und dem *Hofer Anzeiger* fand Friedrich-Wössner (1997:141) mehrere jüdische Geschäftsinhaber in den Vorständen von beruflichen Interessenverbänden. So war in den zwanziger Jahren Max Heymann über mehrere Jahre hinweg erster Vorsitzender der »Vereinigung der Schuhwarenhändler in Hof und Umgebung«. Unter deren Mitgliedern war auch Heinemann Sander, der sein Schuhgeschäft in der

Max Heymann 1919 (Stadtarchiv Hof, FG 25525)

Inserat der Firma »Schuhhaus Schloß« im *Hofer Anzeiger*, 1.11.1923

Ludwigstraße hatte. Der Armenpflegschaftsrat der Stadt hatte zunächst vier ständige Mitglieder: den Oberbürgermeister, den katholischen und den evangelischen Stadtpfarrer sowie den Bezirksarzt. Das Gremium wurde 1905 um ein fünftes, jüdisches Mitglied erweitert. Heinrich Powitzer übernahm diese Aufgabe, dann David Blauzwirn und – nach einer Umbennnung in den 1920er Jahren in »Wohlfahrtsausschuß des Bezirksfürsorgeverbandes Hof-Stadt« – Max Heymann. Seine Stellvertreterin war Selma Gabriel, die zusammen mit Ehemann Leo Gabriel ein Herrengarderobegeschäft in der Marienstraße 1 hatte (AdrB Hof 1925/26 bis 1929/30; Friedrich-Wössner 1997:143).

In einem Interview, das Hans Högn, Oberbürgermeister der Stadt Hof von 1950 bis 1970, dem *Hofer Anzeiger* 1988 gab, erwähnte er auch Max Heymann:

»Heymann war, wie viele Juden, Kriegsteilnehmer des Ersten Weltkrieges. Kriegserlebnisse schienen auch sein Leben nachhaltig geprägt zu haben. Obwohl karg und spröd in seiner Art, war er doch immer freundlich und hilfsbereit. ... Das Schuhgeschäft lag neben dem Parteilokal der Nazis, und schon Ende der zwanziger Jahre schrieben ›Spätheimkehrer‹ aus dem Restaurant ihre Kampfparolen an die Schaufester des Geschäftes. ›Kauft nicht beim Juden‹. ›Die Juden sind unser Unglück‹ waren die zahmsten Redensarten. An den Samstagen standen SA-Leute vor der Ladentür und pöbelten Kunden an. Heymann wurde pleite und mußte seinen Laden schließen. Der arm gewordene Jude Heymann bekam von der Israelitischen Kultusgemeinde das Gnadenbrot eines Synagogendieners.«

Högn 1988:4, zitiert nach Friedrich-Wössner 1997:141

Ob der Redakteur den Oberbürgermeister korrekt wiedergegeben hat bzw. ob hier Geschehnisse vor und nach 1933 durchmischt wurden, können wir nicht beurteilen. Die Erinnerung an die SA-Posten könnten aus dem Jahr 1933 stammen. Das Zitat gibt aber die Atmosphäre in Hof anschaulich wieder. Der Niedergang des Schuhwarenhauses kam im Sommer 1933. Das Amtsgericht Hof veröffentlichte am 27.7.1933 die Eröffnung des Konkursverfahrens der Firma »Ludwig Schloß« mit dem Schlusstermin 22.8.1933 (*Hofer Anzeiger*, 27.7.1933:11). Am 26.10.1933 meldete Max Heymann beide Gewerbe ab, den Schuhwarenhandel sowie das seit dem 3.5.1919 unterhaltene Schuhmachergewerbe (Reparatur). Anderntags meldete Eleonore Heymann die Firma »Ludwig Schloß« auf ihren Namen wieder an – mit Betriebsbeginn zum 1.1.1933. Doch zum 14.12.1934 meldete sie das Gewerbe des Schuhmachers (Reparatur) ab und zum 28.1.1936 endgültig auch den Schuhwarenhandel (StA Hof, GewKart). Zwei Wochen zuvor hatte sie den Betrieb im *Hofer Anzeiger* in einem Chiffren-Inserat zum Kauf angeboten.

»Unter 9 Bewerbern entschied sich die Inhaberin Ella Heymann für Hager, da sie mit diesem bekannt war und ihn als Fachmann schätzte. Mit Kaufvertrag vom 20. Januar 1936 erwarb Hager das Schuhwarenhaus Schloß. Gegenstand des Kaufvertrages waren die Vorräte und die Einrichtung (das Geschäft befindet sich in gemieteten Räumen). Der Kaufpreis betrug insgesamt RM 8.200.-- und wurde in der Zeit bis zum 5. März 1936 durch Banküberweisung bezahlt.«

SA N, BLVW 1266

So berichtete der Nachkriegstreuhänder Jakob Schott im Mai 1948, der sich dabei auf die Auskunft von Anton Hager gestützt haben dürfte. Dieser hatte beide Gewerbe, Schuhmacher und Schuhwarenhandel, zum 31.1.1936 bei der Stadt Hof angemeldet und firmierte unter »Schuh-Hager Anton Hager jun.« Er vereinigte Schuhwarenhandel und Maßschuhmacherei in den alten Geschäftsräumen Lorenzstraße 7 mit einer Werkstätte in der Bismarckstraße 42. Die Meisterprüfung zum Schuhmacherhandwerk hatte er im Oktober 1935 abgelegt.[89] Zur Zeit des Verkaufs handelte es sich um einen kleinen Laden mit zwei Angestellten, einer Verkäuferin und einem Lehrmädchen, in gemieteten Räumen (SA N, BLVW 1266).

Nach dem Verkauf hatte Ella Heymann noch eine Warenagentur bei der Stadt Hof angemeldet, und zwar vom 23.6.1936 bis zum 4.10.1938. Zum 1.12.1937 zog Familie Heymann in eine Dachgeschosswohnung im Synagogengebäude in der Hallstraße 9 (StA Hof, GewKart; StA Hof, A 8025).

Siegfried Heymann

Der Sohn Siegfried Heymann hat wohl eine Lehre in Calw/Württemberg absolviert. Zumindest zog er laut Hofer Meldeunterlagen zum 30.3.1932 als Handlungsgehilfe von dort zurück nach Hof. Bald verfolgte er seine Ausreise in die USA. Sein Visum Nr. QIV 6515 wurde am 7.8.1936 in Stuttgart ausgestellt. Am 15.10.1936 ging er in Hamburg an Bord der »S.S. Hansa«, am 23.10.1936 kam er in New York an. Laut Passagierliste besaß er keine 50 Dollar. Er wollte nicht mehr zurückkehren, sondern reiste zum dauernden Bleiben in die USA ein und beabsichtigte, die US-Staatsbürgerschaft zu erlangen. Er war 5' 10'' (1,78 m) groß, hatte blonde Haare und blaue Augen. Als Reiseziel gab er Brooklyn an bzw. seinen Cousin Herold Karlsruher, Brooklyn, NY., 230 East 3rd Street, den Sohn seiner Vaterschwester Anna (NARA T 715 1936). Sein Onkel Leopold Karlsruher war bereits im Juni 1922 verstorben. Nach dem Zensus von 1940 wohnte Siegfried Heymann als Untermieter bei seiner Tante Annie an der angegebenen Adresse.

Im selben Haus wohnte auch deren Tochter, seine 16 Jahre ältere Cousine Beatrice Samuels mit ihrem Mann Herbert und den Töchtern Lenore (17) und Bernice (15). Während Herbert Samuels als Broker bei einer Versicherung im Vorjahr 3.800 Dollar eingenommen hatte, hatte Siegfried Heymann als Fabrikarbeiter 900 Dollar verdient (NARA, T 627 2582).

---

[89] Anton Hager starb am 18.12.1967, die Firma wurde ab dem 15.1.1968 von Margot Hager unter eigener Anmeldung fortgeführt (StA Hof, GewKat).

Mannheim

Im Kapitel *Reichskristallnacht* haben wir bereits erfahren, wie der Zerstörung der Synagoge die Verhaftung der Familie Heymann, ihre Verbringung ins Landgerichtsgefängnis Hof und die Demolierung ihrer Wohnungseinrichtung durch mehrere Männer in Zivil vorausgegangen war. Nach der Zerstörung der Synagoge wohnte Familie Heymann mit in der Wohnung von Adolf und Sabina Reiter, wo auch schon seit November 1937 Leopold und Bertha Weil wohnten. Im Haus der Reiters in der Ludwigstraße 54 hatten Heymanns bereits von 1912 bis 1937 gewohnt. Als Reiters zum 8.2.1939 nach London übersiedelten, konnten Heymanns nur noch wenige Tage bleiben, bis sie die Zuzugsgenehmigung für Mannheim erhalten hatten. Sie meldeten sich zum 14.2.1939 dorthin ab (StA Hof, A 8025). Nach den Volkszählungsdaten vom Mai 1939 wohnten Heymanns in Mannheim in einem Dreipersonenhaushalt an der Adresse S 6, Nr. 11. Es muss sich um ein sogenanntes Judenhaus gehandelt haben, denn hier lebten nur jüdische Bürger, 17 Personen in fünf Haushalten. Unter ihnen, in einem anderen Dreipersonenhaushalt, war die Schwester von Ella Heymann, Elisabeth Stern (geboren am 11.4.1888 in Haßloch), mit ihrem Ehemann Wilhelm Stern (geboren am 26.4.1877 in Mannheim) und der gemeinsamen Tochter Lore (geboren am 12.5.1924 in Mannheim) (BArch, VZ).

»Evakuierung«

Ein Vorläufer der Massendeportationen in den Osten ab Herbst 1941 war die »Wagner-Bürckel-Aktion« vom 22. und 23.10.1940, benannt nach den beiden Gauleitern in der Region, bei der Juden aus Baden, der Rheinpfalz und dem Saarland sowie aus einigen Orten Württembergs nach Süd-Frankreich abgeschoben wurden. Erstmals wurden nicht nur Männer über 18 Jahren – wie noch bei der Polen-Aktion (siehe Kapitel *Familie Franken*) –, sondern auch Frauen, Kinder und ältere Frontkämpfer deportiert. Nur sehr Kranke, nicht Transportfähige und in Mischehe Lebende wurden ausgenommen. Es besteht kaum ein Zweifel, dass die Aktion von Heinrich Himmler auf Wunsch von Adolf Hitler durchgeführt wurde (Gruner 2004:41-42, zitiert nach Gottwaldt/ Schulle 2005: 37). In Mannheim wurden an jenem Tag die Juden völlig unvorbereitet am frühen Morgen aus ihren Wohnungen und dem Krankenhaus geholt. Insgesamt wurden mindestens 6.504 Juden aus dem Südwesten verschleppt. In älteren Zügen der französischen Staatsbahn aus dem besetzten Frankreich ging die Fahrt ins Ungewisse, von Mannheim und Karlsruhe südwärts bis zu der bei Kriegsbeginn nicht zerstörten Rheinbrücke bei Breisach, dann zu einem Sammelpunkt der Züge bei Mülhausen im Elsaß und weiter über Besançon und Dijon zur Grenze der »Zone libre« (Vichy-Frankreich) im Süden Frankreichs. Im deutsch-französischen Waffenstillstandsabkommen vom 22.6.1940 waren die Modalitäten aller Übergänge geregelt. Zumindest am 23.10.1940 hielt sich am Grenzbahnhof Chalon-sur-Saône der Referent IV D 4 »Räumungsangelegenheiten« aus dem Reichssicherheitshauptamt, der SS-Hauptsturmführer Adolf Eichmann auf. Durch falsche Angaben ließ er die französichen Grenzbeamten im Glauben, in den Zügen säßen abgeschobene Staatsbürger Frankreichs, und erreichte so die Einreise. Immerhin waren kurz vorher über 70.000 »unerwünschte« Franzosen (darunter auch französische Juden) aus Elsaß-Lothringen nach Vichy-Frankreich deportiert worden. Auf Eichmanns Entwurf geht folgendes Schreiben seines Vorgesetzten, des Chefs der Sicherheitspolizei und des SD, SS-Gruppenführer Reinhard Heydrich, an das Auswärtige Amt zurück:

»Der Führer ordnete die Abschiebung der Juden aus Baden über das Elsaß und der Juden aus der Pfalz über Lothringen an. Nach Durchführung der Aktion kann ich Ihnen mitteilen, daß aus Baden am 22. und 23.10.1940 mit 7 Transportzügen und aus der Pfalz am 22.10.1940 mit 2 Transportzügen 6504 Juden im Einvernehmen mit den örtlichen Dienststellen der Wehrmacht, ohne vorherige Kenntnisgabe an die französischen Behörden, in den unbesetzten Teil Frankreichs über Chalon-sur-Saône gefahren wurden. Die Abschiebung der Juden ist in allen Orten Badens und der Pfalz reibungslos und ohne Zwischenfälle abgewickelt worden. Der Vorgang der Aktion selbst wurde von der Bevölkerung kaum wahrgenommen. Die Erfassung der jüdischen Vermögenswerte sowie ihre treuhänderische Verwaltung und Verwertung erfolgt durch die zuständigen Regierungspräsidenten. In Mischehe lebende Juden wurden von den Transporten ausgenommen.«

Zit. nach Gottwaldt/Schulle 2005:44

Nachdem die Vichy-Regierung gegen diese völkerrechtswidrigen Transporte interveniert hatte, kam es zu keinen weiteren Deportationen in den Süden Frankreichs. Der NS-Staat hatte wohl beabsichtigt, als nächstes die Juden aus Hessen dorthin abzuschieben. In einem informellen Bericht wurde sogar die Absicht einer vollständigen Abschiebung der etwa 270.000 Juden aus dem ganzen Reich und dem Protektorat Böhmen-Mähren nach Frankreich erwähnt (Adler 1974:161; Gottwaldt/Schulle 2005:44f).

Die Internierungslager

Auf Weisung der französischen Regierung wurden die Züge über Lyon, Avignon und Toulouse zu dem Bahnhof Oloron-Sainte-Marie geleitet. Von dort wurden die deutschen Juden in das bereits bestehende Internierungslager Gurs bei Pau am Rand der Pyrenäen transportiert, wo bereits viele Immigranten nach dem Überfall der Wehrmacht auf Belgien und Frankreich interniert worden waren (Gottwaldt/Schulle 2005:38-43).

In das Lager Gurs kamen nicht nur Max, Ella und Walter Heymann, sondern auch Ella Heymanns Schwester Elisabeth Stern mit Ehemann Wilhelm Stern. Ihre Tochter Julie Lore – inzwischen eine verehelichte Jacob – war nicht mit deportiert worden – noch nicht (BArch, GB; Paul 2017:246, 309).[90]

»Die sanitären Einrichtungen im Lager waren primitiv, es gab zu wenig Wasser, die Gefangenen hungerten ständig. Im Winter 1940/41 starben 800 Gefangene an Epidemien wie Typhus und Ruhr. Insgesamt 1187 Internierte wurden auf dem Friedhof von Gurs begraben; 20 waren nichtjüdische Spanier, alle anderen Juden. Trotz der harten Lebensbedingungen gab es viele kulturelle Aktivitäten – Konzerte, Theateraufführungen, Vorträge und Ausstellungen; außerdem Kurse in Hebräisch, Französisch und Englisch sowie über jüdische Geschichte, die Bibel und den Talmud. Tausende Gefangene nahmen an religiösen Zeremonien und Gottesdiensten teil.« Gutman 1998:585

Unter dem Druck der ausländischen Presse gegen die unzureichenden Verhältnisse im Lager musste die Vichy-Regierung handeln. Ein Areal von 600 Hektar des Militärlagers von Rivesaltes (Pyrénées-Orientales), 73 km östlich von Gurs und nahe der Mittelmeerküste, wurde dem Innenministerium übertragen und dort ein »Beherbergungszentrum« für Familien errichtet. Die jüdischen Internierten aus Deutschland wurden in zwei Transporten am 10. und 14.3.1941 von Gurs in dieses Camp de Rivesaltes verlegt. Im ersten Transport waren auch Max, Ella und Walter Heymann (ITS, 1.1.9.13, 11187187), im zweiten Elisabeth und Wilhelm Stern. Tatsächlich war das Lager für diesen Zweck höchst ungeeignet, insbesondere für Kinder. Es lag auf einem wüstenartigen Plateau und war so im Sommer der Sonne und Hitze und im Winter dem eisigen Tramontane-Wind ausgesetzt. Die besonders schlechte Nahrungsversorgung und fehlende Hygiene im Lager führten bald zum Ausbruch von Epidemien und ersten Todesfällen (Wies 2012:128; Boi-

---

90 Julie Lore Jacob, geborene Stern, wurde am 30.9.1942 von Darmstadt aus oder über Darmstadt nach dem Osten deportiert, vermutlich nach Treblinka; sie ist verschollen und wurde für tot erklärt (BArch, GB, 1192335, 01/2018).

tel 2000:33). Der 64-jährige Wilhelm Stern starb am 11.2.1942 (BArch, GB).

Weitere Lager wurden eröffnet, auf die die jüdischen Internierten verteilt wurden, so etwa Noé, Le Vernet, Les Milles oder Récébédou. Am 4.10.1942 wurden die drei Hofer Heymanns nach Nexon (Haute-Vienne), etwa 430 km in nordnordwestlicher Richtung von Rivesaltes, verbracht. Dort ist Max Heymann am 29.11.1942 im Alter von 60½ Jahren gestorben (ITS 6.3.3.2, 87632140). Vier Tage zuvor war Walter Heymann nach Les Milles abtransportiert worden, einem Internierungslager in einer alten Ziegelei unweit von Aix-en-Provence.

In den Jahren 1941 und 1942 erließ das Vichy-Regime eine Reihe von Vorschriften bezüglich der eingewanderten Juden, welche in fünf Kategorien unterteilt wurden – angefangen von der meistbegünstigten Kategorie der französischen Staatsbürger bis zur untersten Kategorie der nichtfranzösischen Juden ohne Schutz durch einen Staat und ohne begünstigten Veteranenstatus. Die unterste Kategorie war nochmals hierarchisch in vier Gruppen gegliedert, wobei die vorletzte Untergruppe jüdische Männer zwischen 18 und 55 Jahren ohne Existenzgrundlage umfasste, die den »Groupements des Travailleurs Etrangers« (GTE) zuzuteilen waren, einer Organisation von Arbeitskompanien für Ausländer, der neben Juden spanische Republikaner und niederländische, belgische oder polnische Flüchtlinge angehörten. Die Juden wurden schließlich in »Palästina«-Kompanien abgesondert. Die Arbeitslager der GTE befanden sich hauptsächlich in der südlichen Zone[91] (Hilberg 1994:662). Tausende Internierte wurden in die gesamte Region entsandt.

Zu solch einer GTE oder Fremdarbeitergruppe wurde Walter Heymann entsandt. Nach einer Liste von Juden, die am 24.2.1942 beim Internationalen Roten Kreuz in Genf einging, gehörte er der GTE 707 2/3ème Section in Aubagne (Département Bouches-du-Rhône) an. In der 36 km südwestlich vom Lager Les Milles gelegenen Stadt Aubagne gab es mehrere solcher GTE. Die Verhältnisse waren von Gruppe zu Gruppe sehr unterschiedlich. Die Gruppen 707 und 829 scheinen unter guten Bedingungen gearbeitet zu haben, ihre Führer bemühten sich sogar, die Situation der Internierten zu verbessern. Die Gruppe 706 hingegen im »château« (»Schloss«) war eine disziplinarische Gruppe. Ein Oberrabbiner Salzer bemerkte in einem Inspektionsbericht, dass die Behandlung dort wegen der Grausamkeit und ungerechten Haltung der Leiter jenseits der Vorstellungskraft sei. Es kam vor, dass Internierte von ihrer GTE dorthin überstellt wurden. Beispielsweise war ein 48jähriger Deutscher namens Kraus, der wie Walter Heymann vom Lager Les Milles zur Gruppe 707 überstellt worden war, nicht in der Lage, die geforderte Arbeit zu leisten.

---

91 *südliche Zone* ist eine häufig verwendete Bezeichnung für den unbesetzten Teil Frankreichs.

Er wurde wegen unterstellter Böswilligkeit in das »Schloss« gebracht, wo er getreten und geschlagen wurde. Als er nach zwei Wochen in die Krankenstation kam, starb er am Tag seiner Aufnahme (Mencherini 2008).

Deportationen

Die immer stärker werdenden Forderungen von deutscher Seite gegenüber dem besiegten Frankreich, bei der Vernichtung der Juden zu kooperieren, konnte sich die Vichy-Regierung nicht entziehen. Wenn diese auch strukturell große Ähnlichkeiten mit der Anti-Dreyfus-Koalition des 19. Jahrhundert hatte – zusammengesetzt aus überwiegend konservativen und katholischen Militärs –, suchte sie doch die antijüdischen Maßnahmen in Grenzen zu halten. Als der deutsche Druck stieg, gab man die ausländischen und neueingewanderten Juden preis und schützte die einheimischen. Zur ersten Kategorie gehörten die nach Süd-Frankreich Abgeschobenen. Deren Zahl hatte sich inzwischen stark erhöht. Nach den badischen und saarpfälzischen Juden wurden Neuankömmlinge aus dem Deutschen Reich, aus Österreich, dem Proktektorat sowie eine große Zahl staatenloser Juden in den Lagern untergebracht. Im September 1942 betrug ihre Gesamtzahl rund 20.000 (Hilberg 1994:641-643, 663). Zunächst forderten die Deutschen die Herausgabe von Juden nach konkreten Namensverzeichnissen. Die zentrale Rolle spielte hier SS-Hauptsturmführer Theodor Dannecker (1913-1945), seit 1937 Mitarbeiter des »Judenreferats« des SD-Hauptamtes, des organisatorischen Vorläufers von Eichmanns Büro im Reichssicherheitshauptamt (IV B 4). 1940 wurde er von Eichmann als Leiter der französischen Zweigstelle nach Paris geschickt und war diesem direkt unterstellt (Gutman 1998:308). Bei einer Besprechung am 10.3.1942 in Paris hielt Dannecker die Zeit für gekommen, der französischen Regierung »etwas wirklich Positives, etwa den Abschub mehrerer tausend Juden« vorzuschlagen. In den Verhandlungen mit den Franzosen wollte er auch die Frage einer Aufwandsentschädigung einbezogen wissen, die die Deutschen für die Beseitigung der Juden zu erheben gedächten; um jedoch die Höhe dieser Entschädigung festlegen zu können, müsse man sich zuerst einen Überblick über das gesamte jüdische Vermögen im Lande verschaffen. Am 5.5.1942 kam Eichmanns Vorgesetzter Reinhard Heydrich persönlich nach Paris. In einer Besprechung mit dem französischen Polizeichef René Bousquet[92] teilte er mit, dass mittlerweile genügend Waggons, Lokomotiven und Personal zur

---

92 René Bousquet (11.5.1909-8.6.1993) war vom 18.4.1942 bis 31.12.1943 Generalsekretär der Polizei des Vichy-Regimes. Exemplarisch für seine führende Rolle an der Deportation der Juden in Frankreich sei erwähnt, dass er im Juli 1942 die Massen-

Verfügung stünden, um die in Drancy bei Paris internierten staatenlosen Juden außer Landes zu schaffen, sprich, in den Osten zu deportieren. Daraufhin fragte Bousquet unverblümt, ob Heydrich nicht auch gleich die staatenlosen Juden abtransportieren könne, die seit eineinhalb Jahren im Bereich der Vichy-Regierung interniert seien (Hilberg 1994:669f).

Drancy

Als zentrales Sammel- und Internierungslager für die Deportation der Juden in Frankreich wurde im August 1941 in einer ehemaligen Gendarmeriekaserne in der nordöstlichen Pariser Vorstadt Drancy ein Lager eingerichtet. Seine Organisation und Struktur entsprachen denen anderer nationalsozialistischer Konzentrationslager. Das Lagergebiet erstreckte sich über 200 mal 40 Meter mit einem drei Meter hohen Wachturm an jeder Ecke. Bis Anfang Juli 1943 wurde es von französischen Gendarmen bewacht, die mit Maschinenpistolen ausgerüstet waren, anschließend von der SS, stand aber aber von Anfang an unter Kontrolle der Sicherheitspolizei (Sipo) und des SD. Die äußere Straße hatte auf jeder Seite einen Stacheldrahtzaun. Zum Lager gehörten vier Nebenlager, in denen Kunstwerke, Möbel, Haushaltsgegenstände und Bücher aufbewahrt wurden, die in den Wohnungen verhafteter und deportierter Juden beschlagnahmt worden waren. Aufnehmen konnte das Lager 4.500 Gefangene, durchlaufen mussten es jedoch etwa 70.000 Personen während der Gesamtzeit seines Bestehens (Gutman 1998:368f).

Am 22.6.1942 verließ der erste Transport mit 1.000 Juden Drancy nach Auschwitz-Birkenau; der letzte ging am 31.7.1944 ab. Insgesamt wurden 64 Transporte mit 64.759 Juden »abgefertigt«; davon gingen 61 Transporte mit rund 61.000 Menschen in das Vernichtungslager Auschwitz und drei Transporte mit 3.753 Menschen in das Vernichtungslager Sobibor. Über 20.000 Juden, die aus Drancy in Vernichtungslager deportiert wurden, waren gebürtige Franzosen, 15.000 waren polnische und 6.000 deutsche Staatsbürger (Gutman 1998:369).

Auch Walter Heymann kam von Aubagne bzw. vom Lager Les Milles nach Drancy, seine Tante Elisabeth Stern entweder direkt von Rivesaltes oder über ein weiteres Lager in dieses Sammellager. Sie wurde am 14.8.1942 mit dem Transport Nr. 19 von Drancy nach Auschwitz deportiert und Walter Heymann am 17.8.1942 mit dem Transport Nr. 20 ebenfalls dorthin (Vormeier 1980:81, 102; BArch, GB 855914; 976261, 01/2018).

festnahme von mehreren tausend Juden im Vélodrome d'Hiver zusammen mit Helmut Knochen und Theodor Dannecker organisierte.

In der GTE 707 war er also als Gärtner eingesetzt (ITS 1.1.9.1, 11180660). Bei der Ankunft in Auschwitz wurde Walter Heymann nicht für den Gang in die Gaskammer bestimmt, sondern als arbeitsfähig befunden. Er erhielt die Häftlingsnummer »Au 60128«. Mit dieser Nummer ist er als Heimen Veller im Buch des Häftlings-Krankenbaues Auschwitz mit dem Röntgen-Befund »OB« (ohne Befund) eingetragen worden (ITS 1.1.2.1, 508904), was andernfalls wohl seine Ermordung bedeutet hätte. Mit korrekter Schreibweise seines Namen ist er nochmal im Krankenbau-Register eingetragen. (ITS 1.1.2.1, 505895) Walter Heymann starb in Auschwitz am 21.12.1943, vier Tage nach seinem 20. Geburtstag.

Ella Heymanns weiteres Schicksal

Im März 1943 wurde in Masseube (Gers) ein unbenütztes Barackenlager aus dem Sitzkrieg[93] wieder in Betrieb genommen, um Internierte überwiegend aus dem Lager Nexon – und hierbei vor allem deportierte Juden aus Baden und der Pfalz – unterzubringen. Im weiteren Verlauf wurden auch sehr viele Flüchtlinge aus Spanien und anderen Staaten dorthin verlegt. Das Lager Masseube lag etwa 290 km von Nexon entfernt in südlicher Richtung. Männer und Frauen waren getrennt untergebracht. Die Internierten konnten sich innerhalb des Lagers frei bewegen, es aber nicht verlassen. Manche taten dies heimlich, um bei Bauern die unzureichende Ernährung zu verbessern. Wer über die schlimmen Verhältnisse in Briefen nach Außen berichtete, was nur unter Umgehung der Zensur möglich war, wurde mit der Verlegung nach Gurs oder nach Vernet d'Ariège sanktioniert, was für viele die Deportation nach dem Osten bedeutete (Luget 2011).

Am 14.3.1943 wurde Ella Heymann von Nexon nach Masseube verlegt, wo sie in Baracke 10 untergebracht wurde. Am 10.1.1944, etwa um 21:15 Uhr, als die Giebel der Baracken hell erleuchtet waren, wurde das Lager von einer Militärmaschine mit einer 20-mm-Kanone beschossen, wobei der Pilot das Magazin leer schoss. Fünf Frauen wurden zum Teil schwer verletzt. Selbstverständlich entstand im Lager Panik. Später untersuchte Granatsplitter mit der Aufschrift M21A1 konnten die Munition einer Lockheed P-38 zuordnen. Die Gefangenen wurden also von einem US-amerikanischen Piloten beschossen. – Wenige Monate nach diesem Beschuss kamen zwei deutsche Offiziere ins Lager und forderten

---

93 Als *Sitzkrieg*, französisch *Drôle de guerre*, englisch *Phoney War*, wird die Phase des Zweiten Weltkrieges an der Westfront zwischen dem 3.9.1939 (Kriegserklärung Großbritanniens und Frankreichs an das Deutsche Reich nach dem deutschen Angriff auf Polen) und dem 10.5.1940 (deutscher Überfall auf die Niederlande, Belgien und Luxemburg) bezeichnet, in dem es keine Kampfhandlungen gab.

Listen aller Juden. Ihre Zahl betrug zu jener Zeit 170. Zur Deportation kam es jedoch nicht mehr. Sozusagen in letzter Minute wurde im Herbst 1944 die Region Gers und somit das Lager Masseube von der Résistance und den Alliierten befreit (Luget 2011).

Es sollte jedoch noch 16 Monate dauern, bis Ella Heymann und etwa Hundert andere Juden im November 1945 von dem Lager Masseube fortkamen. Man brachte sie nach Lacaune (Tarn), einer Gemeinde von 2.500 Einwohnern in Richtung Montpellier, wo die jüdische Hilfsorganisation »Fondation Casip-Cojasor« das leerstehende »Hotel Central« angemietet hatte. Das nächste Lebenszeichen von Ella Heymann ist ein Schreiben im Rahmen ihrer Auswanderungsbemühungen in die USA. Die HIAS-JCA Emigration Association bat den Präfekten in Pau 1946 um Bestätigung ihres Lageraufenthaltes in Gurs (Paul 2017:37, 309).[94] In New York traf Ella Heymann nach zehn Jahren ihren Sohn Siegfried wieder und lernte die Schwester ihres Mannes, Annie Karlsruher, und überhaupt die gesamte Familie Karlsruher kennen, die stets in Brooklyn wohnte. Selbstverständlich zog sie mit ins Haus mit der Adresse 230 East 3rd Street. Außerdem traf sie andere Hofer wieder: David, Lene und Herbert Blauzwirn, die sich mittlerweile Blau nannten, Karl und Berta Böhm sowie Sally und Selma Linz mit ihren Söhnen Hans, nun John, und Günther, nun Charles B. Linz.

Nach der NS-Zeit

Mit dem Gesetz Nr. 52 der Amerikanischen Militärregierung in Deutschland (MRG) vom 25.10.1945 wurden in der amerikanischen Besatzungszone alle Immobilien und Unternehmen, die nach dem 30.1.1933 verkauft worden und vorher im Besitz von rassisch oder politisch Verfolgten gewesen waren, unter Vermögenskontrolle gestellt. Diese oblag zunächst direkt der Amerikanischen Militärregierung, der Property Control Division. Zum 1.6.1946 ging sie auf die Länder über, die hierfür Behörden schufen. In Bayern war dies das Bayerische Landesamt für Vermögensverwaltung und Wiedergutmachung (BLVW). Bei Immobilien wurden die Kontrolle, aber auch Anträge auf Rückerstattung in die Grundbücher eingetragen. Erst wenn die Wiedergutmachungsverfahren abgeschlossen

---

94 HIAS-JCA steht für die beiden Hilfsorganisationen Hebrew Immigrant Aid Society mit Sitz in New York und Jewish Colonization Association (JCA) mit Sitz in Paris, jedoch eingetragen als Britische Hilfsorganisation. Durch die Finanzierung und die Organisation der HIAS konnten von 1945 bis 1951 167.450 Displaced Persons in die USA (79.675) emigrieren, ins British Commonwealth (24.049), nach Lateinamerika (24.806) und nach Palästina/Israel oder in andere Länder (38.920). Eine der Hauptaufgaben war dabei die Familienzusammenführung.

waren, wurden die Einträge wieder gelöscht. Auch das Schuhhaus »Anton Hager« kam unter Vermögenskontrolle. In der Akte des BLVW wird Bezug auf ein Schreiben von Elly Heymann genommen. Am 30.12.1948 gab sie eine Verzichtserklärung ab, in der sie bestätigte, dass der Verkauf des Schuhgeschäftes »Ludwig Schloß« an Anton Hager im Jahr 1936 freiwillig geschehen sei und ein Anspruch auf Rückgabe nicht gestellt werde. Das Geschäft wurde daraufhin aus der Vermögenskontrolle genommen (SA N, BLVW 1266).

Ella Heymann starb im November 1976 in Brooklyn im Alter von 89 Jahren. Ebenfalls in Brooklyn starb ihr Sohn S. Fred Heymann im August 1990 im Alter von 74 Jahren (US SSDI).

FAMILIEN LAX UND LUMP

Privatadresse: Ludwigstraße 55, Karolinenstraße 33, Heimgartenstraße 2

Geschäftsadresse: »Geschwister Lump«, Putzgeschäft, Handel mit Wäsche und Korsetts, Karolinenstraße 33, Ludwigstraße 55

Personen: **Lax, Hans/Hans-Erich**, geboren am 24.6.1881 in Schöllkrippen (Kreis Alzenau/Unterfranken), deportiert am 10.5.1942 von Leipzig nach Belzyce (Ghetto), verschollen, und

dessen Ehefrau: **Lax, Regina »Emma«/Regine**, geborene Lump, geboren am 3.2.1877 in Wüstensachsen (Kreis Fulda), deportiert am 10.5.1942 von Leipzig nach Belzyce (Ghetto), verschollen.

Die Schwestern Regina (geboren am 3.2.1877) und Klara Lump (geboren am 1.3.1883) sind in Wüstensachsen, Landkreis Gersfeld in der damaligen königlich-preußischen Provinz Hessen-Nassau, geboren und aufgewachsen. Der Kreis war 1814 durch die Auflösung des Großherzogtums Würzburg ans Königreich Bayern gekommen, womit die dortigen Juden dem bayerischen Judenedikt vom Juni 1813 unterworfen wurden. Dieses verlangte unter anderem, dass Juden vererbbare Familiennamen annehmen mussten. Der um 1755 geborene Urgroßvater der beiden Schwestern war der Lumpenhändler Joseph, Sohn von Löb. Er wählte den Namen Lump im Jahr 1817 (Rosenstock 2008:151). An Preußen kam der Kreis Gersfeld 1867, nachdem Bayern ihn im Anschluss an den Preußisch-Österreichischen Krieg von 1866 abtreten musste.

Regina und Klara Lump gehörten zu den jüngeren der neun Kinder des Viehhändlers Joel Lump (geboren am 28.8.1834) und seiner Ehefrau Hanna, geborene Hüflein, genannt »Hannche« (geboren am 7.1.1843), beide alteingesessene Wüstensachsener. Die ältesten Kinder Dina (geboren am 15.4.1865) und Moses (geboren am 5.12.1866) wanderten schon in jungen Jahren in die USA aus, Dina bereits mit 17 Jahren als Alleinreisende mit dem Schiff »Elbe« von Bremen über Southampton nach New York, wo sie am 12.8.1882 ankam. Die jüngeren, in den 1870er und 1880er Jahren geborenen Geschwister kannten die beiden Ausgewanderten kaum oder gar nicht, denn der Kontakt war alsbald abgerissen (BHSA, LEA 22598, Bl. 11; HHSA 365/881; NACP 1746067).

Nach ihrer Schulzeit gingen Regina und Klara ins 77 km südwestlich gelegene Gelnhausen, ebenfalls in Hessen-Nassau. Dort fanden sie Anstellung im Kurz-, Weiß- und Wollwarengeschäft von Max Stern. Da es dort mehrere Angestellte mit dem Vornamen Regina gab, nannte sich Regina Lump fortan »Emma«.

Im Jahre 1906 machten sich die beiden Schwestern, Modistinnen[95] von Beruf, selbstständig. Sie zogen zum 5.6.1906 nach Kulmbach ins Haus Kressenstein 8, die spätere Hausnummer 12,[96] und eröffneten dort das Putzwarengeschäft[97] »Geschwister Lump«. Im Jahr 1910 ergriffen sie die Gelegenheit, ein weiteres Putzgeschäft zu erwerben: das von Ludwig Dereser in Hof, Ludwigstraße 59, das sie ebenfalls unter der Firma »Geschwister Lump« weiterführten. Klara Lump zog nach Hof und wohnte an eben dieser Adresse. Emma Lump wird zwar im Hofer Adressbuch 1911/12 als Einwohnerin aufgeführt, tatsächlich war sie aber nur einige Wochen für die Firmengründung in Hof und blieb weiterhin in Kulmbach wohnen (BHSA, LEA 22598, Bl. 11; StA Hof, BE 202; StA KU, FamBog Lump; AdrB Hof 1911/12:252).

Stellung der Frau

Es war zwar kein Einzelfall, dass jüdische Schwestern in eine andere Stadt gingen und dort ein Geschäft eröffneten. Beispielsweise hatten bereits im April 1896 Clara und Bertha Fürst ihr Damenkonfektionsgeschäft »Geschwister Fürst« in Bayreuth eröffnet (Hübschmann 2000:139f). Doch vergegenwärtigen wir uns den Zeitgeist und die Stellung der Frau in der damaligen Gesellschaft. Die Verteilung der Aufgaben zwischen Ehepartnern regelte das Bürgerliche Gesetzbuch aus dem Jahr 1900. Im Normalfall war der Ehemann für den finanziellen Unterhalt der Familie verantwortlich, während die Frau für die Haushaltsführung und Kindererziehung zuständig war. Die Ehefrau durfte nur dann berufstätig sein, wenn dies mit den Interessen der Familie und des Ehemannes vereinbar war, d.h. sie hing von seinem Einverständnis ab. Dem Ehemann kam nicht nur das Entscheidungsrecht in allen Fragen des Ehe- und Familienlebens zu. Vielmehr benötigten verheiratete Frauen für alle Aktivitäten im öffentlichen Raum die schriftliche Erlaubnis des Ehemannes. Ein Ehemann hatte das Recht, die von der Frau eingegangenen Arbeitsverhältnisse (selbst gegen deren ausdrückli-

---

95 *Modistin* ist das moderne Wort für *Putzmacherin*, der Herstellerin von Kopfbedeckungen für Damen, ab dem mittleren/späten 20. Jahrhundert auch für Herren.
96 Die Einträge im Kulmbacher Familienbogen der Schwestern Lump in der Rubrik *Wohnungen* bedeuten wohl keinen Umzug von Nr. 8 nach Nr. 12 zwischen 1906 und 1914, sondern eine Umnummerierung (StA KU, FamBogen Lump).
97 Geschäft für Damenhüte und Accessoires für Damenbekleidung

Familien Lax und Lump

chen Willen) zu kündigen.[98] Je weiter die gesellschaftliche Entwicklung voranschritt, desto weniger entsprachen diese Gesetze der Praxis, de jure blieben sie aber bis 1976 gültig (BGBl. I:1421). Wie mutig muss es also von Frauen Ende des 19. Jahrhunderts und im frühen 20. Jahrhundert gewesen sein, Geschäfte zu gründen und zu leiten, als das patriarchalische Pendel noch sehr stark auf die Männerseite ausschlug. Auch in der damaligen jüdischen Gesellschaft, insbesondere in den orthodox-konservativen Familien, war es verpönt, wenn Frauen den häuslichen Bereich verließen und selbständige Geschäftsfrauen wurden.

Familiäre und geschäftliche Veränderungen bei Lumps

Der israelitische Religionslehrer und Repräsentant der Hofer Kultusgemeinde war damals Richard Wetzler (geboren am 19.1.1885 in Floß/Oberpfalz). Er war zum 1.5.1905 von Floß nach Hof in die Westendstraße 13 gezogen. Er und Klara Lump heirateten am 20.2.1911 in Kulmbach und zogen in Hof in die gemeinsame Wohnung in der Ludwigstraße 55. Ihre Tochter Liese Ruth wurde am 18.11.1911 in Hof geboren. Im Jahr darauf wurde Richard Wetzler nach Nürnberg abberufen und zog zum 1.10.1912 dorthin. Klara Wetzler meldete sich mit ihrer Tochter Ruth wieder im Haus Ludwigstraße 59 an, und einige Wochen später folgte sie dem Ehemann nach Nürnberg.

Wie die beiden Schwestern das Geschäft in Hof aus der Ferne weiterführten, ist nicht bekannt. Für die Jahre 1912-1914 gibt es Belege, dass sie in der Poststraße 3 bei Geyer wohnten; sie hatten also einen zweiten Wohnsitz in Hof. Im Kulmbacher Haushalt hatte Emma Lump ab April 1912 durchgängig eine Dienstmagd, und ab dem 7.11.1912 beschäftigte sie eine Modistin aus ihrem Heimatort, die Jüdin Frieda Schneeberger. Beide Angestellten wohnten auch bei ihr. Am 20.2.1913 endete die Anstellung von Frieda Schneeberger, am selben Tag zog eine dritte Lump-Schwester in die Wohnung ein: Selma Emma Lump (geboren am 1.1.1881 in Wüstensachsen). Sie war ebenfalls Modistin und stieg mit in die Firma ein.

Im selben Jahr heiratete Emma Regina Lump – und zwar am 14.8.1913 in Nürnberg - den Kaufmann Hans Lax aus Zirndorf. Beide zogen offiziell zum 20.8.1913 von Zirndorf nach Hof. Anderntags wurde das Putzgeschäft »Geschwister Lump« in der Ludwigstraße 55 auf seinen Namen angemeldet (BHSA, LEA 22598, Bl. 11; StA KU, FamBog Lump; AdrB Hof 1909/10:184; AdrB Hof 1911/12:252; StA Hof, EinwKarte Lax; StA Hof, GewKat BX 73:281).

---

98 Der Ehemann brauchte hierfür lediglich eine Ermächtigung des zuständigen Vormundschaftsgerichtes.

In Kulmbach führte Selma Emma Lump das Geschäft »Geschwister Lump« bis zu ihrer Heirat 1919 alleine weiter. Auch sie hatte durchwegs eine bei ihr wohnende Dienstmagd. In der Zwischenzeit nahm sie ihre Mutter Hannche Lump bei sich auf, die am 13.1.1915 in Kulmbach starb. Auf ihren Grabstein auf dem jüdischen Friedhof von Burgkunstadt ließen die Kinder schreiben: »Ihr Leben erfüllte sich in der liebenden Sorge um ihren Mann und ihre acht Kinder« (Motschmann/Rudolph 1999:90; StA KU, FamBog Lump).

Hans bzw. Hans-Erich Lax war am 24.6.1881 in Schöllkrippen, Kreis Alzenau in Unterfranken, als Sohn des praktischen Arztes Eugen Lax und dessen Ehefrau Flora, geborene Buxbaum, geboren (BHSA, IV, 5222). In den Judenmatrikeln von Franken kommt der Name Lax nur einmal vor. So ist der Vorfahre, der diesen als seinen vererbbaren Familiennamen im Juni 1817 annahm, eindeutig identifizierbar: Salomon, Sohn von Isaac, ansässig in Sommerach, Landgericht Volkach, Kleinhändler und Inhaber der Ortsmatrikelstelle 5 (Rosenstock 2008:236). Dr. med. Eugen Lax zog mit seiner Familie im Jahre 1883 von Schöllkrippen nach Iphofen, wo er vom Magistrat an das städtische Krankenhaus berufen wurde (Jeschurun 1883:859). Später zog die Familie nach Zirndorf.

Kriegsdienst

Die während des Ersten Weltkrieges durchgeführte Judenzählung in der preußischen Armee war ein Wendepunkt in der Entwicklung der jüdischen Geschichte Deutschlands. Waren Juden spätestens seit der Reichsgründung 1871 Bürger mit allen Rechten, kehrte mit dieser Zählung ihre Ausgrenzung zurück. Zum Stichtag 1.11.1916 wurde mit der »Nachweisung der beim Heere befindlichen wehrpflichtigen Juden« – so der offizielle Titel – der Anteil der Juden an allen Soldaten des deutschen Heeres statistisch erhoben. Dabei wurden die Zahlen der kriegstauglichen, an der Front dienenden, verlegten, unabkömmlich gemeldeten, zurückgestellten und gefallenen Wehrpflichtigen jüdischen Glaubens ermittelt. Grundlage hierfür war ein Erlass des preußischen Kriegsministers Adolf Wild von Hohenborn vom 11.10.1916, der damit auf den Antisemitismus im deutschen Offizierskorps einging sowie auf eine Propaganda seitens antisemitischer Verbände, Parteien und Medien. Diese hatten nicht aufgehört, den haltlosen Vorwurf vorzubringen, Juden würden sich vor dem Waffendienst an der Front mit allen möglichen Ausreden drücken.[99] Nach dem Weltkrieg intensivierten deutsch-nationale Krei-

---

[99] Der Umstand, dass die Ergebnisse der Erhebung bis Kriegsende geheim gehalten wurden, verstärkte die Ressentiments gegen jüdische Kriegsteilnehmer erheblich.

se diese Propaganda, sodass sich der »Centralverein Deutscher Staatsangehöriger jüdischen Glaubens« 1919 mit elf anderen Organisationen zum »Ausschuss für Kriegsstatistik« zusammenschloss, um mit einer Erhebung unter den jüdischen Kriegsteilnehmern den Verleumdungen entgegenzutreten. Während der NS-Zeit war die Einstellung unter den ehemaligen jüdischen Soldaten und Offizieren weit verbreitet, es könne ihnen nichts passieren, weil ihre Teilnahme am Krieg in Art und Umfang sich von der der Nichtjuden keineswegs unterschieden hatte. Nicht wenige stellten sich in der Reichskristallnacht den Tätern mit den militärischen Orden entgegen, die man ihnen verliehen hatte. Sie wurden dennoch geschlagen und verhaftet, allerdings anderntags wieder freigelassen. Später machte es für die Nationalsozialisten keinen Unterschied mehr, ob ein jüdischer Mann gedient hatte oder nicht.

Für Hans Lax stehen im Kriegsarchiv München neun Einträge in den sogenannten Kriegsstammrollen zur Verfügung, die über Versetzungen, Gefechte, Lazarettaufenthalte und Führung Aufschluss geben (BHSA, IV, 5364, 5222, 6311, 10617, 11238, 18056, 17957, 17991, 18158).

Hans Lax war knapp 34 Jahre alt, als er am 6.5.1915 als Landsturmpflichtiger zum Rekruten-Depot des 1. Ersatz-Bataillons des 7. bayerischen Infanterie-Regiments eingezogen wurde. Er war 1,77 m gross, hatte eine kräftige Gestalt und blonde Haare, sein Kinn war oval, die Nase gerade, und er trug damals einen kleinen Schnurrbart. Seine Führung wurde mit »sehr gut« angegeben (BHSA, IV, 5222). Am 5.8.1915 wurde er vom Rekruten-Depot zur 1. Kompanie desselben Bataillons versetzt und zwölf Tage später ins Feld geschickt zum Landsturm-Infanterie-Regiment No. 1. Am 17.10.1915 schickte man ihn erneut ins Feld, diesmal zum Landsturm-Infanterie-Regiment No. 3, Bataillon 22, 2. Kompanie. Dabei bedeutet »ins Feld« nicht, dass er an Kampfhandlungen teilnahm. Er gehörte der Einheit an, die die Besatzung von Warschau durchführte, das am 4.8.1915 eingenommen worden war. Am 21.10.1915 erkrankte er und musste wegen allgemeiner Körperschwäche fast fünf Wochen bis zum 22.11.1915 im Festungslazarett Warschau bleiben. Am 27.11.1915 kam er zum 1. Ersatz-Bataillon des 14. bayerischen Infanterie-Regiments, 1. Garnison.

Bereits im September 1915 hatte die von der Heeresleitung geplante Rückverlagerung großer Teile der deutschen Truppen an die Westfront begonnen. Von diesem sogenannten »Großen Rückzug« war auch Hans Lax betroffen. Ab dem 16.2.1916 war er beim Garnisons-Bataillon Nürnberg, 3. Kompanie. Anfang März 1916 wurde er zur bayerischen Flieger-

Sowohl der Erlass, als auch die Geheimhaltung wurden von den Betroffenen und den Kritikern als Diskriminierung der jüdischen Minderheit und als Parteinahme für die Antisemiten angesehen. In der Geschichtsschreibung wird diese Zählung als Scheitern aller liberalen Integrationsbemühungen im Kaiserreich mit weitreichenden Folgen betrachtet.

abteilung I (FEA I) versetzt und Ende März zur Kampfstaffel 33.[100] Mit dieser nahm er vom 12.5. bis 24.7.1916 an der Schlacht bei Verdun teil. Hans Lax erhielt zwei kleinere Disziplinarstrafen und zwei Arrest-Strafen. Im Mai 1916 verhängte Oberstleutnant und Staffelführer Illing u.a. eine Strafwache gegen ihn, weil er seine Schnürschuhe nicht ordnungsgemäß dem Kammer-Unteroffizier abliefert hatte. Schwerwiegender war der Vorwurf, er habe als Pionierhelfer »bei der Bootsausgabe einem Mann einen Stoß versetzt.« Hierfür verhängte Oberstleutnant Illing am 28.5.1916 (sieben Tage nach der Strafwache) einen dreitägigen strengen Arrest, den Lax sofort antreten musste. Unmittelbar anschließend musste er die Strafe von 14 Tagen mittleren Arrestes verbüssen, »weil er über die Tätigkeit des Oberarztes mehreren Kameraden gegenüber herabsetzende Äußerungen gemacht hat« (BHSA, IV, 18158).

Wegen eines Darmkatarrhs wurde Hans Lax Ende Juli 1916 ins Kriegslazarett Piennes aufgenommen, 40 km ostnordöstlich von Verdun, also im eroberten Hinterland. Der Katarrh kann keine Kleinigkeit gewesen sein, denn von Piennes wurde er nach vier Tagen ins Vereinslazarett Herbolzheim im Breisgau verlegt, wo er bis zum 15.8.1916 bleiben musste (BHSA, IV, 17957, 18056).

1916 gab es in der bayerischen Fliegertruppe strukturelle Veränderungen, in deren Folge im Oktober 1916 der »Flugpark Lechfeld« auf dem seit 1912 existierenden Fliegerhorst Lechfeld (Regierungsbezirk Schwaben) entstand. Aus dem Flugpark wurde die neue Fliegerschule 4 (Bischler 2013:101). Zu dieser wurde Hans Lax am 17.10.1916 versetzt. Nach einem erneuten Lazarettaufenthalt vom 20.11. bis 13.12.1916 im Garnisonslazarett Lager Lechfeld wurde er am 27.12.1917 zur Bayerischen Flieger-Abteilung (Artillerie) 292 versetzt (BHSA, IV, 18056). Diese war eine Aufklärungsabteilung, die gegnerische Artilleriestellungen erkundete, dokumentierte und das eigene Artilleriefeuer lenkte (Pietsch 2001). Mit ihr nahm Hans Lax vom 19.3. bis 17.4.1918 am Gefecht der 6. Armee teil. Am 4.4.1918 kam er zum Jagdgruppenführer 7b,[101] und am 30.7.1918 zum Armee-Flugpark 6. Solch ein Flugpark – hier der der 6. Armee – war die Schaltstelle zwischen den Ausbildungsabteilungen in der Heimat und den Frontabteilungen. Zu Flugparks wurde neu ausgebildetes Personal versetzt, frontdienstmäßig fortgebildet und dann den Front-

---

100 Die Kampfstaffel 33 gehörte zum bayerischen Kampfgeschwader der Obersten Heeresleitung Nr. 6. Sie war ein Bombengeschwader und griff als solches Ziele jenseits der Front (Truppenansammlungen, Eisenbahnknoten, Artilleriestellungen, Depots etc.) an. Für diese Erläuterung und weitere Hinweise sei Thorsten Pietsch aus Hamburg gedankt.
101 Ein Jagdgruppenführer war ein Offizier mit Stab, dem eine Anzahl von Jagdstaffeln unterstellt war. Zur Jagdgruppe Nr. 7 (bayerisch) gehörten im April 1918 die Jagdstaffeln 29, 30, 41, 43 und 52 (Thorsten Pietsch, Hamburg, pers. Mitt., 29.1.2018).

abteilungen zugewiesen (Thorsten Pietsch, pers. Mitt., 29.1.2018; BHSA, IV, 17957, 18056). Hans Lax' Aufgaben in der Fliegerabteilung sind in den Kriegsstammrollen nicht erwähnt. Sicher ist, dass er weder Offizier noch Flugzeugführer war. Somit kann er nur auf dem Boden eingesetzt worden sein. Eine Fliegerabteilung bestand zu rund 90 % aus Bodenpersonal wie Mechanikern, Wachen, Tischlern, Köchen usw. Nach einer nicht überprüfbaren Quelle soll Lax Mechaniker gewesen sein (Thorsten Pietsch, pers. Mitt., Januar 2018). In der Kriegsstammrolle 20 des Armee-Flug-Parks 6 ist für ihn in der Spalte »Mitgemachte Gefechte. Bemerkenswerte Leistungen« eingetragen: 12.5.-24.7.1916 Schlacht bei Verdun, 19.3.-17.4.1918 Gefecht bei der 6. Armee, 18.4.-6.6.1918 Gefecht bei der 4. Armee, 7.6.-1.7.1918 Gefecht bei der 2. Armee, 2.7.-17.7.1918 Gefecht bei der 1. Armee, 18.7.-1.8.1918 Gefecht bei der 6. Armee. (BHSA, IV, 18056, Lfd. Nr. 4654) Am 23.11.1918 wurde Hans Lax aufgrund der Demobilmachung vom 13.11.1918 nach »seiner Heimat nach Hof a./S.« aus dem Kriegsdienst entlassen (BHSA, IV, 17957, 18158).

Sein jüngerer Bruder Herbert Julius Lax (geboren am 29.6.1887 in Iphofen) war Vizefeldwebel der 3. Kompanie des 14. bayerischen Infanterie-Regimentes. Er fiel am 15.9.1916. Auch Richard Wetzler kehrte nicht zu Ehefrau Klara und Tochter Ruth zurück. Als Vizefeldwebel in der 6. Kompanie des Reserve-Infanterie-Regimentes Nr. 21 starb er am 21.6.1916 den Soldatentod im 5. Jahr ihrer Ehe (Reichsbund Jüdischer Frontsoldaten, Bd. Orte 1933:307, 366).

NS-Zeit

Nach Hof zurückgekehrt, machte Hans Lax zusammen mit seiner Frau Emma das Geschäft »Geschwister Lump« zu einem der führenden der Branche, das in Hof und Umgebung bekannt und geschätzt war, so jedenfalls schrieb Klara Wetzler – mittlerweile wiederverheiratete Habermann – im Februar 1956 in einer eidesstattlichen Erklärung gegenüber dem bayerischen Landesentschädigungsamt (BHSA, LEA 22598, Bl. 11). Zum 8.6.1927 wurde das Geschäft (wieder) auf den Namen von Emma

Inserat des Damenhutgeschäftes »Geschwister Lump« in der *Oberfränkischen Volkszeitung*, Nr. 259, 3.11.1928

Lax umgeschrieben, gleichzeitig mit der Neuanmeldung für den Handel mit Wäsche und Korsetts in der Karolinenstraße 33. Dort hatte Hans Lax bereits 1918-1927 eine Warenagentur angemeldet (StA Hof, BX 73:281).

Doch so wie »die nationalsozialistische Bewegung zunahm«, schrieb Klara Habermann 1956 weiter, hatte das Geschäft »unter dem Boykott in zunehmendem Maße zu leiden.« Eine räumliche Veränderung hing vermutlich mit dem Geschäftsrückgang zusammen. Am 2.1.1934 verlegten Hans und Emma Lax die Firma ganz ins Haus Karolinenstraße 33. Sie selbst zogen in eine Wohnung im ersten Stock des Hauses. In den Geschäftsräumen hatte der Hauseigentümer Otto Bohlinger zuvor sein eigenes Unternehmen betrieben, die »Vereinigten Werkstätten des Handwerks für Möbel, Innenausbau u. Heimgestaltung eGmbH« (AdrB Hof 1936/37; StA Hof, BX 73).

Klara Wetzler war zwar 1936 in die Niederlande ausgewandert, wo sie während der Zeit der deutschen Besatzung versteckt leben musste, doch stand sie mit ihrer Schwester in brieflicher Verbindung. So erfuhr sie, dass diese »im April 1937 als Jüdin gezwungen wurde, ihr Geschäft aufzulösen. Sie lebte dann von ihren Ersparnissen.« (BHSA, LEA 22598, Bl. 11). Der Termin der Abmeldung war der 8.4.1937 mit dem Betriebsende zum 3. April (StA Hof, BX 73). Auch ihre Wohnung musste Ehepaar Lax aufgeben. Zum 10.5.1937 zogen sie in die Heimgartenstraße 2 ins Haus des Fabrikwebermeisters Nikol Herdeegen (StA Hof, A 8025; AdrB Hof 1936/37:403).

In der Reichskristallnacht waren Hans und Emma Lax – zusammen mit dem Ehepaar Böhm aus der Fabrikzeile – die ersten, die ins Landgerichtsgefängnis verbracht wurden. Früh um 4.20 Uhr wurden sie am 10.11.1938 im Gefangenenbuch eingetragen. Während Emma Lax unter jenen Frauen war, die anderntags um 17:55 Uhr wieder entlassen wurden, gehörte Hans Lax zu den Männern, die am 17. November ins Konzentrationslager Dachau überführt werden sollten und am 22. November aus dem Gefängnis Regensburg zurückkehrten (siehe Kapitel Reichskristallnacht). Mit fünf anderen Gefangenen aus Kulmbach und Hof wurde er am 30.11.1938 um 11:45 Uhr entlassen.

Abgaben an die Pfandleihstelle Hof

Die Verordnung über den Einsatz des jüdischen Vermögens, die Reichswirtschaftsminister Walther Funk und der Reichsminister des Innern Wilhelm Frick am 3.12.1938 erlassen hatten, umfasste 24 Paragraphen, die den Entzug von Vermögen der jüdischen Bürger regelten. § 14 bezog sich auf Juwelen, Schmuck- und Kunstgegenstände:

Familien Lax und Lump

> (1) Juden ist es verboten, Gegenstände aus Gold, Platin oder Silber sowie Edelsteine und Perlen zu erwerben, zu verpfänden oder freihändig zu veräußern. Solche Gegenstände dürfen ... nur von den vom Reich eingerichteten öffentlichen Ankaufsstellen erworben werden. Das gleiche gilt für sonstige Schmuck- und Kunstgegenstände, soweit der Preis für den einzelnen Gegenstand 1000 Reichsmark übersteigt« (RGBl 1938, I:1711).
>
> Mit der Verordnung zur Durchführung der Verordnung über den Einsatz des jüdischen Vermögens vom 16.1.1939 wurde verfügt:
> »(1) Als öffentliche Ankaufsstellen für Gegenstände aus Gold, Platin und Silber sowie Edelsteine und Perlen im Sinne des § 14 der Verordnung über den Einsatz des jüdischen Vermögens werden die öffentlichen, von Gemeinden (Gemeindeverbänden) betriebenen Pfandleihanstalten bestimmt.
> (2) Für den Erwerb von sonstigen Schmuck- und Kunstgegenständen aus jüdischem Besitz, deren Einzelpreis den Betrag von 1000 Reichsmark übersteigt, ist für das gesamte Reichsgebiet die öffentliche Ankaufsstelle für Kulturgut in Berlin zuständig.

RGBl I, 1939:37

Hermann Göring erließ als Beauftragter für den Vierjahresplan am 21.2.1939 die III. Anordnung auf Grund der Verordnung über die Anmeldung des Vermögens von Juden mit dem Inhalt:

> Alle Juden – außer ausländischen Staatsangehörigen – haben die in ihrem Eigentum befindlichen Gegenstände aus Gold, Platin oder Silber sowie Edelsteine und Perlen binnen 2 Wochen an die vom Reich eingerichteten öffentlichen Ankaufsstellen abzuliefern.

Walk 1996:283, RGBl I, 1939:282

Innerhalb von drei Wochen nach Görings Anordnung wurden vom Reichswirtschaftsminister, daneben auch vom Reichsjustizminister und dem Devisenfahndungsamt, mehrere Anweisungen und Erlasse zum »Ankauf« herausgegeben. Eine Anweisung zur Ablieferungspflicht für Juwelen und Schmuckgegenstände schloss staatenlose Juden ein, ein Erlass vom 21.3.1939 senkte den Mindestwert der abzugebenden Wertsachen von 300 auf 150 RM und wies die Devisenstellen an, die Mitnahme von Wertsachen durch Auswanderer zu verhindern.

Eine der »vom Reich eingerichteten öffentlichen Ankaufsstellen« war die Hofer Städtische Pfandleihanstalt am Mühldamm 2. Sie war nicht nur für Hof zuständig, sondern für den gesamten Raum bis Plauen und Marktredwitz. Nach den von ihr angelegten Verzeichnissen wohnten die abgebenden Juden in folgenden Orten (Anzahl der Abgaben): Bayreuth 18, Hof 5, Marktredwitz 2, Oberkotzau 3, Plauen 35, Selb 1, Wunsiedel 1. Aus Hof waren betroffen: Karl Böhm, Hans Lax, Leopold Weil, Marie Kawlin sowie Sally und Selma Linz (StA Hof, A 8356).

Die Begriffe »Ankauf« und »Auszahlung an die Juden« bedürfen der Erläuterung. Die Verordnungen sahen vor, dass (angeblich) die Weltmarkt-Großhandelspreise für Edelmetalle gezahlt werden sollten, wovon 10 % für Verwaltungskosten einbehalten wurden. In Hof wurde an die Abgabepflichtigen vergütet:

für 333/1000 Gold	0,80 RM/g,
für 585/1000 Gold	1,60 RM/g,
für 750/1000 Gold	2,00 RM/g,
für Schmelz- und Gebrauchssilber	0,025 RM/g.

Unter Schmelzsilber verstand man in diesem Kontext Bruchsilber (zerbrochene und unvollständige, nicht mehr zum Gebrauch geeignete Silbergegenstände) und Altsilber (an sich gebrauchsfähige Gegenstände, die aber wegen ihrer Form und Beschaffenheit geringen Marktwert hatten). Schmelzsilber war »durch Einschmelzen zu verwerten.« Alle übrigen Silbersachen, die erwartungsgemäß Verwendung finden konnten, waren Gebrauchssilber. Beim Schmelzsilber war der jeweils von der Berliner Börse notierte untere Kurs für Feinsilber heranzuziehen, bei Gebrauchssilber der Stoppreis. Die beim Verkauf erzielten Überschüsse mussten an die Reichsstelle abgeliefert werden.

Die Ankaufsstellen konnten Gegenstände aus Gold, Platin oder Silber sowie Edelsteine und Perlen bis zu einem »Auszahlungspreis« von 300 RM für eigene Rechnung erwerben. Gegenstände mit einem Wert darüber mussten sie an die Zentralstelle in Berlin weiterleiten. Die Grenze war also von 1.000 RM auf 300 RM gesenkt worden. Goldene, noch gebrauchsfähige Uhren unter einem Wert von 300 RM galten nicht als Bruchgold und konnten ebenfalls auf eigene Rechnung angekauft werden. Die angekauften Gegenstände mussten den örtlichen Fachgruppen des Handels und des Handwerks[102] zum Ankauf angeboten werden. Lehnten diese ab, mussten die Gegenstände öffentlich versteigert werden.

Die Ausscheidung in Schmelz- und Gebrauchssilber sowie die Gewichtsfeststellungen wurden in Hof von einem vereidigten Taxator vorgenommen, dem Goldschmiedemeister Karl Spörl (1947 verstorben). Mit anwesend war Stadtoberinspektor Karl Klotz. Er trug die Spörl'schen Angaben in ein Ankaufsbuch ein und erledigte die Abrechnungen und Auszahlungen (StA Hof, A 8356).

Die Juden mussten anhand eines Merkblattes selbst bestimmen, wel-

---

102 Ab 1934 war die nach dem »Ständeprinzip« umgestaltete deutsche Wirtschaft in den Reichsgruppen Industrie, Handwerk, Handel, Banken, Versicherungen und Energiewirtschaft zusammengefasst. Die Reichsgruppen waren gegliedert in Hauptgruppen, diese in Wirtschafsgruppen und diese in Fachgruppen und Fachuntergruppen (RGBl 1934, I:187. 1194). Die Mitgliedschaft von Unternehmen und Berufsverbänden war obligatorisch.

che Stücke ihres Eigentums sie abzuliefern hatten. Behalten durften sie die eigenen Trauringe und die eines verstorbenen Gatten, silberne Armband- und Taschenuhren und an gebrauchtem Tafelsilber zwei vierteilige Essbestecke pro Person, bis zu 200 g andere Silbersachen pro Person (nicht über 40 g/Stück) sowie Zahnersatz in persönlichem Gebrauch (Walk 1996:284).

Für die ab dem 6.3.1939 bei der Hofer Pfandleihanstalt abgegebenen Wertgegenstände aus jüdischem Besitz sah die Abrechnung folgendermaßen aus:

Gesamteinnahmen aus dem Verkauf	15.235,81 RM
Auszahlung an Juden	-11.199,78 RM
10 % Ankaufsgebühr aus 12466,50 RM Ankaufswert und 20.- RM besondere Schätzungsgebühr	-1.266,72 RM
2 % Umsatzsteuer aus 15235,81 RM	-304,72 RM
Abgelieferter Überschußbetrag	2.464,59 RM

Den beim Verkauf der Gold- und Silberwaren erzielte Mehrerlös überwies die Pfandleihanstalt der Zentralstelle in Berlin[103] am 25.10.1940. Das von der Pfandleihstelle ausgeschiedene Alt- und Bruchgold wurde ebenfalls an die Zentralstelle in Berlin überwiesen, die die Barauslagen rückvergütete. Das ausgeschiedene Schmelzsilber sandte die Pfandleihstelle mit Einverständnis der Deutschen Gold- und Silber-Scheideanstalt (DEGUSSA) in Frankfurt am Main an das Staatliche Sächsische Hütten- und Blaufarbenwerk in Freiberg in Sachsen. Das ausgeschiedene Gebrauchssilber wurde zwei Fachgruppen und einer Zweckgemeinschaft zum Kauf angeboten; und zwar:

1. der Fachgruppe Edelmetallwaren, Schmuckwaren, Perlen, Edelsteine und Goldschmiedebedarf in der Wirtschaftsgruppe Groß-, Ein- und Ausfuhrhandel, Berlin W 35, Woyrschstraße 47 [heute Genthiner Straße 41],
2. der Fachgruppe Juwelen, Gold- und Silberwaren, Uhren in der Wirtschaftsgruppe Einzelhandel, Berlin W 35, Potsdamer Straße 103a,
3. der Zweckgemeinschaft Gebrauchtwarenhandel der Wirtschaftsgruppe Einzelhandel, Berlin W 35, Großadmiral von Koester-Ufer 39.

Vertreter dieser drei Organisationen kamen zu einem Verkaufstermin am 4.5.1939 nach Hof, weshalb eine öffentliche Versteigerung nicht notwendig war (StA Hof, A 8356). Der weite Weg muss sich gelohnt haben.

Eines der wenigen Dokumente, die wir heute zum Ehepaar Lax aus den 1930er Jahren haben, ist das Verzeichnis der am 7.3.1939 an die Pfandleihanstalt Hof abgelieferten Schmuck- und Edelmetallobjekte. Es umfasst 28 Stück, wie im folgenden Faksimile zu lesen.

---

103 Die Zentralstelle in Berlin hatte die Adresse NO 55, Danziger Strasse 64.

Vorderseite des Verzeichnisses der vom Ehepaar Lax an die Pfandleihanstalt Hof abgelieferten Wertgegenstände (Stadtarchiv Hof, A 8356)

Die handschriftliche Notizen auf Vorder- und Rückseite des Verzeichnisses lassen die Abrechnung nur teilweise nachvollziehen. Zwei Stücke ergaben Alt-Schmelzsilber von 1,320 kg. Die je 6 Stück Kaffeelöffel, Kuchengabeln und -messer wurden zu 0,121 kg Gebrauchssilber. Die Beträge nach Tageskurs und Stoppreis fehlen. Bei zwei Stücken Altgold von zusammen 56 Gramm à 1,60 RM lässt sich der festgesetzte Wert mit 89,60 RM errechnen. Auf insgesamt 116 RM wurde der Schmuck geschätzt: 1 Ring 12 RM; 1 Ring mit Brillianten 50 RM; 1585er-Gold-Kravattennadel mit alten Brillianten 20 RM; 1585er Gold-Korb mit Silberfassung und Diamantstein 30 RM; 1 Paar Ohrringe 4 RM. Nach einem Verzeichnis aus der Nachkriegszeit hätten die Wertgegenstände der Familie Lax einen Ankaufswert von 241,62 RM ergeben. Die Notizen auf dem Verzeichnis verraten, dass 10 % für Kosten und 0,60 RM für Porto abgezogen wurden. Sodass der Betrag von 216,86 RM per Postanweisung an Ehepaar Lax ging (StA Hof, A 8356).

Umzug nach Leipzig

Wie groß der Druck der Nationalsozialisten inner- und außerhalb der Stadtverwaltung war, der auf das Ehepaar Lax ausgeübt wurde, Hof zu verlassen, ist zwar nicht belegt, lässt sich aber aus den Berichten anderer jüdischer Hofer ableiten. In welche Stadt in Deutschland sie auch gehen wollten, sie brauchten eine Zuzugsgenehmigung. Zum 2.5.1939 meldeten sie sich beim Einwohnermeldeamt ab und zogen nach Leipzig in die dritte Etage des Hauses Humboldtstraße 31. Am selben Tag zogen Marie Kawlin und deren Mutter Alma Lewin aus der Bismarckstraße 11 von Hof nach Leipzig. Sie wohnten dort in der Funkenburgstraße 25 im Haushalt von Bertha Weil, die am 8.5.1939 dorthin zog (siehe Kapitel *Der jüdische Lehrer ...*) (StA Hof, A 8025; BArch, VZ). Beide Häuser gehörten zu den 47 von der Stadt Leipzig zu Judenhäusern erklärten Wohnhäusern. Wie in Leipzig das Gesetz über die Mietverhältnisse mit Juden vom 30.4.1939 umgesetzt und die Bevölkerung über die Einrichtung von »Judenhäusern« unterrichtet wurde, zeigt die Abschrift eines Artikels der *Leipziger Neuesten Nachrichten* vom Oktober 1939:

> **47 Judenhäuser in Leipzig / Ein Gesetz schafft Ordnung**
>
> Im engen Einvernehmen mit der Kreisleitung hat die Leipziger Stadtverwaltung die Regelung der aus dem Gesetze über die Mietverhältnisse mit Juden vom 30. April dieses Jahres sich ergebenden Fragen in Angriff genommen. Nach kaum fünfmonatiger Tätigkeit konnten bereits

etwa 300 Wohnungen für Arier zur Verfügung gestellt werden. Ueber die Durchführung der Aktion unterhielten wir uns mit Rechtsrat Furch, der als Ortsgruppenleiter von Zentrum F und und als Vertreter des Abschnittsleiters Zentrum sowohl Beauftragter des Oberbürgermeisters als auch Vertrauensmann der Kreisleitung für diese Fragen ist.

Juden-Umquartierung vor dem Abschluß

Wir stehen vor einer großen Stadtkarte von Leipzig, die mit bunten Nadeln besteckt ist. Die ballen sich im Raume der Humboldtstraße, ihrer Nebenstraßen und in der Gegend der Funkenburgstraße. Hier wohnen die meisten der noch in Leipzig gebliebenen Juden. Am 1. Juni, als das Amt zur Förderung des Wohnungsbaues mit der Umquartierung der Juden und ihrer Unterbringung in besonderen, zur Aufnahme von Juden bestimmten Häusern betraut wurde, waren es rund 6000. Heute, das heißt nach dem Stande der Lebensmittelkartenausgabe vom 22. Oktober, sind es nicht mehr als 3800. So löst sich die Judenfrage durch Abwanderung weitgehend von selbst.

Keine Gettobildung

Die übrigen aber, die zu alt zum Auswandern sind oder eine solche Möglichkeit noch nicht gefunden haben, sollen nach und nach in sogenannten »Judenhäusern« untergebracht werden. Dabei will man grundsätzlich die Bildung eines neuen Gettos vermeiden. Man will aber auch verhindern, daß sich über das ganze Stadtgebiet verstreut Herde jüdischer Wohnungen halten. Dazu gibt das Gesetz über die Mietverhältnisse mit Juden die nötige Handhabe. Und zwar wurden zunächst alle Hauseigentümer, Hausverwalter und Hauptmieter aufgefordert, etwaige Mietverhältnisse mit Juden anzumelden, dem auch alle Aufgeforderten mit der Zeit nachgekommen sind.

Nachdem so erst einmal eine Uebersicht über die jüdischen Wohnungen in Leipzig gewonnen war, konnte man daran gehen, in Gegenden mit vielen jüdischen Mietern und Hausbesitzern einige Häuser zu bestimmen, die vorwiegend für die Aufnahme von Juden in Frage kommen.

Da es sich bei diesen Häusern zum Teil um solche mit recht großen Wohnungen handelt, war es meist nötig, daß mehrere Parten[!] zusammenzogen. Falls es dabei zu Differenzen hinsichtlich der Höhe des Mietpreises kam, griff das zuständige Amt ein und schloß Zwangsmietverträge, um die jüdischen Untermieter gegen die jüdischen Hauptmieter und evtl. auch die Hauptmieter gegen die jüdischen Hausbesitzer in Schutz zu nehmen.

Den Charakter des Judenhauses behält das einmal erklärte Haus auch dann, wenn – wie es geschehen ist – der Besitzer wechselt. Diese Bestimmung wurde getroffen, um eine gewisse Stabilität in die Planung zu bekommen.

Auch heute noch Auswanderung

Die übrigen Juden, die Deutschland verließen, taten es zum Teil schon vor der Machtergreifung, und zwar unter Mitnahme oder nach vorheriger Verschiebung ihres Vermögens ins Ausland. Zurück geblieben sind die alten und armen Juden, was sich darin bemerkbar macht, daß unter den Leipziger Juden eine zunehmende Vergreisung und Verarmung spürbar wird, ein Grund übrigens dafür, daß die Umquartierung von vielen Juden begrüßt worden ist. Trotz der Kriegszeiten besteht auch heute noch für manche eine Auswanderungsmöglichkeit über Italien nach Palästina und den USA.

Die älteren Juden, insbesondere die alleinstehenden Frauen, finden heute Unterkunft in drei jüdischen Altersheimen, von denen das schon früher in der Nordstraße 15 befindliche erweitert worden ist, während eines sogar in der Humboldtstraße 13 neu begründet wurde. Auch die Ariowitsch-Stiftung in der Auenstraße 14 hat durch Hinzunahme des Hauses Färberstraße 11 eine Erweiterung erfahren. Dort befand sich früher eine Privatsynagoge, die jetzt in ein jüdisches Obdachlosenheim umgewandelt wird. Für die religiösen Bedürfnisse der Juden steht das Bethaus in der Keilstraße 4 zur Verfügung. Auch die eigene Schule in der Gustav-Adolf-Straße 7 steht weiter zur Verfügung der Juden.

In dem erwähnten Gesetz vom 30. April befindet sich keine Bestimmung über arische Hauptmieter, die schon zuvor in solchen zu Judenhäusern erklärten Gebäuden wohnten. Ihnen will das Amt dadurch helfen, das es eine große Liste von Tauschwohnungen vorbereitet hat, die zum Teil recht preiswert sind. So wird es möglich, gleichzeitig den Ariern in Judenhäusern zu helfen und die verstreut wohnenden Juden zusammenzufassen.

Der nächste Umzugstermin: 31. Dezember

Zum 31. Dezember dieses Jahres sind viele von den noch verstreut lebenben Juden aufgefordert worden, sich nach Wohnungen in Judenhäusern umzusehen. Diese Häuser befinden sich in der Alexanderstraße 48, Auenstr. 14, Eberhardstr. 11, Färberstr. 11, Funkenburgstr. 15, 16, 23 und 25, Gneisenaustr. 7, Gohliser Str. 1 und 11, Humboldtstraße 4, 6, 9, 10, 11, 13 und 31, Jacobstr. 7 und 11, Karlstr. 14, 16, 18, Karl-Tauchnitz-Str. 8, Keilstr. 3/5, 4, 9/11, Kleiststr. 111, Leibnitzstr. 4 und 30, Lessingstr. 22, Liviastr. 2, Lortzingstr. 12 und 14, Michaelisstraße 8, Nordplatz 7, Nordstr. 11, 15 und 40, Packhofstr. 1, Pfaffendorfer Str. 6, Ranstädter Steinweg 28/32 Hinterhaus, Steffenstr. 6 sowie Walter-Blümel-Str. 10, 11 und 21. [...]

Streng ablehnend verhält man sich gegenüber Juden, die aus durchsichtigen Gründen aus Kleinstädten der Umgebung nach Leipzig ziehen wollen; ihnen wird eine Wohngenehmigung nicht erteilt, da die 47 Häuser nicht einmal für die Leipziger Juden reichen. So hat das Amt bis auf weiteres auch gewisse Wohnungen, wenn sie zusammen eine abgeschlossene Etage bildert[!], als ständige Judenwohnungen zugelassen. Arisch-jüdische Mischehen fallen nur unter die Bestimmungen, wenn der Haushaltungsvorstand Jude ist oder wenn etwa vorhandene Kinder mosaisch erzogen werden.

Leipziger Neueste Nachrichten, Oktober 1939, Seite 13

Im Haus Humboldtstraße 31 wohnten Mitte Mai 1939 22 »Volljuden« und eine nichtjüdische Ehefrau in acht Haushaltungen (BArch, VZ). Die Leipziger Forscherin Ellen Bertram schreibt hierzu:

»Die Mehrzahl der ›Judenhäuser‹ gehörten jüdischen Familien, die emigriert waren. Meist gab es auch einige nichtjüdische Mieter. Ihre Anzahl wurde immer mehr verringert und die Wohnungen an nichtjüdische Familien vermietet.
Das Haus Humboldtstraße 31 (im Dezember 1943 zerstört, Quartier heute großflächig überbaut) gehörte dem Juwelenhändler Chune Mehrfeld. Er war bereits 1937 über Belgien nach Argentinien emigriert.«

E. Bertram, pers. Mitt., 7.2.2018

Alsbald musste Ehepaar Lax erneut umziehen. Das Leipziger Adressbuch von 1940 führt Hans Lax wie folgt auf: »Lax, Erich Israel Kaufm[ann] C 1 Funkenburgstr 25 p[ar]t[erre].« Zu diesem Judenhaus schreibt Ellen Bertram:

»Das Haus Funkenburgstraße 25 gehörte ursprünglich der Familie Elkan Tänzer, Inhaber einer Bett- und Schmuckfedernhandlung. Sie wurden 1938 nach Polen abgeschoben. Danach ist der Rauchwarenhändler Sindel Scheiner als Besitzer (im Adressbuch fälschlich Schreiner) nachgewiesen. Er emigrierte aber schon im Mai 1939 nach Großbritannien, danach stand das Haus unter nichtjüdischer Verwaltung und wurde 1943 von der Haupttreuhandstelle Ost übernommen. Für den Umzug gibt es keinen erkennbaren Grund. Bis zum Transport nach Riga im Januar 1942 gab es noch viele jüdische Mieter.«

E. Bertram, pers. Mitt., 7.2.2018

Die Haupttreuhandstelle Ost wurde im Oktober 1939 von Hermann Göring als Dienststelle seiner Vierjahresplanbehörde gegründet und hatte die Aufgabe der Erfassung, Verwaltung und Verwertung des Vermögens des polnischen Staates und seiner Bürger während der Deutschen Besetzung Polens 1939–1945. Sie operierte also in den vom Deutschen Reich eingegliederten Ostgebieten (Wikipedia, HTO). Wenn sich die Stelle in Leipzig ein Haus eines polnischen Bürgers aneignete, dann war das nur einer von tausenden solcher Fälle im sogenannten Altreich.

Am 5.1.1938 war das Gesetz über die Änderung von Familiennamen und Vornamen erlassen worden. Die Zweite Verordnung zur Durchführung dieses Gesetzes vom 17.8.1938 verlangte von männlichen Juden mit deutscher Staatsangehörigkeit, dass sie ab dem 1.1.1939 den zusätzlichen Namen Israel führen mussten. Jüdische Frauen mussten den zusätzlichen Vornamen Sara annehmen. Jeder inländische Jude war verpflichtet, bis Ende Januar 1939 »dem Standesbeamten, bei dem seine Geburt und seine Heirat beurkundet sind, sowie der für seinen Wohnsitz oder gewöhnlichen Aufenthaltsort zuständigen Ortspolizeibehörde schriftlich Anzeige zu erstatten« (RGBl I, 1938:1044). Das Besondere an den Leipziger Adressbüchern von 1940 und 1941 ist, dass im Adressteil bei jüdischen Mietern diese Zwangsnamen vorangestellt wurden.

Ab dem Adressbuch von 1942 wurden in Leipzig überhaupt keine Juden deutscher Staatsangehörigkeit mehr aufgeführt. Selbst die im Ausland lebenden Eigentümer wurden durch einen langen, fett gesetzten Strich ersetzt.

Im Laufe des Jahres 1941 wurden alle jüdischen Mieter der Funkenburgstraße 25 zwangsumgesiedelt, im Januar 1942 wurde die letzte Bewohnerin nach Riga deportiert. Hans und Emma Regina Lax kamen in das Judenhaus Funkenburgstraße 16, das dem Rauchwarenhändler Ephraim Kirschner gehörte. Dieser lebte schon seit Anfang der 1930er Jahre in Frankreich und später in Argentinien. Das Ehepaar Lax wohnte im zweiten Stock bei Julius Levy und dessen nichtjüdischer Ehefrau. Hans Lax, der ja in Hof der Mitinhaber und Leiter eines gutgehenden Putz- und Wäschegeschäftes gewesen war, war inzwischen von den Leipziger Behörden im Rahmen des uneingeschränkten Arbeitszwanges zum Hilfsarbeiter degradiert worden. Er wurde genötigt, bei der »Fritz Ehrling, Gartengestaltung«, Zschochersche Straße 81, zu arbeiten. Vom Haus Funkenburgstraße 16 wurden die meisten jüdischen Bewohner im Januar und im Mai 1942 abtransportiert (Diamant 1991:95; Bertram 2016; Bertram, pers. Mitt., 7.2.2018; AdrB Leipzig 1941, I:167).

Deportation

Am 10.5.1942 wurden Hans und Emma Lax mit 367 anderen Personen aus Leipzig deportiert. Insgesamt befanden sich 1.002 Menschen in dem Zug mit der Nummer »Da 27«, der im März 1942 von der Geheimen Staatspolizei bei der Reichsbahn bestellt worden war und ursprünglich von Weimar nach Trawniki gehen sollte. Bei der Reichsbahn wurde er als »Gesellschaftssonderzug zur Beförderung von Arbeitern« geführt. »Ende April 1942 wurden eine ›Umleitung über Leipzig‹ und das Ziel ›Izbica‹ nachträglich in die Fahrplananordnung aufgenommen« (Gottwaldt/Schulle 2005:206). Die Zuginsassen kamen aus Erfurt und Eisenach, die nach Weimar gebracht worden waren, aus Mühlhausen in Thüringen, Jena und Nordhausen. Neben den Juden aus Leipzig wurden dem Transport ebendort etwa 200 Menschen aus anderen Teilen Sachsens angeschlossen, und zwar 129 bis 132 aus dem Regierungsbezirk Chemnitz mit Plauen und 70 Juden aus dem Regierungsbezirk Zwickau, außerdem Juden aus weiteren deutschen Städten.

Erst nach der Abfahrt des Zuges wurde das Ziel bestimmt: das Ghetto Bełżyce. Der Ort lag etwa 20 km südwestlich der Stadt Lublin im »Generalgouvernement« des besetzten Polens. Er darf nicht mit der Gemeinde Bełżec oder dem dortigen Vernichtungslager verwechselt werden. Im Ghetto Bełżyce befanden sich bereits 800 deutsche Juden, die im Februar und März 1940 aus Stettin deportiert worden waren. Unter ihnen war eine nichtjüdische Frau, die im Februar 1940 mit ihrem jüdischen Mann mit in die Deportation gegangen war. Von ihr ist die folgende Schilderung ab der Ankunft des Zuges aus Weimar und Leipzig in Bełżyce am 12.5.1942 überliefert:

»Die meisten Männer der Stettiner Gruppe (auch mein Mann) kamen am 11. Mai 1942 ins Lager Majdanek. Am 12. Mai kam der Transport Leipzig von über 1000 Menschen in das kleine ausgehungerte Städtchen, und damit war das Schicksal aller besiegelt.«

Zitiert nach Gottwaldt/Schulle 2005:208

Eine Zeitlang war es noch möglich, Post aus dem Ghetto zu versenden. So erwähnt Klara Habermann gegenüber dem Bayerischen Entschädigungsamt, dass sie zwei Postkarten von ihrer Schwester Emma Lax bekam und ihr auch einige Male Geld schickte. Die letzte Nachricht war vom 21.08.1942. Dann hörte sie nichts mehr von ihrer Schwester. Von einer der beiden Postkarten liegt eine Kopie in ihrer Entschädigungsakte (BHSA, LEA 22598, Bl.11, 13). Sie ist offensichtlich von einem nichtjüdischen Helfer an einen Mittelsmann in Amsterdam gesandt worden – möglicherweise an jenen, der Klara Wetzler versteckte. Adressiert ist diese Karte an Herrn Hertzmann in Amsterdam, Werchingstr[aat]. Als Absender ist angegeben: »Josef Geller, Liegenschaftsgut Radawiec«. Das heutige Radawiec Duzy liegt 11 km nordnordöstlich von Bełżyce in Richtung Lublin. Dort wurde die Karte im Juli 1942 abgestempelt. Außerdem trägt sie einen Prüfstempel des Oberkommandos der Wehrmacht. Bei den erwähnten Hans und Ruth handelt es sich um Klara Wetzlers Tochter Liese Ruth und

Postkarte von Emma Lax aus der Deportation an einen Herrn Hertzmann (BHSA, LEA 22598, Bl. 13)

ihren Ehemann Hans Stephan Kohnstamm, die 1932 in Nürnberg geheiratet hatten. Emma Lax schrieb:

»Sehr geehrter Herr Hertzmann!
Vielen herzlichen Dank für Ihre Grüße. Warum schreibt meine Schwester nicht selbst, was ist los? bin sehr erregt und mache mir viel Sorgen. Soll sofort auf einen[!] Abschrift schreiben. Was ist mit Hans & Ruth? Bitte schickt <u>sofort</u> dieselben Grüße mit einer Anschrift. Wir sind gesund und müssen auf Gott vertrauen, der einzige der helfen kann. Also bitte geben Sie mir sofort Nachricht, denn ich erwarte mit Sehnsucht. Grüße Sie und meine Schwester herzlichst,
Ihre E. Lax«

BHSA, LEA 22598, Bl. 13

Wenn Emma Lax nicht im Ghetto an Hunger oder Krankheit gestorben ist, so wurde sie aller Wahrscheinlichkeit nach in einem Vernichtungslager ermordet. Für Hans Lax gibt es einen Hinweis darauf, dass er ins KZ Majdanek verschleppt wurde. Da eine ganze Reihe ehemaliger Leipziger von Bełżyce dorthin deportiert worden ist, hat sich Ellen Bertram im Jahr 2000 an das Staatliche Museum Majdanek in Lublin gewandt. Die Überlieferungen sind sehr lückenhaft, aber man bewahrt dort einen Stoffaufnäher mit der Transportnummer 366 von Hans Lax auf (Ellen Bertram, pers. Mitt., 7.2.2018). Jene Zeugin G. M. aus Stettin schilderte in ihren Erinnerungen an Bełżyce weiter:

»Ich weiß nicht, wie wir uns gehalten haben bis zum 2. Oktober, an dem die meisten jungen Menschen nach Majdanek kamen, und bis zum 13. Oktober 1942, an dem (nachdem an zwei Tagen alle Juden der Umgebung zusammengezogen waren) 5300 Menschen über die Landstraße in die Gaskammern gingen ... Ich wurde wie durch ein Wunder gerettet.«

Zitiert nach Gottwaldt/Schulle 2005:208

Nachkriegszeit

Klara Wetzler verließ nach der Befreiung die Niederlande und ging 1946 nach Argentinien. Spätestens ab den 1950er Jahren wohnte sie in Buenos Aires, Austria 2540 I/B (BHSA, LEA 22598 passim). Unter ihren nächsten Verwandten hatte sie nicht nur den Verlust von Emma und Hans Lax zu beklagen. Ihre Schwester Selma in Kulmbach hatte im April 1919 den Kaufmann und Witwer Max Michaelis (geboren am 8.11.1870 in Dummerfitz bei Neustettin/Pommern) geheiratet. Er zog in die Wohnung am Kressenstein 8 ein, wohin Selma Lump im September 1916 gezogen war, und meldete ein Putzgeschäft-Gewerbe auf seinen Namen ab dem 1.5.1919 mit der Betriebsstätte Langgasse 19 an. Da er Schuh-

Schuhgeschäft
»Geschwister Lump« in
Kulmbach, Langgasse 19
(Stadtarchiv Kulmbach)

warenhändler war, hat das Ehepaar wohl einen kombinierten Handel betrieben. Ein Foto aus jener Zeit zeigt das Haus Langgasse 19 mit dem Ladenschild »Schuh-Geschäft Geschwister Lump«.

Am 1.1.1927 meldete Max Michaelis zusätzlich ein Schuhgeschäft-Gewerbe mit Sitz an der alten Adresse Kressenstein 12 an. Ein Foto vom Boykott jüdischer Geschäfte 1933 zeigt SA-Posten vor den beiden Geschäften »J. Wortsmann« und »Max Michaelis«, letzteres mit Schuhen im Schaufenster. Vor jedem Geschäft lehnt ein Schild »Der deutsche Krieg ... Kauft bei keinem Juden«. Beide Gewerbe wurden zum 12.2.1936 abgemeldet (StA KU, 373-12/8; StA KU, GewKart Michaelis). Zum 14.4.1936 zogen die Eheleute nach München, wo sie mehrmals umziehen mussten. Eine Zeitlang betrieb Herr Michaelis in der Dachauer Straße 4 eine Schuhwarenhandlung. Nachdem er sie Mitte 1937 aufgeben musste, verdiente Selma Michaelis die Wohnungsmiete durch Aufräumarbeiten in den Praxisräumen ihres Vermieters Dr. med. Julius Elkan. 1940 arbeitete sie als Nachtschwester im Israelitischen Krankenhaus in der Hermann-Schmid-Straße 5-7. Am 3.6.1942 wurden Max und Selma Michaelis mit dem ersten Theresienstadt-Transport aus München ins dortige Ghetto verschleppt (Heusler/Schmidt 2003/2007; StA München 2012). Max Michaelis starb dort am 31.7.1942. Seine Frau Selma Emma wurde mit dem Transport Eb als Nr. 1648 am 18.5.1944 weiter nach Auschwitz deportiert, von wo sie nicht zurückkehrte (Terezín 25205 und 25243).

Der ältere Bruder der Schwestern Regina »Emma«, Selma Emma und Klara, Bernhard Baruch Lump hatte zuletzt in Berlin-Schöneberg gewohnt. Auch er wurde nach Theresienstadt deportiert, und zwar mit dem 77. Berliner Alterstransport vom 16.12.1942. Er starb dort am 14.5.1943 (BArch, GB 1113009).

Im Jahr 1955 beantragte Klara Habermann im Alter von 70 Jahren Entschädigung für sich selbst sowie nach ihrer Schwester Emma Regina. Das Bundesentschädigungsgesetz (BEG)[104] sah Zahlungen für Schäden an Leben, Körper, Gesundheit, Freiheit, Eigentum und Vermögen sowie im beruflichen oder wirtschaftlichen Fortkommen vor – wenn die Schäden nachgewiesen oder zumindest glaubhaft gemacht wurden. Einen Schaden an Freiheit stellten Inhaftierungen dar. Für jeden vollständigen Monat Haft gab es einen bestimmten Betrag. Bei Schäden an der Gesundheit musste nachgewiesen werden, dass sie verfolgungsbedingt

---

104 Bundesgesetz zur Entschädigung für Opfer der nationalsozialistischen Verfolgung von 1953 (BGBl I:1387) und 1956 (BGBl I:559, 562)

entstanden waren. Schäden an Vermögen waren Abgaben an die Deutsche Golddiskontobank, Zahlungen von Reichsfluchtsteuer und Judenvermögensabgabe und die Enteignung allen Vermögens zum Zeitpunkt der Deportation nach der 11. Verordnung zum Reichsbürgergesetz. Eine Erklärung wie folgende war für die Entschädigungsbehörden nicht ausreichend:

»Es ist anzunehmen, dass meine Schwester und Schwager ein größeres Vermögen hinterlassen haben, jedoch habe ich dafür keine Beweise. Die Reineinnahmen aus dem Putzgeschäft beziffere ich auf Grund meiner eigenen Tätigkeit dort für die letzten Jahre vor der nationalsozialistischen Verfolgung auf 100-150'000 (Hundert- bis einhundertfünfzigtausend) Reichsmark.
Buenos-Aires, den 9. Februar 1956.
Klara Habermann geb. Lump«

Ansprüche gingen auf Erben über, wozu die Erbberechtigung nachgewiesen werden musste. Für Klara Habermann stellte dies ein Problem dar. Sterbeurkunden stellte der Internationale Suchdienst in Bad Arolsen in solchen Fällen aus, für die er gesicherte Erkenntnisse des Nichtüberlebens hatte. In den anderen Fällen mussten die während der Deportation Verschollenen beim jeweiligen Amtsgericht für tot erklärt werden. Das war aufwendig und dauerte lange. Wie oben schon erwähnt, hatte Klara Habermann keinen Kontakt zu jenen Geschwistern, die in die USA ausgewandert waren, als sie noch sehr klein war. Sie wusste auch nicht, ob diese noch lebten. Die Entschädigungsbehörde hatte aber zu prüfen, ob sie tatsächlich die einzige Überlebende war, wie sie angab. Am 23.11.1961 teilte sie dem Bayerischen Landesentschädigungsamt mit, sie sei wegen ihres schlechten Gesundheitszustandes nicht in der Lage, die geforderten Unterlagen zu beschaffen. »Sobald ich wieder wohlauf bin, komme ich auf die Angelegenheit von selbst zurück.« Am 23.6.1962 schrieb sie erneut an dieses Amt mit zittriger Schrift:

»Mitfolgend gestatte ich mir Ihnen mitzuteilen, daß ich in der Erbschafts-Angelegenheit meiner Schwester Emma Lax, aus Hof in Bay. auf die Hälfte der mir zustehenden Summe verzichten würde, wenn es möglich wäre[,] auf weitere Formalitäten zu verzichten. Ich bin 79 Jahre alt und hatte einen Schlaganfall und bin nicht mehr stark genug[,] alles zu beschaffen. Wahr ist, daß meine Schwester im Jahre 42 nach Lublin kam und nicht mehr zurückkehrte. Ferner, daß ich noch die einzig lebende meiner acht Geschwister bin. Ferner mit meinen in Amerika lebenden wir alle keinen Kontakt hatten und sie nicht kannten; da meine [seiner] z[ei]t verstorbenen Schwestern sehr jung ausgewandert sind. – Herr Dr. Natansohn, der mein stellvertretender Anwalt ist, könnte, soweit dies

möglich, Beweise hierfür vorlegen. Meine Schwester hatte in Hof ein schönes Geschäft und eine gut ausgestatte Wohnung. Ich bitte Sie, mein Alter zu berücksichtigen und mir zur Erledigung zu helfen.
Hochachtungsvoll
Klara Habermann
verw. Wetzler gefallen 1916»

BHSA, LEA 22598, Bl. 68

Die Akte BEG 43750 (BHSA, LEA 22598) schließt mit drei Dokumenten:
1. Rechtsanwalt Nathanson teilt dem Entschädigungsamt mit, »dass ich mit dem heutigen Tage mein Mandat ... niedergelegt habe. Die Schwester Frau Klara Habermann ist zwischenzeitlich verstorben.«
2. Das Entschädigungsamt veröffentlicht durch Bekanntmachung und Aushang am 24.4.1964 den Hinweis, falls keine Reaktion innerhalb der üblichen Frist erfolge, müsse die Ablehnung der Entschädigungsansprüche wegen fehlender Nachweise beschlossen werden.
3. Die Ablehnung der Ansprüche erfolgt auf dem üblichen Formular.

Der Gegenwert des Hab und Gutes des Ehepaars Hans und Emma Lax wurde also nie restituiert, weder die Einrichtungs- und sonstigen Gegenstände, die sie in Hof zurücklassen mussten, weil sie sie nicht mit in die beengten Verhältnisse in Leipzig mitnehmen konnten, noch all das, was sie dort in der Judenwohnung zurücklassen mussten, weil sie je nur einen Rucksack und einen Koffer in die Deportation mitnehmen durften. Auch nicht das wenige, das sie im Ghetto Belzyce noch besessen haben mögen oder was ihnen der NS-Staat entzogen hatte, wie Gold- und Silbergegenstände und Schmuck, wurde je entschädigt. Ebenso zahlte der deutsche Staat nie irgendeine Entschädigung für abgeforderte Geldbeträge, entzogene Freiheit oder Gesundheitsschäden der beiden Hofer Einwohner. Für den Verlust des Lebens sahen die Gesetze weder Wiedergutmachung, noch Entschädigung vor.

FAMILIE REITER

Privatadresse: Ludwigstraße 54
Geschäftsadresse: Kaufhaus Adolf Reiter, Ludwigstraße 54 und Karolinenstraße 37
Personen: **Reiter, Abraham Eber, genannt Adolf**, geboren am 8.5.1875 in Stanislau/Galizien, Österreichisch-Polen, seit 1902 in Hof,
dessen Ehefrau: Reiter, Sprinze, genannt Sabina oder Sabine, geborene Fuhrmann, geboren am 2.2.1879 in Czernowitz (Bukowina, Österreich-Ungarn), seit 1903 in Hof,
und deren Söhne:
Reiter, Bruno, Dr. ing., Dipl.ing., geboren am 23.12.1903 in Hof,
Reiter, Leo, geboren am 9.7.1905 in Hof,
Reiter, Julius, Dr. jur., geboren am 29.6.1907 in Hof,
Reiter, Kurt, geboren am 24.6.1909 in Hof,
Reiter, Erich, später Eric James Reed, geboren am 16.1.1923 in Hof.

Der in Stanislau/Galizien[105] geborene Abraham Reiter hieß offiziell Abraham Eber (genannt Adolf) Spund-Reiter, war der Sohn des Schönfärbers Chaskel Reiter und der Chaje, geborene Spund. Er wuchs in Czernowitz auf, der Hauptstadt der Bukowina im Karpatenvorland. Nach der Absolvierung der Volksschule und einer kaufmännischen Lehre im Warenhaus »Baltinesta« bis 1898, arbeitete er ein Jahr im Schuhwarenhaus Luf in Wien, dann 1900-1902 im Warenhaus »D. Praeger« in Plauen/Vogtland. Von dort siedelte er am 1.10.1902 nach Hof über und gründete das Geschäft »Kaufhaus Adolf Reiter« in der Ludwigstraße 54 und dem angeschlossen Rückgebäude Karolinenstraße 37.

Im März 1903 reiste Abraham Reiter nach Czernowitz, um dort am 20.3.1903 Sprinze Fuhrmann, die Tochter des Handelsmannes David Fuhrmann und dessen Frau Babi, geborene Gottfried, zu heiraten. Fuhrmanns wohnten in Czernowitz in der Synagogengasse 10, von wo Sprinze zum 29.3.1903 nach Hof zog. Knapp neun Monate später kam der erste Sohn Bruno am 23.12.1903 auf die Welt. Ihm folgten die Kinder

---

105   Eine Universitätsstadt im Karpatenvorland, seit 1992: Iwano-Frankiwsk, Gebietshauptstadt der Oblast Iwano-Frankiwsk in der Westukraine.

Leo am 9.7.1905, Julius am 29.6.1907, Kurt am 24.6.1909 und Erich am 16.1.1923.

Abraham Reiter erwarb 1912 mit seiner Familie die bayerische Staatsangehörigkeit. Der Hofer Magistrat beschloss am 22.3.1912, ihnen das Bürgerrecht nebst Heimatberechtigung zu verleihen. Die Bürgerrechts-Urkunde wurde am 23.8.1912 ausgestellt. 1915 wurde Abraham Reiter zum deutschen Heeresdienst eingezogen, wo er einer Gaskompanie der bayerischen Infanterie, stationiert in Erlangen, angehörte. 1918 wurde er als Gefreiter entlassen (BHSA, LEA 29903, Bl. 42, 45, 53).

Laut Gewerbekataster ließ Adolf Reiter sein Warenhaus am 29.10. 1902 als »Kaufhaus Adolf Reiter« eintragen (StA Hof, GewKat BX:198). Das Angebot bestand hauptsächlich aus Haus- und Küchengeräten, Luxus- und Spielwaren. Dies verrieten zwei kleine Schilder über den Schau-

Kaufhaus »Adolf Reiter«, Ludwigstrasse 54 (Archiv Ekkehard Hübschmann)

fenstern rechts und links vom Eingang in der Ludwigstraße – über dem Eingang befand sich ein großes Schild mit dem Firmennamen in Metalllettern (BHSA, LEA 29903, Bl. 50, 59). Tatsächlich war das Sortiment weit gefächert. Beispielsweise wurde Weihnachtsdekoration angeboten, wie ein undatiertes Verzeichnis von 23 Gewerbetreibenden zeigt, »die in Hof den Handel mit Christbaumschmuck betreiben«, wo Adolf Reiter unter Nr. 15 aufgeführt wird (StA Hof, A 11052:24). Das Kaufhaus entwickelte sich zu einem prosperierenden Unternehmen.

Die Familie war gut situiert, und die Eltern konnten ihren Söhnen Hochschulbildungen ermöglichen. Bruno wurde promovierter Diplom-Ingenieur und Julius promovierter Jurist. In den Jahren ab 1924 hatte das Kaufhaus einen Umsatz von zirka 500.000 RM jährlich. 1928 führte Adolf Reiter einen Ladenumbau für 75.000 RM durch – eine finanzielle Belastung ausgerechnet kurz vor der Weltwirtschaftskrise ab 1929. So konnten die hohen Umbaukosten nicht durch entsprechende Betriebsergebnisse aufgefangen werden. Durch Beschluss des Amtsgerichts Hof vom 23.6.1933 wurde das gerichtliche Vergleichsverfahren eröffnet. Doch schon am 25.7.1933 wurde es wieder aufgehoben. Erholen konnten sich die Umsatzzahlen jedoch nicht, wie Julius Reiter 1961 im Antrag auf Entschädigung nach seinem Vater schreibt: »Durch den eingesetzten Boykott wurde das Geschaeft schwer geschaediget, und außerdem durfte das Personal nicht entlassen werden«, während die allgemeinen Unkosten weiterliefen (BHSA, LEA 29903, Bl. 53).

Ausbildung und Werdegang der Söhne

Laut Meldeunterlagen der Stadt Hof ging Leo Reiter im April 1929 nach Dortmund. Später wanderte er nach Rio de Janeiro/Brasilien aus. Die Dortmunder Meldekartei ist im Zweiten Weltkrieg vernichtet worden. In den Adressbüchern der Jahrgänge 1930-1941 ist er nicht verzeichnet (StA Dortmund, pers. Mitt., 21.11.2017).

Bruno Reiter besuchte ab 1913 die Realschule in Hof. Zu Ostern 1919 wechselte er an die Oberrealschule in Bayreuth, Ostern 1920 an die Oberrealschule in Würzburg. Das Studium 1922-1929 absolvierte er an der TH München und der TH Dresden, wo er die Prüfung zum Diplom-Ingenieur am 18.8.1927 und das Doktor-Examen am 6.3.1929 bestand. Ab 15.3.1929 war er als Ingenieur im Entwurfsbüro für Brückenbau und Stahlkonstruktionen C.H. Jucho in Dresden tätig (NLBV 216095, Bl. 27; NLBV 228967, A-Antrag). Er lebte somit fest in Dresden, wenn er sich auch in Hof erst zum 1.1.1932 abmeldete (StA Hof, A 8025). Das Unternehmen Jucho verließ er zum 30.6.1931 und machte sich 1932 als beratender Ingenieur selbstständig. Ende 1932 heiratete er in

Dresden Gertrud Rauch (geboren am 3.3.1910 in Dresden). Sie zogen in die Dresdner Altstadt ins Haus Strehlener Straße 52, wohin er auch das Büro verlegte (NLBV 216095, Bl. 27).

Kurt Reiter hatte sich als 23-jähriger Handlungsgehilfe zum 16.10.1932 von Hof nach Neiße in Schlesien abgemeldet. Seine Tochter Jackie Reiter in North London, Islington, weiß:

»He worked in the family store and had some arguments with his father about how it should be run! I don't know what he did when he first came to England in 1933, he served in the pioneer corps from 1939-45, serving in France in 1940 and Western Europe in 1944. He received a medal for exemplary military conduct.«

Pers. Mitt., 25.10.2017

Julius Reiter zog am 25.4.1933 von Hof nach Dresden (StA Hof, A 8025). Vermutlich wollte er zu seinem dort lebenden Bruder Bruno, nicht ahnend, dass dieser selbst in größter Verfolgungsnot war, wie wir noch sehen werden.

Verfolgung

Was wir von der Verfolgung wissen, die Adolf und Sabine Reiter erleiden mussten, stammt aus den eidesstattlichen Erklärungen der Söhne Julius und Erich, die sie 1961 für das Bayerische Landesentschädigungsamt abgegeben haben. Erich Reiter hatte inzwischen in England den Namen Eric James Reed angenommen. Er war – sicherlich auf Grund seines Alters – bis zum Weggang von Hof bei den Eltern geblieben und konnte so am ehesten von den dortigen Verfolgungsmaßnahmen seines Vaters berichten und wie negativ »sie sich auf dessen Gesundheit auswirkten, die dann schließlich auch zu seinem Tode führten.«

»Als die Nazi-Umtriebe [im Reich] und speziell in Bayern nach der Machtergreifung von Hitler begannen, waren wir als Juden den ueblichen Verfolgungen ausgesetzt« (BHSA, LEA 29903, E-Antrag). Im April 1933 wurde Adolf Reiter mit anderen Juden verhaftet und mehrere Tage im Gefängnis festgehalten. Da »nach seiner Freilassung die Verhaeltnisse immer unerträglicher wurden« und »sich die weiteren Verfolgungen auch auf uns Kinder dann ebenfalls auswirkten«, so sind wir »aus Deutschland ausgewandert bzw. von dort geflüchtet.« Die Brüder Julius, Bruno und Kurt kamen 1933 nach London, Julius und Bruno Anfang Mai, wenn auch getrennt. Sie siedelten sich im Nordwesten von Greater London an. Adolf Reiter hingegen konnte sich nicht »entschließen, sein Heim zu verlassen und das ganze Hab und Gut aufzugeben und in die Ferne zu ziehen« – zumal er von den ausgewanderten Kindern erfuhr, »dass sie ungemein schwer anzukaempfen hatten, um [den] Lebensunterhalt zu bestreiten. Durch die weiteren immer mehr ueberhand genommenen Nazi-Umtriebe lebte er stets in panikartiger Angst vor den weiteren Verfolgungen, die ihm auch so laufend in verschiedener Weise zu Teil wurden, und der auf ihn ausgeuebte Druck alles aufzugeben, hat seinen Gesundheitszustand stark untergraben, und [er] begann insbesondere Magenbeschwerden zu haben, die nach jedem Besuch der Nazis bei ihm ganz besonders zum Vorschein kamen.« (BHSA, LEA 29903, Bl. 39)

Im Jahr 1935 lag der Umsatz des Kaufhauses nach einer Auskunft des Finanzamtes Hof nur noch bei 87.710 RM bei einem Verlust von 5.069 RM. Adolf Reiter selbst gab den Verlust gegenüber dem Gewerbeamt Hof sogar mit 10.000 RM an, als er gezwungen war, die »Abhaltung eines Totalausverkaufs wegen Geschäftsaufgabe ab 2.3.1936« anzuzeigen. Der Ausverkauf wurde innerhalb von zwei Monaten durchgeführt (BHSA, LEA 29903, Bl. 47). Am 30. Juni 1936 schloss Adolf Reiter sein Warenhaus. Dieses Betriebsende nach 33 Jahren und 8 Monaten meldete er dem Gewerbeamt am 6. Juli. Ab 2. Juli 1936 vermietete er die Laden- und Lagerräume seines Kaufhauses an den Kaufmann Arno Richter aus Mönchröden bei Coburg gegen eine monatliche Miete von 900 RM (BHSA, LEA 29903, Bl. 34).

Adolf Reiter, um 1937, vermutlich zu einem Kuraufenthalt (Foto: Privatbesitz Familie Reiter, London)

Nach den Zahlen des Finanzamtes Hof hatte er im Geschäftsjahr 1936 einen Umsatz von 47.630 RM und einen Ertrag von nur 794 RM. Die Ladeneinrichtung mag Adolf Reiter an Arno Richter verkauft haben, der im Gewerbekataster als Geschäftsnachfolger geführt wird. Näheres ist nicht bekannt, da für das Unternehmen nach 1945 kein Wiedergutmachungsantrag gestellt wurde. Die Söhne Julius Reiter und Eric Reed sprechen davon, dass ihr Vater das Geschäft »zu einem Spottpreise in 1938 zwangsweise verkaufen« musste, »welcher kaum gereicht haette, eine Zeit hiervon zu leben.« Dabei kann es sich nur um die Ladeneinrichtung und Restbestände des Warenlagers gehandelt haben, die beim Ausverkauf übrig geblieben waren.

Noch war das Anwesen, bestehend aus den Wohnhäusern Karolinenstraße 37 und Ludwigstraße 54, beide mit Keller und Werkstätte, einem Verbindungsgang und Hofraum, das Eigentum von Abraham Reiter. Das änderte sich 1938. Am 15.7.1938 wurde im Grundbuch Hof (Band 123, Blatt 5651) der Vermerk eingetragen: »Die Zwangsverwaltung ist angeordnet«, und am 29.8.1938: »Die Zwangsversteigerung ist angeordnet« (SA N, WB IIIa 416, Bl. 4b). Die Hintergründe dieser Maßnahmen müssen noch erforscht werden. Dass das Verfahren eine neuerliche psychische Belastung für Abraham Reiter bedeutete, ist schlüssig. Bei der Zwangsversteigerung am 15.5.1939 erstand die Stadt Hof die beiden Reiter'schen Grundstücke. Die Nutzung übertrug sie dem städtischen Elektrizitätswerk (SA N, WB III JR 416, Bl. 4b; SA N, Findmittel).

»Die Sorge um die Zukunft«, so Eric Reed, »und da er noch von den Nazis festgenommen werden sollte, hat auf ihn so eingewirkt, dass er transportunfaehig wurde und unter heftigen inneren Schmerzen bettlaegerig war.« Statt seiner führte man seine Ehefrau Sabine ab, »während er allein in diesem Zustand zu Hause gelassen wurde« (BHSA, LEA 29903, Bl. 39). Aus dem Gefangenenbuch des Landgerichtsgefängnisses Hof können wir ersehen, dass es sich um die Verhaftungen in der Reichskristallnacht gehandelt hat. Sabina Reiter wurde am 10.11.1938 um 5 Uhr 00 als Gefangene eingetragen und gehörte zu jener Gruppe von sieben Personen, die anderntags um 17 Uhr 55 entlassen wurde (ITS 1.2.2.1, Ordner 1967). »Als die Mutter dann herauskam, haben meine Eltern sich auf die Flucht nach England zu den Kindern begeben und haben alles im Stich gelassen; auch den kleinen Erlös für das Geschäft durften sie nicht mitnehmen.« In England hatten alle Familienmitglieder »als Fluechtlinge aus Deutschland Zuflucht gefunden.« Eric Reed schreibt, er und seine Eltern seien Ende 1938 von Hof abgereist. Das offizielle Abmeldedatum im Einwohneramt ist der 8.2.1939 (StA Hof, A 8025).

»Mein Vater kam ganz gebrochen nach England, wobei sich sein erworbenes Magenleiden, wie oben geschildert, verschlimmert hat, und [er] ist auch deswegen im Maerz 1939 in London gestorben, was einzig und allein als Folge der erprobten Verfolgungsmaßnahmen und Verlustes seines ganzen Hab und Gutes geworden ist.« Nach Julius Reiter kam die Sorge um die Zukunft hinzu, »da er sich kaum arbeitsfaehig fuehlte, und noch dazu die Lebensumstände im fremden Lande haben ihn noch mehr leidend gemacht, so dass er nach Anlangen in England in Krankheiten verfallen ist.« Abraham Reiter starb am 4.3.1939 im Alter von 63

Jahren und knapp 10 Monaten in Eastcote, Middlesex, im Nordwesten von London[106] (BHSA, LEA 29903, Bl. 37, 39).

Am Ende seiner eidesstattlichen Erklärung schrieb Eric Reed: »In London hatten wir Kinder und unsere Mutter ein sehr schweres Dasein.« Sie konnten ihren Lebensunterhalt kaum bestreiten. Sprinze Reiter starb am 19.7.1957 in Hendon, ebenfalls in Middlesex, im Nordwesten von London (BHSA, LEA 29903, Bl. 37).

Die Geschichte des Julius Reiter

Um 1978 hat Julius Reiter seine *Personal Notes* verfasst, in denen er seine Erfahrungen mit dem Nationalsozialismus 1923 bis 1933 schildert. Auch er schildert den »Deutschen Tag« in Hof am 15. und 16.9.1923 als einschneidendes Ereignis, als Meilenstein der Hinwendung Hofs zum Nationalsozialismus und des Wandels der gesellschaftlichen Atmosphäre hin zum offenen Antisemitismus.

Aus Julius Reiters Schilderung geben wir die Zeit seiner letzten Schuljahre bis zum Beginn des Studiums in München wieder:

Sabine Reiter (Foto: Privatbesitz Familie Reiter, London)

»My experience with Hitler started 10 years before the Nazi regime came to power. It was 1923 and the new term in our High school started. I was born & lived all my youth in Hof, a small town of 40000 people in the north of Bavaria. There were only about 12 families (Jewish) and I was the only boy in my age group. I was sitting alone on a school bench and the reason was, nobody wanted to share a seat with a Jewish boy. Then I realized that I had no friend. The head of the class accepted the explanation and so it was that for the next fo[u]r years, whilst I was at the school I was sitting all by myself. We were 550 boys in the High School. During the rest in the schoolyard I was all together standing in the corner of the yard, and no boy was nearer to me than 5 metres, and the watching teacher took no notice. They took this boycott as natural. This state of affairs would last until I would finish the school.

On the first ›National Day‹[107] when the nationals & Nazi parties marched with music & flags through the streets of Hof, we did not dare look out of the windows, as we noticed, that many of the marchers lifted their head in a threatening matter against our windows. Next day our teacher gave us on a synopsis the headline: My first National Day. I could not avoid to write my story about it, but I remember, that I stressed the point,

---

106 Eastcote gehört heute zum London Borough of Hillingdon mit dem Verwaltungssitz in Uxbridge.
107 Gemeint ist der »Deutsche Tag«.

Julius Reiter als Gymnasiast (Privatbesitz Familie Reiter, London)

that I was very disappointed, that I could not share in the Day, as I was not only excluded, but I felt that the whole idea of this day was directed against the Jewish members of the community. I had the book in my desk, but when I came back from the rest time, I noticed that it had been taken out and undoubtedly read out to everybody in class. I remember I felt not too unpleased as I had not attacked the spirit of the National Day, and explained my feelings. I do not know what the reaction amongst the other boys was.

But in one respect I was not beaten in the whole school. I was the best short-distance runner and in spite of causing more resentment amongst the other boys, in the school competition I was very useful. We were only 15 boys in one class and one very good runner was very useful for the runners in a relay race. As we were short of good runners, I even had to run twice the 100 meter distance. At the beginning and the end. This time I was accepted.

As there were no young Jewish people in my age group and I was not accepted by the other boys I had practical no social life whilst I was at school. I could not go out in the morning as everybody in town knew me and there was great danger that I would be attacked. I did not even dare to go to Football matches on Sundays as the risk to be isolated or more, was to great.

In our town was only one open swimming bath in the river Saale; but I was not able to learn swimming or enjoy the open air, because I would have been surrounded by an antisemitic crowd, who would do everything to stop me to enjoy at. The same happened in winter when the majority of young people went ice skating. It was no less than labor to me to go and enjoy this sport amongst the more than unfriendly crowd on the open ice rink. The result was that I was more or less confined in my free time to [...] the environment of our household.

I was excluded from every function, which boys who were about to leave highschool, were arranging, and on the day of school leaving everybody of the class was sitting in a row in front of the podium in the large hall, dressed up like a student with cap & chestband, whilst I was standing right in the back of the hall hidden by a poster, the only jew amongst the hundreds of people, boys & leavers and their parents.

Everybody else would have been mentally broken by this action, but the treatment which I had [....]ed during there 3 years had conditioned me to this treatment and I realize now that I was treated like an outcast. Now I can understand why the jews in the concentration camps did not revolt; they lost their control to be action, on their imprisonment and mistreat-

ment during the first part of the Nazi regime made them accustomed to their fate, and the Jews in the small town experienced this for more than 10 years.
In the few late years of my time at school I had to accustom myself to the psychological treatment which I received as the only Jewish boy in school. I only realize now that this treatment reminds me of the psychological pressure the [...] political pre[...] [...] now. But I was happy. Now every time in hell was over, as I had my certificate, that I could attend the university. This was the promise I had been given my father. It was all over now, like a bad dream, which I would never forget. I got in touch with Munich, and shortly afterwards I was enrolled at the Munich University as a student of law.
This is the first time I felt a free person; not only living in a big town, where nobody knew the other, the environment and the life was a [...] difference to life in a small town. Now I enjoyed the social life, and the Nazi movement had not such a tight grip on the life of a big town as Munich.«

Reiter 1978:91-93

Nach sieben Semestern in München setzte Julius Reiter das Jura-Studium an den Universitäten in Berlin, Freiburg und Bonn fort (Weber 2012:171). Seinen Promotionsstudiengang absolvierte er an der Universität Würzburg vom Sommersemester 1930 bis zum Sommersemester 1931 mit Promotionsdatum 27.9.1931. Der Titel seiner Dissertation lautete »Die Rechtsstellung des Binnenschiffers«, wofür er den Titel Dr. jur. et rer. pol. erlangte (Universität Würzburg 2011:199).

Diffamierung in Hof

Da Hof nach wie vor sein Hauptwohnsitz war, absolvierte er seine Referendarzeit in seinem Heimatort. Dieser Vorbereitungsdienst begann am 10.3.1930 am Landgericht Hof, bis er am 10.9.1931 dem Bezirksamt Hof[108] zugeteilt wurde. Dazu nochmals ein Abschnitt aus seinen *Personal Notes*:

»By this time the Nazi movement has grown more and more and especially Hof, always been one of the nests of Nazism, became a hotbed. Streicher, the notorious jewbeater, dominated our part of the country and made it more & more difficult to have social life. The members and lawyers at the court to which I was accredited, accepted me without enthusiasm, especially as I was the only Jewish member of the legal profession in our town.«

108   Bezirksämter wurden 1939 in Landratsämter umbenannt.

Während des Dienstes am Landgericht Hof bestellte der Gerichtspräsident ihn eines Tages zu sich, um ihn zu bitten, in einem politischen Prozess die Offizialverteidigung zu übernehmen. In Schwarzenbach/Saale hatte der dortige NSDAP-Führer mit einer Schreckschusspistole in Richtung einer linksgerichteten Gruppe geschossen. Die Bedrohten – nach Pem (1939:20) waren es Kommunisten – verfolgten ihn, der sich im Haus seines Vaters verbarrikadierte. Es kam zu Schäden am dortigen Besitz. Im darauf folgenden Gerichtsverfahren waren 27 mittellose Männer im Alter zwischen 17 und 50 Jahren wegen Landfriedensbruch angeklagt. Dr. Reiter versammelte sie in einem Schwarzenbacher Lokal und holte alle nötigen Informationen für die Verteidigung ein. Bei der Verhandlung erreichte der damals 24jährige Pflichtverteidiger es, dass alle Fälle einzeln behandelt wurden. Den Beschuldigten hatte er eingeschärft aufzustehen, wenn ihre Sache an der Reihe war. Nach etwa zwei Stunden wurden die Urteile verkündet, die zu Dr. Reiters Überraschung sehr mild ausfielen. »They all had their sentence deferred« ist wohl mit »ihre Strafen wurden zur Bewährung ausgesetzt« zu übersetzen. Sieben Angeklagte wurden sogar freigesprochen (Reiter 1978:94-95). In seinen *Personal Notes* schildert Julius Reiter die Folgen des Gerichtsverfahrens:

»But the Nazi press did not like it and from now I was the communist lawyer. Especially the Streicher paper ›The Stürmer‹ was definite that I should be sacked and tried every means. A vendetta was started against me and as I was the only Jewish member of the legal profession in Hof their aim was to stop my existence in my position. At the time the person of Streicher and his paper was very great and dominated the life in the whole of North Bavaria.
Their chance arose, when one day two German ex students and native members of the Nazi party spotted me with a girl in a forest outside the town, where I had before defended the left-wing party members. It was a completely harmless occasion, but as the Nazis recognised me, they took the story to the Nazi paper, who took the opportunity to write a large article about me, accusing me of racial defilement [Rassenschande].«

Tatsächlich war es weniger *Der Stürmer* als ein lokales nationalsozialistisches Blatt, die in Zell am Waldstein von Unglaub gedruckte *Nationale Volkszeitung*, die den Referendar zu diffamieren begann. In der Nummer 74 vom 4.11.1931 erschien der Zweispalter »Ein Hofer Jude vergnügt sich mit einem Schwarzenbacher Mädchen.« In diesem wird behauptet, dass »ein jüdischer Gerichtsreferendar am Amtsgericht Hof« am 7. Oktober 1931 nachmittags 2 bis 4 Uhr am sogenannten Holzfeld in nächster Nähe vom Verbindungsweg von Schwarzenbach nach Fahrenbühl sich mit einem Mädchen »vergnügt« habe. Angeblich hätten »herumliegende Höschen, nackte Oberschenkel, Stellungen und Bewegungen« keine Zweifel an der Schamlosigkeit gelassen. Nur 25 Meter vom Weg entfernt hätte der Referendar »unsere Gewährsleute und noch andere dieses Treiben beobachtende Leute bemerken müssen.« In »seiner offenkundigen jüdischen Geilheit« schien es ihm der Zeitung nach egal zu sein, »ob er beachtet wurde.« Den Vorfall hätten Passanten etwa zwei Stunden lang beobachtet. Den Namen des Mädchens wolle man vorerst noch verschweigen, denn es kenne

> »… die ungeheure Gefahr noch nicht, die ihm durch den Verkehr mit einem fremdrassigen Juden droht. Es weiß noch nicht, daß es das Ziel mancher Juden ist, deutsche Mädchen zu schänden und damit rassisch zu vernichten. Es weiß wohl noch nicht, daß ein Jude ein fremdes Weib, das keine Tochter Israels ist, als ein Stück Vieh betrachtet. … Das schamlose Benehmen des Juden am hellen Tage in nächster Nähe eines öffentlichen Verkehrsweges hat bei den Vorübergehenden maßloses Aergernis erregt. Die Einwohner Schwarzenbachs sind empört über das Betragen dieses Juden.«

Nationale Volkszeitung Nr. 74 vom 4.11.1931:3

Kurz darauf griff *Der Stürmer* den angeblichen Vorfall auf. In der November-Nummer 46 wird auf Seite 1 ein Artikel abgedruckt mit dem Namen des Diffamierten als Überschrift über die gesamte Breite: »Dr. Julius Reiter«. Nun wird unterstellt, dass dieser

> »… es bewußt darauf abgesehen hatte, die Aufmerksamkeit Vorübergehender auf sich zu lenken und sein Treiben vor ihren Augen zu vollziehen. Als sich immer mehr Zuschauer sammelten, beschlossen zwei unserer Gewährsleute, sich zu erkundigen, wer der sei, der sich da nicht wie ein Mensch, sondern wie ein Schwein benahm. Sie folgten dem Paare, und es stellte sich heraus, daß der ›Liebhaber‹ ein Jude ist und zwar der der nichtjüdischen Bevölkerung von Hof und Umgebung nicht unbekannte Gerichtsreferendar Dr. Julius Reiter, der Sohn aus dem jüdischen Kaufhaus Adolf Reiter in Hof an der Saale.«

Der Stürmer, Nr. 46, November 1931

Ebenso wie »das rasseschänderische Verbrechen« eines Juden in Nürnberg, so habe das »Treiben des Juden Reiter in Schwarzenbach allgemeine Empörung« hervorgerufen. Nachdem die »Hofer Nationalzeitung« den Skandal öffentlich gemacht habe, habe »es der Jude mit der Angst zu tun« bekommen. Er habe sich zu den Rechtsanwälten Dr. Henneberg und Dr. Bayer in Hof begeben. »Wie von dem Juden nicht anders zu erwarten, leugnete er feige alles ab.« Die Anwälte hätten von der Zeitung den Abdruck eines Widerrufs verlangt. Eine Gegenklage wird angedeutet. »Von der Staatsanwaltschaft aber wird erwartet, daß sie einen Akt anlegt.« Nach einer fett gedruckten Warnung an alle »deutschen« Mädchen und Frauen, sich nicht von jüdischen Rasseschändern verderben zu

Titelseite von
Der Stürmer mit der
Hetze gegen Julius Reiter,
November 1931

lassen, schließt der Artikel mit dem Satz: »Der Jude gehört einer minderwertigen, von der Schöpfung verfluchten Bastardrasse an, und jedes Mädchen und jede Frau, die in jüdische Hände gerät, ist für ihr Volk verloren.« (*Der Stürmer,* November 1931, Nr. 46:1-2)

Nach dem Erscheinen des Artikels der *Nationalen Volkszeitung* befragte der Amtsvorstand Oberregierungerat Haase Dr. Reiter zu dem angeblichen Vorfall. Dieser versicherte, dass die Behauptungen gänzlich unwahr seien, woraufhin Haase nahelegte, für die Klarstellung der Sache – nötigenfalls auf gerichtlichem Wege – Sorge zu tragen. So erhob Julius Reiter am 5.11.1931 Klage gegen den verantwortlichen Schriftleiter der *Nationalen Volkszeitung*, Höllering in Hof, und am 30.11.1931 gegen

Höllerings Gewährsmänner Hoffmann und Jena aus Schwarzenbach/ Saale. Daraufhin erstatteten diese Zeugen gegen Dr. Reiter Strafanzeige wegen Erregung öffentlichen Ärgernisses durch den fraglichen Vorfall am 7.10.1931. Wie vom *Stürmer* gefordert, teilte die Staatsanwaltschaft Hof am 27.1.1932 dem Vorstand des Bezirksamtes Hof mit: »Gegen Dr. Julius Reiter habe ich heute wegen eines gemeinschaftlich begangenen Vergehens nach §§ 183.47[!] RSTGB Strafbefehl zum Amtsgericht Hof beantragt.« (SA BA, K 11 7287:2)

Paragraph 183 des Strafgesetzbuches besagte: »Wer durch eine unzüchtige Handlung öffentlich ein Aergerniß gibt, wird mit Gefängniß bis zu zwei Jahren bestraft; auch kann auf Verlust der bürgerlichen Ehrenrechte erkannt werden.« Es ist unschwer zu erkennen, dass die *Nationale Volkszeitung* die Formulierung, der Vorfall habe bei den Vorübergehenden »maßloses Aergernis erregt«, ganz bewusst gewählt hatte. Der Fall wurde vor dem Schöffengericht am Amtsgericht Hof am 15.3.1932 und am 3.5.1932 verhandelt. Beim zweiten Termin wurde Dr. Reiter zu einer Geldstrafe von 50 RM bzw. bei Nichtzahlung zu 10 Tagen Gefängnis verurteilt. Dem Verfasser ist es nicht gelungen, die Prozessakten mit dem Geschäftszeichen Cs 1520/31 ausfindig zu machen. Sie befinden sich weder bei den Justizbehörden in Hof, noch im Staatsarchiv Bamberg. Der jüngste Hinweis ist, dass sie sich im Juli 1961 beim Oberlandesgericht in Bamberg befanden (Mitteilung des Hofer Landgerichtspräsidenten an das Bayerische Landesentschädigungsamt; BLEA, BEG 68734, Bl. 22). Derzeit ist es also nicht möglich, den Prozessverlauf zu prüfen und den Geist der Verhandlung seitens des Vorsitzenden und der Schöffen einzuschätzen.

Die *Nationale Volkszeitung* hat wohl zwei bis drei weitere Artikel über Julius Reiter veröffentlicht[109] und brachte dann am Tag nach der Verurteilung einen großen Artikel zur Verhandlung mit dem Titel »Zum Fall Dr. Julius Reiter!« In diesem wurde nun doch der Name der jungen Frau genannt: Emmy Drechsel. Unter voller Namensnennung und in der diffamierenden Sprache des Nationalsozialismus wurde über Julius Reiter und seine Rechtsanwälte geschrieben. Neue Vorwürfe wurden erhoben, so etwa, der Referendar hätte sich des Missbrauchs der Amtsgewalt schuldig gemacht. Zwar hätte er die dienstliche Erlaubnis des Oberregierungsrates erhalten, die beiden Zeugen zu ermitteln. Darüberhinaus hätte er die Zeugen aber durch die Gendarmerie in Schwarzenbach zum Vorgang vernehmen lassen. Den Inhalt dieser amtlichen Zeugenaussagen hätte er für seine Privatklage gegen die Zeugen verwendet. Schon allein dies würde ein »Disziplinarverfahren und möglicherweise sogar ein Strafverfahren« rechtfertigen.

---

109 Die Jahrgänge der *Nationalen Volkszeitung* 1931-1932 sind nur in der Bayerischen Staatsbibliothek in München vorhanden. Um weitere Artikel über Julius Reiter zu finden, müssten dort die Originalbände durchsucht werden.

Doch mit der Verurteilung nicht genug. Mit Schreiben vom 14.6.1932 teilte Staatsrat Heinrich von Jan vom Staatsministerium des Innern in München dem Vorstand des Bezirksamtes Hof, Felix Seyfferth, mit, dass mit dem Urteil des Schöffengerichtes vom 3.5.1932 ein standesunwürdiges Verhalten des Referendars Dr. Julius Reiter festgestellte wurde, »das auch die Presse lebhaft beschäftigt hat, und dass dies Veranlassung gibt, gemäß § 24 Abs. 2 der Verordnung über die Vorbedingungen für den höheren Justiz- und Verwaltungsdienst vom 1.4.1931 ... die dauernde Entlassung des Genannten aus dem Vorbereitungsdienst in Erwägung zu ziehen.« Julius Reiter wurde aufgefordert, sich hierzu binnen drei Tagen zu äußern. Nach Ablauf der Frist hatte Seyfferth unverzüglich »auf dem Dienstweg unter gutachterlicher Stellungnahme« zu berichten. »Hierbei ist auch anzugeben, ob das Verhalten des Dr. Reiter – abgesehen von der Erörterung in der Presse – in der Stadt Hof u. Umgebung in weiteren Kreisen der Bevölkerung bekannt geworden ist und dort mißfällig beurteilt wurde« (SA BA, K 11 7287, Bl. 7).

Seyfferth schrieb am 20. Juni an seinen Vorstandskollegen Haase. Nach den eingeholten Erkundigungen, insbesondere bei der Gendarmerie, war der Angelegenheit in »der Stadt Hof und Umgebung, insbesonders auch in Schwarzenbach a. d. S., in weiteren Kreisen der Bevölkerung bekannt und an einzelnen Stammtischen mehr oder weniger ausführlich erörtert worden. Daß das Verhalten des Dr. Reiter von weiteren Kreisen der Bevölkerung mißfällig beurteilt wurde, konnte jedoch nicht festgestellt werden. Im wesentlichen scheinen sich mit der ganzen Angelegenheit nur die der Nationalen Volkszeitung nahestehenden Kreise näher abgegeben zu haben; jetzt hört man von der Sache nichts mehr.« Die *Nationale Volkszeitung* erschien damals in einer Auflage von ungefähr 500 Exemplaren. *Der Stürmer* habe bis auf den einen Artikel über die Sache nichts weiter gebracht, auch nicht über die Verurteilung (SA BA, K 11 7287, Bl. 9). Am 22.6.1932 sendete Seyfferth den angeforderten Bericht ans Innenministerium. Demzufolge hatte Haase nicht beabsichtigt, »gegen Dr. Reiter dienstaufsichtlich etwas zu unternehmen, nachdem die Angelegenheit mit dem Dienste in keinem unmittelbaren Zusammenhange stand und von Hoffmann und Jena wohl hauptsächlich deshalb zur Anzeige gebracht worden sein dürfte, weil Dr. Reiter Jude ist.« Haase wollte jedoch die Verurteilung von Reiter in dessen Personalakt eintragen. Seyfferth schloss seinen Bericht mit der Bemerkung, dass das dienstliche Verhalten des Referendars Dr. Reiter während der gesamten Dauer des Vorbereitungsdienst beim Bezirksamt Hof ab dem 10.9.1931 »zu Beanstandungen keinen Anlaß gab und daß über sein außerdienstliches Verhalten, mit Ausnahme des in Frage stehenden Vorfalles, hier Nachteiliges bisher nicht bekannt wurde« (SA BA, K 11 7287, Bl. 10).

In den Münchener Ministerien des Innern und der Justiz konnte man also dem Bericht entnehmen, dass es nur die lokale nationalsozialistische

Presse mit kleiner Auflage war, die sich mit den (behaupteten) Vorfällen »lebhaft beschäftigt hat«, dass die Sache überhaupt nur in nationalsozialistischen Kreisen, aber nicht »in weiteren Kreise der Bevölkerung« erörtert wurde, und dass andererseits die beiden Dienstherren ihren Referendar positiv beurteilten. Dennoch wurde im Innenministerium eine negative Entscheidung gefällt. Am 8.7.1932 teilte man dem Bezirksamtsvorstand Seyffert mit: »Im Einvernehmen mit dem Staatsministerium der Justiz wird der Referendar Dr. Julius Reiter in Hof wegen des in dem Urteile des Schöffengerichts bei dem Amtsgerichte Hof v[om] 3.5.32 festgestellten standesunwürdigen Verhaltens ... dauernd aus dem Vorbereitungsdienst entlassen« (SA BA, K 11 7287, Bl. 13). Damit war die Laufbahn des Dr. jur. Julius Reiter als Jurist beendet.

Flucht nach London

Julius Reiter blieb in Hof. Es muss Ende März oder Anfang April 1933 gewesen sein, als ihn ein höherer Polizeibeamter warnte, dass er am folgenden Tag wegen seiner politischen Vergangenheit verhaftet werden solle. Er entschied sich sofort, Hof zu verlassen. Am nächsten Morgen lief er zum Bahnhof – aber nicht auf den Hauptstraßen, sondern durch Nebenstraßen, damit er nicht von einem Nationalsozialisten erkannt würde, der ihn am Erreichen seines Zieles hätte hindern können. »After spending about 3 weeks in hiding in another town I decided to go to England. I arrived here on May 2nd 1933 & was given No 274 as a refugee from Nazi suppression«, schrieb er in seinen *Personal Notes* (Reiter 1978:96). Laut Pem floh er von Hof nach »Würzburg, where nobody knew him, then to Hanover and Berlin and finally to London« (Pem 1939:21). Wie bereits erwähnt, wurde beim Hofer Einwohneramt der Wegzug von Julius Reiter nach Dresden zum 25.4.1933 eingetragen (StA Hof, A 8025). Es ist zu vermuten, dass diese Angaben von einem Familienangehörigen zu seinem Schutz bzw. zur Tarnung gemacht wurden. Überprüfen lassen sie sich nicht, denn die Dresdner Meldeunterlagen haben den Krieg nicht überdauert. In seinem Ausbürgerungsverfahren wurde Julius Reiters letzter inländischer Wohnort mit »Hof/Bayern, Ludwigstraße 54« angegeben. Darüberhinaus hätte ihn sein in Dresden lebender Bruder Bruno nicht aufnehmen können, da er sich selbst in jener Zeit in großer Notlage befand.

In London kam Julius Reiter am Bahnhof Liverpool Station an, wo er das Glück hatte, von einem Angehörigen einer Hilfsorganisation angesprochen zu werden, ob er jüdischer Emigrant sei und eine Unterkunft bräuchte. Die erste Zeit wohnte er bei wohltätigen Leuten, zu denen er anfangs kaum zwei Wörter in Englisch sagen konnte. Durch erneutes Glück lernte er im Juni Verwandte des Publizisten und Soziologen Leopold Schwarzschild kennen, der ebenfalls aus Deutschland geflüchtet war und in Paris die Exil-Zeitschrift *Das Neue Tage-Buch* herausgab. Für diese Zeitschrift wurde er alleiniger Verkaufsvertreter und später auch für andere Exilzeitschriften wie *Die Neue Weltbühne, Die Freiheit* und *Das Pariser Tageblatt*. Schon bald konnte er sich ein – wenn auch sehr kleines – Büro leisten. Als er eines Abends vom Verkauf dorthin zurückkehrte, war es verwüstet und verschmutzt, das Inventar war völlig zerschlagen, die Wände waren mit »Juda verrecke!« bzw. »Perish Judah!« beschmiert. Andertags titelten die Zeitungen »Nazis raid Dr. Reiter!« und »Attack on the sales agent of *Das Neue Tagebuch*«, davon überzeugt, dass die Täter Londoner Nationalsozialisten waren. Die Berichterstattung war für Julius Reiter unangenehm, musste er doch fürchten, seine Familienangehörigen in Deutschland hätten mit Repressalien zu rechnen. (Pem 1939:26-35)

Aus dem Handel mit Exilliteratur wurde ein Buchhandel. Gegenüber dem Bayerischen Landesentschädigungsamt schilderte er später, wie hart es in seinen frühen Londoner Jahren war, seinen Lebensunterhalt zu bestreiten, da er »mangels der englischen Sprachkenntnisse keine entsprechende Beschaeftigung bekommen konnte.« (BLEA, BEG 68734, Bl. 5) Es war ihm nicht möglich, als Jurist zu arbeiten.

Reiter war keineswegs sprachunbegabt. Am 25.3.1926 hatte ihm die Oberrealschule in Hof ein Zeugnis zur »Abschlußprüfung im Lateinischen« ausgestellt. Nach drei Jahren Unterricht hatte er nicht nur »den Nachweis erbracht, daß er in der lateinischen Sprache die Kenntnisse besitzt, die für das Vorrücken in die VII. Klasse eines Realgymnasium gefordert sind.« Seine Kenntnisse ließen sich sogar »nach dem Ergebnisse der Prüfung als lobenswert bezeichnen.« (BLEA, BEG 68734, Bl. 7) Neben den »falschen« Sprachkenntnissen war auch das völlig andere Rechtssystem im Vereinigten Königreich ausschlaggebend für die Unmöglichkeit, als Jurist zu arbeiten, und vor allem war er kein britischer Staatsbürger.

Ausbürgerung

Eine weitere der zahlreichen Entrechtungen deutscher Staatsbürger jüdischer Abstammung war die Ausbürgerung. Das Gesetz über den Widerruf von Einbürgerungen und die Aberkennung der deutschen Staatsangehörigkeit vom 14.7.1933 (RGBl. I, S. 480ff) war zunächst gegen politische Gegner gerichtet, dann gegen alle, die vom NS-Regime als Staatsfeinde betrachtet wurden, so auch gegen die jüdischen Bürger. Durch die Veröffentlichung der Namen nebst biografischen Daten im *Deutschen Reichsanzeiger und Preußischen Staatsanzeiger* wurde die Ausbürgerung rechtswirksam. Dies erfolgte in durchnummerierten Listen, deren Anzahl

Familie Reiter

bis zum 7.4.1945 359 betrug mit insgesamt 39.006 Personen. Von der ersten Liste vom 25.8.1933 waren berühmte Männer betroffen wie Lion Feuchtwanger, Philipp Scheidemann, Kurt Tucholsky, Heinrich Mann, Wilhelm Pieck, Ernst Toller, Leopold Schwarzschild oder Hellmut von Gerlach (Hepp 1985 I:3). Die nach dem Ersten Weltkrieg ins Deutsche Reich eingewanderten und eingebürgerten Juden aus Ost-Europa wurden durch die Ausbürgung staatenlos und verloren elementare Rechte bis hin zur Gefahr, ausgewiesen zu werden, was im Oktober 1938 dann ja auch mit den ehemals polnischen Juden durchgeführt wurde. Mit der Aberkennung der deutschen Staatsangehörigkeit war die Beschlagnahme des Vermögens der im Ausland Lebenden verbunden, das nach spätestens zwei Jahren an das Deutsche Reich fiel (Hepp 1985, passim).

Julius Reiters Ausbürgerung wurde mit Liste Nr. 68 im *Reichsanzeiger* vom 12.9.1938 veröffentlicht. Die Liste schließt mit:

> Die Entscheidung darüber, inwieweit der Verlust der deutschen Staatsangehörigkeit noch auf weitere Familienangehörige zu erstrecken ist, bleibt vorbehalten, Berlin den 9. September 1938. Der Reichsminister des Innern. In Vertretung des Staatssekretärs Dr. Schütze.

Hepp 1985 I:77-78

Zusätzlich zu der Veröffentlichung wurden die Listen mit Rundschreiben der höchsten Polizeistelle an alle Innenministerien und weiter an alle »Staatspolizeileit- und Staatspolizeistellen im Reich« gesandt. Jene höchste Polizeistelle war »Der Reichsführer-SS und Chef der Deutschen Polizei im Reichsministerum des Inneren«. Im Rundschreiben vom 23. September 1938 heißt es:

> Ich ersuche, den nachgeordneten zuständigen Ortspolizeibehörden die Namen und Personalien von sämtlichen in den Anlagen I und II aufgeführten Personen zum Zwecke der Berichtigung der amtlichen Melderegister bekanntzugeben und die Grenzdienststellen, soweit solche im dortigen Bezirk vorhanden sind, anzuweisen, diese Personen bei Überschreiten der Grenze festzunehmen.

SA DD 10736 Nr. 9869, Bl. 124, 126

Julius Reiter hätte also gar nicht nach Deutschland zurückkehren können, denn er wäre ja an der Grenze verhaftet worden.

Michael Hepp hat die »Ausbürgerung deutscher Staatsangehöriger 1933-45 nach den im Reichsanzeiger veröffentlichten Listen« sowie nach anderen Quellen zusammengetragen und 1985 und 1988 in drei Bänden publiziert. Neben Julius Reiter (Hepp 1985 I:77 Nr. 39) finden wir darin – von den hier behandelten Personen – außerdem Werner Böhm (Liste 80 vom 14.11.1938, veröffentlicht am 18.11.1938, Nr. 7 (Hepp 1985 I:98)) und Ida Seligmann (Liste 204 vom 17.10.1940, veröffentlicht am 17.10.1940, Nr. 113 (Hepp 1985 I:418)).

Das Stadtarchiv Hof verfügt über Informationen über zwei weitere Ausbürgerungen zum 27.11.1941: Jacob Seligmann und dessen Sohn Heinz Julius. Sie wurden am 13.12.1956 bzw. 7.1.1957 wieder eingebürgert (StA Hof, BE 339).

Depromotion

Am 23.10.1938 fasste die Universität Würzburg den Beschluss, Julius Reiter die Doktorwürde abzusprechen. Die Depromotion erfolgte drei Tage später (Universität Würzburg 2011:199). Insgesamt wurde 1933-1945 184 Akademikern von der Universitätsverwaltung Würzburg der Doktorgrad aberkannt und drei weiteren vorenthalten. Mehrheitlich waren jüdische Wissenschaftler davon betroffen. Dass die Zahl der Depromotionen an der Universität Würzburg höher war als etwa in München oder Leipzig, lag einerseits an einem überdurchschnittlichen Anteil jüdischer Studenten in Würzburg. Dieser lag hier in den 1920er Jahren bei 13 Prozent gegenüber 3,8 Prozent im Deutschen Reich (Bartsch 2011). Dies hat sicherlich historische Gründe. Bayerische Juden lebten vor allem in Schwaben und in vielen Landgemeinden in Franken, besonders in Unterfranken (Hübschmann 2016:25-26). Eine weitere Ursache für die hohe Depromotionszahl in Würzburg ist die Tatsache, dass die Universitätsleitung die Vorgaben der Nationalsozialisten »hart und konsequent« umsetzte (Bartsch 2011). Die Depromotionsakte von Julius Reiter ist durch Kriegsschäden verloren gegangen. Anfang 2011 fassten die Erweiterte Hochschulleitung, der Senat und der Hochschulrat den Beschluss, alle Depromovierten zu rehabilitieren und ihre Doktorwürde wieder herzustellen. Bei einem Festakt am 31.5.2011 wurde der Rehabilitationsbeschluss mit allen Namen verlesen.

Internierung

Nach dem Kriegsausbruch wurde der aus Deutschland Geflüchtete als Feind des Vereinigten Königreiches, als Enemy Alien, klassifiziert und 1940 auf der Isle of Man interniert (Weber 2012:171; Steve Reiter, pers. Mitt.). Im Juli 1940 hatte die Regierung Australiens sich bereit erklärt, 6.000 Internierte aus dem Vereinigten Königreich aufzunehmen. Durchgeführt wurde dann nur ein Transport nach Australien mit etwa 2.000 meist jüdischen Flüchtlingen aus Deutschland und Österreich im Alter von 16 bis 45 Jahren. Sie verließen Liverpool auf dem Schiff »HMT Dunera« (Hired Military Transport) am 10.7.1940. Unter ihnen war Julius Reiter. Durch Zufall traf er auf dem Schiff seinen jüngsten Bruder Erich. Mit an Bord waren etwa 200 italienische Kriegsgefangene und 250 Nationalsozialisten. Über die entsetzlichen Verhältnisse auf der Dunera schreibt Thompson:

»The voyage lasted 57 days. The conditions were appalling. Apart from overcrowding on the ship with the attendant problems of hygiene and harsh treatment by crew members, the journey was also made unpleasant by the fear of torpedo attacks, the uncertainty of the destination, and by tensions between Jewish refugees and Nazi passengers.«

Thompson 2007

Zu den unfreiwilligen Passagieren kamen 309 schlecht ausgebildete britische Bewacher nebst sieben Offizieren und der Mannschaft. Bei einer Kapazität des Truppentransporters von 1.600 war das Schiff also mehr als zweifach überbelegt (Parkinson o.J.). Die Internierten wurden regelmäßig geschlagen und von den Bewachern beraubt. Deren Vorgesetzte nahmen wiederholt Männer in den Bug, um sie zusammen zu schlagen. Die meisten Internierten wurden während der gesamten Überfahrt unter Deck gehalten bis auf tägliche zehnminütige Zwangsrundgänge auf Deck.

»The ship was an overcrowded Hell-hole«, schildert Parkinson. »Hammocks almost touched, many men had to sleep on the floor or on tables. There was only one piece of soap for twenty men, and one towel for ten men, water was rationed, and luggage was stowed away so there was no change of clothing. ... Toilet facilities were far from adequate, even with makeshift latrines erected on the deck and sewage flooded the decks. Dysentery ran through the ship. ... Food was bad, maggots in the bread and the butter and margarine was rancid. The guards however were well enough fed and even threw some of their food overboard in front of the refugees.«

Thompson 2007

Am 6.9.1940 kam die Dunera in Sydney an, und die sogenannten Dunera Boys wurden in vier Eisenbahnzügen in die 750 km entfernten Lager Hay und Orange in New South Wales gebracht, ersteres heute bekannt als »Hay Internment and POW camps«. Die Verhältnisse im Lager Hay scheinen erträglich gewesen zu sein. So schreibt Thompson:

»While awaiting release, the Dunera Boys developed a rich cultural and intellectual programme at their camp, giving concerts and establishing an unofficial university. The small group of strictly Orthodox Jews also managed to organise a kosher kitchen.«

1941 wurde die Fehlentscheidung, die Flüchtlinge aus Deutschland und Österreich als Enemy Aliens zu deportieren, revidiert. Am 20.5.1941 verließen die Internierten das Lager Hay. Etwa 900 von ihnen blieben in Australien, die anderen kehrten nach Großbritannien zurück – so auch Julius und Erich Reiter. Das Archives New Zealand in Wellington City verwahrt eine Passagierliste, die Erichs Rückkehr dokumentiert. Der 18-Jährige war auf dem Schiff »Rangitiki« unter den Transitreisenden nach Großbritannien, die in Adelaide, South Australia, an Bord gegangen waren. Am 2.12.1941 hatte das Schiff, von Bombay kommend, in Auckland, New Zealand festgemacht, wo die Passagierliste den Behörden übergeben wurde (Archives New Zealand).

Wieder in London

Julius Reiter kehrte nach London zurück, wo er im September 1942 die ebenfalls aus Deutschland geflüchtete Lilli Hammer aus Berlin im Londoner Stadtteil Marylebone heiratete (FreeBMD 1942). Im Jahr 1947 wurde Julius Reiter britischer Staatsbürger (BLEA, BEG 68734, Bl. 5), und im Dezember 1948 konnte man folgende Anzeige im einmal pro Woche in New York erscheinenden deutschsprachigen Emigrantenblatt *Aufbau* lesen:

Aufbau, December 10, 1948:31

»Julius and Lilli Reiter née Hammer (formerly Hof/Bavaria, Berlin) are happy to announce the arrival of their son Stephen Edward on November 27, 1948.«

Auch nach dem Krieg war es nicht möglich, dass Julius Reiter in seinem erlernten Beruf arbeitete. Er blieb Buchhändler. Im Dezember 1960 gab er eine eidesstattliche Erklärung im Entschädigungsverfahren ab mit der Absicht, seinen Schaden im beruflichen Fortkommen zu verdeutlichen. Nach dieser konnte er sich im Buchhandel etablieren.

BLEA, BEG 68734, Bl. 5

»[Ich] hatte Anfangs wohl gute Aussichten fuer die Entwicklung meines Buchhaendlergeschaeftes, doch anscheinend infolge der nicht genauen Kenntnisse dieser Branche habe ich in den Jahren 1954 und 1955 nicht nur nichts verdient, aber erhebliche Verluste erlitten, die die Verdienste der frueheren anfaenglichen Jahre stark absorbiert haben. Die Misserfolge haben mein Fortkommen ebenfalls sehr beeintraechtigt.«

1959 starb Lilli Reiter. Im September 1962 heiratete Julius Reiter erneut, eine geborene Bergmann im Londoner Distrikt Wood Green (FreeBMD 1962). Julius Reiter starb am 6.5.1981 in Croydon, Grafschaft Surrey, und wurde auf dem Rainham Jewish Cemetery im London Borough of Havering beigesetzt (FamilySearch 2014; JOWBR; Find A Grave 163449478).

Familie Reiter

Hochzeitsfoto von Eric und Anita Reed, v.l.n.r. hintere Reihe: Bruno Reiter mit Ehefrau Gertrud »Trude«, Kurt Reiters Ehefrau Betty, Paul Baruch und Ilse, das Brautpaar Anita und Eric Reiter, Leo Reiter, Ehepaar Lille und Julius Reiter, Kurt Reiter. Untere Reihe: Kurt Reiters Sohn Johnny, Grossmutter der Braut Anita, Steve Reiter und Sabine Reiter (Privatbesitz Nicholas Reed, Sandbach, Cheshire, UK)

Die Geschichte des Bruno Reiter

Wie erwähnt, hatte sich Dr. Ing. Bruno Reiter 1932 in Dresden mit einem Büro als beratender Ingenieur selbstständig gemacht. Anfangserfolge im Laufe des ersten Jahres ließen einen ständigen beruflichen Aufstieg erhoffen. Er hatte nicht nur Beratungsaufträge, sondern machte auch verschiedene Erfindungen. Eine seiner Entwicklungen waren Branchen-Kartotheken für industrielle Unternehmen. Mit diesen konnte jegliche Industrie ihre Artikel, Maschinen usw. in einer damals neuartigen Anordnung präsentieren. Seine fotografischen Visitenkarten erfreuten sich damals in Dresden großer Bekanntheit. Eine andere Entwicklung ermöglichte es, Kupferplatten für Grabsteine auf rationelle Weise herzustellen, wofür er bei einer Gießerei bereits ein Verfahren eingeleitet hatte. Außerdem hatte er die Aussicht auf Kommissionen für mehrere angemeldete Patente (NLBV 216095, Bl. 48, 50, 53).

Die vielversprechende Entwicklung seines Unternehmens nahm ein jähes Ende. Am Abend des 18.3.1933 hatte Bruno Reiter mit seiner Frau deren Mutter besucht. Die Witwe Tema Rauch hatte ein Herrenbekleidungsgeschäft im eigenen Haus, Große Brüdergasse 21 in der Innenstadt. Mehrere SA-Männer kamen in den Laden und führten Bruno Reiter ab. Vor der Tür standen weitere jüdische Männer namens Falik, Trinczer, Simon Reich und Max Reich. Sie alle wurden zum Volkshaus am Schützenplatz gebracht. Das Gewerkschaftshaus hatten die Nationalsozialisten kurz zuvor enteignet und zum »Haus der Arbeiterschaft« gemacht, den Platz hatten sie in »Platz der SA« umbenannt. Den Weg von einem Kilometer mussten die Abgeführten mit erhobenen Händen marschieren. Im Volkshaus wurden sie misshandelt. Bruno Reiter wurde mit einem Gummiknüppel auf den Kopf geschlagen und gezwungen, mehrere Gläser Rizinusöl zu trinken. Von mehreren jungen Nationalsozialisten wurde er systematisch verprügelt, bis er das Bewusstsein verlor. Erst nach einigen Stunden kam er wieder zu sich und durfte gehen. Er kam in einem derart zerrütteten Zustand nach Hause, dass er noch am selben Abend von seinem Hausarzt untersucht werden musste. Dieser ordnete strenge Ruhe an. Außerdem wurde ein zweiter Arzt hinzugezogen. Aus Angst vor weiteren Ausschreitungen der SA siedelte er zu seiner Schwiegermutter über. Die Angst war nicht unbegründet. Tasächlich erhielten alle bei dem Überfall Misshandelten einige Tage später eine Mitteilung, sie hätten zu unterschreiben, dass ihnen nichts zugefügt worden sei. Am 22.3.1933 bat Bruno Reiter seinen Schwager, Dr. Karl Anusiewicz, dem Reichskommissar eine Mitteilung über den Vorfall, die Misshandlungen und Übergriffe zu senden (NLBV 216095).[110] Bereits zwei Tage später erhielt er Antwort aus dem Sächsischen Ministerium des Innern mit folgendem Inhalt:

> Auf das an den Herrn Reichskommissar gerichtete Telegramm vom 22. d[iesen] M[onats] werden Sie angewiesen, die angeblichen Fälle von Mißhandlungen und Uebergriffen im einzelnen unter Angabe von Beweismitteln schriftlich dem sächsischen Ministerium des Innern bekannt zu geben.
> Für den Reichskommissar für das Land Sachsen

NLBV 216095, Bl. 2

Der Reichskommissar hieß Manfred von Killinger. Bei der Reichstagswahl vom 5.3.1933 hatte die NSDAP in Sachsen 40,9 % der Stimmen erhalten. Das Ergebnis nahm die Partei unter Gauleiter Martin Mutschmann zur Begründung, um den Druck auf die sächsische Regierung zu erhöhen – bis hin zur Absetzung dieser Regierung am 10.3.1933. An jenem Tag wurde Manfred von Killinger zum Reichskommissar für die Leitung des Landes ernannt.[111]

Bruno Reiter war noch immer so krank, dass er sich erst nach zwei Wochen in das Innenministerium begeben konnte. Die Schwester seiner Frau, Charlotte Anusiewicz, begleitete ihn. Bruno Reiter sprach dort mit dem Polizeipräsidenten Pfotenhauer. Seinen Schilderungen zufolge wurde er anschließend einem Freiherrn von Falkenhausen zugeführt, der

---

110 Die Entschädigungsanträge von Bruno Reiter und seiner Frau Gertrud wurden zuständigkeitshalber beim Regierungspräsidenten in Hildesheim bearbeitet. Heute befinden sie sich im Niedersächsischen Landesamt für Bezüge und Versorgung, Abteilung Wiedergutmachung, (NLBV) in Hannover.

einen schriftlichen Bericht von ihm verlangte. Laut dem abweichenden Bericht seiner Schwägerin habe Pfotenhauer sie beide im Polizeipräsidium in sein Nebenzimmer geführt, wo zwei SS-Leute in Uniform saßen. »Sie fertigten uns jedoch noch kuerzer ab, verlangten allerdings, daß mein Schwager alles schriftlich mitteilen sollte.« – »Nach dieser Unterredung«, so Bruno Reiter weiter, »wurde mein schon etwas gebesserter Zustand so schlecht, daß ich beschloß, den Bericht nicht zu geben und in Dresden illegal zu bleiben. Es war mir bewußt, daß wenn ich den Bericht gaebe, ich sofort von der SA weiter verfolgt werden wuerde.«

Einige Tage später rief ihn ein Polizeibeamter Fuchs an und bat ihn, zu ihm persönlich ins Polizeipräsidium zu kommen. Abermals schilderte Bruno Reiter den Vorfall im Einzelnen. Daraufhin erklärte ihm Fuchs, alles was er ihm raten könne, sei, »sofort aus Dresden zu verschwinden.« Aus Angst vor weiteren Verfolgungen versteckte sich Bruno Reiter zusammen mit seiner Ehefrau. Trotz seines noch immer kranken Zustandes wechselten sie bis Ende April alle zwei Tage das Hotel. Dann konnte er diesen Zustand nicht länger ertragen. Reiters entschlossen sich zur Flucht. Am 30.4.1933 fuhren sie von Dresden ab. Ihre Wohnung haben sie niemals mehr betreten (NLBV 216095, Bl. 7f). Auch sie gingen nach London, wo sie in derselben Woche angekommen sein müssen wie Julius Reiter. Die erste Zeit wohnten sie in Stoke Newington.

Auch für Bruno Reiter war es sehr schwer, den Lebensunterhalt in London zu verdienen. Bis Mitte 1938 hatte er keine Arbeitserlaubnis. Von 1940 an war er in einer untergeordneten Stellung als technischer Zeichner angestellt. Sein Gehalt begann bei etwa 5 £ und endete im Mai 1940 bei etwa 7 £ in der Woche. Am 16.5.1940 wurde auch er als deutscher Staatsangehöriger interniert, aber aus gesundheitlichen Gründen im August 1940 wieder entlassen. Ab März 1941 war er wieder als technischer Zeichner bei einer Firma tätig, bei der er auch 1957 noch arbeitete. Eine Stellung als Diplom-Ingenieur hat er nie wieder bekommen. Seine Schilderung des Verfolgungsvorganges gegenüber dem Bayerischen Landesentschädigungsamt beendete er mit den Worten: »Vor allem aber bin ich um meine Gesundheit gebracht worden. Ich bin herzleidend und muß dauernd in aerztlicher Behandlung sein« (NLBV 216095, Bl. 8).

111 Manfred Freiherr von Killinger, geboren am 14.7.1886 in Lindigt, Angehöriger des Freikorps Ehrhardt, 1927 Eintritt in die NSDAP, 1932 Inspekteur der SA, im Februar 1933 Führer der SA-Obergruppe I, ab März 1933 Reichskommissar für Sachsen, vom 6.5.1933 bis 1935 Ministerpräsident von Sachsen, 1935 Eintritt in den diplomatischen Dienst, Deutscher Gesandter in Bukarest, 1935 Mitglied des Volksgerichtshofes, 1936-1938 Deutscher Generalkonsul in San Francisco, 1938-1940 Dienst im Auswärtigen Amt in Berlin, 1940 Gesandter in Preßburg, 1941-1944 Deutscher Gesandter in Bukarest, Mitglied des Reichstages für den Wahlkreis Dresden-Bautzen, SA-Obergruppenführer, Verfasser von »Die SA in Wort und Bild« 1933, »Kampf um Oberschlesien 1921« 1934, »Das waren Kerle« 1937, gestorben 1944 durch Suizid (Stockhorst 1998:232)

Anfang Dezember 1956 meldete Bruno Reiter seine Ansprüche auf Entschädigung an und präzisierte sie im November 1957. Besonders wichtig war ihm der Schaden an Körper und Gesundheit. Für ihn stand außer Zweifel, dass seine Leiden auf die Verfolgung zurückzuführen waren.

Schon gleich nach der Ankunft in London hatte er sich erneut in ärztliche Behandlung begeben müssen. Wieder wurde ihm Bettruhe verordnet. Er litt unter anderem an Erschöpfungszuständen, Kopfschmerzen, Depressionen und Schlaflosigkeit. Noch 1935 verschlechterte sich sein Zustand. Er hatte periodisch Herzbeklemmungen, die sich im Laufe der Zeit verstärkten. Bis 1938 hatten sich seine Depressionen verschlimmert. Außer den Beklemmungen hatte er Herzklopfen, und auch Nasenbluten stellte sich ein. Die Ärzte rieten ihm dringend, die berufliche Tätigkeit auf halbtags einzuschränken. Dies tat er wiederholt – so von Anfang 1947 bis Anfang 1948. Seine Herzbeschwerden nahmen tatsächlich ab, doch blieben der erhöhte Blutdruck, die Depressionen und sein Erschöpfungszustand unverändert bestehen. Ärzte diagnostizierten ein Herzleiden. Zwischenzeitlich ging es ihm wohl etwas besser. Im August 1959 jedoch wurde sein Zustand so schlecht, dass er wieder ins Krankenhaus musste. »Ich bin auch seit dieser Zeit wieder in meinem leidenden Zustand«, schrieb er an die Entschädigungsbehörde (NLBV 216095, Bl. 39f).

In den folgenden Jahren wohnten Reiters in London W3, 109 Princes Gardens, dann zogen sie Anfang 1961 in die East Midlands, nach Leicester, 45 Shirley Avenue. Bruno Reiter ist am 26.2.1961 in London NW3, 60 Elsworthy Road Hampstead, an Coronarthrombose gestorben. Bis zuletzt hatte er um Entschädigung für die verlorene Gesundheit gekämpft. Die Entschädigungsbehörde in Niedersachsen entschied am 8.3.1962. Für sie bzw. für den Sachbearbeiter war »es nicht möglich, wegen des angeblich seit 1933 bestehenden Bluthochdrucks und einer darauf zurückzuführenden Herzschwäche seit etwa 1952 den kausalen oder zeitlichen Zusammenhang mit den nat. soz. Verfolgungsmaßnahmen anzuerkennen.« Bei den Beträgen, die Gertrud Reiter als Erbin ihres Mannes erhielt, ist zu beachten, dass Ansprüche in Reichsmark im Verhältnis 10:2 gegenüber der D-Mark umzustellen waren. Die Entschädigungsbehörde erstattete folgende Beträge: 699,82 DM an Kosten der Heilbehandlung vom 18.3.33 bis zum 18.3.36 für die durch die Misshandlung erlittene Hirnerschütterung, 304,50 DM für Auswanderungskosten, 388,50 DM für die Verschleuderung der Wohnungseinrichtung mit einem Zeitwert von 2500 RM und 40.000,00 DM Höchstbetrag für die Behinderung des beruflichen Fortkommens. (NLBV 228967, Bd. 1 Bl. 27-29)

112 Der Schaden im beruflichen Fortkommen war auf 66.626,70 DM berechnet worden. Die Kapitalentschädigung für solche Schäden beträgt nach § 123 Abs. 1 BEG 40.000 DM.

Heide Inhetveen

DER JÜDISCHE LEHRER LEOPOLD WEIL
UND SEINE EHEFRAU BERTHA, GEB. HANDBURGER

Nur die älteste Einwohnerin von Sulzbürg (Gemeinde Mühlhausen-Sulz) kann sich heute noch an Leopold Weil erinnern, dessen Familie einst zu den alteingesessenen jüdischen Dorfbewohnern gehörte. Es ist eine optische Besonderheit, die sich in ihrer Erinnerung mit seinem oberpfälzisch assimilierten Namen verbindet: »Mer hat gsagt: der Weil Leipl. Er hat eine Art Blutschwamm im Gesicht gehabt, das fällt Kindern immer auf, daran kann ich mich gut erinnern. Und er ist oft nach Sulzbürg gekommen.«

Dass er jahrzehntelang als Lehrer in Hof wirkte, verheiratet war und ihn und seine Familie im Nationalsozialismus ein schreckliches Schicksal ereilte, war bis zur Verlegung von fünf Stolpersteinen im Oktober 2017 in seinem Geburtsort nicht bekannt.

Die Weils – eine Sulzbürger Rabbiner- und Kaufmannsfamilie

Am 29. August 1888 um 5 Uhr morgens gebar die 29jährige Israelitin Rebekka Weil, geborene Eisemann, in ihrem stattlichen, aus reichsgräflicher Zeit stammenden Haus Nr. 6 am Marktplatz des kleinen Bergdorfs Sulzbürg in der Oberpfalz ihren ersten Sohn. Der stolze Vater, der Eisenhänd-

Sulzbürg/Oberpfalz um 1910: im Haus Nr. 6 (Pfeil), dem Haus der Familie Weil, wurde Leopold Weil am 29.8.1888 geboren (Foto: Sammlung Ludwig Schiller, Sulzbuerg)

ler Rudolf Weil,[113] meldete seinen Erstgeborenen am nächsten Tag mit dem Namen Friedrich Leopold auf dem Sulzbürger Standesamt an.[114]

Galt im orthodoxen Judentum ein erstgeborener Sohn, hebräisch »bechor«, schon von vorneherein als ein von Gott »Auserwählter«, von dem die Beseelung des religiösen Lebens der Familie und ihre Vertretung im gottesdienstlichen Gemeindeleben erwartet wurde (de Vries 1999:210ff), so schien dies für Leopold Weil in besonderer Weise zuzutreffen. Denn in ihm konvergierte die jüdische Gelehrsamkeit der mütterlichen wie der väterlichen Seite.

Rebekka Weils Herkunftsmilieu war »altjüdisch«-orthodox geprägt und äußerst bildungsorientiert. Sie war am 9. März 1859 in Steinbach bei Lohr am Main als eines von vier Kindern von Lazarus und Karoline Eisemann[115] geboren worden. Ihr Vater Lazarus Eisemann (1805 Bad Orb-1889 Steinbach) (genannt Rabbi Elieser Bar Schlomo Sew) stammte aus einer frommen jüdischen Familie von Bad Orb[116] und war seit etwa 1849 Elementar- und Religionslehrer, Vorbeter, Kantor und Schochet (Schächter) in Steinbach und seinen Nachbargemeinden. Eine enge Freundschaft verband ihn mit Seligmann Bär Bamberger (Rabbiner Jizchak Dow Halewi Bamberger), der 1864 die renommierte Israelitische Lehrerbildungsanstalt ILBA in Würzburg gründete.[117] Rebekkas jüngerer Bruder Salomon Eisemann (1860 Steinbach-1930 Würzburg), also ein Onkel von Leopold, machte 1879 an der ILBA sein Lehrerexamen, wurde Religionslehrer, Vorbeter, Vorsänger und Schächter und später

---

113 Der Familienname »Weil« war auch in seinen Spielarten »Weill« oder »Veil« sehr verbreitet. »Weil« kann als Anagramm des Namens »Levi« gelesen werden kann. »Levi« war Stammvater der Leviten, einem der zwölf Stämme Israels. Die Leviten waren für die geistigen und religiösen Bedürfnisse aller anderen Stämme zuständig und leisteten Tempeldienste; vgl. WeCoWi.

114 Spuren auf der Geburtsurkunde im Archiv der Gemeinde Mühlhausen lassen vermuten, dass ursprünglich »Luitpold« statt Leopold eingetragen war. Hirn (2011:546) transkribierte als Geburtsnamen »Friedrich Luitpold (Leopold?)« und »Ruben(?)« als Namen des Vaters. Später firmierte und publizierte Weil nur unter dem Vornamen »Leopold«.

115 Die Schreibweise der Familiennamen ist noch im 19. Jahrhundert schwankend: Eismann/Eisenmann/Eisemann; auch Vornamen werden unterschiedlich wiedergegeben: Rebekka/Rebecka/Ricka/Rikka/Rike; vgl. Vorwerk 2017b.

116 Leopold Weils Großvater Lazarus Eisemann war der erste Sohn von Salomon Eisemann (um 1779-1860 Orb) und Rebekka Loeser (um 1781-1823 Orb), die um 1805 heirateten. Sohn Lazarus ist »um 1805« geboren. Man hielt sich in dieser frommen Familie an jüdische Traditionen der Namensgebung: Lazarus Eisemann nannte eine seiner beiden Töchter Rebekka nach seiner verstorbenen Mutter und einen seiner Söhne Salomon (geboren im November 1860) nach seinem Vater, der im April 1860 verstorben war. Die Rekonstruktion der Genealogie folgt Koch/Löber (2009:116-123) und Ortsfamilienbuch Bad Orb.

117 Vgl. den Nekrolog zu Lazarus Eisemann (*BIG* 7.3.1889), abgedruckt in AlemJud, Lohr. Das Grab von Lazarus Eisemann befindet sich auf dem Jüdischen Friedhof von Laudenbach; siehe auch Vorwerk (2017a).

aufgrund seiner hohen Qualifikation und besonderen pädagogischen Fähigkeiten als Volksschullehrer in den staatlichen Schuldienst berufen.[118]

Am 1. September 1886 ließen sich die 27jährige Rebekka Eisemann und der 36jährige Sulzbürger Jude Rudolf/Rabin Weil (1850 Sulzbürg – 1918 Sulzbürg) von dem befreundeten Würzburger Distriktrabbiner Nathan Bamberger, Sohn des Seligmann Bär Bamberger, in Würzburg trauen und ins Sulzbürger Heiratsregister eintragen (SA AM, AG I R 5615, Bl. 10; Hirn 2011:560).

Auch Rudolf Weil stammte aus einer Rabbiner- und Lehrerfamilie.[119] Er selbst war Kaufmann und betrieb in seinem Haus eine Glas- und Eisenwarenhandlung. Hier konnte man Eisenketten für den bäuerlichen und handwerklichen Bereich kaufen, aber auch Haushaltswaren oder Tabak.[120] Eine Spezialität des Ladens soll das von Rudolf Weil erfundene sogenannte »Sulzbürger Schäuferla« gewesen sein, eine besonders flache, zugespitzte Schaufel, um den vorwiegend leichten Sandboden des »Sulzbürger Landls« zu bearbeiten.

Die junge Familie Weil wuchs. Am 28. April 1890 wurde Lazarus Weil geboren und am 23. Juli 1891 Zille/Cilly/Cäcilie Weil. Dass eine jüdische Ehefrau zehn und mehr Kinder gebar, war zum Ende des 19. Jahrhunderts hin auch auf dem Land eher selten geworden; jüdische Familien wurden zu Vorreitern sinkender Geburtenzahlen (Volkov 1990:138ff).

118 Vgl. den Nachruf von Leopold Weil »Salomon Eisemann – seligen Andenkens, Würzburg« (Weil 1930a), abgedruckt in AlemJud, Westheim/HAB, dort auch eine Abbildung seines Grabmals auf dem Jüdischen Friedhof in Würzburg, und »Gedanken des Lehrers Salomon Eisemann«. Zu Salomons Ehefrau Bertha, geborene Grünbaum (gestorben 1936 in Würzburg), und ihren hochgebildeten Kindern vgl. Strätz (1989:129).

119 Auf dem Israelitischen Friedhof in Sulzbürg sind folgende Mitglieder der Familie Weil bestattet: Lehrer Nathan ben Ruben Baiersdorfer (1749 Baiersdorf?-15.6.1830 Sulzbürg) (LA 327); Rabbiner Ruben/Rabin Baiersdorfer/Weil (1763 Baiersdorf -3.2.1850 Sulzbürg) (LA 321) und seine Frau Rösele/Rut Cohn/Kohn (1766 Jungbunzlau-11.6.1854 Sulzbürg) (LA 92); deren Sohn Krämer Löw Weil (1799 Sulzbürg-10.7.1887 Sulzbürg) (LA 117) und seine Frau Zirla/Cilli, geborene Ottensteiner (1815 Weisendorf-24.11.1882 Sulzbürg) (LA 154), die elf Kinder geboren hat; als ein weiterer Sohn von Ruben und Rösele Weil der Glasermeister Isaac Weil (1801 Sulzbürg-17.11.1883 Sulzbürg) (LA 156) und seine Frau Therese/Rösla/Chaia, geborene Hessel (1803 Windsbach-11.2. 1882 Sulzbürg) (LA 152), eine der beiden Töchter des bekannten Rabbiners Jechesquel/Hessel. Leopolds Vater Rudolf Weil (LA 48) ist eines der wenigen nicht im Säuglings- oder Kinderalter verstorbenen Kinder von Löw und Zirla/Cilli Weil. Vgl. Angerstorfer (2011); da diese Quelle nicht paginiert ist, werden die Gräber entsprechend der dort angegebenen durchgehenden Nummerierung des Bayerischen Landesamts für Denkmalpflege (LA) benannt.

120 Auf einer Druckvorlage zu einer Ansichtskarte von Sulzbürg ist als Bezeichnung des Ladens »Glas- & Eisenwarenhandlung« zu entziffern (Eigentum Ludwig Schiller, Sulzbürg).

Lehramtsexpektant in Neumarkt in der Oberpfalz

Trotz intensiver Recherchen sind viele Details aus Leopold Weils früher Bildungsbiografie im Dunkeln geblieben. Die enge Freundschaft seines Steinbacher Großvaters Lazarus Eisemann und seines Onkels Salomon Eisemann mit der Pädagogen- und Rabbinerfamilie Bamberger in Würzburg lassen vermuten, dass Leopold nach dem Besuch der jüdischen Schule in Sulzbürg, eventuell auch der höheren Knabenschule in Neumarkt oder der Präparandenschule in Burgpreppach seine Ausbildung zum Elementar- und jüdischen Religionslehrer an der ILBA in Würzburg begann. Seine elaborierte Sprache und hohe Eloquenz in schriftlichen Texten weisen auf eine gediegene, humanistisch orientierte Bildung hin.

Bekanntmachung im *Neumarkter Tagblatt*, September 1908

> * **Neumarkt**, 14. Sept. Durch Verfügung der Kgl. Regierung ist der Schuldienstexpektant Herr Leopold Weil aus Sulzbürg bis 31. Dez. ds. Js. zur Aushilfe für die israelitische Schule an Stelle des erkrankten Herrn Oberlehrers S. Kahn, dahier, ernannt.

Die erste Spur von Weils Lehrertätigkeit fand sich im *Neumarkter Tagblatt* vom 15. September 1908. Dort wurde bekanntgegeben, dass die Regierung den »Schuldienstexpektanten Leopold Weil« als Aushilfe für den erkrankten Oberlehrer Salomon Kahn an der 1872 eröffneten israelitischen Schule Neumarkt in der Oberpfalz ernannt habe (NT 1908).[121] In der einklassigen »Judenschule« waren sechs bzw. später sieben Jahrgänge mit insgesamt knapp 20 Kindern zur selben Zeit und im selben Raum im Synagogengebäude Hafnergasse 10 zu unterrichten. Für den erst zwanzigjährigen Leopold Weil, der – vermutlich – an der ILBA auch die didaktische Neuerung von praktischen Lehrproben kennengelernt und eingeübt hatte,[122] war es eine ehrenvolle und herausfordernde Aufgabe. Als jüdischer Lehrer hatte er zwar auch Vorbeter- und Kantorendienste zu leisten, musste aber in Neumarkt nicht mehr als Schächter agieren.[123] Offenbar vertrat Leopold

---

121 Zur israelitischen Schule in Neumarkt siehe Meier 1984; zur jüdischen Lehrerbildung allgemein und zu den jüdischen Schulen in Neumarkt und Sulzbürg Prestel 1989 passim.
122 Jakob Stoll (1876-1962) war ab 1905 Seminaroberlehrer an der ILBA, später auch deren Direktor. Er führte Musterstunden vor und ließ die Seminaristen Lehrproben machen (Steidle 2002).
123 Das Schächtamt war in Neumarkt seit 1896 vom Lehrberuf getrennt (Hirn 2011: 201).

Leopold und Bertha Weil

Weil auch noch im folgenden Jahr 1909 Salomon Kahn. Als dieser am 17. März 1909 starb, sprach Leopold Weil in seiner Trauerrede »tiefbewegt als von seinem väterlich beratenden Freunde« (NT 1909a). Am 23. März 1909 druckte das *Neumarkter Tagblatt* ein mit den Initialen L. W. gezeichnetes Gedicht als Nachruf auf den Verstorbenen ab (NT 1909b). Anfang April übertrug die Regierung dem »Schuldienstanwärter Herrn Leopold Weil von Sulzbürg« bis auf Weiteres die erledigte Schuldienststelle (NT 1909c). Er versah diese Stelle bis zum Amtsantritt des Sulzbürger Lehrers Jakob Zwi Oppenheimer aus Zeitlofs am 1. September 1909.[124] Da dieser jedoch häufig krank war und schon am 7. Dezember 1916 verstarb, ist zu vermuten, dass Leopold Weil ihn auch nach 1909 vertrat und weiterhin in Sulzbürg bei Eltern und Geschwistern wohnte. Der tägliche Fußmarsch über den Sulzbürger Schlossberg ins Tal und dann eine etwa halbstündige Eisenbahnfahrt mit dem »Freystädter Bockl« nach Neumarkt mit anschließendem Fußweg quer durch die Stadt zur jüdischen Schule in der Hafnergasse 10 waren für den jungen Mann sicherlich gut zu bewältigen.

Eine ungewöhnliche Heirat

Die nächsten Jahre im Leben von Leopold Weil liegen wieder im archivalischen Dunkel. Sicherlich hat er seine Lehrerausbildung zu Ende gebracht und möglicherweise eine Lehrerstelle in Edesheim vertreten.[125] Erst durch seine Heirat und deren ungewöhnlichen Rahmen rückt Leopold Weil erneut ins Blickfeld. Seine Eheschließung mit Bertha/Berta Handburger aus Kleinlangheim bei Kitzingen fand nämlich 1913 im fernen New York in der Jüdischen Gemeinde statt und wurde in deren Matrikelbuch eingetragen (StA Hof, BE 507).

Die New Yorker Passagierlisten dokumentieren die Anfahrt der Brautleute genau: Die Braut Bertha Handburger fuhr vom 12. bis 19. August auf dem Schnelldampfer Kaiser Wilhelm II. nach New York und wohnte dort bei ihrer Schwester Elise, jetzt Lizzi Baitinger, geborene Handburger (geboren 1866 in Kleinlangheim) (Ellis Island 100722060031). Diese

---

124 Jakob Oppenheimer war seit 1885 Lehrer in Sulzbürg gewesen und hatte vermutlich hier auch die drei Weil-Kinder unterrichtet. Angerstorfer 2011 nennt als Datum des Amtsantritts von Jakob Zwi Oppenheimer in Neumarkt den 20. September 1909, vgl. seine Transkription der Inschrift auf seinem Grabmal im Israelitischen Friedhof Sulzbürg (LA 63).

125 Als Weil am 1.5.1914 die Lehrerstelle in Hof antrat, wurde als Zuzug »von Edesheim i[n der] Rheinpfalz« vermerkt (StA Hof, BE 507). In Edesheim war von 1908 bis 1913 David Martin Lehrer, so dass Weil allenfalls kurze Zeit die dortige Lehrerstelle vertreten haben könnte, vgl. AlemJud, Edesheim. Die Suche nach Belegen für Leopold Weils Anwesenheit in Edesheim und Edenkoben blieb ergebnislos.

war zusammen mit einer anderen Schwester Lina Handburger, später verheiratete Lena Milsner (geboren 1862/63 in Kleinlangheim) schon 1890 nach New York ausgewandert.[126] Erst am 23. September 1913 begab sich Leopold Weil – seinen Angaben zufolge von Kleinlangheim aus[127] – in Bremerhaven an Bord des Luxusschiffes Kronprinzessin Cäcilie und kam am 30. September in New York an (Ellis Island 100758020123). Als Kontaktadresse nannte er Martin Milsner, einen Schwager seiner Braut Bertha. Am 9. Oktober 1913 fand die Hochzeit von Leopold Weil und Bertha Handburger in der jüdischen Gemeinde von New York statt (StA Hof, BE 507).[128]

Warum aber in New York? Die Verbindung von Leopold Weil mit Bertha Handburger entsprach in mancher Hinsicht nicht jüdischen Normen. Bertha war am 1. Februar des Jahres 1865 in Kleinlangheim, Hausnummer 94, als drittes Kind und dritte Tochter des Weinhändlers Mendlein Handburger (1834-ca. 1912) und seiner Frau Mina Floesch/Flesch (1834 Ellingen-ca. 1920) geboren.[129] Mithin war sie 23 Jahre älter als ihr Bräutigam. Bertha hatte zudem einen unehelichen Sohn Julius Handburger, in jüdischen Familien ein schlimmer Makel. Dieser war am 5. April 1888 in Kleinlangheim geboren[130] und damit vier Monate älter als sein künftiger Stiefvater Leopold Weil. Solche biografischen Besonderheiten ließen sich in den USA besser kaschieren. Auf den Heiratsdokumenten von familysearch ist Leopold nicht 25, sondern 35 Jahre, und Bertha

126 Lena und Elise Handburger kamen mit drei Koffern am 3.7.1890 mit der »SS Spaarndam« aus Rotterdam und Boulogne in New York an. Elise heiratete Charles Rudolph Baitinger am 8.2.1898 in Manhattan und wurde 1900 eingebürgert. Vor 1920 verwitwet, zog sie zu ihrer Schwester Lena. 1920 lebte »Elizabeth« zusammen mit Lena, Martin und deren Kindern Laura, Arthur und Blanche im Haus No. 1715 79th Street (NARA, M 237; NYC MunArch 1,503,839).
127 Für Kleinlangheim als Startpunkt für die Reise konnte außer dem Vermerk auf diesen Passagierlisten kein Beleg gefunden werden. Auch in Kleinlangheim selbst gab es keine Hinweise auf eine Anwesenheit Leopold Weils, obwohl er sich sicherlich zur Vorbereitung der Heirat (Ehevertrag, Kiddushin) dorthin begeben hat.
128 Das Heiratsdatum auf der Nürnberger Meldekarte »getraut: Sept. 13 New York« trifft nicht zu (StA N, C 21/X Nr. 10). Da die Jahrgänge 53 und 54 (1913 und 1914) der Zeitschrift Der Israelit in den digitalen Sammlungen der Universitätsbibliothek Frankfurt nicht enthalten sind, konnte nicht überprüft werden, ob und wie Leopold und Bertha Weil ihre Vermählung öffentlich bekannt gegeben haben (Israelit, Der).
129 Geburtseinträge für Bertha Handburger und ihre Geschwister in SA WÜ, JüStReg 62. Wir danken für die freundlichen Informationen von Dr. Ingrid Heeg-Engelhart am 30.5.2017, 6. und 7.9.2017.
130 VG Großlangheim, StanA Kleinlangheim GebUrk 1888, freundliche Mitteilung von Jana Bernard am 25.8.2017. Die Angabe von Strätz (1989:238), Emanuel Handburger sei Julius' Vater, ist unrichtig. Der Vater des unehelichen Kindes ist unbekannt, Emanuel Handburger war sein Großvater. Berthas Heirat mit Leopold war ihre einzige Ehe; sie blieb kinderlos. Vgl. zur »Familienvorgeschichte« BHSA, LEA 15465, Bl. V 76.

Leopold und Bertha Weil

nicht 49, sondern 40 Jahre alt (NYC MunArch 1,613,802). Mit einer auf fünf Jahre geschrumpften Altersdifferenz waren die beiden ein durchaus »normales« Brautpaar. Anhand der Einträge auf den beiden Passagierlisten können wir uns ein holzschnittartiges Bild machen: Bertha, die Braut, ist blond und blauäugig, ihr Bräutigam blond mit braunen Augen. Zwar überragt Bertha ihren Künftigen um mehr als 7 cm, er aber ist herausragend an Bildung und beruflichen Perspektiven.

Wo die beiden sich kennenlernten, ob Leopold von seiner bevorstehenden Berufung als Lehrer der Hofer Kultusgemeinde schon wusste und den für eine solche Position manchmal erwünschten Status eines verheirateten Mannes erfüllen wollte, kann nicht beantwortet werden. Vielleicht bedeutete die Heirat für ihn als frommen Juden auch eine »Mizwa«, ein Gebot, verbunden mit dem Anliegen, einer durch ein illegitimes Kind sozial deklassierten Frau wieder ein gesellschaftliches Ansehen zu geben.

Amtsantritt in Hof

Leopold Weil trat die vakante Lehrerstelle bei der Jüdischen Kultusgemeinde Hof zum 1. Mai 1914 an. Am 29. Mai 1914 kam seine Ehefrau Bertha aus Kleinlangheim nach. Sie bezogen im zweiten Stock des stattlichen dreistöckigen Hauses Theresienstraße 7 eine ihnen vielleicht von der Kultusgemeinde zur Verfügung gestellte große Wohnung.[131]

Bertha Weil geb. Handburger und Leopold Weil 1916 (Stadtarchiv Hof, FG 15233, FG 22544)

Die erst 1901 offiziell gegründete Israelitische Kultusgemeinde von Hof bot Leopold Weil einen sozialen und kultischen Aktionsrahmen, den er als seminaristisch gut ausgebildeter Elementar- und Religionslehrer entsprechend gestalten konnte. Auf dem Land hatte es bis weit in die erste Hälfte des 19. Jahrhunderts keine jüdischen Schulen gegeben. Jüdische Kinder gingen in die örtlichen Volksschulen. Religiöses Wissen und religiöse Praxis wurden in erster Linie im Elternhaus und für männliche Kinder im Cheder, der traditionellen Religionsschule ab dem 3. Lebensjahr, vermittelt. Jeder männliche Jude sollte die Tora kennen, also auch Hebräisch lernen und in der Synagoge zum Vorbeten aufgerufen werden können. Jede Jüdin sollte die traditionellen religiösen Gebete und Segnungen beherrschen, die herkömmliche kultische Praxis im Haus pflegen und die Kinder darin anleiten können. Rabbinern und Kultusgemeinden war es ein großes Anliegen, eigene jüdische Schulen zu haben, in denen auch ein geregelter Religionsunterricht von ausgebil-

---

[131] In Stellenausschreibungen für jüdische Lehrer wurden damals häufig Dienstwohnungen angeboten. Die Hofer Ausschreibung der Lehrerstelle ist jedoch nicht mehr erhalten. Die einstige Wohnung der Weils ist heute die Osmanli Camii der Türkisch Islamischen Union für religiöse Angelegenheiten Hof e.V.

deten Lehrern erteilt werden konnte. Die ersten jüdischen Schulen mit eigenem Schullehrer wurden in der ersten Hälfte des 19. Jahrhunderts eingerichtet.[132]

In der Kleinstadt Hof mit ihrer geringen Anzahl an jüdischen Familien ermöglichte erst der 1892 gegründete Synagogenverein die Einstellung eines Religionslehrers (1894). Die ersten Lehrer verließen Hof aus unterschiedlichen Gründen schnell wieder. Nach 1900 beruhigte sich die Situation mit den Lehrern Emanuel Heimann,[133] Richard Wechsler und Luzian Judas. Doch erst Leopold Weil, der nun ein Vierteljahrhundert jüdische Kinder – sporadisch auch nichtjüdische Kinder und Jugendliche – unterrichtete, gab der religiösen Unterweisung und kultischen Praxis der jüdischen Gemeinde in Hof ein eigenes Gepräge. Schließlich war er nicht nur Elementar- und jüdischer Religionslehrer, sondern hatte auch die Aufgaben eines Vorsängers, Vorbeters und Predigers, hebräisch Chasan, wahrzunehmen. Für diese Funktionen musste er neben einer guten Stimme eine hohe Musikalität und ein umfangreiches musikalisches Gedächtnis besitzen, um die vorgeschriebenen Texte mit ihren traditionellen Kantilenen (Chasanut) stets gut vortragen zu können. Er musste eine umfassende Kenntnis der jüdischen Liturgie besitzen und auch in der Lage sein, während der langen und liturgisch intensiven Festzeiten (im Monat Tischri, September/Oktober), in Vertretung des für die Gemeinde zuständigen Bayreuther Distriktrabbiners Dr. Falk Felix Salomon, viele Gottesdienste hintereinander abzuhalten.[134] Vor allem aber war ihm als festangestellten Geistlichen und Beamten der Gemeinde auferlegt, ein ethisch einwandfreies frommes Leben zu führen, denn er galt als der Repräsentant der Synagoge. Das Anfangsgehalt eines jüdischen Lehrers, der auch für das Vorbeter- und Schächteramt zuständig war, betrug in Hof um 1900 zirka 900 Mark. Hinzu kamen 200 Mark für Kasualien, also Amtshandlungen aus besonderem Anlass, wie Hochzeit oder Begräbnis; eine zusätzliche Nebenbeschäftigung war gestattet (AlemJud, Hof, Synagoge). Um 1910 wurden an anderen Orten bereits 1.000 Mark als Grundgehalt gezahlt. Zu ähnlichen Konditionen ist 1914 wohl auch Leopold Weil eingestellt worden. Das Lehrergehalt wurde überwiegend aus den Kultusumlagen finanziert, zu denen seit Gründung der Israelitischen Kultusgemeinde 1901 jeder jü-

132 In Sulzbürg öffnete die erste jüdische Elementarschule schon im September 1837 ihre Pforten für Buben und Mädchen. Erster Lehrer war Ruben Weil, der Urgroßvater von Leopold Weil. Zur Entwicklung dieser Schule ausführlich Hirn (2011:67ff.).

133 Emanuel Heimann (geboren am 3.9.1878) war jüdischer Religionslehrer vom 19.9.1900 bis zum 15.8.1905 und verzog dann nach Plauen, vgl. Weil (1927:15) sowie das Kapitel »Jüdischer Religionsunterricht« bei Friedrich-Woessner (1997:108ff).

134 Zum Verhältnis von Rabbiner und Chasan äußerte sich de Vries: »Falls man im Judentum überhaupt von einer ›Geistlichkeit‹ sprechen kann, dann ist der Kantor in der Synagoge ein Geistlicher. Denn er und nicht der Rabbiner bekleidet ein ausgesprochen geistliches Amt.« (de Vries 1999:36)

dische Einwohner Hofs verpflichtet war. Es machte fast die Hälfte des Gesamthaushalts der Kehille aus (Friedrich-Woessner 1997:75).

Wie in vielen Gemeinden war auch in Hof das Schächtamt inzwischen vom Amt des Chasan abgetrennt. Dies schloss jedoch nicht aus, dass sich der Vorbeter unter Umständen auch um die Versorgung der frommen jüdischen Mitglieder mit kultisch reinen Lebensmitteln, insbesondere Fleisch, kümmern musste (Friedrich-Woessner 1997:118).

Haushaltsgründung im Ersten Weltkrieg

Kaum hatte sich das Lehrerehepaar Weil in Hof niedergelassen, als am 1. August 1914 das Deutsche Reich in den Krieg eintrat. Gleichzeitig und vielleicht veranlasst durch dieses Ereignis erweiterte sich der Weilsche Haushalt um zwei Personen. Zum 1. September 1914 meldeten sich Berthas 80jährige verwitwete Mutter Mina Handburger und Berthas Neffe Manfred Handburger (geboren am 18.7.1902 in Kleinlangheim)[135] aus Kleinlangheim als weitere Familienmitglieder in Hof an (Friedrich-Woessner unpubl.). Mina Handburgers Töchter waren bis auf Bertha nach New York ausgewandert, ihr Mann Mendlein/Emanuel Handburger (geboren zirka 1834) mit 78 Jahren verstorben. Sie blieb bei ihrer Tochter in Hof vermutlich bis zu ihrem Tod um 1920.[136] Manfred besuchte die Realschule[137] und verließ Hof – vermutlich mit Abschlussexamen – zum 1. Juli 1917. Berthas außerehelicher Sohn Julius Handburger lebte weiterhin in seinem Geburtsort Kleinlangheim (StA Hof, BE 507). Während die 49jährige Bertha Weil nun aus jeglicher öffentlichen Präsenz in ihren Haushalt verschwand,[138] hob für ihren 26jährigen Ehe-

---

135 Manfred Handburger war das fünfte Kind und der vierte Sohn von Berthas Bruder Isidor Handburger (1871 Kleinlangheim-1942 Theresienstadt) und Lina Zerline, geborene Ehrlich (geboren am 29.4.1872 in Mosbach/Baden). Zerline Handburger war 1932 Leiterin des Israelitischen Frauenvereins in Kleinlangheim (AlemJud, Kleinlangheim). Eine auf ihren Grundbesitz in Kleinlangheim eingetragene Sicherungshypothek wurde am 23.3.1931 an die Firma Julius Handburger abgetreten und sollte mit Erlaubnis des Regierungspräsidenten vom 20.9.1939 im Sicherungshöchstbetrage von 10.000 RM an den Lehrer Leopold Weil in Hof abgetreten werden (BHSA, LEA 15465, Bl. II 42). Zu diesem Zeitpunkt war Leopold Weil schon aus Hof geflüchtet, vermutlich kam es zu keinem Grundbucheintrag mehr.
136 Sterbejahre wurden extrapoliert aus den in BHSA LEA 15465, Bl. V 76 genannten Lebensaltern von Mendlein und Mina Handburger.
137 Es handelt sich um die 1877 gegründete Realschule, die 1922 in eine Oberrealschule umgewandelt wurde und aus 1965 mit Umzug in ein anderes Gebäude das heutige Schiller-Gymnasium hervorging, vgl. Wikipedia, SGH
138 Sicherlich war sie in dem 1914 gegründeten »Israelitischen Frauenverein« aktiv, der »den Zweck werktätiger Nächstenliebe gegen Angehörige aller Konfessionen« verfolgte; geleitet von Helene Blauzwirn (Weil 1927:18; Friedrich Woessner 1997:124).

mann eine höchst intensive Zeit als Elementarlehrer, jüdischer Religionslehrer und Kultusbeamter der jungen Israelitischen Kultusgemeinde Hof mit 70 Seelen im Jahr 1914 an. In den schweren Kriegszeiten waren immer wieder Bittgottesdienste abzuhalten. Vor Rekrutenvereidigungen fanden regelmäßig Feierlichkeiten für die jüdischen Männer statt. Auch seelsorgerliche Dienste lagen in Leopold Weils Händen, bis er schließlich am 6. Mai 1916 selbst in den Krieg ziehen musste. Stammrollen im Kriegsarchiv dokumentieren, dass er vom 8. bis 13. August 1916 an der dramatischen und höchst verlustreichen Schlacht an der Somme teilgenommen hat und am 13. August in ein Lazarett eingeliefert wurde.[139]

Auch Bertha Weils leiblicher Sohn, der Kaufmann Julius Handburger, der noch in Kleinlangheim lebte, kämpfte im Ersten Weltkrieg vier Jahre an der Front. In der Schlacht von Amiens geriet er am 8. August 1918, dem sogenannten »Schwarzen Tag des deutschen Heeres«, als einer von zirka 15.000 Soldaten bei Moreuil in französische Kriegsgefangenschaft. Er flüchtete und kam als reich dekorierter Unteroffizier, mit acht Wochen Urlaub, Entlassungs-Geld und Entlassungs-Anzug am 30. Oktober 1919 nach Hof (BHSA, IV, 2118). Dort wohnte er kurze Zeit in der Theresienstraße 5 bei Familie Wölfel, also im Nachbarhaus seiner Mutter, seiner Großmutter und seines Stiefvaters (StA Hof, BE 507). Er verließ Hof schon zum 1. Januar 1920 und ließ sich in Würzburg nieder. Die vom »Handburger Seppl« gegründete Weingroßhandlung »Haus der Edelweine« in der Würzburger Crevennastraße 2 florierte. Er kam zu Ansehen und gediegenem Reichtum – bis zu seiner Flucht aus Deutschland am 18. März 1933, zunächst in die Schweiz, dann ins Ober-Elsass.[140]

Über seinen Würzburger Haushalt erklärte seine langjährige Zugehfrau Anna Gräf am 4. September 1957 im Rahmen des Entschädigungsverfahrens: »Ich weiß, daß nach der eiligen Flucht des Herrn Handburger im März 1933 seine schönen antiken Möbel, Perserteppiche, Ölgemälde, eine große Sammlung antiker und moderner Porzellane, Tafel- und Kaffeeservice, Fayence und antikes Zinn beschlagnahmt wurden, die in der Schürer'schen Fabrik durch die Beschlagnahmebehörde sichergestellt wurden.« (LA Berlin, 11 WGA 898/65, Bl. 11, 60)

139 Am 8.7.1916 kam er vom 3. Pionier Ersatz Bataillon Depot I in das 8. Pionier Ersatz Bataillon und am 8.8. in die Reserve Pionier Kompanie 8, die vom 8. bis 13.8. 1916 an der Frontlinie zwischen Thiepval-Maurepas bis zur Somme kämpfte. Als die schwer bedrängte bayerische 8. Reserve-Division am 13.8. wieder herausgezogen wurde, kam Leopold Weil infolge »Erkrankung« in ein Lazarett (BHSA, IV, 5051.8-199/1/4).

140 Julius Handburger hatte von seiner bevorstehenden Verhaftung erfahren, deren Grund vermutlich seine Mitgliedschaft im Reichsbanner Schwarz-Rot-Gold seit dessen Gründungsjahr 1924 war. Dieser politische Verband zum Schutz der Demokratie war März 1933 verboten worden; seine Mitglieder wurden von diesem Zeitpunkt an systematisch verfolgt (Wikipedia, Reichsbanner).

Laut Anna Gräf musste Bertha Weil die beschlagnahmten Möbel und Wertsachen ihres geflüchteten Sohnes freikaufen. Simon Löwenthal, ein Freund der Familie – Bertha bezeichnet ihn später in ihrem Auswanderungsfragebogen als Vetter und Kontaktperson in Tel Aviv –, sandte dann das freigekaufte Hab und Gut an Julius Handburger nach St. Louis im Elsass.

Leopold Weil – leidenschaftlicher Lehrer und engagierter Kulturträger in Hof

Leopold Weil nahm nach dem kurzen Fronteinsatz seine Arbeit als Elementar- und Religionslehrer, Vorbeter und Vorsänger wieder auf. Er erteilte den jüdischen Kindern an Elementar- und Volksschulen, an der Knabenrealschule und der Höheren Töchterschule[141] in Hof Religionsunterricht, dessen (nicht erhaltener) Lehrplan Unterrichtsstunden im Hebräischen, in Tora und Talmud, in Gebeten und Segnungen, und auch in der jüdischen Geschichte vorsah. Seit November 1917 war Weil zusätzlich als Aushilfslehrer für den erkrankten Hauptlehrer Strößner an einer der staatlichen Volksschulen in Hof eingesetzt (Friedrich-Woessner 1997:115).

Mangels eigenem Rabbiner – die Kultusgemeinde Hof wurde seit ihrem Bestehen 1901 vom Bayreuther Distriktrabbiner mitbetreut – hatte Leopold Weil neben seinen vertraglich geregelten Pflichten als Chasan immer wieder auch synagogale Dienste zu verrichten. Das Schächtamt war zwar vom Lehramt abgetrennt, aber die Versorgung der jüdischen Gemeinde von Hof mit koscherem Fleisch – 1933 96 Personen = 0,2 % von 43.245 Einwohnern – oblag ihm bei bestimmten Gelegenheiten, sicherlich keine leichte Aufgabe, da der Hofer Schlachthof das Schächten von Tieren strikt und beharrlich bis zum generellen Schächtverbot in Bayern 1929 ablehnte (Friedrich-Woessner 1997:123, 122).

In den 1920er Jahren galt Leopold Weils Engagement der rechtlich bereits existierenden, real jedoch schwankenden gesellschaftlichen Gleichstellung des Judentums, der Festigung einer selbstbewussten jüdischen Identität und der Abwehr eines erstarkenden Antisemitismus. Als ein wichtiges Mittel sah er Vernetzung und Gespräch mit nichtjüdischen Menschen an, um über das wahre Wesen des Judentums und seine ge-

---

141 Seit 1838 existierte in Hof am Longoliusplatz eine »Höhere Schule für Mädchen«, die auch von jüdischen Mädchen besucht wurde. Verschiedene Reformen führten seit 1924, also in der Zeit, als Leopold Weil dort unterrichtete, zu einem »Mädchenlyzeum« und einer »Höheren Mädchenschule«. Im Jahr 1932 wurden die beiden Zweige zum »Mädchenlyzeum« zusammengefasst, einer achtklassigen Oberschule, an der auch das Abitur gemacht werden konnte (heute Johann-Christian-Reinhart-Gymnasium; nach Kluge, Weibliche Wege).

sellschaftliche Stellung aufzuklären. Wie seine Vereinsaktivitäten und schriftlichen Beiträge in der *Bayerischen Israelitischen Gemeindezeitung* zeigen, leitete dieser pädagogisch-aufklärerische Eros all sein Handeln und öffentliches Auftreten.

Neben seinen beruflichen Aufgaben war er (Gründungs-)Mitglied der seit 1918 auch in Hof bestehenden Ortsgruppe des *Centralvereins deutscher Staatsbürger Jüdischen Glaubens e.V.* (C.V.) und übernahm 1926 deren Vorsitz (Friedrich-Woessner 1997:125ff, Barkai 2002; Denz 2018). Dieser Verein, 1893 in Berlin gegründet und zur mitgliederstärksten jüdischen Korporation in Deutschland herangewachsen (1926 60.000 Mitglieder), spiegelt wie andere Vereinsgründungen um diese Zeit (Verein zur Abwehr des Antisemitismus 1890,[142] Verein für jüdische Literatur und Geschichte 1892, das Zentrale Deutsche Hilfswerk, der Hilfsverein und andere) zwei große Anliegen im deutschen Judentum: die Erneuerung jüdischen Selbstbewusstseins und den Entschluss zur öffentlichen Abwehr des organisierten Antisemitismus (Volkov 1990:181ff).

Schon Anfang der 1920er Jahre richtete der literaturbegeisterte Lehrer Weil in Hof eine Gemeindebibliothek ein und initiierte – vielleicht orientiert am Vorbild des 1892 in Berlin gegründeten Vereins für Jüdische Geschichte und Literatur – eine Literarische Arbeitsgemeinschaft, die 1930 als Jüdischer Literaturverein weitergeführt wurde.

Leopold Weil war Mitglied im Israelitischen Lehrerverein für Bayern und beteiligte sich um 1927 an der Gründung der Bezirkskonferenz Nord-Oberfranken, deren wissenschaftlicher Leiter der Distriktrabbiner Dr. Salomon wurde. Bei den regelmäßigen Monatstreffen in Bayreuth, in deren Mittelpunkt »Lernen« stand, also die intensive Aneignung religiöser Texte, wurden auch Vorträge gehalten sowie Standes- und Berufsfragen einschließlich jüdischer Gegenwartsprobleme diskutiert. Leopold Weil referierte u.a. über die Didaktik des hebräischen Schulunterrichts und über neu erschienene Lehrbücher (Weil 1929a). Wir gewinnen den Eindruck eines geistig regen, vielfältig interessierten und engagierten, gesellschaftlich aktiven und gut vernetzten Hofer Bürgers, der in Wort und Tat die Gedanken der jüdischen Aufklärung vertrat und dem erstarkenden Antisemitismus die Stirn zu bieten versuchte.

---

142 Der Verein zur Abwehr des Antisemitismus e.V. mit der Zentrale in Berlin hatte 14.000 bis 20.000 jüdische und christliche Mitglieder (Zeiß-Horbach 2008). Vereinsorgan waren von 1891 bis 1924 die wöchentlichen »Mitteilungen aus dem Verein zur Abwehr des Antisemitismus« und von 1925 bis 1933 die »Abwehrblätter«. Auch in München hatte sich 1930 eine Ortsgruppe des Vereins zur Abwehr des Antisemitismus e.V. gegründet. Der Verein bestand bis 1933.

Glanzpunkt der jüdischen Geschichte Hofs: Eine neue Synagoge (1927)

Nachdem jüdische Gottesdienste in Hof lange Zeit in Nebenzimmern von Hotels, Gast- oder Privathäusern gefeiert werden mussten (Hager/Haas 2007:169ff), konnte der 1892 gegründete Synagogenverein ab der Jahrhundertwende einen Betsaal im Hinterhaus eines jüdischen Händlers in der Ludwigstraße 24 mieten, in dem auch »Schul« gehalten wurde. Doch mit wachsender Gemeinde – beim Amtsantritt von Weil war fast das volle Hundert erreicht – wurde dieser Betsaal besonders an den Hohen Feiertagen zu eng. Ein neues Gotteshaus war der Kultusgemeinde ebenso wie ihrem jungen Kultusbeamten Leopold Weil ein Herzensanliegen. Die Hofer Gemeinde erwarb 1925 ein ehemaliges Nebengebäude des Bahnhofs in der Hallstraße 9 von einem jüdischen Möbelhändler und begann mit den Planungen eines Synagogengebäudes. Am 18. September 1927 war es so weit (BIG 20.10.1927). Mit zahlreichen Ehrengästen aus Politik, Wirtschaft, Kultur, jüdischen und christlichen Gemeinden wurde die neue Synagoge feierlich eingeweiht. Der Bezirksrabbiner Dr. Salomon vollzog die Weihehandlung. Leopold Weil hielt nicht nur die Festansprache; er hatte für diesen großen Tag auch eine 20seitige Festschrift verfasst: »Die Israelitische Kultusgemeinde Hof und deren Vorgeschichte. Zur Einweihung des neuen Gotteshauses« (Weil 1927). Die Vorgeschichte führt er bis zur ersten Niederlassung von Juden in Hof zurück, behandelt ausführlich die Geschichte des Synagogenvereins und der Israelitischen Kultusgemeinde und benannte auch seine Vorgänger im Amt des Vorbeters, Religionslehrers und Kultusbeamten.

Das neue Gebäude beherbergte neben dem Betsaal einen großen Sitzungsraum mit der integrierten Gemeindebibliothek und im Dachgeschoss zwei Wohnungen und Zimmer. Die Gestaltung der Synagoge wies Besonderheiten auf, die den liberal-assimilierten Charakter der Hofer Gemeinde und die aufgeklärte Liberalität der Planer, unter ihnen Leopold Weil, spiegelten: Die Decke des Betsaals war mit stilisierten Planeten, Sternen und Tierkreiszeichen bemalt.[143] Männer- und Frauenbereich waren baulich nicht getrennt. Ein Harmonium stand im Raum und erlaubte die instrumentale Begleitung des Synagogengesangs, die in konservativen Gemeinden verpönt war.

Die Schlussworte der Synagogen-Festschrift verweisen auf das persönliche Anliegen ihres Verfassers. Er zitiert Hermann Cohen (1842-1918), den jüdischen Philosophen und Neukantianer aus Berlin, mit den Wor-

---

143 Die zwölf Sternzeichen stehen in traditioneller jüdischer Vorstellung mit den zwölf hebräischen Monaten und den zwölf Stämmen Israels in Beziehung. Von einem Einfluss von Sternen und Planeten auf das Erdengeschehen geht die Tora aus; möglicherweise schimmert hier astronomisches und astrologisches Wissen durch, das die Juden im Babylonischen Exil kennenlernten.

Neue Synagoge Hof, Innenansicht des Beetsaals (Weil 1927, gegenüber S.18)

ten: »Wir wollen die Eigenkraft pflegen und damit zur allgemeinen Bildung, Gesittung und Religiosität beisteuern.« (Weil 1927:20) Jüdische Eigenart zu pflegen und dadurch auch dem Glück der Stadt Hof und dem Wohle des Vaterlands zu dienen – diesen Wunsch teilten zum damaligen Zeitpunkt wohl viele der jüdischen Besucher der neuen Hofer Synagoge.

Als Schmuckkästchen, das auch der Stadt Hof zur Zierde gereiche, hatte ein Redner auf der Festveranstaltung den Betsaal bezeichnet. Dessen Fenster – so kündigte es Leopold Weil in seiner Schrift an – würden später noch mit Glasmalereien geschmückt. Doch bereits ein Jahr später, in der Nacht vom 20. auf den 21. Oktober 1928, wurden nach einer Ansprache des NS-Gauleiters von Franken Julius Streicher vier Fenster der Synagoge eingeworfen. Ein rauer Wind kündigte sich an. Weltwirtschaftskrise, Arbeitslosigkeit, fanatische und skrupellose Parteiführer bereiteten auch in Hof, der einstigen Arbeiter- und SPD-Hochburg, den Boden für den nationalsozialistischen Terror und die Verfolgung der jüdischen Familien.

Leopold und Bertha Weil

Im Dienste der Erneuerung jüdischen Selbstbewusstseins

Bis zum Ende des Jahrzehnts widmete sich Leopold Weil nun vor allem der Aufgabe, das jüdische Selbstbewusstsein zu erneuern und zu stärken. Der Jüdische Literaturkreis erschien ihm als die geeignete Bühne. Ein Veranstaltungsbericht in der *Bayerischen Israelitischen Gemeindezeitung* vom 1. Juni 1930 zeigt, wie er sich diese Erneuerung jüdischen Selbstbewusstseins aus dem Geist der Aufklärung eines Moses Mendelssohn mithilfe von Vorträgen und Diskussionen über Philosophie, Geschichte, Literatur und Kunst bei gleichzeitiger Betonung der jüdischen Beiträge vorstellte. Doch auch seine später publizierten Gedanken zur Rolle der jüdischen Schule für die Abwehr des Antisemitismus klingen hier schon an:

> Das literarische Winterhalbjahr [1929/1930] wurde eingeleitet mit einer »Moses-Mendelssohn-Feier«. In dem herrlich geschmückten Saale des Theresiensteingebäudes sprach vor sehr zahlreichen Besuchern Lehrer Leopold Weil über: »Moses Mendelssohn und wir«. Jeden Montag fanden Vortrags- und Diskussionsabende statt, die, wie aus dem starken Besuch geschlossen werden darf – selbst aus der nahen Umgebung waren immer jüdische Gäste anwesend –, interessant und bedeutsam waren.
> Lehrer Weil hatte die schwierige und mühevolle Aufgabe übernommen, ein reiches Winterprogramm aufzustellen und durchzuführen. In einem zusammenhängenden Vortragszyklus sprach er über: »Vorgeschichte des israelitischen Volkes und seiner Religion.« – »Kultur der Hebräer in der vorisraelitischen Zeit«. – »Die historischen Berichte der Bibel im Lichte der neuen Ergebnisse der Wissenschaft.« Mit im Dienste der Abwehrarbeit standen die Abende, an welchen Weil über »Mischna und Talmud« – »Schulchan Aruch« – »Der Gottesbegriff im Judentum« – »Der Fremde in der jüdischen Sittenlehre« sprach. Von heute lebenden Dichtern jüdischen Glaubens kamen durch den oben genannten: Stefan Zweig, Arnold Zweig und Jakob Wassermann zu Wort, während Herbert Blauzwirn (Hof) über eine Neuerscheinung, Robert Neumanns »Sündflut«[144] in interessanter Weise zu berichten wußte. Ein Abend war der Kunst gewidmet. Walter Markus (Oberkotzau)[145] sprach über »Die Kunst der Käthe Kollwitz«. Am »Abend

---

144 Es handelte sich um Robert Neumanns 1929 bei Engelhorn in Stuttgart erschienenen Roman *Sintflut*. Der österreichische Autor Robert Neumann (1897 Wien-1975 München) war in den 1920er Jahren durch seine Parodien sehr bekannt. Seine Werke wurden 1933 Opfer der Bücherverbrennung und verboten (Jäger-Gogoll 2015).

145 Walter Marcus var. Markus (3.2.1891 Danzig), Sohn des Oberkotzauer Porzellanfabrikanten Wolf Marcus (1864-1943 Theresienstadt), starb 1931 in Ulm, vgl. Hübschmann 2017.

> des Buches« sprach Lehrer Weil über »Das jüdische Buch«. Mit dem Abend war eine Bücherausstellung verbunden. Dem Abend war als Vorbereitung ein Vortrag vorausgegangen: »Der Weg des jüdischen Lesers zum jüdischen Buch«.
> Im Dienste der jüdischen Jugenderziehung und der Weckung des Interesses für den jüdischen Religionsunterricht stand der ›Abend des Kindes‹ mit dem Vortrage Lehrer Weils über »Probleme des hebräischen Anfangsunterrichtes«. Seine Besonderheit erhielt dieser Abend durch Illustrationen und Vorführungen von Kindern der Volksschulen.
> Auch dem jüdischen Geschehen der Gegenwart wurde Rechnung getragen. Anschließend an einzelne Vorträge wurde über »Jüdische Gegenwartsprobleme« gesprochen und rege diskutiert. Auch innerhalb der Ortsgruppe des Zentralvereins fanden verschiedene Vorträge und aktuelle Besprechungen statt. Sinn, Ziel und Zweck aller dieser Vorträge und Veranstaltungen war und soll für die Zukunft sein, jüdisches Wissen zu verbreiten, die Aneignung gründlicher Kenntnisse in der jüdischen Geschichte und im jüdischen Schrifttum zu veranlassen, die ewig bedeutungsvollen ethischen Werte des Judentums und seiner Einrichtungen aufzuzeigen.

BIG 1930:176f

Wir wissen nicht, wie oft Leopold Weil ein solch anspruchsvolles Programm in Winterhalbjahren gestalten konnte (Weil 1930b). Wir wissen auch nicht, ob ausschließlich jüdisches Publikum die Vorträge besuchte. Immerhin weckten Leopold Weils Aktivitäten öffentliches Interesse, und lobend erwähnt der Zeitungskommentar, dass Hof beispielhaft zeige, wie auch in jüdischen »Kleingemeinden« jüdisches kulturelles Leben wachgehalten und jüdisches Wissen verbreitet werden könne.

Leopold Weil und »Die jüdische Schule im Dienste der Abwehr«

Friedrich-Woessner unterscheidet in ihrem Buch zu Hofer Juden vor der Zeit des Nationalsozialismus fünf Phasen eines erstarkenden Antisemitismus, von denen in unserem Kontext die Phase ab Ende der Zwanziger Jahre von Relevanz ist. NS-Propaganda und Antisemitismus scheuten sich immer weniger, jüdische Menschen und Einrichtungen zu belästigen, zu bedrohen, anzugreifen. Von einer neuen Verunsicherung im Alltagsleben waren auch Männer wie der jüdische Lehrer Weil betroffen, wie aus einem Bericht des Vorstandes des Bezirksamtes Hof vom 23.1.1929 hervorgeht:

»Von jüdischer Seite ist mir auch ausdrücklich bestätigt worden, daß die hiesige Judenschaft, etwa 25 Familien, nicht unter Gefährdung ihrer Sicherheit, wohl aber unter dem in Hof ganz besonders scharfen gesellschaftlichen Boykott leidet. Die Juden lebten in Hof geradezu wie im Gefängnis. Der jüdische Lehrer illustrierte die Situation durch die Mitteilung, daß er eine ganze Reihe [nichtjüdischer] Familien kenne und mit einigen Gliedern derselben zum Teil lange Unterhaltungen geführt hätte, er wisse aber nicht, ob er die Herrschaften in einem Geschäft oder auf der Straße grüßen solle, da er nicht sicher sei, ob er dort überhaupt beachtet werde. Es sei ihm wiederholt begegnet, daß er von Leuten, die ihn kennen, zum Beispiel im Cafe nicht gegrüßt worden sei.« BHSA, MInn 73725

Leopold Weil gehörte zu den – nach Volkov (1990:196) im beginnenden 20. Jahrhundert seltenen – »Menschen mit offenen Augen und scharfem Blick«, die die gesellschaftliche Entwicklung und die erfolglosen Assimilierungsbemühungen mit großer Sorge wahrnahmen. »Sie hörten die Stimmen der Antisemiten, lasen in ihren Schriften, hörten auf die feindlichen Klänge und waren sich der Gefahren bewußt.« (Volkov 1990:189). Daher stellte Leopold Weil seinem Engagement für eine Erneuerung des jüdischen Selbstbewusstseins durch vielfältige Angebote im Rahmen der Ortsgruppe des C. V. und des Literaturkreises die »Abwehrarbeit« zur Seite. Tauchte schon im oben zitierten Pressebericht vom Juni 1929 der Begriff der »Abwehrarbeit« auf, so scheint es der spektakuläre Erfolg der NSDAP bei der Reichstagswahl am 14. September 1930 gewesen zu sein, bei der sie als zweitstärkste Partei nach der SPD mit 107 Abgeordneten in den Reichstag einzog, der Leopold Weil zutiefst erschütterte und ihm die existentielle Bedeutung von »Abwehrarbeit« für jeden Einzelnen und für ihn als jüdischen Lehrer im Besonderen vor Augen führte. Er verfasste unter dem Titel »Die jüdische Schule im Dienste der Abwehr« einen Beitrag, der in drei Teilen in der *Bayerischen Israelitischen Gemeindezeitung* 1931 abgedruckt wurde (Weil 1931a, b, c). Klarsichtig und mit deutlichen Worten charakterisiert Weil eingangs die Situation:

»Die antisemitische Bewegung in Deutschland hat sich zu einer Volksseuche entwickelt, deren Auswirkung immer gefahrdrohender für das Judentum und seine Bekenner wird. Der 14. September 1930 hat diese Überzeugung auch denjenigen unter uns gebracht, welche der Bekämpfung des Antisemitismus gleichgültig gegenüberstanden, weil sie glaubten, daß diese Bewegung bald wieder in Nacht und Nebel verschwinden würde.« Weil 1931a

Zwar hätten jüdische Abwehrorganisationen mit Aufklärungsliteratur und -versammlungen versucht, der anschwellenden Volksseuche von »maßlosem Haß« und verleumderischen »Zerrbildern« ein objektives Bild vom wahren Wesen des Judentums und von seinen wirtschaftlichen und kulturellen Leistungen für die Gesellschaft Einhalt zu gebieten. Doch diese »Aufklärungsarbeit« sei nicht so erfolgreich gewesen wie erwartet. Sie konnte Ereignisse wie den 14. September nicht verhindern, weil Aufklärungsmaterialien häufig im Papierkorb enden und öffentliche Versammlungen vielfach gestört würden. Leopold Weil forderte daher zum einen, dass »die kleine Masse unserer Glaubensgenossen« und möglichst »jeder Einzelne unter uns in seinem nicht-jüdischen Bekannten- und Umkreis in privaten Gesprächen« für Aufklärung sorgen solle. »Die Möglichkeit der sachlichen Aufklärung von Mensch zu Mensch bleibt immer noch die wirksamste.« (Weil 1931a)

Aus dem oben zitierten Bezirksamtsbericht von 1929 wissen wir, dass Weil selbst solche Gespräche mit nichtjüdischen Hofern intensiv pflegte. Doch scheiterte die bisherige Aufklärungsarbeit in seinen Augen oft daran, dass der Einzelne sein Judentum gar nicht richtig kenne. Aufklärungsbroschüren reichten nicht aus. Wissen als Grundlage jüdischen Selbstbewusstseins müssten – so Weils Forderung – von Kindesbeinen an vermittelt werden. Diese »hohe und heilige Aufgabe« falle der jüdischen Schule und dem jüdischen Religionsunterricht zu: »Die jüdische Schule soll und muss uns die Massenkämpfer liefern, die, weil sie das Judentum kennt, es auch liebt und darum mit Begeisterung in die Bresche springen kann.« (Weil 1931b) Abgesehen davon, dass jüdischen Kindern in einer eigenen Schule die Erfahrungen des Anders- und Abgesondertseins, der Anfeindung und Fremdheit erspart blieben, könnten dort auch am wirkungsvollsten seelischer Halt und jüdisches Selbstbewusstsein grundgelegt werden, die die Gegenwart so dringend fordere: »Unsere jüdischen Kinder müssen leider bereits in ihrem Jugendalter Kämpfer sein.« (Weil 1931b) Beispielsweise könne der Geschichtsunterricht zeigen, dass Juden in ihrer Geschichte ursprünglich nicht die »geborenen Schacherer und Kaufleute«, sondern Bauern waren. Er könne aufklären, »daß der Antisemitismus als betrübliche Zeiterscheinung mit unserem Schicksal verkettet ist und daß mit dem weiteren sittlichen Fortschritt der Menschheit derselbe wieder schwinden wird.« Im Heimatkundeunterricht könne aufgezeigt werden, wie bodenständig und verwurzelt Juden in Deutschland seien und dass sie »das Heimatrecht für ewige Zeiten erworben haben« (Weil 1931c). Auf diese Weise würden Menschen geformt, die ihr Judentum aus den Quellen kennen und – von Stolz und Selbstbewusstsein erfüllt – mutige und erfolgreiche Kämpfer in der »Abwehrarbeit« seien. Der Artikel endet mit einem Appell an die Eltern, die jüdischen Lehrer dabei zu unterstützen, denn »es handelt sich um die Zukunft unserer Kinder und zugleich um Zukunft und Heil des Judentums.« (Weil 1931c)

Weils leidenschaftliches Plädoyer für eine Erneuerung eines jüdischen Selbstbewusstseins in eigenen Schulen und seine große Hoffnung, damit den zunehmenden antisemitischen Bedrohungen entschiedener entgegenzutreten, können – wie auch sein Engagement im Ortsverein des

C.V., im jüdischen Literatur- und Geschichtsarbeitskreis usw. – als Abkehr vom Traum vollkommener Assimilation in die deutsche Gesellschaft interpretiert werden.[146] Weils Position wurde nicht von allen Glaubensgenossen geteilt. Selbst die Schriftleitung der *Bayerischen Israelitischen Gemeindezeitung* distanzierte sich in einem knappen Eingangskommentar von seinen Überlegungen: Die Notwendigkeit eigener jüdischer Schulen sollte statt mit »Abwehrarbeit« mit pädagogischen und religiösen Argumenten begründet werden.

Zur häuslichen Kultur der Lehrerfamilie Weil Anfang der 1930er Jahre

Nur blassen Widerschein erhalten wir von der »intimen Kultur« (Volkov) der Familie Weil in all den Jahren. Leopold Weil agierte vor allem als öffentliche Person der Synagogengemeinde. Bertha Weil, die 1930 schon ihren 65ten Geburtstag gefeiert hatte, führte in der großen Wohnung Theresienstraße 7 ihren Haushalt. Zwar wohnten hier dauerhaft nur wenige Personen, aber aufgrund der beruflichen Position des Kultusbeamten Leopold Weil und seiner Vernetzung mit anderen jüdischen Familien ist von reger Geselligkeit auszugehen. Vermutlich schon früher, sicher aber in den 1930er Jahren beschäftigten die Weils Hausgehilfinnen. Vom 1. Mai 1934 bis zum 2. April 1935 arbeitete die dreißigjährige Rosa Kesselring (geboren am 11.12.1904) aus Stockheim bei Mellrichstadt im Weilschen Haushalt. Sie verzog Ende März 1935 nach Uelzen. Ihre ebenfalls 30jährige Nachfolgerin Rosa Langheinrich aus Pressig trat am 1. April 1935 ihren Dienst an. Als am 15. September 1935 das Gesetz

---

146 Shulamit Volkov hat in verschiedenen Essays herausgearbeitet, wie sich seit den 1870er Jahren in jüdischen Kreisen »vor allem aus dem Bewußtsein der unübersteigbaren Grenzen der Assimilation« (Volkov 1990:188) bei spürbar zunehmendem organisierten Antisemitismus eine Tendenz zur Erneuerung jüdischen Selbstbewusstseins manifestierte. Nicht nur die Entwicklung der zionistischen Bewegung um Theodor Herzl oder die Gründung zahlreicher neuer jüdischer Vereine und Organisationen zum Ende des 19. Jahrhunderts dokumentieren dies. Vielmehr – so die These Volkovs – wuchs eine moderne jüdische Gesellschaft heran, mit demografischen (niedrige eheliche Fruchtbarkeit), geografischen (Verstädterung) und sozialstrukturellen Besonderheiten (Mittelschicht-Stellung, hohe Bildungsaspiration, auch für Mädchen; akademische und freie Berufe). »Für einige Jahrzehnte entwickelten die sich schnell modernisierenden Juden eine stärkere, nicht eine geringere Eigenart innerhalb dieser Gesellschaft. Vor allem aber entwickelten sie eine spezifische ,intime Kultur'.« (Volkov 1990:145) Diese häuslich-jüdische »intime Kultur« ruhte nicht (mehr) auf einer religiösen Basis, sondern auf einem spezifischen gesellschaftlich-kulturellen Code, für dessen erfolgreiche Umsetzung nun auch der jüdischen Mutter als »Hüterin des neuen Systems sozialer Normen und Wünsche« (Volkov 1990:144) eine entscheidende Bedeutung zukam.

zum Schutze des deutschen Blutes und der deutschen Ehre erlassen wurde (Walk 1996, I 637),[147] mussten Weils ihr zum Ende des Jahres kündigen. Sie trat im Januar 1936 eine neue Stelle im christlichen Haushalt von Werner Matthiessen in Hof, Adolf-Hitler-Straße 12/I, an (StA Hof, BE 669 Anl.).

In den Entschädigungsakten von Julius Handburger wird von einer Zeugin eidesstattlich erklärt, dass Bertha Weil noch in Berlin einen gut eingerichteten Haushalt gehabt habe (LA Berlin, 11 WGA 898/65). Entschädigungsakten von Lazarus Weil enthalten Hinweise auf Rosenthal- und Hutschenreuther-Porzellan, das durch die guten Verbindungen Leopold Weils mit Porzellanfabrikanten der Hofer Region auch in den Weilschen Haushalt in Sulzbürg gekommen sei.[148]

Kleine Anhaltspunkte für die Ausstattung der Weilschen Küchenschränke – sicherlich getrennt für milchige, fleischige und parve (neutrale) Lebensmittel, entsprechend den jüdischen Speisegesetzen Kaschrut – liefert das Verzeichnis der am 21. März 1939 von Leopold Weil bei der öffentlichen Ankaufsstelle in Hof zwangsabgelieferten und dort sorgfältig katalogisierten Gegenstände (StA Hof, A 8356): Neben einer goldenen und einer silbernen Herrenuhr, einer Krawattennadel (»ohne Koralle«), einem Medaillon, zwei Zahnkronen, zwei alten silbernen Geldmünzen – also sehr bescheidenen Wertsachen – wurden abgegeben: 1 silberner Becher, 1 silbernes Schälchen, 1 Tablett mit 2 Kännchen, 1 silbernes Türmchen (Kultgerät), 1 silberne Zuckerzange, 6 silberne Kaffeelöffel, 4 silberne Esslöffel, 1 silberner Gemüselöffel, 1 silberner Aufsatzfuß (nachgeliefert am 31.3.1939). Wenn wir davon ausgehen, dass laut Erlass des Reichswirtschaftsministeriums vom 1. März 1939 einige Wertgegenstände zu diesem Termin nicht abgeliefert werden mussten, nämlich die eigenen Trauringe oder die eines verstorbenen Gatten, silberne Armband- und Taschenuhren, an gebrauchtem Tafelsilber zwei vierteilige Essbestecke je Person, bis zu 200 g andere Silbersachen (nicht über 40 g je Stück) und Zahnersatz zum persönlichen Gebrauch (Walk 1996, III 152), so enthielten die Küchenschränke der Weils bis 1939 zusätzlich zu den doppelten Sets an Tischbestecken einige wenige Silberwaren, die auf eine eher bescheidene Haushaltsführung hindeuten (4 Esslöffel, 6 Kaffeelöffel, ein Tablett mit 2 Kännchen, 1 silberne Zuckerzange und 1 silberner Gemüselöffel). Auch der Bestand an Ritualgerätschaften im Haushalt des Kultusbeamten Weil war nicht üppig: Der

---

147 In §3 wurde Juden die Beschäftigung von weiblichen Staatsangehörigen »deutschen« oder »artverwandten« Blutes unter 45 Jahren verboten. Dieses Verbot wurde in den folgenden Jahren immer wieder bestätigt oder verschärft, vgl. Walk 1996:436, Stichwort »Hausgehilfinnen«.

148 Vermutlich pflegte Leopold Weil gute Beziehungen zur Familie Marcus aus Oberkotzau, die auch Mitglied der Hofer Kehille war. Walter Marcus gehörte zu den Referenten des Weilschen Literaturkreises.

silberne Becher ist vermutlich der Kiddush-Becher für den Weinsegen zu Shabat-Beginn und Shabat-Ende, das silberne Schälchen könnte für die Challah, das Shabat-Brot, genutzt worden sein. Bei dem »silbernen Türmchen«, das der Taxator richtig als Kultgerät identifizierte, handelt es sich um eine Besamimbüchse, einen Gewürzbehälter, in dem duftende Gewürze (Besamim) aufbewahrt werden. Am Duft der Gewürze erfreut sich am Ende des Shabat in der sogenannten Hawdala-Zeremonie die Familie, um etwas vom besonderen Geschmack des Festtages in den Alltag mitzunehmen.[149]

Im Vergleich mit anderen Aufstellungen zu den Zwangsablieferungen nimmt sich die Weilsche Liste von 1939 eher schmal aus. Auch der in jüdischen Haushalten zumeist vorhandene siebenarmige Leuchter war offenbar dort nicht in Edelmetall vorhanden. Dennoch konnten die 69,52 RM, die Herrn Weil am 6. Mai 1939 (kurz vor der Abreise seiner Frau nach Leipzig) als Gegenwert für die abgegebenen Gegenstände per Postanweisung übersandt wurden, den immateriellen Verlust an Gerätschaften für Geselligkeit und Ritualleben nicht ausgleichen.

Sondergesetze für jüdische Lehrer und fiskalische Verfolgung

Schon im Februar 1934 gab das Bayerische Staatsministerium für Unterricht und Kultus bekannt, dass jüdische Religionslehrer nur dann an Lehrerratssitzungen teilzunehmen hätten, wenn über jüdische Schüler beraten werde (Walk 1996, I 340). Kurz darauf verfügte das Preußische Ministerium für Wissenschaft, Kultur und Volksbildung – wie so oft Vorreiter für das Deutsche Reich – dass jüdischer Religionsunterricht nicht mehr subventioniert werde; ein Jahr später wurde der jüdische Religionsunterricht in Preußen aus den amtlichen Lehrplänen gestrichen (Walk 1996, I 366, 536). Im Jahr 1935 erließ das Reichsministerium für Wissenschaft, Kultur und Volksbildung Bestimmungen, die den Beamtenstatus für jüdische Lehrer erheblich einschränkten und schließlich die Ernennung neuer jüdischer Lehrer für jüdische Schulen verboten (Walk 1996, I 498, II 40). Am 31. Juli 1936 gab das Bayerische Staatsministerium für Unterricht und Kultus bekannt, dass an bayerischen Schulen kein lehrplanmäßiger jüdischer Religionsunterricht mehr stattfinde und auch nicht mehr in den Schulzeugnissen berücksichtigt werde. Nur noch privater Religionsunterricht wurde gestattet. Staatliche oder kommunale Fördergelder wurden gestrichen. Jüdische Religionslehrer durften nicht

---

149 Besamimbehälter wurden in früheren Jahrhunderten häufig in Form von Türmchen aufwendig gestaltet. Als Material wurde manchmal Silber, meist ein anderes Metall verwendet.

mehr Mitglieder von Lehrerräten oder Prüfungsausschüssen sein (Walk 1996, II 195).

Damit wurde nun auch Leopold Weil vom Unterricht an öffentlichen Schulen, sei es jüdischer Religionsunterricht für jüdische Schüler und Schülerinnen oder Vertretungsunterricht für nichtjüdische Lehrkräfte, ausgeschlossen. Die Familie Weil verlor ihre Zusatzeinkommen, auf die sie mehr denn je angewiesen war, da auch die Einnahmen des Kultusbeamten zurückgingen. Einer Auskunft der Bundesversicherungsanstalt für Angestellte an das Entschädigungsamt Berlin vom 31.8.1971 zufolge entrichtete der »Religionslehrer, Prediger und Kantor« Leopold Weil von 1932 bis 1936 Beiträge in Klasse »E« (EB Berlin 359539, Bl. M 65). Er war demzufolge in den mittleren Dienst eingestuft. Sein Jahreseinkommen betrug in diesen Jahren zwischen 3.600 und 4.800 RM. Die Beitragszahlungen brachen jedoch abrupt im September 1937 ab. Die jüdische Gemeinde erhielt keine öffentlichen Zuschüsse für jüdische Lehrer mehr, auch ihr Vermögen schrumpfte mit jedem Wegzug ihrer Mitglieder und der zunehmenden Hilfsbedürftigkeit der verbliebenen Menschen. Nebeneinkünfte für Kasualien gab es kaum mehr. Unterricht durch jüdische Lehrer an staatlichen Schulen war verboten. Wenn überhaupt, erhielt Weil nur noch einen kleinen Lohn von seiner Kultusgemeinde und musste von seinen Ersparnissen leben.

1936 – die Mietodyssee der Familie Weil beginnt

Leopold und Bertha Weil besaßen in Hof kein Wohneigentum, sei es, dass ein Lehrergehalt dies nicht erlaubt hatte, sei es, dass ihnen eine Dienstwohnung zur Verfügung gestellt worden war. Dadurch waren sie den sich verschärfenden Restriktionen des Mietrechts für Juden schutzlos preisgegeben. Die Mietodyssee der Familie Weil begann im Jahr 1936. Obwohl Leopold und Bertha Weil im Hofer Adressbuch 1936/37 noch im Haus der Tischlermeisterfamilie Johann und Barbara Stumpf, Theresienstraße 7/II, verzeichnet waren, hatten sie ihre große Wohnung und das stattliche Haus, die sie 22 Jahre lang beherbergt hatten, schon zum 27. Februar 1936 verlassen (StA Hof, BE 669). War ihnen gekündigt worden? Gaben sie die Wohnung freiwillig auf, weil sie sich die Miete nicht mehr leisten konnten? Wir wissen es nicht.

Ihr neues Quartier war eine vermutlich kleinere Mietwohnung in der Bahnhofstraße 18 im II. Stock.[150] Sie blieben 20 Monate hier, bis sie er-

---

150 Laut AdrB Hof 1936/37:379 gab es in jedem Stockwerk dieses Hauses zwei Wohnungen. Der Hauseigentümer Justizassistent Martin Grimm bewohnte den ersten Stock. Im zweiten Stockwerk wird als Mieter der Kaufmann Manfred Zuber genannt, in dessen Nachbarschaft Leopold und Bertha Weil wohnten.

Leopold und Bertha Weil

neut – aus nicht bekannten Gründen – zum 1. November 1937 in die stadtmittig gelegene Ludwigstraße 54, II. Stock, umzogen. Das große Haus gehörte dem Kaufmann Abraham Eber Reiter, genannt Adolf Reiter, der es zu diesem Zeitpunkt noch gemeinsam mit seiner Familie bewohnte (AdrB Hof 1936/37:434). Reiters nahmen das Ehepaar Weil als Mieter auf. War es bereits eine Zwangseinweisung, gewissermaßen eine Vorwegnahme des Gesetzes über Mietverhältnisse mit Juden vom Mai 1939?[151] Bot Familie Reiter ihrem jüdischen Lehrer, mit dem Adolf Reiter als Mitglied des Gemeindevorstands stets eng zusammengearbeitet hatte, großzügig eigene Räumlichkeiten an, da sie von seinen Existenznöten und auch den gesundheitlichen Einschränkungen seiner mittlerweile über 70jährigen Ehefrau wusste?[152]

Fürsorge für die Sulzbürger Familie

Leopold Weil quälten in dieser Zeit noch andere Sorgen. In Sulzbürg lebten seine alte und leidende Mutter Rebekka Weil, sein Bruder Lazarus und seine unverheiratete Schwester Cäcilie bereits in großer Not. Hatte Leopold in früheren Zeiten seine Familie immer wieder finanziell unterstützt[153] und auch eine Grundschuld, die auf dem Sulzbürger Haus lastete, übernommen,[154] so war nun nicht einmal mehr ein Besuch in Sulzbürg möglich. Aus einem unvollständig erhaltenen Briefwechsel läßt sich folgender Vorgang rekonstruieren: Leopold Weil hat-

---

[151] Zu erzwungenen Kündigungen auf Weisung der Kreisleitung vor Mai 1939 vgl. das Schreiben des Max Franken zur Kündigung seiner Hofer Wohnung am 1.6.1938 und seiner Flucht nach Leipzig (siehe Kapitel *Familie Franken*).

[152] In dem Schreiben des Sulzbürger Bürgermeisters D. an das Bezirksamt Neumarkt vom 25.1.1938 wird Bertha Weil als »angeblich leidend« erwähnt (SA AM, Spruchkammerverfahren D-44).

[153] In einem Gespräch am 11.6.2008 erzählte die Zeitzeugin Elisabeth Pfann (Jahrgang 1920) aus Sulzbürg von ihren »Schabers«-Diensten bei Weils: »Ich war bei denen am Samstag vorn, einschüren, holzholen, einkaufen. .... Ich hab als Kind vorgmüsst ... Ich hab Semmeln gholt beim Sauer. Da hab ich auch Briefe öffnen möin... Manchmal, wenn ich einen Brief aufgmacht hab, waren 20 Mark drin. Das war vom dritten Sohn Leopold, der in Hof gelebt hat. Da haben sie sich immer sehr gefreut. Das war 1928/29. Bei der Frau Weil hat es Matzen gegeben, fürs Einschüren am Schabers. Des war der Lohn, des war ein Gedicht. Des war was Köstliches. Sie haben einen großen Garten vor dem Haus ghabt, Gemüse angebaut, Blumen gezüchtet, alles. Sie haben einen kleinen Eisenhandel gehabt, waren arm.«

[154] Vgl. SA AM, AG NM, Grundbuch Sulzbürg, Bd. 5 Blatt 71 Seite 485-488; der Eintrag lautet: »Am 22. September 1931: Die Grundschuld No. 1/I zu 5000 GM. Ist mit den Zinsen ab 1. September 1931 und allen Rechten abgetreten an Leopold Weil in Hof (Saale), Theresienstraße 7.«

te für seine Mutter Rebekka staatliche Wohlfahrtsfürsorge beantragt, die damals in den sogenannten Reichsgrundsätzen (RGr) über Voraussetzung, Art und Maß der öffentlichen Fürsorge geregelt war. In einer Stellungnahme des Sulzbürger Bürgermeisters D. vom 25. Januar 1938 wird §9 RGr erwähnt (SA AM, Spruchkammerverfahren J. D. D-44).[155] Er enthält den (heute noch geltenden) Grundsatz, dass man Fürsorge auch dann erhält, wenn man zwar über Vermögen und/oder Einkommen verfügt, dieses jedoch vorerst nicht verwertet werden kann. Allerdings soll in diesem Fall die Hilfe nur darlehensweise gewährt werden und der Zurückzahlungsanspruch durch Sicherheiten, insbesondere Sicherungshypotheken, sichergestellt werden. Von der Zurückzahlung (und dann wohl auch von der Bestellung von Sicherheiten) solle nur abgesehen werden, wenn dies mit einer »besonderen Härte« verbunden ist. Bürgermeister D. argumentierte mit vielen Unterstellungen gegen Leopold Weil und seine Familie, dass das Verlangen einer Sicherungshypothek für Fürsorgeleistungen für Rebekka Weil keinesfalls eine besondere Härte für die Weils darstelle. Leopold Weil wolle eine Hypothekenbestellung nur deshalb vermeiden, um nach dem Tod seiner Mutter in den Genuss eines unverschuldeten Anwesens zu kommen. Wie die Auseinandersetzung letztendlich ausging, ist nicht bekannt. Es handelt sich hier um ein Beispiel dafür, dass und wie einerseits die staatliche Fürsorge für Juden zunehmend restriktiv gehandhabt wurde (vgl. Walk 1996, III 20), und andererseits die NS-Behörden auf solchem Wege Voraussetzungen schufen, um in der Folge eine leichtere Verwertung des jüdischen Immobiliarvermögens (nämlich durch Zwangsversteigerung) zu erreichen.

Das Novemberpogrom:
Inhaftierung, Zerstörung der Synagoge, soziale Ausgrenzung

Von den Geschehnissen während des Novemberpogroms 1938 war auch das jüdische Lehrerehepaar Weil betroffen (vgl. Kapitel Reichskristallnacht).[156] In den frühen Morgenstunden des 10. November verschafften sich Polizeibeamte Zugang zu den schlafenden Menschen im Reiterschen Haus in der Ludwigstraße 54, nahmen Leopold Weil und seine Ehefrau Bertha fest und brachten sie zusammen mit Sabina Reiter in

155 Ich danke Dr. Jörn Heinemann für Erklärungen zu diesem Vorgang.
156 Zum Novemberpogrom in Sulzbürg und den Inhaftierungen und Misshandlungen der jüdischen Familien vgl. Hirn (2011:137-140); Hager/Berger-Dittscheid (2007:305). Auch Mutter und Tochter Weil wurden verhaftet, Lazarus Weil wurde in der Synagoge mit Erhängen an einem Tora-Wimpel bedroht und vom 15.11.bis 16.12.1938 in der »Hölle von Dachau« inhaftiert (BLEA, BEG 21345, Bl. 1-69).

Leopold und Bertha Weil

das Hofer Landgerichtsgefängnis. Von den insgesamt zwölf zwischen 4 und 5 Uhr inhaftierten jüdischen HoferInnen – sechs Frauen und sechs Männern – war die 73jährige Bertha Weil mit Abstand die älteste, zudem sehr leidend.

Nachdem mit der Arrestierung der Hofer Juden auch keine weiteren Protestaktionen zu erwarten waren, begannen SA und SS mit der Zerstörung der Synagoge. Von 5 Uhr morgens bis zum Mittag wurden Inventar und Ritualgegenstände des Gebetsraumes und die Einrichtung des Vereinszimmers demoliert, durch die Ludwigstraße zum Saaledurchstich gefahren und dort verbrannt – vor den Augen neugieriger Hofer Bürgerinnen und Bürger.

Von den in den Vormittagsstunden in das Landgerichtsgefängnis eingelieferten Juden aus anderen Orten erfuhren die Hofer »Polizeihäftlinge«, was draußen vor sich ging. Welche Gefühlsstürme von Bestürzung, Ohnmacht und Trauer mögen Leopold Weil geschüttelt haben, ihn, der in seiner Festschrift zur Einweihung des Gotteshauses und dem 25jährigen Jubiläum der jüdischen Kultusgemeinde die »innige Herzensfreude« zum Ausdruck gebracht hatte, dass der Bau durch den großen Opferwillen der Gemeinde endlich doch ermöglicht wurde. Er kannte den Ort – seinen Arbeitsplatz – bis in den letzten Winkel; er hatte dort zehn Jahre lang vorgebetet und vorgelesen, gesungen und unterrichtet, Vorträge gehalten und Versammlungen geleitet, Buchausstellungen gemacht und die Bibliothek gepflegt.[157] Am Abend des 11. November wurden die Frauen mit Kindern aus der zweitägigen Haft entlassen. Bertha Weil und Sabine Reiter kehrten in die Ludwigstraße 54 zurück, wo der kranke Adolf Reiter in der Zwischenzeit ohnmächtig zugesehen hatte, wie Kriminalbeamte und SS-Leute sein Haus und die Weilsche Wohnung durchsuchten, vorgeblich nach Waffen und verbotenen Druckschriften. In Haft blieben von den Hofern nur noch der Lehrer Weil, zwei Kaufleute und ein Fabrikbesitzer. Am Donnerstag, den 17. November, verließ ein Gefangenentransport mit insgesamt 54 Juden die Stadt Hof. Leopold Weil hatte zu diesem Zeitpunkt bereits sieben Tag in Haft verbracht. Mit den anderen Männern musste er vor den Augen eines schaulustigen Publikums vom Hofer Gefängnis zum Bahnhof laufen. Der Transport kam nur bis Regensburg. Offenbar war nach den Massenverhaftungen in Bayern das KZ Dachau nicht mehr aufnahmefähig. Vor der Einlieferung in das Regensburger Gefängnis wurde Weil wie die anderen Männer auf dem Bahnhof schwer misshandelt. Nach fünftägiger Haft in der Augustenstraße 4 wurden die Inhaftierten wieder zurück in das Hofer Landgerichtsgefängnis verbracht. Als Leopold Weil am Mit-

---

157 Was mit dem Inhalt der Bibliothek geschah, ist nicht bekannt. Möglicherweise wurden Bücher wie in anderen Orten beschlagnahmt und abtransportiert, vgl. für Regensburg Wittmer 2002:318.

tag des 30. November 1938 zusammen mit den Hofer Juden Karl Böhm, Hans Lax und Heinrich Eberstadt sowie Männern aus anderen Orten entlassen wurde, hatte er drei schreckliche Wochen Haftzeit hinter sich. Welche Sorgen und Ängste Bertha Weil in seiner Abwesenheit durchgestanden hat, ist kaum zu ermessen. In ihr Refugium im Reiter'schen Haus zurückgekehrt, traf Leopold dort nun auch den gelähmten ehemaligen Synagogendiener Max Heymann, dessen Frau Ella und ihren noch nicht 15jährigen Sohn Walter als Mitmieter an (vgl. Kapitel *Familie Heymann*). Bei der Zerstörung der Synagoge hatte Familie Heymann, die seit einem knappen Jahr in einer Wohnung über der Synagoge wohnte, ihre Unterkunft verloren und nun auch bei Reiter Unterschlupf gefunden. Durch die gemeinsame Vorstandsarbeit für die Israelitische Kultusgemeinde waren die Familien Reiter, Weil und Heymann miteinander gut bekannt und vertraut.

Steuerliche Verfolgung und Zwangsarisierung – der jüdische Exodus aus Hof

Von den 96 Mitgliedern der jüdischen Gemeinde Hof im Jahr 1933 hatten bis 1937 zwei Drittel die Stadt verlassen (Hager/Haas 2007:172, 176). Einige waren emigriert, einige versuchten sich in die Anonymität größerer Städte zu flüchten, was aber durch die zunehmend rigider gehandhabten Zulassungsbedingungen immer schwieriger wurde. Mit dem Gesetz über Mietverhältnisse mit Juden vom 30. April 1939 (Walk 1996, III 190)[158] einerseits und die sogenannte Judenvermögensabgabe andererseits wurde die soziale und materielle Situation für die wenigen noch in Hof lebenden jüdischen Familien unerträglich – 1939 wurden nur noch sieben jüdische Einwohner in Hof gezählt, unter ihnen das Ehepaar Weil. Kündigungen waren an der Tagesordnung. Die Gier nach »arisierbarem« Wohneigentum war groß. Weils Gastgeber Adolf Reiter emigrierte bereits am 8. Februar 1939 mit seiner Frau Sabine und Sohn Erich nach London. Sein Hauseigentum Ludwigstraße 54 und das Rückgebäude Karolinenstraße 37 sollten nun zwangsversteigert werden (siehe Kapitel Familie Reiter).

Die Untermieter mussten das Haus verlassen. Familie Heymann zog zum 14. Februar 1939 nach Mannheim (siehe Kapitel *Familie Heymann*). Als die beiden Häuser am 15. Mai 1939 in das Eigentum der Stadt Hof übergingen, hatten auch Leopold und Bertha ihr Obdach schon verlas-

---

158 Bereits am 28.12.1938 erging eine geheime Anordnung, dass für Juden der Mieterschutz zwar weiterhin bestehen bleibe, aber die Zusammenlegung von Juden in einem Haus erwünscht sei, vgl. Walk 1996, III 93.

sen. Für Leopold Weil ist zum 5. Mai 1939 Marienstraße 73/I als Meldeadresse angegeben; hier hatte ihn Familie Linz als Untermieter aufgenommen (StA Hof, BE 669). In der Volkzählung vom 17.5.1939 wird er als Nr. 4 im Fünfpersonen-Haushalt von Familie Linz (Haushaltsvorstand Sally Linz mit Frau und Sohn) geführt. Als Nr. 5 ist aber nicht Bertha Weil, sondern die nichtjüdische Marie Kießling genannt: Die Fluchtwege der Eheleute Weil trennten sich, denn Bertha Weil war noch zum 8. Mai ein Zuzug in Leipzig gelungen.

Dass Leopold Weil weiterhin in Hof blieb, ist angesichts der sich verschärfenden Aufenthaltsbedingungen erstaunlich. Seine Vermieter Sally und Selma Linz meldeten sich bereits drei Monate nach seinem Einzug zum 1. August 1939 nach Berlin, Pariser Straße, ab. Ihnen gelang zusammen mit ihrem Sohn Günther Berthold am 10. August 1939 die Flucht in die Dominikanische Republik, später nach New York. Leopold Weil wurde damit wieder wohnungslos und meldete sich zum 8. September 1939 – der Zweite Weltkrieg hatte begonnen – in der Theresienstraße 5/I an, im Nachbarhaus seines einstigen Domizils. Dort fand er vorübergehend Unterschlupf bei dem Hauseigentümer Andreas Wölfel, einem Warenagenten und Kohlenhändler, und seiner Frau Wilhelmine, einer Handstickereifabrikantin (AdrB Hof 1929/30). Zum 15. September 1939 meldete sich Leopold Weil als einer der letzten Juden endgültig von Hof ab. Laut Eintrag auf der Hofer Meldekartei wollte er nach Leipzig umziehen, wo seine Frau wohnte (StA Hof, BE 669).

In diese dramatische Zeit fiel die sogenannte Judenvermögensabgabe, mit der der NS-Staat seine desolaten Reichsfinanzen aufbessern wollte: Von dieser Sonderform der »antisemitischen Fiskalpolitik« (Kuller 2004) war auch Leopold Weil betroffen: Die Schmidt-Bank Hof überwies von seinem Konto am 13.2.1939 5.400 RM und am 16.11.1939 1.900 RM, insgesamt also 7.300 RM, woraus auf ein Vermögen von zirka 27.000 RM geschlossen werden kann (BLEA, BEG 21345, Bl. 25).

Getrennte Fluchtmobilitäten I: Bertha Weil in Leipzig

Bertha Weil war nicht mit ihrem Mann in die Marienstraße 73/I gezogen, sondern hatte sich schon zum 8. Mai 1939 aus der Ludwigstraße 54 ab- und am gleichen Tag in Leipzig, Funkenburgstraße 25/I, angemeldet. Die Leipziger Meldekarte vermerkte: »ohne Ehem[ann], nicht böswillig] getr[ennt]. -15- (Ehefr[au] z]ur) Auswanderung hier)« (SA Leipzig, PP-M 3122). Sie war jedoch nicht alleine nach Leipzig geflüchtet. In den Volkszählungsdaten vom 17. Mai 1939 (BArch, VZ) wurde Bertha Weil als Vorstand eines Vier-Personen-Haushalts in der Funkenburgstraße 25 geführt, zu dem auch Alma Lewin und ihre Tochter Marie/Maria Kawlin sowie der jüdische Lehrer Arnold Seliger gehörten.[159] Die drei Frauen hatten vorher lange Zeit in Hof gelebt und kannten sich sehr gut. Alma Lewin und Marie Kawlin wie auch das jüdische Ehepaar Hans Erich Lax und Regina Lax (siehe Kapitel Familien Lax und Lump) hatten sich schon zum 2. Mai 1939 von Hof nach Leipzig abgemeldet. Gut vorstellbar, dass auch Bertha ihre verbliebene Habe dem Umzugsgut der anderen beigepackt hatte, da sie selbst erst eine Woche später in die gemeinsame Leipziger Unterkunft Funkenburgstraße 25/I einziehen konnte. Offenbar war es im Mai 1939 noch möglich, für Leipzig eine Zuzugsgenehmigung für vier Personen zu erhalten. Doch bis Oktober 1939 wurden etwa 300 Mietverhältnisse gekündigt und die Menschen räumlich auf die innere Nord- und Westvorstadt eingegrenzt.[160]

Bertha Weil wollte – wie auf ihrer Meldekarte vermerkt – in der Tat von Leipzig aus ins Ausland flüchten. Ihr Auswanderungsfragebogen (AFB) vom 14. Juni 1940 ist im Archiv der Israelitischen Religionsgemeinde in Leipzig erhalten geblieben (IsrRG Leipzig 2/50).[161] Er stellt ein einzigartiges und bewegendes Zeugnis ihrer persönlichen Situation im Erhebungszeitpunkt dar, wenngleich davon auszugehen ist, dass sie beim Beantworten der Fragen vorsichtig sein musste. Es war bekannt, dass die Originale der ausgefüllten Fragebögen über die Reichsvereinigung der Juden in Deutschland an die Gestapo weitergeleitet wurden.[162]

Aus dem AFB von Bertha Weil läßt sich rekonstruieren, dass sie sich bereits 1938 – beraten durch den Hilfsverein der Juden in Deutschland

159 Nach einem weiteren Wohnungswechsel wurde Alma Lewin, geb. Guttmann, zusammen mit ihrer Tochter Marie Kawlin am 21. Januar 1942 ab Leipzig/ Dresden nach Riga, Ghetto deportiert, s. BArch GB 913141; 897135. Den ehemaligen Lehrer in Lichtenfels Arnold Seliger (*18.05.1877 Bad Orb), der durch die Vergewaltigung und den schrecklichen Tod seiner Frau Sofie Seliger schwer traumatisiert war, verband mit der Familie Weil ein kollegiales und freundschaftliches Verhältnis. Er fand vermutlich deshalb einen Unterschlupf bei Bertha Weil in der Funkenburgstr. 25. Arnold Seliger versuchte vergeblich zu emigrieren. Die Umstände seines Todes sind unklar, vgl. Koch/Löber 2009:155.

160 In dem auf S. 201-203 in diesem Buch abgedruckten Artikel der *Leipziger Neuesten Nachrichten* vom 31.10.1939 wird stolz berichtet, dass die Zahl der Juden sich seit Beginn der »Umquartierung« vom Juni bis Oktober 1939 von zirka 6000 bis auf 3800 reduziert habe; zur Wohnungspolitik in Leipzig Held 2008/2011.

161 Wir danken der Forscherin Ellen Bertram aus Leipzig für diesen wichtigen Hinweis vom 7.2.2018 und Frau Klaudia Krenn von der Israelitischen Religionsgemeinde in Leipzig für die Überlassung einer Kopie des Auswanderungsfragebogens von Bertha Weil.

162 Beim Ausfüllen des AFB waren taktische Überlegungen anzustellen: »Welche Informationen sollten angegeben werden, um eine Flucht zu erleichtern, welche Angaben könnten eine Ausreise verhindern? Soll die ganze Familie gemeinsam ausreisen, oder ist es chancenreicher, zu verschiedenen Zeitpunkten die Flucht anzutreten? Welche Zielländer sollten angegeben werden, und mit welchen Aus- oder Fortbildungen ist es am ehesten möglich, dort hinzukommen?« (Isr. Kultusgemeinde Wien)

– beim Stuttgarter Konsulat für die Auswanderung angemeldet und die Wartenummer 27422 erhalten hatte.[163] Sie besaß 1940 ein Affidavit für eine Einreise in England, wofür ihr Vetter Leo Flesch aus Piqua/Ohio 300 Dollar in London hinterlegt hatte.[164] Sie nennt des Weiteren als New Yorker Verwandte ihre Schwestern Lissi Baitinger und Rosa Handburger sowie einen nicht identifizierbaren Rudolf Weil und Moses Vorchheimer, Ehemann ihrer Nichte Melanie, geborene Handburger. Ihr Verwandtennetz in Palästina umfasste entferntere Verwandte und Bekannte der Weils.[165] Für Palästina hatte sich Bertha Weil für die Ha'apala (genannt auch Alija bet) registrieren lassen, eine nach britischem Recht illegale und von der Mandatsmacht verbotene und bekämpfte Form der Einwanderung.

Unter »Sonstige Beziehungen« benennt Bertha Weil die ehemals Hofer Juden Dr. Werner Boehm (siehe Kapitel *Familie Böhm*) und Dr. Bruno Reiter (siehe Kapitel *Familie Reiter*), außerdem Emil Heymann (Basel) und Else Heymann (New York) sowie Gerda Schaffner (Panama). Mit allen sei sie vor Kriegsausbruch im Briefwechsel gestanden, danach soweit es möglich war. Bertha Weil erwähnt im AFB – aus nachvollziehbaren Gründen – eine ihr besonders nahestehende Person nicht: ihren Sohn Julius Handburger, mit dem sie seit seiner Flucht aus Würzburg 1933 bis zu ihrer Deportation über die Deckadresse von Verwandten in Krefeld in heimlichem Briefkontakt stand.

Bertha Weil ist die Auswanderung ins Ausland nicht gelungen. Am 2. September 1941 flüchtete sie vor den unerträglich gewordenen Zwangs-

---

163 Der Hilfsverein hatte im März 1938 auf den Männerüberschuss bei der Auswanderung aufmerksam gemacht und eine verstärkte Auswanderung von Mädchen und Frauen gefordert, vgl. Paul 1988.
164 Leo Flesch, Berthas Vetter mütterlicherseits, war im 19. Jahrhundert ausgewandert und lebte in Piqua (Ohio), einem Ort mit hohem Anteil an deutschen Emigranten. Er könnte identisch sein mit dem für die Stadtgeschichte von Piqua bedeutenden Leo M. Flesh, dem Miteigentümer des großen und erfolgreichen Unternehmens für Unterbekleidung Atlas Underwear Company (Deeter) und Namensgeber der Flesh Public Library in Piqua (Piqua Public Library 2007). Bertha Weil führt Leo Flesh im AFB auch als denjenigen Verwandten an, der weitere Devisen für Passage- oder Vorzeigegelder zur Verfügung stellen könnte.
165 Dr. Max Birk, Ehemann von Leopolds Cousine Lea/Lina, geborene Eisemann, emigrierte nach 1936 nach Palästina und wohnte mit Frau, Sohn Shlomo/Walter und Tochter Mirjam in Pardes Hannah bei Haifa (AlemJud, Westheim/HAB). Der Arzt Dr. Lazarus Eisemann (1891 Westheim-1975 Tel Aviv), Cousin von Leopold Weil, flüchtete 1933 mit seiner Frau Lina, geborene Bacharach, und seinen Kindern Kurt (geboren 1923) und Edith (geboren 1925) nach Frankreich und weiter 1935 nach Palästina (Biografie und Fotos in haGalil 2012). Sein Sohn Kurt wurde – gefördert von Albert Einstein – ein berühmter Mathematikprofessor (Tobias 2013). Die von Bertha Weil genannten Henry Handburger und Emanuel Vorchheimer aus Tel Aviv gehören zu ihrer Handburger Verwandtschaft. Simon Löwenthal war ein Freund von Bertha Weils Sohn Julius Handburger.

maßnahmen gegen die verbliebene jüdische Bevölkerung aus Leipzig nach Berlin-Halensee, wie die Behörde Berlin-Wilmersdorf nach Leipzig bestätigend rückmeldete.[166] Ein mutiger Schritt – einen Monat, ehe die Berliner Gestapo den leitenden Mitgliedern der jüdischen Gemeinde die erste »Teilevakuierung« jüdischer Menschen in den Osten ankündigte (Gottwaldt/Schulle 2005:70f). Aber dort erwartete sie ihr Ehemann Leopold.

Getrennte Fluchtmobilitäten II: Leopold Weil in Berlin

Auf der Hofer Meldekarte von Leopold Weil ist als Umzugsziel am 15.September 1939 die Funkenburgstraße 25 in Leipzig angegeben, also der Haushalt seiner Frau (StA Hof, BE 669). Doch die Suche nach Belegen für einen Aufenthalt in Leipzig blieb ergebnislos. Erst eine Meldekarte zu Leopold Weil im Stadtarchiv Nürnberg verwies auf eine neue Spur – nach Berlin. Als sich Weil am 15. Juli 1940 »vorübergehend« in Nürnberg, Brunnengäßchen 28 (bei Schulz), anmeldete, gab er als seinen ständigen Wohnsitz Berlin, Bundesratsufer 4, an (StA N, C 21/X Nr. 10). Dementsprechend meldete er sich aus Nürnberg am 8. November 1940 wieder nach Berlin, Bundesratsufer 4, ab. Da sich in Leipzig seit Berthas Zuzug im Mai 1939 die Lage für die jüdische Bevölkerung immer mehr verschlechtert hatte, waren – so kann vermutet werden – Leopolds Leipzig-Pläne gescheitert, und er musste sich anderweitig orientieren.

Nun lebte in Berlin seit langem sein Cousin mütterlicherseits Dr. Karl Eisemann (geboren 1895 in Westheim) (AlemJud, Westheim/HAB). Er hatte 1914 an der ILBA in Würzburg Examen gemacht und zunächst an der Volksschule in Würzburg unterrichtet. Nach einem Studium in Berlin und Promotion in Bonn wurde er Lehrer und Direktor einer Schule in Berlin. Seine geplante Auswanderung soll daran gescheitert sein, dass er zuletzt der Hauptverantwortliche für die jüdische Schule in Berlin war.[167] Mit seiner Frau Else, geborene Katz (geboren 1908 in Eschwege/Hessen-Nassau) und seiner Tochter Noemi (geboren 1937 in Berlin) wohnte Karl Eisemann in der Dortmunder Straße 13, vermutlich in einem Haus, das zum sogenannten Judenhaus erklärt worden war, denn heute liegen dort bereits 12 Stolpersteine für ermordete BewohnerInnen. Leopold Weils erstes Berliner Quartier Bundesratsufer 4 ist nur wenige Minuten Fußweg vom Wohnsitz der Familie Eisemann entfernt. Es ist zu vermuten, dass Karl Eisemann seinem Cousin und Lehrerkollegen Leopold, dem Leipzig

---

166 Im Adressbuch Leipzig von 1940/41 ist Bertha Weil noch in der Funkenburgstraße 25/I vermerkt, allerdings als Veil, Sara B. (AdrB Leipzig 1940/41, II:154).

167 Dr. Karl Eisemann war Mitglied der Israelitischen Synagogengemeinde Adass Jisroel, die für ihre ermordeten Mitglieder, unter ihnen Familie Eisemann, einen Gedenkstein setzen ließ (Gedenktafeln in Berlin).

Leopold und Bertha Weil

versperrt war, nicht nur eine Wohnung in seinem Moabiter Kiez,[168] sondern auch Arbeitsmöglichkeiten als Lehrer beschafft hat.[169]

Über die Gründe von Leopold Weils erwähntem Aufenthalt in Nürnberg während seiner Berliner Zeit können wir nur spekulieren: Sein Bruder Lazarus Weil hatte sich auch »vorübergehend« in Nürnberg angemeldet,[170] und zwar vom 12. Januar 1940 in der Gostenhofer Hauptstraße 49a bei Jung bis zu seiner Abmeldung nach Nordamerika am 30. Juli 1941. Die Brüder hatten also während Leopolds Aufenthalt Zeit, sich eingehend über die Gesamtsituation, finanzielle Ressourcen und Fluchtmöglichkeiten zu beraten. Bertha Weil hatte im Juni 1940 ihren Auswanderungsfragebogen in Leipzig abgegeben, einen Monat später war Flucht aus Deutschland sicherlich das zentrale Thema auch für Leopold und seinen jüngeren Bruder Lazarus, der seine Emigration von langer Hand geplant hatte. Leopold Weils Versuch, seine kranke Mutter Rebekka und seine Schwester Cäcilie in Sulzbürg in dieser Zeit noch einmal zu besuchen, scheiterte am Verbot des Sulzbürger Bürgermeisters.[171] Und so kehrte er im November 1940 wieder zurück nach Berlin.

Die letzten gemeinsamen Jahre 1941 bis 1942

Im Jahr 1941 wurden in Berlin viele Juden gezwungen, ihre Wohnungen zu verlassen, um Platz zu schaffen für die großräumige Umgestaltung

---

168 Auch im Haus Bundesratsufer 4 wohnten viele Jüdinnen und Juden, von deren Schicksal heute vier Stolpersteine künden. (Wikipedia Moabit). In der sehr lückenhaft überlieferten Historischen Einwohnermeldekartei von Berlin 1875-1960 konnten Leopold und Bertha Weil nicht ermittelt werden (Auskunft LA Berlin vom 9.10.2017).

169 Im Entschädigungsverfahren Julius Handburger nach Bertha Weil wurde Leopold Weil als »Lehrer, Kantor und Prediger bei jüdischen Kultusgemeinden (Hof und Berlin)« bezeichnet. (EB Berlin 359539, Bl. M 65).

170 Es handelte sich um eine RM (= Rückmeldung), da Lazarus Weil bereits am 22.3.1938 von Sulzbürg zugezogen, am 29.3.1938 angemeldet und am 9.5.1938 in die Bullmannstraße 43/I gezogen war. Am 5.8.1938 hatte er sich mit unbekanntem Ziel abgemeldet. Als Datum der Rückkehr von Sulzbürg nach Nürnberg wurde der 10.1.1940 angegeben. Nürnberg ließ die Personalien von Lazarus Weil in Sulzbürg bestätigen und informierte die Polizei über seine Rückmeldung (StA N, C 21/X Nr. 10).

171 Im Spruchkammerverfahren gegen den damaligen Bürgermeister von Sulzbürg wurde von einem Nachbarn ausgesagt: »Frau Weil, eine Jüdin und gute Bekannte, kam zu uns und jammert uns vor. Jetzt bin ich schon so alt (84 Jahre) und hätte so gerne meinen Sohn Leopold noch einmal gesehen. Ich habe kürzlich ein Gesuch gemacht, dass ich so krank bin – was wirklich auch der Fall war – und der Bürgermeister D. hat mir das Gesuch abgelehnt, weil wir Juden sind.« (SA AM, Spruchkammerverfahren D-44, Bl. 13v)

der Reichshauptstadt nach den Plänen von Albert Speer. Auch Leopold Weil muss nun sein bisheriges Domizil am Bundesratsufer 4 aufgegeben haben, denn Bertha Weils Abmeldung von Leipzig am 2. September 1941 benennt als Ziel nicht Berlin-Moabit, sondern Berlin-Halensee.[172] Weils wohnten nach Jahren der Trennung wieder zusammen in der Katharinenstraße 19 bzw. 25 im 1. Stock.[173]

Zur Wohn- und Lebenssituation des Ehepaars gibt eine Eidesstattliche Versicherung von Hella Handburger, geborene Pape, aus Krefeld, der Ehefrau von Berthas Neffen Friedrich Julius Handburger (1897 Kleinlangheim-1971), einige Hinweise (LA Berlin, 11 WGA 898/65, Bl. 12). Offenbar lebten Weils in einer noch passabel eingerichteten Wohnung. Als Wertgegenstände zählt Hella Handburger einen fast neuen Persianermantel, einen wollenen Wintermantel mit Pelzkragen, einen Regenmantel, einige Kostüme, Kleider, Bett- und Tischwäsche, Unterwäsche, Schuhe und Schmuck sowie andere Dinge des täglichen Bedarfs auf (LA Berlin, 11 WGA 898/65, Bl. 12, 44, 45). Bertha Weil habe noch immer über Geldmittel verfügt und davon auch Hella und Friedrich Julius Handburger in Krefeld unterstützt.

Im September 1942, so erinnerte sich Hella Handburger, wurde Leopold Weil von der Gestapo verhaftet. Bertha Weil, inzwischen 77 Jahre alt und krank, blieb in der Wohnung zurück. Hella besuchte sie nun öfters. Bertha Weil zeigte ihr Zahlungsanweisungen an die Gestapo in Höhe von 500 oder 1.000 RM, die mit möglicherweise gefälschter Unterschrift von Leopold Weil versehen waren und die sie bezahlt hatte, immer in der Hoffnung auf seine Rückkehr. Am 6. Dezember 1942 teilte Hella Handburger Berthas Sohn Julius auf einer Karte mit, dass sie »vor einigen Tagen« ihre schwer leidende Tante in das Jüdische Krankenhaus Berlin, Iranische Straße 2, gebracht habe. Diese Klinik war 1935 für die Allgemeinheit gesperrt worden. Sie blieb ein Refugium für jüdische Kranke, diente aber auch als Sammellager für den Abtransport der Juden in die Todeslager (Lomoth 2017).

Zwei Postkarten, die im Original den Rechtsanwälten des Rückerstat-

---

172 Berlin-Halensee ist der kleinste Ortsteil im Bezirk Charlottenburg-Wilmersdorf. In Bertha Weil Leipziger Meldebogen ist auch die Bestätigung des neuen Aufenthaltsortes durch die Behörde Berlin-Wilmersdorf eingetragen.

173 In den wenigen noch erhaltenen Dokumenten ist die Hausnummer teilweise mit 19 (z.B. Todesfallmeldung Leopold Weil), teilweise mit 25 (Zeuginnenaussage im Rückerstattungsverfahren) angegeben. Im Rückerstattungsverfahren Julius Handburger nach Berta Weil wurde 1964 festgestellt, dass im Berliner Adreßbuch der Jahre 1935, 1938, 1940 und im Berliner Straßenbuch der Jahre 1932, 1938, 1940, 1942 zu Weil, Leopold Friedrich, Halensee-Katharinenstr. 19/25 keine Angaben enthalten seien (EB Berlin, 359 539, Bl. M18). Auf den historischen Karten von Berlin finden sich in der Katharinenstraße beide Hausnummern, 19 für ein kleines Gebäude, 25 für einen größeren Wohnblock (Geoportal Berlin), so dass auch ein Umzug der Weils von 19 in 25 denkbar ist.

Leopold und Bertha Weil

tungsverfahrens vorlagen, enthüllen Details zu Berthas Deportation nach Theresienstadt: Am 8. Juni 1943 schrieb Bertha an ihre Nichte Hella, »dass sie mit vielen Bekannten reisen werde.« Eine Woche später, am 15. Juni 1943, kündigte sie an, dass sie »morgen« abreisen werde. Offenbar wusste sie schon, dass sie auf der Deportationsliste des 91. Berliner Altentransports vom 16. Juni 1943 stand. Ihre Transportnummer war 13096 (NA Praha, Todesfallanzeige B. Weil). »Mit diesem Transport, der in Theresienstadt unter der Bezeichnung ›I/96‹ registriert wurde, räumte man das Jüdische Krankenhaus im Stadtbezirk Wedding in der Iranischen Straße 2-4 von den ›liegend Kranken‹.« (Gottwaldt/Schulle 2005:359) Mit ihm wurden auch die letzten »Volljuden« der Jüdischen Gemeinde zu Berlin, die am 10. Juni 1943 von der Gestapo aufgehoben worden war, deportiert. Unter ihnen waren der letzte Vorsitzende der Jüdischen Gemeinde zu Berlin Dr. Moritz Henschel und seine Frau sowie die Leiterin der Wohnungsberatungsstelle bei der Reichsvereinigung der Juden in Deutschland, die Juristin Martha Mosse. Vermutlich spielte Bertha mit dem Satz, dass sie mit »vielen Bekannten reisen« werde, auf solche Freunde und nun LeidensgenossInnen aus der Jüdischen Gemeinde an.

In der Hölle von Sachsenhausen

Leopold Weil war in seiner Berliner Wohnung in der Katharinenstraße 25 laut Aussage von Hella Handburger »im September 1942« von der Gestapo verhaftet worden. Sein weiteres Deportationsschicksal blieb lange Zeit im Dunkeln. Erst seine Häftlingsnummer 70 251 in der Todesfallmeldung gab den entscheidenden Hinweis: Mit dieser Nummer musste er unter die 454 Juden der Baracken 38 und 39 gekommen sein, die am 23. Oktober 1942 aus dem Konzentrationslager Sachsenhausen deportiert wurden und am 25. Oktober im Vernichtungslager Auschwitz ankamen. Da mehrere jüdische Männer aus Berlin am 1. September 1942 zunächst in das KZ Sachsenhausen und im Oktober 1942 nach Auschwitz deportiert wurden,[174] nehmen wir an, dass auch Leopold Weil diese Schicksalsdaten teilte. Mit der Geschichte des Transports von Sachsenhausen nach Auschwitz ist eine Protestaktion jüdischer Häftlinge gegen den SS-Terror verknüpft – ein einmaliger Vorfall in Sachsenhausen. Da Leopold Weil sie vermutlich miterlebt, vielleicht sogar mitgetragen hat, sei sie kurz skizziert.[175]

Das KZ Sachsenhausen war 1936 als Modell- und Schulungslager für

---

[174] Laut BArch, GB: Emanuel Hiller, Arthur Adler, Eugen Karfunkelstein, Salomon Lewin, Hermann Löwenstein, Wilhelm Wolf.

[175] Der 22. Oktober 1942 wird in vielen Publikationen über das KZ Sachsenhausen erwähnt: Großer (Hg.) ca. 1950:25-27; Autorenkollektiv 1981:86; Morsch 2004;

Kommandanten und Wachpersonal in unmittelbarer Nähe der Reichshauptstadt Berlin und damit auch zur Gestapozentrale errichtet worden. Die ersten Judenblocks waren nach den Massenverhaftungen des Novemberpogroms 1938 entstanden. »Die Bestialität der SS gegenüber den jüdischen Häftlingen, die sich aus allen Schichten der Bevölkerung zusammensetzten und unter denen sich zahlreiche junge Menschen befanden, war beispiellos ... Hunderte Juden wurden ermordet, verhungerten, verdursteten, erstickten.«

Als Leopold Weil im September 1942 nach Sachsenhausen kam, musste er vielleicht im berüchtigten Außenlager Klinkerwerk, einer Großziegelei mit Tunnelöfen, schuften, die um diese Zeit durch Gießereien erweitert und in die Rüstungsindustrie einbezogen wurde. Innerhalb dieser Hölle, so Häftlingsberichte, gab es eine »Separathölle«, die sogenannte Strafkolonie, in der Juden »fertiggemacht« wurden, wie es im Lagerjargon hieß.

Am 5. Oktober 1942 wurde im Auftrag des Reichsführers SS die Deportation aller jüdischen Gefangenen aus den KZs im Reichsgebiet in Lager im Osten angeordnet. Schon im September 1942 kursierten unter den Häftlingen der Judenblocks 38 und 39 Gerüchte über Massentransporte in die Vernichtungslager Majdanek und Auschwitz. Einige Häftlinge beschlossen, offenen Widerstand zu leisten und sich nicht als »willenlose Lämmer« abschlachten zu lassen. Als am Abend des 21. Oktober als Befehl der Lagerleitung ausgegeben wurde: »Kein Jude rückt am nächsten Tag zur Arbeit aus!« und Block- und Stubenälteste in die Arrestzellen des Bunkers gebracht wurden, schien der Tag X gekommen.

Am Morgen des 22. Oktober mussten alle Juden des Lagers am Appellplatz antreten, für Nichtjuden war der Platz gesperrt. Sie wurden durchsucht und auch noch des Geringsten ihrer Habe beraubt. Desinfektion und Ankleiden mit Hemd, Hose, Jacke und Holzpantoffeln folgten – eine inzwischen bekannte und gefürchtete Vorbereitung auf den »Genickschuss im Industriehof«. Entsetzen verbreitete sich, und man erinnerte sich an das gegebene Versprechen. Um 18 Uhr kurz nach Beginn des Abendappells der 12.000 Häftlinge ertönte der vereinbarte Satz: »Schießt doch, ihr Hunde!« Eine kleine Gruppe von Häftlingen brach durch ein Fenster der Bekleidungskammer und stürmte auf der Lagerstraße zum Tor. Am Ende lagen sie zwar überwältigt am Boden, aber bei der SS war die Verwirrung groß ob dieser unerwarteten Widerstandsaktion. Nach den Gründen befragt, antworteten die Häftlinge, man wehre sich gegen einen Genickschuss auf dem Industriehof. Sie wurden aufgeklärt, dass nicht der Genickschuss im Industriehof geplant sei, sondern

[175] Külow 2004:197-199. Külow gibt eine heimlich angefertigte Liste aus dem KZ Auschwitz wieder, auf der auch der Transport aus Sachsenhausen vermerkt ist, in dem sich Leopold Weil befunden hat. In den umfangreichen »Heimlichen Aufzeichnungen aus der Politischen Abteilung des KZ Sachsenhausen Dezember 1939 bis April 1943« (Büge 2010) fand sich kein Hinweis auf Leopold Weil.

dass es nach Auschwitz gehe. Dem herbeigerufenen Lagerkommandanten sagte die Gruppe: »Wenn es wahr ist, dass wir auf Transport gehen, dann ist noch nie in Sachsenhausen ein Transport so gemein behandelt worden wie dieser.« Zum Erstaunen aller befahl der Kommandant, den Juden alle konfiszierten Gegenstände zurückzugeben und das am Tage entzogene Essen nachträglich auszugeben.

Am Morgen des 23. Oktober 1942 wurden 454 Juden des Konzentrationslagers Sachsenhausen nach Auschwitz deportiert. Für den 25. Oktober 1942 entnahm Danuta Czech folgende Notiz dem Auschwitzer Kalendarium: »25. Oktober: Die Nummern 69879 bis 70332 erhalten 454 aus dem KZ Sachsenhausen in das KZ Auschwitz überstellte jüdische Häftlinge.« (Czech 1989:325) Leopold Weils Häftlingsnummer war 70251.

Auschwitz und Theresienstadt – Todesorte von Leopold und Bertha Weil

Von den 454 von Sachsenhausen nach Auschwitz verschleppten Juden erlebten nur 41 ihre Befreiung. Leopold Weil war nicht unter ihnen. Am 12. November 1942 wurde er in den Krankenbau von Auschwitz eingeliefert.[176] Am 14. Dezember 1942 teilte der »Standesbeamte in Vertretung« mit, dass am 16.11.1942 um 13:10 Uhr der Lehrer Leopold Israel Weil, mosaischen Glaubens, wohnhaft in Berlin-Halensee, Katharinenstraße 19, in Auschwitz, Kasernenstraße, laut schriftlicher Anzeige des Arztes Doktor der Medizin Thilo an »Herzmuskeldegeneration« verstorben sei. Vielleicht war der 54-Jährige an dem Fleckfieber erkrankt, das im Männer- und Frauenlager grassierte (Czech 1989:337). Doch Danuta Czech gibt für die Tage unmittelbar vor Leopolds Tod als Selektionspraxis auch Gas und danach immer häufiger Phenolspritzen an. Wie auch immer: Leopold Weil, der engagierte und klarsichtige Hofer Lehrer aus Sulzbürg, wurde am 16. November 1942 in Auschwitz ermordet. Wie für unendlich viele gab es auch für ihn keine ewige Ruhestätte auf einem jüdischen Beit Olam. Mit dem vor seinem Geburtshaus in Sulzbürg am 16. Oktober 2017 verlegten Stolperstein gedenken wir seiner:

»Hier wohnte | Leopold Weil | Jg. 1888 | ›Schutzhaft‹ 1938 | Gefängnis Regensburg | Deportiert 1942 | Auschwitz | Ermordet 16.11.1942«.

---

176 Auf S. 83 des Krankenbau-Registers des KZ Auschwitz (ITS 1.1.2.1, 505962) ist das Entlassungsdatum von Leopold Weil aus dem Krankenbau kaum leserlich. In der ITS-Korrespondenzakte zu ihm von 1952 ist es als »14./11.[1942]« angegeben (ITS 6.3.3.2, 90510707).

Auch Bertha Weils Reise in den Tod ist dokumentiert. Sie traf am Donnerstag, dem 17. Juni 1943, zusammen mit 429 Menschen in Theresienstadt ein (Terezín 35841; ITS 1.1.42, 5127842). Sechs Wochen später, am 30. Juli 1943, verstarb Bertha Weil laut Todesfallanzeige des Ghettos Theresienstadt im Alter von 78 Jahren im Siechenzimmer 32/33 des Gebäudes E.VII um 0 Uhr 30.[177] Als Krankheit wurde »Angina pectoris (Herzbräune)« angegeben, als Todesursache »Enteritis (Darmkatarrh)«. Die behandelnde Ärztin war Dr. Regine Kohane; mit der Totenbeschau war Dr. Marie Jonas beauftragt, beide wohl jüdische Ärztinnen, die dann auch ermordet wurden. Am 16. Oktober 2017 wurde in Sulzbürg, Schlossberg 2, auch für Bertha Weil neben dem Stolperstein ihres Ehemanns Leopold ein Gedenkstein mit folgender Inschrift verlegt:

»Bertha Weil | Geb. Handburger | Jg. 1865 | Deportiert 1942 | Theresienstadt | Ermordet 30.7.1943«.

NS-Opfer der Familien Weil und Handburger

Nachdem Leopold Weils Bruder Lazarus im August 1941 die Flucht nach New York kurz vor dem Verbot der Auswanderung von Juden (Oktober 1941) noch geglückt war,[178] blieben seine 82jährige Mutter Rebekka und seine 49jährige Schwester Cäcilie in ihrem Haus in Sulzbürg schutzlos zurück. Am 3. April 1942 wurde eine erste Gruppe Sulzbürger Juden über Neumarkt in der Oberpfalz und Regensburg mit knapp 1.000 Menschen nach Piaski im Kreis Lublin deportiert (Gottwaldt/ Schulle 2005:191).[179] Eine Woche später mussten Rebekka und Cäcilie Weil ihr Haus verlassen und ihren Hausschlüssel bei der Gendarmerie abgeben. Mobiliar, Wäsche und sonstiger Besitz einschließlich ihres Holzlagers wurden zu Schleuderpreisen verkauft (SA AM, Spruchkammerverfahren D-44).[180] Zusammen mit einer weiteren Jüdin wurden sie

177 Der dort zunächst angegebene Sterbetag 30.6. wurde handschriftlich verbessert zu 30.7., alle anderen Einträge auf der Todesfallanzeige bestätigen den 30.7. (NA Praha, Weil Bertha).
178 Lazarus Weil traf am 20.8.1941 auf dem Schiff »Ciudad De Sevilla« in New York, NY, ein. Auf der Passagierliste ist als Geburtsort »Salzburg« angegeben, als beherrschte Sprachen werden Deutsch und Holländisch genannt; sein QIV (Quota Immigrant Visa) hat die Nummer 17282 (ausgebessert) und wurde am 10.6.1941 in Stuttgart ausgestellt (NA Kansas City 7629019; NARA, T 715 1941b).
179 Ausführlich dokumentiert bei Wittmer 2002:359ff; Hirn 2011:137-140; Hager/ Berger-Dittscheid 2007:305.
180 Dazu auch diverse Zeugenaussagen in den Wiedergutmachungsakten Lazarus Weil nach Rebekka Weil bzw. Lazarus Weil nach Cilly Weil, SA AM, WB II 1677 und WB II 2654; SA AM, BezA NM 3316.

zwangsweise im Haus einer jüdischen Familie einquartiert. Am 28. Mai 1942 verließen die fünf letzten Jüdinnen und Juden Sulzbürg, wo seit nahezu 500 Jahren ununterbrochen Menschen jüdischen Glaubens gelebt hatten. Nach dem Zwangsaufenthalt im jüdischen Altersheim in Regensburg, Schäffnerstraße 2, wurde Cäcilie Weil am 15. Juli 1942 mit fünf weiteren kranken Personen deportiert, darunter eine ehemalige Sulzbürgerin. Gemeinsam fuhren sie in ein bis heute unbekanntes Schicksal (Wittmer 2002:369).

Rebekka Weil wurde am 23. September 1942 mit insgesamt 680, aus vielen Gegenden Frankens und der Oberpfalz zusammengetriebenen LeidensgenossInnen nach Theresienstadt deportiert (Wittmer 2002:369ff, Gottwaldt/Schulle 2005:331). Sie starb 16 Tage nach ihrer Ankunft am 10. Oktober 1942, morgens um 8 Uhr, 83jährig. Als Todesursache notierte der KZ-Arzt Enteritis, Darmkatarrh.

Leopolds Bruder Lazarus überlebte im Exil in New York. Am 22.12.1945 heiratete er Else Frank (geboren am 8.7.1901 in Würzburg). Nach dem Krieg kämpfte er – unterstützt durch einen Sulzbürger Freund und eine Freundin aus Sulzbach-Rosenberg – um die Rückerstattung des Sulzbürger Hauses und anschließend viele Jahre um Entschädigung für Schäden an Körper, Gesundheit, Freiheit, Eigentum und Vermögen und an beruflichem und wirtschaftlichem Fortkommen (BLEA, BEG 21345). Nachdem er den Verkauf seines Hauses getätigt hatte und die anderen Entschädigungsverfahren abgeschlossen waren, brach er auf dem Rückweg nach New York in Frankfurt/Main zusammen. Er starb am 27. August 1964 im Krankenhaus der Diakonissenanstalt, Holzhausenstraße 92-94, und wurde am nächsten Tag auf dem Jüdischen Friedhof, Eckenheimer Landstraße 238, Abteilung 11 C, 5. Reihe, Grabnummer 14, bestattet.[181]

Auch für Rebekka, Cäcilie und Lazarus Weil wurden am 16. Oktober 2017 vor ihrem ehemaligen Wohnhaus in Sulzbürg, Schlossberg 2, Stolpersteine verlegt.

Leopold Weils Cousin und Berliner Helfer Dr. Karl Eisemann, der nicht wie seine Geschwister nach Palästina auswandern konnte, wurde mit seiner Frau Else und der fünfjährigen Tochter Noemi am 26. Oktober 1942 in der sogenannten »Gemeindeaktion« vom Bahnhof Berlin-Moabit nach Riga deportiert. Laut Gottwaldt/Schulle (2005:259) befanden sich unter den 798 Deportierten mindestens 204 Angestellte der Jüdischen Gemeinde zu Berlin sowie 55 Kinder in der Altersgruppe bis zu zehn Jahren. Die Menschen dieses »22. Osttransports« wurden sofort nach ihrer Ankunft in Riga am 29. Oktober 1942 in den umliegenden

---

[181] Totenschein Standesamt Frankfurt (BLEA, BEG 21345, Bd. I, Bl. 227). Dank an Iona Iunaev von der Chewra Kadischa Frankfurt für Überlassung eines Fotos und Informationen am 6.9.2017.

Wäldern ermordet. An Dr. Karl Eisemann, Else und Noemi Eisemann erinnern drei Stolpersteine, die seit dem 20. September 2013 vor ihrem Wohnhaus in Berlin, Dortmunderstraße 13, verlegt wurden.

Bertha Weils Sohn Julius Handburger, der sofort nach der Machtergreifung der Nationalsozialisten geflüchtet war, erlebte von 1933 bis nach 1945 als Staatenloser eine Odyssee durch Konzentrations-, Internierungs- und Flüchtlingslager in Frankreich und der Schweiz.[182] Im elsässischen Exil hatte er 1933 die Katholikin Herma Maria Schneider geheiratet und war Vater von zwei Söhnen geworden.[183] Die Ehe wurde 1948 geschieden (BHSA, LEA 15465, Bl. II 70). Es folgte ein jahrzehntelanger Kampf um Rückerstattung und Entschädigungen sowie eine Erbauseinandersetzung mit Lazarus Weil. Am Ende seines Lebens wohnte Julius Handburger im Altersheim La Charmille in Riehen/Schweiz. Er starb am 10. April 1967 im St. Claraspital in Basel, verarmt und heimatlos, gedemütigt und depressiv. »Entwurzelungsdepression im Sinne der Entstehung« lautete ein ärztlicher Befund (BHSA, LEA 15465, Bl. V 36).

Bertha Weils Bruder Isidor Handburger (geboren 1871 in Kleinlangheim) wurde am 23. Juli 1942 von Hannover nach Theresienstadt deportiert und starb dort am 3. Dezember 1942.

Isidor Handburgers Sohn und Berthas Neffe Karl Handburger (geboren 1898 in Würzburg), seine Frau Käthe, geborene Wachenheimer (geboren 1909 in Würzburg) und ihr Söhnchen Peter (geboren 1937 in Würzburg) wurden mit dem ersten Transport aus dem fränkischen Raum am 29. November 1941 mit 1.008 Männern, Frauen und Kindern vom Sammellager Nürnberg-Langwasser aus nach Riga-Jungfernhof, ein Außenlager des Ghettos Riga, in Lettland deportiert (Hübschmann 2003; Gottwaldt/Schulle 2005:122). Für Karl, Käthe und Peter Handburger wurden im Jahr 2007 in Würzburg, Weingartenstraße 4, drei Stolpersteine verlegt.[184] Im gleichen Transport deportiert wurden ein anderer Sohn von Isidor Handburger, Adolf (geboren 1903 in Kleinlangheim), und dessen Frau Martha, geborene Engelhardt (geboren 1904 in Ullstadt), die auch in Würzburg gelebt hatten.

Die Schicksale der Familien Weil und Handburger zeigen, dass im NS-Regime fast nur die Flucht ins Ausland oder ein Freitod vor der Er-

---

182 Seine Fluchtbiographie: 11. oder 18.3.1933 Flucht von Würzburg nach Zürich; 30.4.1933 Wegzug nach St. Louis im Elsass; 2.9.1939 Internierungslager Catus, 23.11.1939 Zwangsaufenthalt in Lectoure, 10.5.1940 KZ St. Cyprien (Pyrénées-Orientale), 11.7.1940 Zwangsaufenthalt Lectoure; 16.10.1942 Flüchtlingslager Gyrenbad (Schweiz), 12.3.1943 zivil interniert in Basel.

183 Michel Yves Handburger-Vuillecard, geboren am 25.8.1934 in Mulhouse, Gymnasiallehrer, französischer Staatsangehöriger, wohnhaft in Dijon, Côte d'Or, France, Rue Jean Renaud; Abel Pierre Handburger-Chauve, geboren am 8.1.1936 in Mulhouse, Rechtsanwalt, französischer Staatsangehöriger, wohnhaft in Dijon, Côte d'Or, France, 17 Rue Nodot (BHSA, LEA 15465, Bl. II 42).

184 Wikipedia, Würzburg, dort auch ausführliche Biografien mit Literaturangaben.

mordung bewahrten. Sie machen auch deutlich, dass geflüchtete Überlebende wie Lazarus Weil oder Julius Handburger bei den späteren jahre- bis jahrzehntelangen Kämpfen um Rückerstattung des Verlorenen und Entschädigung für das Erlittene oft neuen Traumatisierungen ausgesetzt waren.

VERZEICHNIS JÜDISCHER EINWOHNER VON HOF

Das folgende Verzeichnis führt 161 Bürger auf, die in der NS-Zeit als Juden verfolgt wurden, gleichgültig, ob sie einer Israelitischen Kultusgemeinde angehörten oder nicht. In ihrem Rassewahn definierten die Nationalsozialisten mit den Nürnberger Gesetzen von 1935, wer für sie Jude ist, und gingen dabei von der Abstammung aus. Menschen mit vier jüdischen Großeltern kategorisierten sie als »Volljuden«, ein »Halbjude« hatte zwei jüdische Großeltern und ein »Vierteljude« einen jüdischen Großelternteil. Im Verzeichnis werden 25 Bürger mit zwei jüdischen Großelten und neun Bürger mit einem jüdischen Großelternteil aufgeführt. Bei jenen ohne solche Angabe, waren alle vier Großeltern jüdisch. Die Religion geben wir an, wenn sie uns mit Sicherheit aus den Quellen bekannt ist.

Zu beachten ist, dass sich das Verzeichnis im Grunde aus zwei Hauptkategorien von »Hofern« zusammensetzt. Die erste wird durch den Geburtsort bestimmt: 85 der 161 Personen sind gebürtige Hofer. Die zweite Kategorie wird dadurch bestimmt, dass die Menschen während der NS-Zeit in Hof wohnten, d.h. gemeldet waren (mit zwei Ausnahmen kurz vor 1933). Die Schnittmenge der beiden Kategorien ist groß. Zu beachten ist, dass nicht wenige gebürtige Hofer mit ihren Eltern als Kleinkinder von Hof fortzogen. Die Absicht des Verzeichnisses ist, der Ansicht entgegenzutreten, in Hof habe es nur wenige Juden gegeben. Tatsächlich würde ein Verzeichnis der jüdischen Hofer im 20. Jahrhundert, also ohne die Begrenzung auf 1933 bis 1945, bedeutend größer sein. Friedrich-Wössner hat im Rahmen ihrer Untersuchung der Israelitischen Kultusgemeinde Hof von 1997 eine »Datenbank« für die Zeit von 1874 bis 1933 angelegt, die etwa 500 Personen umfasst (Friedrich-Wössner, unpubl.). Viele waren nur kurze Zeit bei Verwandten oder zur Ausbildung in Hof, viele aber auch mehrere Jahrzehnte lang Bürger der Stadt. Zu ihrer Datenbank würden alle jüdischen Juristen hinzukommen, die zwei bis drei Jahre in Hof als Richter oder Staatsanwälte lebten. Sie hat Reinhard Weber in seinem Werk über jüdische Justizbedienstete in Bayern veröffentlicht (Weber 2012).

Eine weitere Absicht dieses Verzeichnisses ist es, neben den biografischen Daten der Verfolgten ihre Schicksale zu dokumentieren, wohin sie emigrierten oder von wo sie mit welchem Ziel deportiert wurden, zu Tode kamen oder ermordet wurden. Von den 161 Personen wurden 31 deportiert. Nur vier von ihnen haben überlebt. In der folgenden Zusammenstellung bedeutet »verschollen«, dass die Todesumstände und Sterbedaten nicht bekannt sind. Selbst wenn die Deportierten zu Vernichtungslagern verschleppt wurden, kann man nur annehmen, dass dies auch ihr Sterbeort war. Belege gibt es aber nicht.

In der Spalte zur Anwesenheit in Hof wurde auf die vollen Jahre auf- bzw. abgerundet.

276　Hofer, die als Juden in der NS-Zeit verfolgt wurden

Namen, Biografie	In Hof anwesend	Wegzug von Hof	Bemerkung
Anders, <u>Alfred</u> William, geb. 2.12.1894, Hof, gest. 20.2.1957		1929	evang., jüd. Mutter
Anders, Franz/Willi Franz, geb. 1931 in Hof			evang., jüd. Großmutter
Anders, Hannelore, geb. 1930, Hof			evang., jüd. Großmutter
Anders, Hans, geb. 31.12.1898 in Hof, gest. 21.6.1987, Hof			evang., jüd. Mutter
Anders, Kurt, geb. 15.7.1896, Hof, gest. 21.3.1990, Hof			evang., jüd. Mutter
Anders, Pauline/Paula, geborene Jacobi, geb. 25.9.1869, Jeßnitz (Kreis Dessau-Köthen), gest. 19.11.1958	52 Jahre	vorübergehend bis Kriegsende	
Anders, <u>Ursula</u> Bärbel, geb. 1939, Hof			evang., jüd. Großmutter
Anders, Willy Fritz, geb. 10.8.1900, Hof, gest. 21.3.1974, Erlangen		23.2.1940	evang., jüd. Mutter
Bacharach, Hildegard/Hildgard Eleonore/Judith, verheiratete Front, geb. 12.5.1925, Hof, emigrierte November 1939 nach Palästina	ca. 2 Jahre	1.2.1927	
Bartel, Gustav, geb. 14.11.1908, Hof	30 Jahre	?	lebte Mai 1939 in Berlin-Mitte
Bartel, Hans, geb 23.4.1913, Hof	43 Jahre	?	lebte Mai 1939 in Berlin-Wedding
Blauzwirn, Betty, verwitwete Plaut, verheiratete Altstaedter, geb. 10.4.1904, Hof, emigrierte 1939 nach Palästina, gest. 1995, Israel	38 Jahre	3.4.1934	
Blauzwirn, David, später Blau, geb. 13.4.1867, Chocz (Kreis Kalisch, Russisch Polen), emigrierte 1940 von Berlin nach Argentinien, lebte in New York City, gest. 7.5.1961, Bronx, New York City, USA		25.8.1934	
Blauzwirn, Helene »Lene«, geborene Hodes, geb 23.11.1874, Zempelburg (Kreis Marienwerder, Preußen), emigrierte 1940 von Berlin nach Argentinien, lebte in New York City, gest. 1955, USA		25.8.1934	
Blauzwirn, Herbert, geb. 26.11.1897, Hof, emigrierte 1938 nach Pennsylvanien, lebte in New York City, gest. Januar 1967, Queens, New York City, USA		16.6.1934	

Hofer, die als Juden in der NS-Zeit verfolgt wurden

Namen, Biografie	In Hof anwesend	Wegzug von Hof	Bemerkung
Blauzwirn, Paula, verheiratete Bauchwitz, geb. 11.8.1901, Hof, emigrierte 1936 nach Ramataim, Palästina, gest. 2001 in Israel		25.8.1934	
Blauzwirn, Siegfried, geb. 6.12.1898, Hof, emigrierte vor 1930 nach Argentinien, lebte in Rio Cuarto, Argentinien		6.11.1924	
Böhm, Berta »Bertel«, geborene Oppenheimer, geb. 6.4.1888, Guntersblum (Kreis Mainz, Hessen-Nassau, Preußen), gest. 13.2.1974, Santa Barbara, CA, USA	27 Jahre	22.4.1941	
Böhm, Erich, geb. 15.7.1918, Hof, emigrierte 1934 nach USA, gest. 11.9.2017	16 Jahre	31.7.1934	
Böhm, Karl, geb. 17.11.1881, Oberlangenstadt (Bezirksamt Kronach), gest. 28.4.1974 in Santa Barbara, CA, USA	27 Jahre	22.4.1941	
Böhm, Werner, geb. 19.6.1913, Oberlangenstadt (Bezirksamt Kronach), emigrierte 1933 nach Zürich, 1934 nach Dijon, Frankreich, Dezember 1937 in die USA, gest. 18.10.2011 in New Brunswick, NJ, USA	18 Jahre	17.4.1933	
Braun, Georg, Dr. med., geb. 28.12.1886, Posen, überlebte in Berlin	13 Jahre	31.5.1933	
Braun, Jürgen, geb. 6.11.1927, Hof, emigrierte November 1951 in die USA, gest. 2010, Hockessin, Delaware, USA	6 Jahre	31.5.1933	evang., jüd. Vater
Dalfen, Salomon, geb. 2.1.1898 in Kolomea (Galizien, Österreich, Polen)	3 Jahre	10.3.1933	
Dick, Linda, geb. 16.6.1908 in Hof			jüd. Vater
Dzialdow, Salomon, geb. 29.1.1902, Biezun (Bezirk Plock, Kongresspolen)	5 Jahre	21.3.1937	
Eberstadt, Charlotte, geb. 1929 in Hof	38 Jahre	29.3.1939	evang., jüd. Vater
Eberstadt, Gerhard, geb. 1934, Hof		29.3.1939	evang., jüd. Vater
Eberstadt, Heinrich, geb. 10.5.1886, Frankfurt am Main, 1940-1944 Zwangsarbeitslager Leipzig, Oktober 1944 bis April 1945 Zwangsarbeitslager Osterrode, Harz, April 1945 Rückkehr nach Hof, gest. 22.1.1968, Naila		29.3.1939	keine Religion

Namen, Biografie	In Hof anwesend	Wegzug von Hof	Bemerkung
Eberstadt, Karl/Karlheinz, geb. 10.1.1928, Schweinfurt, gest. nach 2006		29.3.1939	evang., jüd. Vater
Eberstadt, Wolfgang, geb. 1936, Hof		29.3.1939	evang., jüd. Vater
Epstein, Marie, geborene Frank, geb. 8.3.1865, Walldorf (Bezirksamt Wiesloch, Baden), gest. 13.7.1934, Alexandersbad	47 Jahre		
Fischer, Max, geb. 14.4.1897, Hof, Wegzug 8.11.1899 nach Nürnberg		8.11.1899	
Frank, Helene, geborene Klockers, geb. 16.1.1897, Duisburg-Hamborn, gest. 6.7.1934, Hof	2½ Jahre		
Frank, Herbert, geb. 15.6.1884, Stadtoldendorf (Kreis Holzminden, Herzogtum Braunschweig), deportiert 26.3.1943 von Hamburg nach Theresienstadt, weiter am 28.10.1944 nach Auschwitz	4 Jahre ab Januar 1932	12.2.1936	
Frank, Ruth, geb. 17.3.1925, Duisburg	4 Jahre	12.2.1936	
Franken, Käthe, verheiratete Hoffmann, geb. 10.8.1922, Hof, deportiert 21.1.1942 von Leipzig nach Riga, überlebte die Deportation, gest. 21.2.2012 in Karlsfeld, Kreis Dachau	15 Jahre	1.11.1938	
Franken, Lore, geb. 15.6.1918, Hof, deportiert 21.1.1942 von Leipzig nach Riga, gestorben im April 1945 im KZ Chinow/Pommern nach der Befreiung	18 Jahre	2.3.1936	
Franken, Margarete, geb. 24.8.1914, Hof, deportiert 21.1.1942 von Leipzig nach Riga, überlebte die Deportation, lebte im März 1948 in Breesen, Kreis Malchin, Mecklenburg, ab 1958 in Koblenz, gest. 26.6.1986, Koblenz	22 Jahre	31.8.1937	
Franken, Max/Maximo, geb. 25.3.1881, Emmerich (Kreis Rees, Rheinprovinz), emigrierte 1941 von Leipzig nach Buenos Aires, Argentinien, gest. 2.5.1957, Buenos Aires	25 Jahre	1.11.1938	
Franken, Therese Henriette, geborene Silberberg, geb. 7.2.1885, Halle/Saale, deportiert 21.1.1942 von Leipzig nach Riga- gest. 11.12.1944 im KZ Stutthof	25 Jahre	1.11.1938	

Hofer, die als Juden in der NS-Zeit verfolgt wurden

Namen, Biografie	In Hof anwesend	Wegzug von Hof	Bemerkung
Freund, Philipp, geb. 15.4.1897, Hof, deportiert von Oradea (Kreis Bihor, Großrumänien), gest. 1944, Auschwitz	1 Jahr	18.5.1898	
Gabbe, Artur/Julius Arthur, geb. 3.12.1887, Hof, Wegzug 1.9.1893 nach Magdeburg, gest. 18.11.1916, gefallen im Ersten Weltkrieg	47 Jahre	1.9.1893	
Gabbe, Rosa/Rosa Albertine/Sofie Albertine, geb. 10.10.1885, Hof, Wegzug 1.9.1893 nach Magdeburg, gest. 25.4.1941, Magdeburg	8 Jahre	1.9.1893	
Gabriel, Elsbeth Esther, verheiratete Bendix, geb. 12.7.1895, Hof, Flucht im Januar 1939 nach Shanghai, Rückkehr nach Deutschland August 1947, emigrierte 1948/1950 in die USA		vor 1910	
Gabriel, Leo, geb. 29.12.1873, Wreschen (Wrzesnia) (Kreis Wreschen/Preußen), deportiert 18.3.1943 von Berlin nach Theresienstadt, gest. 22.8.1943 in Theresienstadt	25 Jahre	2.10.1933	
Gabriel, Selma, geborene Meyerstein, geb 13.1.1883, Posen, deportiert 1.3.1943 von Berlin ins KZ Auschwitz, verschollen	20 Jahre	2.10.1933	
Goldmann, Julius, geb. 28.12.1877, Botosany (Kreis Jassy/Rumänien), gest. 26.4.1934, Hof	14 Jahre		
Göttinger, Albert Karl, geb. 27.8.1920, Hof, deportiert 16.10.1941 von Prag nach Lódz, verschollen am 1.2.1945 im KZ Mittelbau Dora	13 Jahre	29.1.1935	
Göttinger, Emmy,- geborene Rosenfeld, verwitwete Hamburger, geb. 26.5.1885, Weimar, deportiert 16.10.1941 von Prag nach Lódz, verschollen	35 Jahre	29.1.1935	
Göttinger, Martin, geb. 18.5.1878, Rakwitz (Rakoniewice) (Kreis Bomst/Provinz Posen), Wohnort Hof, deportiert 16.10.1941 von Prag nach Lódz, verschollen	14 Jahre	3.1.1934	
Groh, Siegfried Horst, geb. 20.1.1925, Plauen	8 Jahre	21.7.1933	jüd. Vater
Gronemann, Hans, geb. 22.7.1905, Torgelow, Regierungsbezirk Stettin, emigrierte von Stettin nach Shanghai, am 15.7.1947 von Shanghai nach Santiago de Chile	9 Jahre	30.10.1937	

280 Hofer, die als Juden in der NS-Zeit verfolgt wurden

Namen, Biografie	In Hof anwesend	Wegzug von Hof	Bemerkung
Eberstadt, Karl/Karlheinz, geb. 10.1.1928, Schweinfurt, gest. nach 2006		29.3.1939	evang., jüd. Vater
Eberstadt, Wolfgang, geb. 1936, Hof		29.3.1939	evang., jüd. Vater
Epstein, Marie, geborene Frank, geb. 8.3.1865, Walldorf (Bezirksamt Wiesloch, Baden), gest. 13.7.1934, Alexandersbad	47 Jahre		
Fischer, Max, geb. 14.4.1897, Hof, Wegzug 8.11.1899 nach Nürnberg		8.11.1899	
Frank, Helene, geborene Klockers, geb. 16.1.1897, Duisburg-Hamborn, gest. 6.7.1934, Hof	2½ Jahre		
Frank, Herbert, geb. 15.6.1884, Stadtoldendorf (Kreis Holzminden, Herzogtum Braunschweig), deportiert 26.3.1943 von Hamburg nach Theresienstadt, weiter am 28.10.1944 nach Auschwitz	4 Jahre ab Januar 1932	12.2.1936	
Frank, Ruth, geb. 17.3.1925, Duisburg	4 Jahre	12.2.1936	
Franken, Käthe, verheiratete Hoffmann, geb. 10.8.1922, Hof, deportiert 21.1.1942 von Leipzig nach Riga, überlebte die Deportation, gest. 21.2.2012 in Karlsfeld, Kreis Dachau	15 Jahre	1.11.1938	
Franken, Lore, geb. 15.6.1918, Hof, deportiert 21.1.1942 von Leipzig nach Riga, gestorben im April 1945 im KZ Chinow/Pommern nach der Befreiung	18 Jahre	2.3.1936	
Franken, Margarete, geb. 24.8.1914, Hof, deportiert 21.1.1942 von Leipzig nach Riga, überlebte die Deportation, lebte im März 1948 in Breesen, Kreis Malchin, Mecklenburg, ab 1958 in Koblenz, gest. 26.6.1986, Koblenz	22 Jahre	31.8.1937	
Franken, Max/Maximo, geb. 25.3.1881, Emmerich (Kreis Rees, Rheinprovinz), emigrierte 1941 von Leipzig nach Buenos Aires, Argentinien, gest. 2.5.1957, Buenos Aires	25 Jahre	1.11.1938	
Franken, Therese Henriette, geborene Silberberg, geb. 7.2.1885, Halle/Saale, deportiert 21.1.1942 von Leipzig nach Riga- gest. 11.12.1944 im KZ Stutthof	25 Jahre	1.11.1938	

Hofer, die als Juden in der NS-Zeit verfolgt wurden

Namen, Biografie	In Hof anwesend	Wegzug von Hof	Bemerkung
Freund, Philipp, geb. 15.4.1897, Hof, deportiert von Oradea (Kreis Bihor, Großrumänien), gest. 1944, Auschwitz	1 Jahr	18.5.1898	
Gabbe, Artur/Julius Arthur, geb. 3.12.1887, Hof, Wegzug 1.9.1893 nach Magdeburg, gest. 18.11.1916, gefallen im Ersten Weltkrieg	47 Jahre	1.9.1893	
Gabbe, Rosa/Rosa Albertine/Sofie Albertine, geb. 10.10.1885, Hof, Wegzug 1.9.1893 nach Magdeburg, gest. 25.4.1941, Magdeburg	8 Jahre	1.9.1893	
Gabriel, Elsbeth Esther, verheiratete Bendix, geb. 12.7.1895, Hof, Flucht im Januar 1939 nach Shanghai, Rückkehr nach Deutschland August 1947, emigrierte 1948/1950 in die USA		vor 1910	
Gabriel, Leo, geb. 29.12.1873, Wreschen (Wrzesnia) (Kreis Wreschen/Preußen), deportiert 18.3.1943 von Berlin nach Theresienstadt, gest. 22.8.1943 in Theresienstadt	25 Jahre	2.10.1933	
Gabriel, Selma, geborene Meyerstein, geb 13.1.1883, Posen, deportiert 1.3.1943 von Berlin ins KZ Auschwitz, verschollen	20 Jahre	2.10.1933	
Goldmann, Julius, geb. 28.12.1877, Botosany (Kreis Jassy/Rumänien), gest. 26.4.1934, Hof	14 Jahre		
Göttinger, Albert Karl, geb. 27.8.1920, Hof, deportiert 16.10.1941 von Prag nach Lódz, verschollen am 1.2.1945 im KZ Mittelbau Dora	13 Jahre	29.1.1935	
Göttinger, Emmy,- geborene Rosenfeld, verwitwete Hamburger, geb. 26.5.1885, Weimar, deportiert 16.10.1941 von Prag nach Lódz, verschollen	35 Jahre	29.1.1935	
Göttinger, Martin, geb. 18.5.1878, Rakwitz (Rakoniewice) (Kreis Bomst/Provinz Posen), Wohnort Hof, deportiert 16.10.1941 von Prag nach Lódz, verschollen	14 Jahre	3.1.1934	
Groh, Siegfried Horst, geb. 20.1.1925, Plauen	8 Jahre	21.7.1933	jüd. Vater
Gronemann, Hans, geb. 22.7.1905, Torgelow, Regierungsbezirk Stettin, emigrierte von Stettin nach Shanghai, am 15.7.1947 von Shanghai nach Santiago de Chile	9 Jahre	30.10.1937	

282 Hofer, die als Juden in der NS-Zeit verfolgt wurden

Namen, Biografie	In Hof anwesend	Wegzug von Hof	Bemerkung
Hamburger, Max, geb. 28.2.1913, Hof, emigrierte 10.10.1933 nach Palästina,	21 Jahre	10.10.1933	
Hammer, Israel, geb. 8.6.1877, Jaroslau, Polen, deportiert 5.6.1942 von Wien nach Izbica, verschollen	5 Jahre	31.5.1934	
Hammer, Margarete, geborene Schmolka, verwitwete Quastler, geb. 31.8.1890, Königgrätz	5 Jahre	31.5.1934	
Hetzer, Ilse, geb. 19.4.1924, Hof			jüd. Großmutter
Heymann, Eleonore/Ella/Elly, geborene Kuhn, geb. 13.3.1887 (14.3.1886), Haßloch/Pfalz, deportiert 22.10.1940 von Mannheim nach Gurs, überlebte, gest. November 1976, New York, NY, USA	27 Jahre	14.2.1939	
Heymann, Max, geb. 27.5.1882, Tauberbischofsheim, Baden, deportiert 22.10.1940 von Mannheim nach Gurs, gest. 29.11.1942, Nexon	27 Jahre	14.2.1939	
Heymann, Siegfried, geb. 24.5.1916, Hof, emigrierte 13.10.1936 nach Brooklyn, New York, USA, gest. August 1990, Brooklyn, New York City, USA	20 Jahre	13.10.1936	
Heymann, Walter Manfred, geb. 17.12.1923, Hof, deportiert 22.10.1940 von Mannheim nach Gurs, 17.8.1942 von Drancy nach Auschwitz, gest. 21.12.1943, Auschwitz	15 Jahre	14.2.1939	
Hiller, Otto, geb. 27.2.1928, Hof, lebte im Mai 1939 in Parchim/Mecklenburg			jüd. Großvater
Holl, Hellmut, geb. 17.6.1924, Hof, lebte im Mai 1939 in München			jüd. Großmutter
Jacob, Emma Esther, geborene Vorchheimer, geb. 24.5.1890, Thüngen (Bezirksamt Karlstadt/Unterfranken), emigrierte 1933 nach Frankreich, 1935 nach Palästina, gest. 17.11.1956, Ramot Hashavim, Israel	13 Jahre	31.8.1933	
Jacob, Heinz »Jehuda«, geb. 17.12.1921, Hof, emigrierte 1933 nach Frankreich, 1935 nach Palästina, lebte 1982 in Herzlia Pituach, Israel	12 Jahre	31.8.1933	
Jacob, Seligmann Selly, geb. 10.10.1886, Willmars, Bezirksamt Mellrichstadt, Unterfranken, emigrierte 1933 nach Frankreich, 1935 nach Palästina, gest. 3.2.1976, Hod Hasharon, Israel	14 Jahre	31.8.1933	

Namen, Biografie	In Hof anwesend	Wegzug von Hof	Bemerkung
Joachimsthal, Alice, geborene Rosenthal, geb. 29.1.1897, Hof, deportiert 4.3.1943 von Berlin nach Auschwitz, verschollen	18 Jahre	27.10.1914	
Joachimsthal, Gertrud, geborene Rosenthal, später Gertrude Jone, geb. 27.6.1895, Hof, Einreise am 24.5.1955 in Kalifornien, gest. September 1978, Onondaga County, NY, USA	16-17 Jahre	27.10.1914	
Kann, Jette Jüdla Henriette, geborene Baum, geb. 25.1.1871, Nordheim vor der Rhön, deportiert 1.7.1942 von München nach Theresienstadt, verschollen in Treblinka	43 Jahre	1.7.1938	
Kann, Paul, geb. 31.10.1894, Hof, emigrierte Juni 1939 nach Chicago, IL, USA, gest. Februar 1971 in den USA	38 Jahre	20.1.1933	
Kann, Rudolf, geb. 20.7.1865, Obergeorgenthal, Bezirk Brüx, Böhmen, gest. 17.1.1933, Hof	41 Jahre		
Katz, Bernd Joseph, geb. 11.11.1927, Hagen/Westfalen, emigrierte Mai 1940 von Großbritannien in die USA, lebte am 1.1.2009 in Flushing, New York City, USA	6 Jahre ab 1932	28.11.1937	
Katz, Julius, geb. 29.12.1898, Egelsbach, gest. 19.4.1983, Miami Beach, FL, USA	6 Jahre	26.11.1937	
Katz, Martha, geborene Wiesenfelder, geb. 16.8.1905, Krefeld-Bockum, gest. 11.1.1999, Queens, New York City, USA	6 Jahre	23.12.1937	
Katz, Ralf, geb. 9.2.1932, Bamberg, emigrierte Mai 1940 von Großbritannien nach New York, gest. 6.10.2012, Spring Valley, NY, USA	6 Jahre	23.12.1937	
Kaufmann, Trude, verheiratete Karlebach, geb. 21.2.1904, Mannheim, emigrierte 7.8.1939 nach Großbritannien	12 Jahre	1.7.1933	
Kawlin, Marie, geborene Lewin, geb. 26.2.1897, München, deportiert 21.1.1942 von Leipzig nach Riga, verschollen	9 Jahre	2.5.1939	
Kiesel, Hermann, geb. 4.6.1902, Hof	2½ Jahre	31.12.1904	
Kiesel, Martin, geb. 19.2.1904, Hof	1 Jahr	31.12.1904	

Namen, Biografie	In Hof anwesend	Wegzug von Hof	Bemerkung
Kowalski, Erna, geschiedene Karpe, verheiratete Rose, geb. 26.2.1904, Hof, deportiert 1.3.1943 von Berlin nach Auschwitz, verschollen	110 Tage	15.6.1904	
Kowalski, Herta/Hertha, geb. 15.2.1902, Hof	2 Jahre	15.6.1904	
Kronenberger, Anna, geborene Frei, geb. 16.3.1880, Wilhermsdorf, Bezirksamt Neustadt a.d. Aisch, emigrierte in die Schweiz, dann in die USA, gest. Juli 1968, Seattle, WA, USA	1 Jahr	13.6.1933	
Kronenberger, Fritz- Dr. jur.-, geb. 30.1.1902, Stuttgart, emigrierte 1933 in die Schweiz, 1939 in die USA, gest. 19.5.1969, Seattle, WA, USA	4½ Jahre	13.6.1933	
Kuhn, Pauline, geborene Kaufmann, geb. 2.9.1856, Lambsheim, Land-Commissariat Frankenthal, gest. 21.5.1936, in Mannheim	8 Jahre	3.3.1936	
Lax, Hans/Hans-Erich, geb. 24.6.1881, Schöllkrippen, Bezirksamt Alzenau, Unterfranken,- deportiert 10.5.1942 von Leipzig nach Be??yce (Ghetto), verschollen	26 Jahre	2.5.1939	
Lax, Regina »Emma«/Regine, geborene Lump, geb. 3.2.1877, Wüstensachsen (Kreis Gersfeld, Hessen-Nassau, Preußen), deportiert 10.5.1942 von Leipzig nach Be??yce (Ghetto), verschollen	11 Jahre	2.5.1939	
Lewin, Alma, geborene Gutmann, geb. 12.3.1877, Augsburg, deportiert 21.1.1942 von Leipzig nach Riga, verschollen	32 Jahre	2.5.1939	
Lewin, Louis Abraham, geb. 16.7.1860, Koldromb, Kreis Wongrowiec, Provinz Posen, Preußen, gest. 5.11.1934, Hof	28 Jahre		
Liebenthal, Adolf Leo Bernhard, geb. 23.1.1880, Hof	26 Jahre	3.2.1906	evang., jüd. Vater
Liebenthal, Bruno, geb. 18.3.1895, Hof, Zwangsarbeit im Lager Rositz/Thüringen der Organsation Todt 6.11.1944 bis Ende April 1945, gest. 12.6.1970, Hof			evang., jüd. Vater
Liebenthal, Chaim Heinrich, geb. 4.2.1855, Königsberg/Preußen, gest. 26.5.1932, Hof	55 Jahre		

Hofer, die als Juden in der NS-Zeit verfolgt wurden

Namen, Biografie	In Hof anwesend	Wegzug von Hof	Bemerkung
Liebenthal, Gretchen, verheiratete Gebhardt, geb. 6.7.1893, Hof	?	endgültig 10.7.1925	evang., jüd. Vater
Liebenthal, Johann, geb. 7.11.1891, Hof	?	vor 1914 und am 15.2.1914	evang., jüd. Vater
Kronenberger, Anna, geborene Frei, geb. 16.3.1880, Wilhermsdorf, Bezirksamt Neustadt a.d. Aisch, emigrierte in die Schweiz, dann in die USA, gest. Juli 1968, Seattle, WA, USA	1 Jahr	13.6.1933	
Kronenberger, Fritz- Dr. jur.-, geb. 30.1.1902, Stuttgart, emigrierte 1933 in die Schweiz, 1939 in die USA, gest. 19.5.1969, Seattle, WA, USA	4½ Jahre	13.6.1933	
Kuhn, Pauline, geborene Kaufmann, geb. 2.9.1856, Lambsheim, Land-Commissariat Frankenthal, gest. 21.5.1936, in Mannheim	8 Jahre	3.3.1936	
Lax, Hans/Hans-Erich, geb. 24.6.1881, Schöllkrippen, Bezirksamt Alzenau, Unterfranken,- deportiert 10.5.1942 von Leipzig nach Be??yce (Ghetto), verschollen	26 Jahre	2.5.1939	
Lax, Regina »Emma«/Regine, geborene Lump, geb. 3.2.1877, Wüstensachsen (Kreis Gersfeld, Hessen-Nassau, Preußen), deportiert 10.5.1942 von Leipzig nach Be??yce (Ghetto), verschollen	11 Jahre	2.5.1939	
Lewin, Alma, geborene Gutmann, geb. 12.3.1877, Augsburg, deportiert 21.1.1942 von Leipzig nach Riga, verschollen	32 Jahre	2.5.1939	
Lewin, Louis Abraham, geb. 16.7.1860, Koldromb, Kreis Wongrowiec, Provinz Posen, Preußen, gest. 5.11.1934, Hof	28 Jahre		
Liebenthal, Adolf Leo Bernhard, geb. 23.1.1880, Hof	26 Jahre	3.2.1906	evang., jüd. Vater
Liebenthal, Bruno, geb. 18.3.1895, Hof, Zwangsarbeit im Lager Rositz/Thüringen der Organsation Todt 6.11.1944 bis Ende April 1945, gest. 12.6.1970, Hof			evang., jüd. Vater
Liebenthal, Chaim Heinrich, geb. 4.2.1855, Königsberg/Preußen, gest. 26.5.1932, Hof	55 Jahre		

Namen, Biografie	In Hof anwesend	Wegzug von Hof	Bemerkung
Liebenthal, Gretchen, verheiratete Gebhardt, geb. 6.7.1893, Hof	?	endgültig 10.7.1925	evang., jüd. Vater
Liebenthal, Johann, geb. 7.11.1891, Hof	?	vor 1914 und am 15.2.1914	evang., jüd. Vater
Liebenthal, Ludwig, geb. 28.8.1882, Hof, gest. 22.11.1913, Bayreuth, Kreisirrenanstalt	?		evang., jüd. Vater
Liebenthal, Max, geb. 4.10.1884, Hof- gest. 8.6.1919 im Reserve Lazarett Schillerschule Würzburg	16 Jahre	1.7.1900	evang., jüd. Vater
Liebenthal, Otto, geb. 30.8.1886, Hof	?	letztmalig am 1.3.1925 (?)	evang., jüd. Vater
Liebenthal, <u>Sigmund</u> Friedrich, geb. 18.3.1890, Hof, seit 1920 in Aschaffenburg, Zwangsarbeit im Lager Rositz/Thüringen der Organisation Todt vom 4.11.1944 bis zum 7.4.1945	?	26.9.1906 und 1920	evang., jüd. Vater
Liebenthal, Willi/Karl Willy, geb.22.5.1881, Hof, gest. 11.5.1954, Mannheim	?	?	evang., jüd. Vater
Linz, Günter/Günther Berthold/Charles B., geb. 1.3.1921, Hof, emigrierte am 10.8.1939 nach New York City, wohnte im Oktober 1940 245 West 107 St. New York City, und im Juni 1991 Peekskill, Westchester, NJ	18 Jahre	10.8.1939	
Linz, Hans/John, geb. 11.7.1913 oder 1912, Hof, emigrierte Mai 1933 nach Lyon, Frankreich, später nach Trujillo, Dominikanische Republik, von dort am 8.12.1941 nach New York City, Einreise am 12.12.1941, gest. August 1977, Queens, New York City, USA	21 oder 20 Jahre	6.5.1933	
Linz, Sally Salomon »Sol«, geb. 15.6.1880, Würzburg, Wegzug August 1939 nach Berlin, emigrierte am 23.10.1940 von der Dominikanischen Republik nach New York City, gest. 3.10.1967, Peekskill, NY, USA	28 Jahre	1.8.1939	
Linz, Selma, geborene Epstein, geb. 31.8.1889, Hof, Wegzug August 1939 nach Berlin, emigrierte am 23.10.1940 von der Dominikanischen Republik nach New York City	50 Jahre	1.8.1939	
Lion, Hermann, geb. 1.10.1880, Hof	20 Jahre	21.4.1900	jüd. Großvater
Margulies, Emanuel, geb. 28.8.1888, Skalat, Galazien, Österreich	4 Jahre	10.9.1933	

Hofer, die als Juden in der NS-Zeit verfolgt wurden

Namen, Biografie	In Hof anwesend	Wegzug von Hof	Bemerkung
Margulies, Hilde, geb. 14.9.1920, Leipzig	4 Jahre	10.9.1933	
Margulies, Miriam, geb. 10.4.1922, Leipzig	4 Jahre	10.9.1933	
Margulies, Rosa, geborene Pohoryles, geb. 15.12.1896, Holyatyn, Transkarpatien, Ungarn	4 Jahre	10.9.1933	
Margulies, Silli, geb. 14.8.1924, Essen	4 Jahre	10.9.1933	
Mayer, Hedwig Gutta, geborene Frohmann, geb. 9.4.1884, Oettingen i.Bay., Bezirksamt Nördlingen, gest. 26.2.1938, Hof	30 Jahre		
Mayer, Hermann, geb. 7.1.1877, Schnaittach (Bezirksamt Hersbruck), gest. 9.8.1942 in München (Suizid)	31 Jahre	20.6.1938	
Muxel, Otto, geb. 24.8.1902, München, am 6.10.1936 Zuzug nach Hof			röm. kath., jüd. Großmutter
Nasielski, Margarete, geborene Powitzer, spätere Plessner, geb. 15.3.1891, Hof, deportiert 18.11.1941 von Bremen nach Minsk, gest. 28.7.1942, Minsk (Ghetto)	?	vor 1914 und 1.8.1915	
Odenheimer, Ferdinand, geb.26.4.1903, Metz, emigrierte Juli 1938 nach New York State, gest. 9.10.1957, East Farmingdale, Suffolk County, NY, USA	4¼ Jahre	20.6.1938	
Odenheimer, Ilse Nelly, geborene Mayer, geb. 24.1.1912 in Hof, emigrierte Juli 1938 nach New York State, gest. 20.2.2006, East Farmingdale, Suffolk County, NY, USA	26 Jahre	20.6.1938	
Pels, Heinz Sigmund/Enrique, geb. 11.6.1932, Hof, emigrierte 1933 nach Brasilien	1¼ Jahre	15.9.1933	
Pels, Hugo, geb. 26.6.1896, Westerkappeln, Kreis Tecklenburg, emigrierte 1933 nach Brasilien	8 Jahre	15.9.1933	
Pels, Senda/Senta, geborene Sander, geb. 31.7.1900, Suhl- Kreis Schleusingen, emigrierte 1933 nach Brasilien	13 Jahre	15.9.1933	
Plaut, Gert Leopold/Gershon, geb. 12.7.1932, Hof, emigrierte 1939 von Berlin nach Palästina	2 Jahre	3.4.1934	
Plaut, Hans Ludolf, geb. 8.5.1899, Eschwege, Kreis Eschwege, Hessen-Nassau, Preußen, gest. 1934 in Berlin (?)	1 Jahr	31.7.1933	

Namen, Biografie	In Hof anwesend	Wegzug von Hof	Bemerkung
Powitzer, Heinrich, geb. 9.3.1860, Gnesen, Regierungsbezirk Bromberg, Provinz Posen, Preußen, gest. 17.1.1937, Hof	50 Jahre		
Rapp, Leo, geb. 28.5.1924, Hof, emigrierte August 1938 (?) nach England und 1947 in die USA, gest. 28.1.2004, Essex Co., NJ, USA	14 Jahre	5.5.1938	
Rapp, Selma, geborene Kann, geb. 15.9.1896, Hof, deportiert 20.11.1941 von München nach Kaunas, Litauen, gest. 25.11.1941, Kaunas, Fort IX	42 Jahre	12.4.1938	
Rapp, Simon, geb. 25.1.1893, Pfungstadt, Kreis Darmstadt, deportiert 20.11.1941 von München nach Kaunas, Litauen, gest. 25.11.1941, Kaunas, Fort IX	15 Jahre	12.4.1938	
Rath, Salomon, geb. 13.2.1901, Kolomea, Galizien, Österreich-Polen	2 Jahre	1.4.1933	
Regensburger, Wilhelm »Willy«, geb. 6.10.1870, Fürth-, Bayern, gest. 22.5.1937 auf dem Dampfer Reliance während einer Seereise von Havanna nach New York	44 Jahre		
Reiter, Abraham Eber »Adolf«, geb. 8.5.1875, Stanislau/Galizien, Österreichisch-Polen, emigrierte Ende 1938 nach London, gest. 4.3.1939, Eastcote, Middlesex, London, UK	36 Jahre	Ende 1938	
Reiter, Bruno, Dr. Ing., Dipl. Ing., geb. 23.12.1903, Hof, gest. 26.2.1961 London NW3, UK	28 Jahre	1.1.1932	
Reiter, Chaskel, geb. 21.12.1846, Stanislau/Galizien, Österreichisch-Polen	3 Jahre	19.7.1938	
Reiter, Erich, später Eric James Reed, geb. 16.1.1923, Hof, emigrierte Ende 1938 nach London, wohnte 1961 in Wembley, Middlesex, London, UK, gest. 2001, Chester, UK	14 Jahre	19.5.1937	
Reiter, Julius, Dr. jur., geb. 29.6.1907, Hof, emigrierte 1933 nach London, gest. 6.5.1981, Croydon, Surrey, England, UK	26 Jahre	25.4.1933	
Reiter, Kurt, geb. 24.6.1909, Hof, gest. 1974 in Hampstead, London, UK	23 Jahre	16.10.1932	
Reiter, Leo, geb. 9.7.1905, Hof, gest. 4.3.1954, Rio de Janeiro, Brasilien	24 Jahre	30.4.1929	

Namen, Biografie	In Hof anwesend	Wegzug von Hof	Bemerkung
Reiter, Sprinze, genannt Sabina oder Sabine, geborene Fuhrmann, geb. 2.2.1879, Czernowitz, Bukowina, Österreich-Ungarn, emigrierte Ende 1938 nach London, gest. 19.7.1957, Hendon, Middlesex, London, UK	36 Jahre	Ende 1938	
Reutzel, Charlotte, geborene Keßler, geb. 13.10.1899, Hof, wohnte um 1942 in Mainz	95 Tage	16.1.1900	
Rosenthal, Gertrud, verheiratete Joachimsthal, geb. 27.6.1895, Hof		1911 und 1914	
Rosenthal, Hugo, geb. 4.3.1892, Hof- gest. 6.12.1965, Los Angeles, CA, USA	23 Jahre	27.10.1914	
Rosenthal, Martha, geborene Gabbe, verwitwete Bick, geb. 29.9.1886, Hof, deportiert 27.7.1942 von Bremen-Varel nach Theresienstadt, am 12.10.1944 von Theresienstadt nach Auschwitz, überlebte		1.9.1893	
Rowelski, Artur, geb. 12.9.1899, Goldapp, Ostpreußen, emigrierte nach Shanghai, dann nach Lima, Peru	½ Jahr	2.9.1938	
Samuel, Hans, geb. 27.5.1900, Ückermünde, Kreis Stettin, Preußen, emigrierte nach Shanghai, 1947 in die USA	2 Jahre	28.5.1938	
Sander, Ida, geborene Thormann, geb. 1.3.1869, Scheinfeld/Mittelfranken, gest. 28.7.1934, Simmern/Hunsrück	27 Jahre	15.9.1933	
Schlegel Alexander, geb. 28.8.1925, Berlin, ab 15.4.1928 in Hof, vom 6.11.1944 bis zum 13.4.1945 im Zwangsarbeitslager Rositz/Thüringen der Organisation Todt, 22.4.1945 Rückkehr nach Hof		ab 15.04.1928	evang., jüd. Vater
Schlesinger, Theodor, geb. 17.6.1902, Hof, wohnte 1935-1939 in Leipzig-		10.7.1902	evang., jüd. Vater
Segall, Julia, verheiratete Foitzick, geb. 28.6.1878, Hof, gest. 1943 Hamburg-Altona-		6.7.1879	
Segall, Julius Josef, geb. 8.6.1879, Hof, wohnte 1938/39 in Berlin, evt, emigriert nach Australien	28 Tage	6.7.1879	
Selowsky, Gerda, geb. 24.10.1926, Hof		31.8.1928	jüd. Vater
Selowsky, Heinz, geb. 11.12.1922, Hof	6 Jahre	31.8.1928	jüd. Vater

Namen, Biografie	In Hof anwesend	Wegzug von Hof	Bemerkung
Selowsky, Wilhelm, geb. 5.5.1887, Berlin	9 Jahre	31.8.1928	
Simon, Julius, geb. 16.10.1886, Liebstadt, Kreis Mohringen, Regierungsbezirk Königsberg, Preußen, deportiert am 29.1.1943 von Berlin nach Auschwitz, verschollen	3 Jahre	31.12.1931	
Starer, Hermann Hersz, geb. 5.8.1884, Kolomea, Galizien, Österreichisch-Polen, nach unbekanntem Ort deportiert	20 Jahre	21.7.1933	
Starer, Martha Lina, geborene Friedemann, geb. 14.6.1885, Röpsen, Herzogtum Sachsen-Altenburg	20 Jahre	21.7.1933	
Traut, Mathilde »Tilde«, geb. 9.12.1904, Marktbibart, Bezirksamt Scheinfeld	7 Jahre ab 15.7.1938		röm. kath., jüd. Mutter
Tworoger, Gertrud Irma, geborene Powitzer, geb. 3.4.1898, Hof, deportiert 18.3.1943 von Berlin nach Theresienstadt, am 28.10.1944 nach Auschwitz, gest. 18.5.1945 im KZ Salzwedel nach der Befreiung am 14.4.1945		1920	
Weber, Manfred, geborener Harbauer, geb. 1925, Hof, von September 1944 bis Januar 1945 Zwangsarbeit im Lager Karlsmarkt/Schlesien, am 25.7. 1945 Rückkehr nach Hof			jüd. Vater
Weil, Bertha, geborene Handburger, geb. 1.2.1865, Kleinlangheim, Bezirksamt Kitzingen, deportiert am 16.6. 1943 von Berlin nach Theresienstadt, gest. 30.7.1943 in Theresienstadt	25 Jahre	8.5.1939	
Weil, Leopold, geb. 29.8.1888, Sulzbürg, Bezirksamt Neumarkt, Oberpfalz, deportiert 1942 von Berlin nach Auschwitz, gest. 16.11.1942, Auschwitz	25 Jahre	15.9.1939	
Weinberger, Hannah, verheiratete Hickman, geb. 3.2.1928, Hof, emigrierte am 4.6.1939 nach Bristol, UK (Kindertransport), gest. 2005, Hale, Altrincham, Cheshire, UK–––	553 Tage	9.8.1929	
Wilmersdoerfer, Ernst, später Ernest Wilmers, geb. 15.6.1887, Hof, im Dezember 1938/Januar 1939 Schutzhaft im Polizeigefängnis Welzheim/Württemberg, emigrierte 1939 via London, Einreise in New York City am 3.1.1940, gest. 9.12.1964, New York City, USA	11 Jahre	19.7.1898	

Namen, Biografie	In Hof anwesend	Wegzug von Hof	Bemerkung
Wilmersdoerfer, Ida, verheiratete Seligmann, geb. 7.12.1888, Hof, emigrierte November 1938 von Nürnberg nach New York, letzter Wohnort Tenafly, NJ, gest. 27.9.1975 in Tenafly, NJ, USA	10 Jahre	19.7.1898	
Wilmersdoerfer, Siegbert, geb. 26.12.1885, Hof, deportiert 20.11.1941 von München nach Kaunas, Litauen, gest. 25.11.1941, Kaunas, Fort IX	13 Jahre	19.7.1898	
Zippelins, Ernst, geb. 28.11.1912, Berlin-Charlottenburg, war um den 17.5.1939 in Hof gemeldet			jüd. Mutter
Zlotnicki, Moritz »Monny«, geb. 15.5.1898, Wreschen, Provinz Posen, Preußen- -	4 Jahre	4.1.1936	

ANHANG

Abkürzungen

[!]	Macht deutlich, dass im Original die Schreibweise abweicht und es sich nicht um einen Druckfehler handelt.
AdrB	Adressbuch
AFB	Auswanderungsfragebogen
AlemJud	Alemannia Judaica, http://alemannia-judaica.de/
Archiv EHü	Archiv Ekkehard Hübschmann
BArch	Bundesarchiv
BArch GB	Bundesarchiv, Gedenkbuch; Opfer der Verfolgung der Juden unter der nationalsozialistischen Gewaltherrschaft in Deutschland 1933-1945
BEG	Bundesentschädigungsgesetz
BGBl	Bundesgesetzblatt
BHSA	Bayerisches Hauptstaatsarchiv München
BHSA, KA	Bayerisches Hauptstaatsarchiv München, Abteilung IV Kriegsarchiv
BIG	*Bayerische Israelitische Gemeindezeitung*
BLEA	Bayerisches Landesentschädigungsamt München
BLVW	Bayerisches Landesamt für Vermögensverwaltung und Wiedergutmachung
CAHJP	Central Archives for the History of the Jewish People, Jerusalem
EB Berlin	Entschädigungsbehörde Berlin, Landesamt für Bürger- und Organisationsangelegenheiten (LaBO) Berlin
e.U.	eigenhändige Unterschrift
GebReb	Geburtsregister
GewKart	Gewerbekartei
GewKat	Gewerbekataster
HHSA	Hessisches Hauptstaatsarchiv Wiesbaden
IsrRG	Israelitische Religionsgemeinschaft Leipzig
ILBA	Israelitische Lehrerbildungsanstalt (Würzburg)
ITS	Internationaler Suchdienst/International Tracing Service, Bad Arolsen
JOWBR	JewishGen Online Worldwide Burial Registry
LA Berlin	Landesarchiv Berlin
LABW	Landesarchiv Baden-Württemberg
LNN	*Leipziger Neue Nachrichten*

NA	National Archiv, National Archives, Národní Archiv
NARA	National Archives and Records Administration at College Park, Maryland
Nbg	Nürnberg
NLA WO	Niedersächsisches Landesarchiv Wolfenbüttel
NLBV	Niedersächsisches Landesamt für Bezüge und Versorgung – Wiedergutmachung
NT	*Neumarkter Tagblatt*
NYC MunArch	New York City, Municipal Archives
pers. Mitt.	pers. Mitt.
ÖNB	Österreichische Nationalbibliothek
RGBl	Reichsgesetzblatt, online aufrufbar unter Österreichische Nationalbibliothek, Alex, http://alex.onb.ac.at/tab_dra.htm
SA	Staatsarchiv
SA BA	Staatsarchiv Bamberg
SA DD	Staatsarchiv Dresden
SA N	Staatsarchiv Nürnberg
Sipo	Sicherheitspolizei
StA	Stadtarchiv
StanA	Standesamt
SterbUrk	Sterbeurkunde
US SSDI	United States Social Security Death Index
VZ	Volkszählung, siehe Bundesarchiv, VZ
WB II	Wiedergutmachungsbehörde II (Oberpfalz und Niederbayern)
WB III	Wiedergutmachungsbehörde III (Mittelfranken und Oberfranken)

Quellenverzeichnis

Archiv Ekkehard Hübschmann (Archiv EHü)
Fotoarchiv
Material z. nationalsozialistischen Verfolgung in Schwarzenbach/Saale

Central Archives for the History of the Jewish People, Jerusalem (CAHJP)
G4/45 Oberlangenstadt, Israelitische Kultusgemeinde, Geburts-, Heirats- und Sterberegister

Bayerisches Haupt Staatsarchiv München (BHSA)
Bestand Bayerisches Landesentschädigungsamt
LEA 7117 Böhm, Berta, BEG 2138
LEA 15465 Handburger, Julius, BEG 16077
LEA 18183 Jacob, Selly, BEG 24025
LEA 22598 Lax, Emma Regina/Regine, BEG 43750
LEA 29903 Reiter, Adolf Abraham, BEG 68735

Ministerium für Inneres
MInn 73725 Bericht des Vorstandes des Bezirksamtes Hof vom 23.1.1929

Abteilung IV Kriegsarchiv
2118 Kriegsstammrolle, 25 J.R 9. Kp., Julius Handburger
3726 Kriegsstammrolle 7. Bayerisches Landwehr-Infanterie-Regiment, 12. Kompanie
5222 Kriegsstammrolle 4, 7. J.R. I.E. Btl. 1. Kp
5364 Kriegsstammrolle 28, 7. I.R. I.E. Btl. 2. Rekr. Dep., Mai 1915-31.5.1917
9020 Kriegsstammrolle Landwehr-Infanterie-Regiment 7, Ersatz-Bataillon 1. Kompanie
10617 Kriegsstammrolle, 3. Ldst.J.Btl. Nürnberg III B22 2. Kp. Ldst. I.R. 1
11238 Kriegsstammrolle, 1. Garn.Btl. Nürnberg III/5 3. Kp.
17957 Kriegsstammrolle 3 Flieger-Abtlg. (A.) 292 R.i.B
18056 Kriegsstammrolle 20, Armee-Flug-Park 6

Bayerisches Landesentschädigungsamt, München (BLEA)
BEG 1859 Boehm Werner, geb.: 19.6.1913, 3 Bde.
BEG 2385 Boehm Eric, geb.: 15.7.1918, 1 Band
BEG 21345 Lazarus Weil

[Abteilung IV Kriegsarchiv]
BEG 68734   Dr. Reiter Julius, geb.: 29.6.1907, 1 Bd.
EG 73626   Franken Maximo, geb.: 25.3.1881, 1 Hefter

Bundesarchiv Berlin und Koblenz (BArch)
991 F 54-55   Reichsministerium für Volksaufklärung und Propaganda
GB Zahl   siehe Bundesarchiv, Gedenkbuch, die 6-7stellige Zahl ist die Datensatznummer, die in der Internetadressse (URL) am Ende erscheint, z.B.: Heymann, Walter: www.bundesarchiv.de/gedenkbuch/de855914;
Starer, Hermann: www.bundesarchiv.de/gedenkbuch/de973712;
Epstein, Jenny, geborene Loewenthal: www.bundesarchiv.de/gedenkbuch/de1714075;
Epstein Hugo: www.bundesarchiv.de/gedenkbuch/de1714076
R 50 I   Organisation Todt/349 (Film 80089)
R 8150   Reichsvereinigung der Juden – Heimeinkaufsverträge
VZ   Volkszählungsunterlagen von 1939 für alle Haushalte mit mindestens einem jüdischen Angehörigen im Sinne der Nürnberger Gesetze von 1935. Ergänzungskarten der Volkszählung vom 17.5.1939, »Sonderaufbereitung der Volkszählung 1939« (Bundesarchiv Berlin-Lichterfelde R 15.09 Reichssippenamt)
ZSg. 102/13   Pressekonferenz Reichspropagandaministerium 10.11.1938

Ellis Island, The Statue of Liberty – Ellis Island Foundation, Passenger Records
100722060031   New York Passenger Arrival Lists, S.S. Kaiser Wilhelm I, Bremen to New York, Aug 12-19, 1913, Bertha Handburger, Passenger ID 100722060031, Frame 706, Line Number 4, https://www.libertyellisfoundation.org/show-manifest-big-image/czoxNzoidDcxNS0yMTU3MDcwNy5qcGciOw==/1 (1.9.2018)

100758020123   New York Passenger Arrival Lists, S.S. Kronprinzessin Cäcilie, Bremen to New York, Sep 23-30, 1913, Leopold Weil, Passenger ID 100758020123,

Quellenverzeichnis

[Ellis Island, The Statue of Liberty – Ellis Island Foundation, Passenger Records]
    Frame 50 Line. Number 5, https://www.libertyellisfoundation.org/show-manifest-big-https://www.familysearch.org/ark:/61903/1:1:JN1W-H4S (1.9.2018)

Entschädigungsbehörde Berlin, Landesamt für Bürger- und Organisationsangelegenheiten (LaBO) Berlin, Abteilung 1 (EB Berlin)
RegNr.:

3456	Braun, Jürgen
3969	Braun, Georg Dr.
70456	Samuel, Hans
70457	Samuel, Luise geb. Schlegel
163106	Hoffmann, Käthe geb. Franken
200709	Braun, Margarete
251233	Gabriel, Horst Harold nach Gabriel, Leo
252744	Blauzwirn, David
304339	Altstädter, Betty geb. Blauzwirn
314137	Plaut, Gert Leopold
322174	Meyer-Bauchwitz, Paula geb. Blauzwirn nach Kurt Bauchwitz
333632	Altstädter, Betty, verwitwete Plaut geb. Blauzwirn nach Plaut, Hans-Ludolf
348698	Franken, Margarete nach Feldmann, Herbert
359539	Handburger, Julius nach Bertha Weil
377617	Franken, Margarete

Evangelisch-Lutherisches Kirchengemeindeamt Hof
  Taufeintrag 14/1928/835 Jürgen Hans Braun, eingesehen von Leo Hartung, pers. Mitt., 24.1.2018

Großlangheim, Verwaltungsgemeinschaft
  Standesamt Kleinlangheim, Geburtsregister 1888

Guntersblum, Gemeindearchiv
  Personenstandsregister Standesamt der Ortsgemeinde Guntersblum (Auszüge zusammengest. von Stolpersteingruppe Guntersblum, Februar 2018).

Hessisches Haupt-Staatsarchiv Wiesbaden (HHSA)
  365/881   Geburts-, Trau- und Sterberegister der Juden von Wüstensachsen (Ehrenberg), 1812-1883 (HHStAW Abt. 365 Nr. 881)

Israelitische Religionsgemeinschaft Leipzig (IsrRG)
2/50 Auswanderungsfragebogen Bertha Weil

Internationaler Suchdienst/International Tracing Service, ITS Digital Archive, Bad Arolsen (ITS)

1.1.42, 5127842	Transportliste vom 16.6.1943 nach Theresienstadt, ITS Archives No. 1119402 (1.2.1/0001-0060/0008/0025. Karteikarte Ghetto Theresienstadt: Weilova Berta I/96-13096, ITS Archives No.5127842#1 (1.1.42/Theres77/0336)
1.2.2.1, Ordner 1967	Auszüge aus »Gefangenenbüchern B« des Landgerichtsgefängnisses Hof, Einlieferungsdaten 27.4.1936-9.1.1939, eingesehen im United States Holocaust Memorial Museum, Washington D.C.
1.1.2.1, 505895	Krankenbau-Register des Konzentrationslagers Auschwitz, Heymann
1.1.2.1, 505962	Krankenbau-Register des Konzentrationslagers Auschwitz, Weil
1.1.2.1, 508904	Röntgen-Befund-Buch des Häftlings-Krankenbaues Auschwitz
1.1.6.1, 9908507	Listenmaterial Dachau
1.1.9.1, 11180660	Abschubliste vom 17.8.1942 von Drancy nach Auschwitz
1.1.9.13, 11187187	Liste der Insassen des Aufenthaltslagers Rivesaltes
1.2.2.1, 11743497	Auszüge aus »Gefangenenbüchern B« des Landgerichtsgefängnisses Hof, 1941
2.1.1.1, 70166934	Formblattliste Polizeidirektion Nürnberg, Einwohnermeldeamt, erstellt 23.8.1946
3.1.1.3, 78790275	Liste betr. Juden, die in den Kreisen Main- & Unterfranken lebten. Einige zogen fort.
6.3.3.2, 87632140	Korrespondenzakte T/D 180311 Max Heymann
6.3.3.2, 90510707	Korrespondenzakte T/D 276633 Leopold Weil

Landesarchiv Berlin (LA Berlin)

11 WGA 303538/59	Jules Handburger, St. Louis, nach Leopold Weil, Bankguthaben.- Wertpapiere.- Pelze.- Hausrat.
11 WGA 898/65	Julius Handburger, La Chamille, 4125 Riehen/Schweiz, nach Bertha Weil, geb. Handburger, Schmuck.
14 WGA 708/64	Julius Handburger, 61 Rue de Balc, Saint-Louis, Oberelsass/Frankreich, nach Berta Weil, Hausrat.

Quellenverzeichnis

Landesarchiv Baden-Württemberg (LABW)
J 386 Bü 579   Filme von Personenstandsregistern jüdischer Gemeinden in Württemberg, Baden und Hohenzollern/ (18. - 20. Jahrhundert) 1943 - 1945; Tauberbischofsheim, Familienbuch 1816-1920

Národní archiv Praha (Nationalarchiv Prag) (NA Prag)
Weil Bertha   Todesfallanzeige, Jüdische Matrikeln, -A- Ghetto Theresienstadt, Band 28, https://www.holocaust.cz/de/datenbank-der-digitalisierten-dokumenten/dokument/83591-weil-bertha-todesfallanzeige-ghetto-theresienstadt (12.1.2016)

National Archives and Records Administration, Washington, DC (NARA)
M 237   Lina Handburger, 1890; FHL microfilm. zitiert nach New York Passenger Lists, 1820-1891, database with images, *FamilySearch* (https://familysearch.org/ark:/61903/1:1:QVPF-TKD2 : 12March 2018), Lina Handburger, 1890

T 623   FHL microfilm 1,241,067, Borough of Brooklyn, Election District 13 New York City Ward 28, Kings, New York, United States, enumeration district (ED) 512, sheet 14A, family 322; zitiert nach »United States Census, 1900« database with images, *FamilySearch*, (https://familysearch.org/ark:/61903/1:1:MSN2-P4N, accessed 7 April 2018), Leopold Karlsruher

T 627   Records of the Bureau of the Census, 1790-2007, RG 29, 2012, Sixteenth Census of the United States 1940

T 627 2582   roll 2582, enumeration district (ED) 24-1406, sheet 7B, line 63, family 156, Sixteenth Census of the United States, 1940, zitiert nach »United States Census, 1940«, database with images, *FamilySearch* (https://familysearch.org/ark:/61903/1:1:KQLT-YJQ : accessed 7 April 2018), Siegfried Heymann in household of Annie Karlsruher, Assembly District 12, Brooklyn, New York City, Kings, New York

T 627 2640   roll 2640, enumeration district (ED) 31-732, sheet 64B, line 72, family 274, zitiert nach »United States Census, 1940«, database with images, *FamilySearch* (https://familysearch.org/ark:/61903/1:1:KQSN-BR4 : accessed 4 June 2017), Fritz Kronenberger

[National Archives and Records Administration, Washington, DC]

[T 627 2640]	in household of Anna Kronenberger, Assembly District 9, Manhattan, New York City, New York, New York, United States
T 715	Immigration, New York, New York, United States, NARA microfilm publication T 715 (Washington, D.C.: National Archives and Records Administration; zitiert nach New York, New York Passenger and Crew Lists, 1909, 1925-1957, database with images, *FamilySearch*
T 715 1934	Erich Boehm, 1934 (https://familysearch.org/ark:/61903/1:1:24J3-W7P)
T 715 1936	Siegfried Heymann, 1936 (https://familysearch.org/ark:/61903/1:1:24KH-15X)
T 715 1939	Fritz Kronenberger, 1939 (https://familysearch.org/ark:/61903/ 1:1:2422-ZV9)
T 715 1941a	Karl Bohm, 1941 (https://familysearch.org/ark:/61903/1:1:24LD-K98)
T 715 1941b	Lazarus Weil, 1941 (https://familysearch.org/ark:/61903/1:1:24LX-TR6)

National Archives at College Park, Maryland (NACP)

1746067	Dina Lump, 12 Aug 1882; citing Germans to America Passenger Data file, 1850-1897, Ship Elbe, departed from Bremen & Southampton, arrived in New York, New York, New York, United States, NAID identifier 1746067, zitiert nach »United States Germans to America Index, 1850-1897«, database, FamilySearch (https://familysearch.org/ark: /61903/1:1:KDQR-79W : 27 December 2014)

National Archives at Kansas City

7629019	Lazarus Weil, 20 Aug 1941. Immigration, Alien Registration Number 7629019, »Index to Alien Case Files at the National Archives at Kansas City, zirka 1975 – 2012«, NAID 5821836, Records of U.S. Citizenship and Immigration Services, 2003 – 2004, RG 566, zitiert nach »United States Index to Alien Case Files, 1940-2003«, database, FamilySearch (https:// familysearch.org/ark:/61903/1:1:QK8J-89FM: 10 February 2018).

Quellenverzeichnis

Niedersächsisches Landesamt für Bezüge und Versorgung – Wiedergutmachung, Hannover (NLBV) – Entschädigungsakten

Reg.Nr. 216095	Reiter, Bruno, Eigenantrag
Reg.Nr. 216259	Franken, Max, Eigenantrag
Reg.Nr. 221319	Morris, Lilli
Reg.Nr. 221534	Silberberg, Gertrud und Silberberg, Irma, nach Silberberg, Gustav
Reg.Nr. 221535	Silberberg, Gertrud, nach Silberberg, Henriette geb. Bauchwitz
Reg.Nr. 223941	Hoffmann, Käthe und Franken, Margarete nach Franken, Maximo
Reg.Nr. 224995	Hoffmann, Käthe nach Franken, Therese geb. Silberberg
Reg.Nr. 224996	Hoffmann, Käthe nach Franken, Lore
Reg.Nr. 228967	Reiter, Gertrud nach Reiter, Bruno

Niedersächsisches Landesarchiv, Standort Wolfenbüttel (NLA WO)

83 Slg	Arbeits- und Sammlungsunterlagen – Projekt Zwangsarbeit. Arbeitsunterlagen des vom Braunschweigischen Geschichtsverein geleiteten Projekts »Zwangsarbeit und Kriegswirtschaft im Lande Braunschweig 1939-1945.« Nr. 28 »Lagerkartei«

New York City, Municipal Archives (NYC MunArch)
Marriage, Manhattan, New York, New York, United States

1,503,839	FHL microfilm 1,503,839; zitiert nach »New York, New York City Marriage Records, 1829-1940«, database, *FamilySearch* (https://familysearch.org/ark:/61903/1:1:24ZC-4PZ: 10 February 2018), Charle Beidinger and Elise Handburger, 8 Feb 1898.
1,613,802	FHL microfilm 1,613,802, zitiert nach familysearch mit etlichen Lesefehlern: »New York, New York City Marriage Records, 1829-1940«, database, *FamilySearch* (https://familysearch.org/ark:/61903/ 1:1:244V-PD7 : 20 March 2015), Leopold Weil and Bertha Handburger, 9 Oct 1913

Staatsarchiv Amberg (SA AM)
  Amtsgericht I Regensburg 5615, Sulzbürger Heiratsregister
  Amtsgericht Neumarkt (AG NM), Grundbuch Sulzbürg, Bd. V
  Bezirksamt Neumarkt in der Oberpfalz 3316
  Justizvollzugsanstalt (JVA) Regensburg 286, Gefangenenbuch B

[Staatsarchiv Amberg (SA AM)]
Spruchkammerverfahren Bürgermeister J. D., Az. D-44
Wiedergutmachungsbehörde Oberpfalz u. Niederbayern (WB II)
WB II 1677   Lazarus Weil nach Rebekka Weil
WB II 2654   Lazarus Weil nach Cilly Weil

Staatsarchiv Bamberg (SA BA)
K 3 H   Regierung von Oberfranken, Kammer des Innern, Statistik, Nr. 562 Kreismatrikel der Juden im Obermainkreis, Band II
K 3 H, Nr. 565 Kataster über die israelitischen Glaubens-Genoßen im Patrimonalgerichts Bezirke Oberlangenstadt
K 93   Krimimalinspektion Hof, Nr. 3: Tagebuch der Krim.-Abteilung Hof vom 1.1.33-31.4.33
K 107   Staatsanwaltschaft Hof, Strafprozessakten, Nr. 3737, 1 bis 3, Strafverfahren gegen Strobel Nikol und 28 andere wegen schweren Landfriedensbruches KLs 4/51 Strafkammer Hof/Saale
K 107   Staatsanwaltschaft Hof, Strafprozessakten, Nr. 5294: Böhm, Karl Israel, Kaufmann aus Hof, wegen Devisenvergehens durch unerlaubten »Schenkungsakt« vom 19.6.1938 und Übereignung seines gesamten Vermögens an seine in Amerika lebenden Söhne – Versuch, sein Vermögen dem Zugriff des Staates zu entziehen, Az. 2 Ms 9/39 P
K 193   Justizvollzugsanstalt (JVA) Hof, Nr. 5: Gefangenenbücher, Landgerichtsgefängnis Hof, Gefangenenbuch B 13.10.1937 bis 11.1.1939
K 221   Finanzamt Kronach Nr. 656
                Renovirtes Grundsteuerkataster der Steuergemeinde Oberlangenstadt ... angefertigt auf den[!] Grund des Original-Grundsteuer-Katasters und der Umschreib-Kataster von dem königlich bayerischen Kataster-Bureau
N 32   Industrie- und Handelskammer Bayreuth [Arisierungen]:
                53 Karl Böhm in Fa. Gebr. Böhm, Textilwaren
                54 Fa. Gebr. Ury AG, Warenhaus
                56 Fa. Hermann Epstein, Inh. Sally Linz
                57 Fa. B. Feldmann Nachf., Kaufhaus
                58 Fa. Bottina-Schuh GmbH, Oberes Tor 10
                59 Fa. Mech. Weberei D. Regensburger KG
                60 Fa. Mech. Buntweberei Hof Eberstadt & Co.

Quellenverzeichnis

[Staatsarchiv Bamberg (SA BA)]
  Spk Hof Land 3215 Spruchkammer Hof-Land: Nr. 3215 Spruchkammerakte des Kreisleiters Benno Kuhr (ausgelagert im Staatsarchiv Coburg)

Staatsarchiv Coburg (SA CO)
  Landratsamt Coburg 12853, Berichte des Bezirksamtes Hof 1924-1932

Sächsisches Staatsarchiv, Staatsarchiv Dresden (SA DD)
  10736 Ministerium des Innern, Nr. 9869

Sächsisches Staatsarchiv, Staatsarchiv Leipzig (SA L)
  20031 Polizeipräsidium Leipzig, PP
  PP-M Meldebögen
  102   Braune, Ernst und Martha geb. Franken
  230   Franken Werner
  252   Franken Max, Franken Moritz
  1308   Silberberg Gustav Jechil
  1822   Franken Anna Martha, Franken Käthe, Franken Lore, Franken Therese, Franken Margarete
  2896   Silberberg Henriette
  3122   Weil Berta Sara, geb. Handburger
  PP-S 399/49   Polizeipräsidium Leipzig, Antrag auf Auswanderung Jude Max Franken 1941

Staatsarchiv Nürnberg (SA N)
  BLVW 1266   Bayerisches Landesamt für Vermögensverwaltung und Wiedergutmachung (BLVW), 1266 Schuhgeschäft Anton Hager vorm. Ludwig Schloß, Inh. Eleonore bzw. Max Heymann
  Citrix-Datenbank
  JVA Nürnberg, Gefangenenverzeichnisse 80
  Wiedergutmachungsakten der Wiedergutmachungsbehörde III für Mittelfranken und Oberfranken
  WB III a 111   Böhm Werner W.; University Club, Madison, Wisconsin, USA + Boehm Eric H.; 2804 Yale Station, New Haven, USA
  WB III a 113   Böhm Karl; 640 W 153 W. St. New York 31 NY
  WB III a 3836 Eberstadt Heinrich i. Fa. Eberstadt & Co.; Hof/Saale
  WB III JR 416 Reiter, Abraham Adolf ./. Hof, Stadtgemeinde, Elektrizitätswerk, Hof, Pl.Nr. 140, 141, zwei Wohnhäuser, Karolinenstraße 34, Ludwigstraße 54

Staatsarchiv Würzburg (SA WÜ)
Jüdische Standesregister (Ausdrucke der Gatermann-Mikrofilme), 62 Kleinlangheim, LK Kitzingen

Stadt Lübbecke
Meldekarte Franken, Lore, Haustochter, geboren am 16.6.1918

Stadtarchiv Hof (StA Hof)
A 1/579   Namensangelegenheiten: Vornamensänderungen der Juden im Vollzuge der 2. V.O. zum Gesetz über die Änderung von Familien- und Vornamen vom 17.8.1938 und die 3. Verordnung zum Gesetz über die Änderung von Familiennamen und Vornamen vom 29.1.1948. Enthält: Verzeichnis der in Hof geborenen und verehelichten Juden
A 2928   Antisemitische Bewegung, 1919-1925, enthält Schreiben des Max Franken, Hof, an den Stadtrat Hof vom 26. Januar 1920; zitiert nach http://www.stadt-hof.de/hof/hof_deu/leben/dokument-2.html
A 2932   Einsatz jüdischen Vermögens – Verordnung vom 3.12.1938 und Vollzugsentschließungen, Generalakt, 1938-1944
A 8025   Meldewesen, Lageberichte, Meldungen über Zuwanderung und Abwanderung von Juden
A 8356   Entschädigung für die von Juden im Jahr 1939 bei der städtischen Pfandleihanstalt Hof zwangsweise abgelieferten Gold- und Silberwaren
A 8665   Rückerstattung von Schmuckgegenständen aus Edelmetall, die Juden 1939 der Pfandleihanstalt Hof abliefern mussten, Werner Böhm und Erich Böhm, 1950-1957
A 8676   Rückerstattung von Schmuckgegenständen aus Edelmetall, die Juden 1939 der Pfandleihanstalt Hof abliefern mussten, Allgemeines und Einzelfälle, 1950-1959
A 10043   Deutschvölkischer Schutz- und Trutzbund, Ortsgruppe Hof, 1921
A 11047   Meldung der Gewerbeanmeldungen an die Handelskammer, 1910-1949
A 11052   Erteilung von Auskünften aus dem Gewerberegister 1926-1938. Enthält: Verzeichnis derjenigen Gewerbetreibenden, die in Hof den Handel mit Chirstbaumschmuck betreiben

Quellenverzeichnis

[Stadtarchiv Hof (StA Hof)]
BE Einwohnermeldewesen

BE 202	Jahresbände 1910-1919, 1912, Se-Z, Familien-Bogen Wetzler
BE 339	Jahresbände 1926-1934/35, 1933, G-I/J Familien-Bogen Jacob
BE 341	Jahresbände 1926-1934/35, 1933, O-R, Einwohnermeldekarte Reiter
BE 342	Jahresbände 1926-1934/35, 1933, S, Familien-Bogen Starer
BE 370	Jahresbände 1876-1935, 1919 umgeschrieben, Familien-Bogen Heymann
BE 381	Jahresbände 1876-1935, 1919 umgeschrieben, Einwohnermeldekarte Lax
BE 507	Jahresbände 1876-1935, 1934 umgeschrieben, Familien-Bogen Leopold Weil
BE 593	Karteien 1934-1945, Einwohnermeldekarte Lax
BE 669	Karteien 1934-1945, Einwohnermeldekarte Leopold Weil

BX Gewerbewesen

BX 59	Gewerbe-Kataster Stadt Hof 1911-1926, Band 5: Einzelhandel S-Z
BX 65	Gewerbe-Kataster Stadt Hof 1927-1941, Band 5: Einzelhandel M-S, Schuhwarenhändler
BX 72	Register der Gewerbetreibenden, 1921-1934, A-G
BX 73	Register der Gewerbetreibenden, 1921-1934, H-L + Karte Emma Lax geborene Lump
BX 75	Register der Gewerbetreibenden, 1921-1934, Se-Z
FF 7380	Fotos, Militärische und politische Ereignisse, Judenverfolgung 1938, Reichskristallnacht 10.11.1938

Stadtarchiv Kulmbach (StA KU)

373-12/8	Verzeichnis der hier ortsansässigen Juden, undatiert; Familienbögen: Lump Regina Emma, Michaelis Max
Gewerbekartei	Schuhgeschäft, Putzgeschäft Max Michaelis
StA Kulmbach	Heiratsurkunde 8/1911 Richard Wetzler und Klara Lump; Heiratsurkunde 35/1919 Max Michaelis und Emma Lump

Stadtarchiv Coburg (StA CO)
A 6588, fol. 558   Monatsberichte der Stadt Coburg an die Regierung von Mittelfranken und Oberfranken, zitiert nach Fromm 1990:334
Stadtarchiv Münchberg
109-01-20   Einwohner-, Familien- und Meldebögen, Glaser, Schreiben des Philipp Glaser, 2.1.1939 an Bezirksamt Münchberg

Stadtarchiv München
EMA-NS   Einwohnermeldeamt, Margarete Franken, Auskunft vom 12.10.2017

Stadtarchiv Nürnberg
C 21/X Nr. 10   Meldekarte Leopold Weil
C 21/X Nr. 1   Meldekarte Karl und Berta Böhm

Stadtarchiv Worms
   Meldekarte Franken, Käthe, Haustochter, geboren am 10.8.1922
Standesamt Küps
Standesamt Oberlangenstadt
   Geburtsregister ab 1876
   Heiratsregister ab 1876
   Sterbefälle ab 1876

Yad Vashem – Gedenkstätte und Archiv, Jerusalem, Digital Collections
O.8 516   Germany Collection, Lists of Jews from communities in Germany, mainly from Bavaria, during the Nazi regime. Verzeichnis der in Hof wohnhaften bzw. verzogenen Juden nebst Angehörigen nach dem Stande vom 30. Januar 1933. Item ID 4432098.

Publikationen (auch Datenbanken)

Adelung, Johann Christoph, 1798, Grammatisch-kritisches Wörterbuch der Hochdeutschen Mundart, Band 3. Leipzig

Adler, Hans Günther, 1974, Der verwaltete Mensch. Studien zur Deportation der Juden aus Deutschland. Tübingen

Adressbücher Augsburg
1935	Einwohnerbuch der Stadt Augsburg 1935
1937	Einwohnerbuch der Stadt Augsburg 1937

Adressbücher Berlin
1942	Berliner Adreßbuch 1942. Unter Verwendung amtlicher Quellen

Adressbücher Halle
1910	Adreßbuch für Halle a.d.S. und Umgebung: unter Benutzung amtlicher Quellen
1911	Adreßbuch für Halle a.d.S. und Umgebung: unter Benutzung amtlicher Quellen
1940	Hallesches Adreßbuch mit Umgebung: für das Jahr 1940: unter Benutzung amtlicher Quellen

Adressbücher Hof
1909/10	Adreß- und Geschäfts-Handbuch der kgl. bayer. Stadt Hof. 1909/10
1911/12	Adreß- und Geschäfts-Handbuch der kgl. bayer. Stadt Hof. 1911/12
1925/26	Einwohner- und Geschäfts-Handbuch der bayerischen Stadt Hof. 1925/26
1929/30	Einwohner- und Geschäfts-Handbuch der bayerischen Stadt Hof 1929/30
1936/37	Einwohner- und Geschäftshandbuch der bayerischen Stadt Hof 1936/37

Adressbücher Leipzig
1938	Adreßbuch der Reichsmessestadt Leipzig für das Jahr 1938
1939	Adreßbuch der Reichsmessestadt Leipzig für das Jahr 1939
1940	Adreßbuch der Reichsmessestadt Leipzig für das Jahr 1940
1941	Adreßbuch der Reichsmessestadt Leipzig für das Jahr 1941
1942	Adreßbuch der Reichsmessestadt Leipzig für das Jahr 1942
1943	Adreßbuch der Reichsmessestadt Leipzig für das Jahr 1943. Leipzig

Adressbücher Plauen
1912   Adreßbuch der Kreisstadt Plauen i. V. 1911-1912. Plauen
1913   Adreßbuch der Kreisstadt Plauen i. V. 1912-1913. Plauen
1914   Adreßbuch der Kreisstadt Plauen i. V. 1913-1914. Plauen

Alemannia Judaica (AlemJud)
Edesheim, Synagoge, http://www.alemannia-judaica/de/ Edesheim_synagoge.htm (10.9.2017)
Hof, Synagoge, http://www.alemannia-judaica.de/hof_synagoge.htm (8.6.2017)
Kleinlangheim, Synagoge, http://www.alemannia-judaica.de/kleinlangheim_synagoge.htm (10.3.2018)
Lohr, Synagoge, http://www.alemannia-judaica.de/lohr_synagoge.htm (30.2.2018)
Westheim, ehem. Kreis Hammelburg (HAB), Synagoge, http://www.alemannia-judaica.de/westheim_hab_synagoge.htm (8.11.2017)

Aly, Götz, 2005, Hitlers Volksstaat. Raub, Rassenkrieg und nationaler Sozialismus. Frankfurt am Main

Ancestry.com Operations, Inc.
60913   *Ansbach, Deutschland, Auszüge aus lutherischen Kirchgemeinderegistern, 1526-1940* [database online]. Provo, UT, USA. Ursprüngliche Daten: Ansbach Lutheran Parish Register Extracts. Digital images Tobias Brenner Collection, being a collection of family group sheets and other miscellaneous material representing the parish registers of the Kreis (County) of Ansbach, Bavaria, Germany and of other places in Mittelfranken (Central Franconia, Bavaria) for the period of about 1650 to the present. Filmed at the Microfilm Center of The Genealogical Society at Salt Lake City, Utah 18 September 1969, zitiert nach https://search.ancestry.de/search/db.aspx?dbid=60913

Angerstorfer, Andreas, 2011, Der jüdische Friedhof in Sulzbürg (OPf.). Aufnahme der 361 noch erkennbaren Grabstätten und aller noch lesbaren hebräischen und deutschen Inschriften (2006-2011), Regensburg Oktober 2011, unveröffentlichte Schrift im Auftrag des Bayerischen Landesamts für Denkmalpflege München

Publikationen

Archives New Zealand, Wellington
1941   Rangitiki, FHL microfilm 004440061, zitiert nach New Zealand, Archives New Zealand, Passenger Lists, 1839-1973, database with images, *FamilySearch* (https://familysearch.org/ark:/61903/1:1:QJDN-ZR3X : 24 May 2014), Erich Reiter, 2 Dec 1941.
Auerbach, Hellmuth, 1997a, Ermächtigungsgesetz. In: Benz/Graml/Weiß 1997:448-449
    1997b, Völkische Bewegung. In: Benz/Graml/Weiß 1997:784
Aufbau, 1934-2004 *Aufbau.* Nachrichtenblatt des German-Jewish Club Inc., New York, N.Y.
Autorenkollektiv Hg., 1981, Sachsenhausen. Dokumente, Aussagen, Forschungsergebnisse und Erlebnisberichte über das ehemalige Konzentrationslager Sachsenhausen. Berlin (3. Auflage).

Bald, Albrecht, 2009, Arisierungen im nördlichen Oberfranken 1933-1938. *Miscellanea curiensia. Beiträge zur Geschichte und Kultur Nordostoberfrankens und angrenzender Regionen.* Band VIII. (57. Bericht des Nordoberfränkischen Vereins für Natur-, Geschichts- und Landeskunde) 2009:225-265. Hof
ders.: 2011, Die »Arisierung« des Selber Porzellankonzerns Rosenthal (1933-1938), die Erbstreitigkeiten sowie die Auseinandersetzungen um die Rückerstattung nach 1945. *Miscellanea curiensia. Beiträge zur Geschichte und Kultur Nordostoberfrankens und angrenzender Regionen.* Band IX. (62. Bericht des Nordoberfränkischen Vereins für Natur-, Geschichts- und Landeskunde), S.233-288. Hof
Barkai, Avraham, 1988, Vom Boykott zur »Entjudung«. Der wirtschaftliche Existenzkampf der Juden im Dritten Reich 1933–1943. Frankfurt am Main
ders.: 2002, »Wehr Dich!« Der Centralverein deutscher Staatsbürger jüdischen Glaubens (C.V.) 1893-1938. München
Bartsch, Gunnar, 2011, Die Würde zurückgeben. Website der Julius-Maximilians-Universität Würzburg, https://www.uni-wuerzburg.de/sonstiges/meldungen/single/news/die-wuerde/. Letzte Änderung: 22.8.2017, S. 1334/64 (10.10.2017)
Beckmann, Volker, 2015, Die jüdische Bevölkerung der Landkreise Lübbecke und Halle i.W. (1815-1945). Vom Vormärz bis zur Befreiung vom Faschismus. Diss. Bielefeld 2001. Überarbeitet 2015, http://www.jacobs-verlag.de/wp-content/uploads/2015/07/Beckmann.pdf (9.1.2018)
Benz, Wolfgang, 1997 Nationalsozialistische Deutsche Arbeiterpartei (NSDAP). In: Benz/Graml/Weiß 1997:601-606
Benz, Wolfgang/Graml, Hermann/Weiß, Hermann (Hg.), 1997, Enzyklopädie des Nationalsozialismus. München

Bertram, Ellen, 2003, Die Deportation aus Leipzig und Dresden am 21. Januar 1942, Leipzig. In: Scheffler/Schulle 2003:799-803

dies.: 2011, Menschen ohne Grabstein. Gedenkbuch für die Leipziger jüdischen Opfer der nationalsozialistischen Verfolgung. Leipzig

dies.: 2016 Leipziger Opfer der Shoah. Online-Datenbank, Stadtgeschichtliches Museum Leipzig, https://www.stadtmuseum.leipzig.de/ (18.10.2017)

Bayerische Israelitische Gemeindezeitung (BIG), 1889, Nekrolog zu Lazarus Eisemann, 7.3.1889

dies.: 1927, Zur Einweihung der Synagoge in Hof, 20.10.1927

dies.: 1930, Zur Arbeit des Lehrers Leopold Weil in der Gemeinde Hof

Bischler, Werner, 2013 Die Geschichte der Fliegerschule 4 auf dem Lechfeld. *Blätter zur Geschichte der Deutschen Luft- und Raumfahrt* XIX:99-113, DocumentID: 82401010http:// www.dglr.de/publikationen/2013/82401010.pdf (18.1.2018)

Boehm, Eric H., 1966, We survived: fourteen stories of the hidden and hunted in Nazi Germany. 2. Auflage. [Erstauflage 1949]. Santa Barbara, CA

ders.: o.J., Karl and Bertel Boehm. Reihe »Portraits of Survival. Life Journeys During the Holocaust and Beyond«, Jewish Federation of Greater Santa Barbara (JFGSB), https://jewishsantabarbara.org/portraits-of-survival/survivor-stories/karl-and-bertel-boehm, aufgerufen 26.2.2018

ders.: 2011, Eric Boehm. Jewish Federation of Greater Santa Barbara, Portraits of Survival. Noozhawk article, April 24, 2011. https://jewishsantabarbara.org/portraits-of-survival/eric-boehm (8.6.2017)

Boehm, Werner/Wieler, Joachim, 1990, Interview mit Dr. Werner Boehm am 25. Oktober 1990 in New Brunswick, NJ, USA, im Rahmen der Oral History-Forschung zu Flüchtlingen, die nach 1933 aus Deutschland vertrieben worden waren und die in den USA Sozialarbeiterinnen und Sozialarbeiter wurden. Interviewer ist Joachim Wieler von der Evangelischen Fachhochschule Darmstadt. Aufzeichnung im Deutschen Zentralinstitut für soziale Fragen (DZI), Bibliothek, Berlin-Dahlem

Böhm, Adolf Kurt, 2014, Josef Böhm. Kurzbiographie. Unpublizierter Text, verfasst im Juni 2014. Murnau am Staffelsee

Boitel, Anne, 2000, Le camp de Rivesaltes 1941–1942: Du centre d'hébergement au »Drancy de la zone libre«. Perpignan

Brasil, Cartões de Imigração, 1961, Brasil, Cartões de Imigração, 1900-1965, database with images, FamilySearch (https://familysearch.org/ark:/61903/1:1:QVJY-BR3W: 8 August 2017), Bertha Boehm, Immigration; citing 1961, Arquivo Nacional, Rio de Janeiro

Büge, Emil, 2010, 1470 KZ-Geheimnisse. Heimliche Aufzeichnungen aus der Politischen Abteilung des KZ Sachsenhausen. Dezember 1939 bis April 1943. Berlin

Czech, Danuta, 1989, Kalendarium der Ereignisse im Konzentrationslager Auschwitz-Birkenau 1939–1945. Reinbek bei Hamburg

Deeter, Judy, o.J., Piqua's Atlas Underwear Company: It Kept Americans Warm. My Miami County LLC, https://www.mymiamicounty.com/atlas (30.3.2018)

Deutsches Patent- und Markenamt, 2018, Datenbank DEPATISnet Ver
- 683440   An oder auf einem Bettgestell aufzustellender verstellbarer Halter fuer Kopfkissen, https://depatisnet.dpma.de/DepatisNet/depatisnet?action=bibdat&docid=DE000000683440A (19.9.2018)
- 710889   Klemme für Schaufenstertraggestelle, https://depatisnet.dpma.de/DepatisNet/depatisnet?action=bibdat&docid=DE000000710889A&zd=1#zd (19.9.2018)

Denz, Rebekka, 2018, Bürgerlich, jüdisch, weiblich. Frauen im Centralverein deutscher Staatsbürger jüdischen Glaubens (1918–1938). Berlin

Deusel, Antje Yael/Beisbart, Ortwin/Fichtl, Franz, 2010, Gedenkbuch der jüdischen Bürger Bambergs. Herausgegeben vom Verein zur Förderung der jüdischen Geschichte und Kultur Bambergs e. V. 2. erweiterte Auflage. Bamberg

Diamant, Adolf, 1991, Deportationsbuch der in den Jahren 1942 bis 1945 von Leipzig aus gewaltsam verschickten Juden. Frankfurt am Main

Dinaberg, Leslie, 2011, Noozhawk Talks: Living and Writing History with Eric Boehm. Family traditions, heritage run deep for founder of ABC-Clio and Boehm Biography Group. April 24, 2011/ 2:33 a.m. https://www.noozhawk.com/article/042311_noozhawk_talks_eric_boehm (8.6.2017)

Drecoll, Axel, 2008, Der Fiskus als Verfolger. Die steuerliche Diskriminierung der Juden in Bayern 1933-1941/42. München

Eberhardt, Barbara/Hager, Angela (Bearb.), 2007, Mehr als Steine ... Synagogen-Gedenkband Bayern. Band I: Oberfranken, Oberpfalz, Niederbayern, Oberbayern, Schwaben. Erarbeitet von Barbara Eberhardt und Angela Hager unter Mitarbeit von Cornelia Berger-Dittscheid, Hans-Christof Haas und Frank Purrmann, Herausgegeben von Wolfgang Kraus, Berndt Hamm und Meier Schwarz. Lindenberg im Allgäu

Eiber, Ludwig, 1979, Arbeiter unter der NS-Herrschaft. Textil- und Porzellanarbeiter im nordöstlichen Oberfranken 1933-1939. *Miscellanea Bavarica Monacensia, 86*. München

Eitler, Peter, 2019, Die Neue Baumwoll-Spinnerei und Weberei Hof AG. Der Weg von der Mechanischen Baumwollspinnerei Hof zur »textilgruppe hof« 1853 bis 1969 (Chronik der Stadt Hof, VII/2). Hof

FamilySearch
2014 England and Wales Death Registration Index 1837-2007, database, FamilySearch (https://familysearch.org/ark:/61903/1:1:QVZS-W6VQ: 4 September 2014), Julius Reiter, 1981; from »England & Wales Deaths, 1837-2006«, database, findmypast (http://www.findmypast.com : 2012); citing Death Registration, Croydon, Surrey, England, General Register Office, Southport, England

Fichtl, Franz/Link, Stephan/May, Herbert/Schaible Sylvia, 1998 »Bambergs Wirtschaft judenfrei« – Die Verdrängung der jüdischen Geschäftsleute in den Jahren 1933 bis 1939. Bamberg

Find A Grave
6129867 Memorial Page for Karl Boehm (1881–1974), Find A Grave Memorial no. 6129867, Goleta Cemetery, Goleta, Santa Barbara County, California, USA; maintained by Damien (contributor 46492542), https://www.findagrave.com/memorial/6129 867/karl-boehm (1.4.2018)

95788563 Memorial page for Anna Kronenberger (1880-1968), Find A Grave Memorial no. 95788563, Mount Pleasant Cemetery, Seattle, King County, Washington, USA; maintained by John Speer (contributor 47558802), https://www.findagrave.com/memorial/95788563 (3.6.2017)

163449478 Julius Reiter, 1981; Burial, Rainham, London Borough of Havering, Greater London, England, Rainham Jewish Cemetery; citing record ID 163449478, *Find a Grave*, http://www.findagrave.com, zitiert nach *FamilySearch* (https://familysearch.org/ark:/61903/1:1:Q23T-F4FB: 7 June 2016)

Fränkischer Wald. Kronacher Zeitung. Kronacher neueste Nachrichten Älteste Heimatzeitung für den Frankenwald
1929 Geschäftsverlegung des Manufaktur-Geschäftes Bernhard Böhm (Inserat). Ausgabe vom 15.7.1929. Kronach
1933 Zur Verlegung von Schutzhaftgefangenen von Kronach nach St. Georgen. Ausgabe vom 5.4.1933. Kronach

FreeBMD, Free UK Genealogy CIO, a charity registered in England and Wales
  1942   Marriages Sep 1942, District Marylebone, Reiter, Julius, Spouse: Hammer, vol. 1a, page 1207, http://www.freebmd.org.uk/cgi/information.pl?cite=OpKrC0sjeeDueVX0sloGXQ&scan=1 (30.9.2017)
  1962   Marriages Sep 1962, District Wood Green, Reiter, Julius, Spouse: Bergmann, vol. 5f, page 1778, http://www.freebmd.org.uk/cgi/information.pl?cite=TLC2P%2F MIwSaQbBCmeU2P4Q&scan=1 (30.9.2017)
Friedrich-Wössner, Sigrid, unpubl., Jüdische Bevölkerung von Hof (vor 1945) – alphabetisch aufgelistet (Datenbank). Unpubliziertes Manuskript
diess.: 1997, Kultur und Lebensweise der Juden in Hof seit dem Ausgang des 19. Jahrhunderts (Regensburger Schriften zur Volkskunde, 13), Regensburg
Füllberg-Stolberg, Claus, 2004, Die Rolle der Oberfinanzbehörden bei der Vertreibung der Juden: Familie Seligmann aus Ronnenberg bei Hannover, in: zeitenblicke 3 (2004), Nr. 2, [13.09.2004], URL: http://www.zeitenblicke.historicum.net/2004/02/fuellberg-stolberg/index.html (22.3.2018)

Gedenktafeln in Berlin, o.J., Opfer des Nationalsozialismus, https://www.gedenktafeln-in-berlin.de/nc/gedenktafeln/gedenktafel-anzeige/tid/opfer-des-nationalso-27, © Foto: Holger Hübner (28.3.2018).
Geopoartal Berlin, 2015, HistoMap Berlin, http://histomapberlin.de, © Geopoartal Berlin
Gottwaldt, Alfred/Schulle, Diana, 2005, Die »Judendeportation« aus dem Deutschen Reich 1941–1945. Eine kommentierte Chronologie. Wiesbaden
Grau, Bernhard, 2007, Unabhängige Sozialdemokratische Partei Deutschlands (USPD), 1917-1922, *Historisches Lexikon Bayerns*, publiziert am 14.5.2007, http://www.historisches-lexikon-bayerns.de/Lexikon/Unabhängige_Sozialdemokratische_Partei_Deutschlands_(USPD),_1917-1922
Großer, Lucie (Hg.), 1950 ca., KZ Sachsenhausen. Hg. im Auftrag des Hauptausschusses »Opfer des Faschismus«. Berlin
Gruner, Wolf, 1997, Zwangsarbeit. In: Benz, Wolfgang/Graml, Hermann/Weiß, Hermann (Hg.), Enzyklopädie des Nationalsozialismus. München, S. 813f

Gruner, Wolf, 2004, Von der Kollektivausweisung zur Deportadon der Juden aus Deutschland. Neue Perspektiven und Dokumente (1938-1945). In: Kundrus, Birthe/Meyer, Beate (Hg.). Die Deportation der Juden aus Deutschland. Pläne – Praxis – Reaktionen 1938-1945 (Beiträge zur Geschichte des Nationalsozialismus, 20). Göttingen:21-62

Gutman, Israel (Hauptherausgeber), 1998, Enzyklopädie des Holocaust. Die Verfolgung und Ermordung der europäischen Juden. Herausgeber der deutschen Ausgabe: Eberhard Jäckel, Peter Longerich, Julius H. Schoeps. 2. Auflage München/Zürich

haGalil, 2012, Jüdische Ärzte aus Deutschland und ihr Anteil am Aufbau des israelischen Gesundheitswesens. Lazarus Eisemann, http://aerzte.erez-israel.de/eisemann/ (28.3. 2018)

Hager, Andrea/Berger-Dittscheid, Cornelia, 2007, Sulzbürg. In: Eberhardt/Hager, Synagogen-Gedenkband, Band I:300-308

Hager, Andrea/Haas, Hans-Christof, 2007   Hof. In: Eberhardt/Hager, Synagogen-Gedenkband, Band I:169-177

Hambrecht, Rainer, 1976, Der Aufstieg der NSDAP in Mittel- und Oberfranken 1925-1933 (Nürnberger Werkstücke zur Stadt- und Landesgeschichte, 17). Nürnberg

ders.: 2017, Die Braune Bastion; Der Aufstieg der NSDAP in Mittel- und Oberfranken 1922 bis 1933. Petersberg, Kreis Fulda

Held, Steffen und Stadtgeschichtliches Museum Leipzig, 2011, Die Leipziger Stadtverwaltung und die Deportation der Juden im NS-Staat. Stadtgeschichtliches Museum Leipzig und Steffen Held, 2008, überarbeitete elektronische Ausgabe 2011, http://www.stadtgeschichtlichesmuseum-leipzig.de/fileadmin/inhalte/pdf/Deportationen_Leipzig.pdf (19.10.2017)

Hensle, Michael, 1997, Reichstagsbrandverordnung. In: Benz/Graml/Weiß 1997:697

Hepp, Michael (Hg.), 1985/88, Die Ausbürgerung deutscher Staatsangehöriger 1933-45 nach den im *Reichsanzeiger* veröffentlichten Listen. Expatriation Lists as Published in the »*Reichsanzeiger*« 1933-45. 3 Bände. Bände 1 und 2 1985, Band 3 1988. München/New York/London/Paris

Herrmann, Axel, 1988, Kleine Geschichte der Stadt Hof. Hof

ders.: 1995, Als es brenzlig wurde, flüchtet Benno Kuhr in Fliegeruniform. Dem NS-Kreisleiter wurde erst im Jahr 1948 der Prozeß gemacht. *Hofer Anzeiger* 7.4.1995

ders.: 2012, Kleine Hofer Stadtgeschichte. Regensburg

Heusler, Andreas, 2000, Fahrt in den Tod. Der Mord an den Münchner Juden in Kaunas (Litauen) am 25. November 1941. In: Stadtarchiv München (Hg.), »… verzogen, unbekannt wohin«. Die erste Deportation von Münchner Juden im November 1941. Zürich/München: 13-24

Heusler, Andreas/Schmidt, Brigitte (Erarb.), 2003, Biographisches Gedenkbuch der Münchner Juden: 1933-1945, hrsg. vom Stadtarchiv München. Band 1 (A – L). München
Heusler, Andreas/Schmidt, Brigitte, 2007, Biographisches Gedenkbuch der Münchner Juden: 1933-1945. Band 2 (M–Z). München
Heusler, Andreas/Schmidt, Brigitte/Strnad, Maximilian, 2012, Die Einrichtungen der Israelitischen Kultusgemeinde München während der NS-Zeit. https://www.muenchen.de/rathaus/dam/jcr:fb6423e6-04a2-446c-be8c-7f8ba4fec5ee/Einrichtungen%20der%20Israelitischen%20Kultusgemeinde.pdf (24.2.2018)
Hilberg, Raul, 1994, Die Vernichtung der europäischen Juden. Frankfurt am Main
Hirn, Hans Georg, 2011, Jüdisches Leben in Neumarkt und Sulzbürg. (Neumarkter Historische Beiträge, 12). Neumarkt
Hirsch, Eike Christian, unpubl., [ohne Titel], unpubliziertes, noch nicht abgeschlossenes Manuskript zur Familie Barner in Braunlage
Hofer Anzeiger

1923a	Deutscher Tag in Hof. Programm im Anzeigenteil. 14.9.1923:4
1923b	Dem Deutschen Tag zum Gruß!. 15.9.1923:1
1923c	Für's Vaterland. 15.9.1923:1-2
1923d	Der Deutsche Tag in Hof. 17.9.1923:1
1923e	Der Deutsche Tag in Hof. 18.9.1923:1-4
1953	Die Kosten trägt die Staatskasse. Verfahren im Hofer Synagogenprozeß wurde eingestellt. Staatsanwalt beantragte Gefängnis. 27.1. 1953:7

Hoffmann, Swantje (Hg.), 1993, Käthe Hoffmann – Mein Leben 1922-1945. Erstellt nach Interviews von Swantje Hoffmann. Unveröffentlichtes Typoskript, Karlsfeld
Högn, Hans, 1988, Wir alle waren nicht mutig genug. *Hofer Anzeiger* 3.11.1988:4
Hübner, Christoph, 2006, Blücherbund, 1922/23. *Historisches Lexikon Bayerns*, publiziert am 11.5.2006, http://www.historisches-lexikon-bayerns.de/Lexikon/Blücherbund, 1922/23 (8.9.2017)
Hübschmann, Ekkehard/Paulus, Helmut et al., 2000, Physische und behördliche Gewalt. Die »Reichskristallnacht« und die Verfolgung der Juden in Bayreuth. Bayreuth
Hübschmann, Ekkehard/Rabenstein, Christoph et al., 1992, Bayreuth. Umgeguckt und hinterfragt. Ein kritischer Spaziergang durch die Geschichte der Stadt Bayreuth. Bayreuth
Hübschmann, Ekkehard:

2000a	Einführung. In: Hübschmann et al. 2000:9-12
2000b	Teil 2. In: Hübschmann et al. 2000:113-239
2000c	Wo die Jüdischen Bayreuther im November 1938

[Hübschmann, Ekkehard]
                wohnten, wohin sie später umziehen mussten, was aus ihnen wurde. In: Hübschmann et al. 2000:128-188
2003   Die Deportation aus Nürnberg am 29. November 1941. In: Wolfgang Scheffler und Diana Schulle (Bearb.) 2003:533-40
2016   From Germany to North America in the 19th Century: The Bavarian Example. Avotaynu, The International Review of Jewish Genealogy, Volume XXXII, Number 2, Summer 2016:25-32
2017   Ausgegrenzt, entrechtet, vertrieben, beraubt, deportiert – zum Schicksal der jüdischen Oberkotzauer in der NS-Zeit. Vortrag am 13. November 2017 in Oberkotzau (Oberkotzauer Bündnis Toleranz & Demokratie im Rahmen des Bundesprogramms Demokratie Leben!)

Humanistisches Gymnasium Hof, 1931, Jahresbericht über das Humanistische Gymnasium Hof für das Schuljahr 1931. Hof

Intelius, Inc., 2017, AnyWho, Finding People, Places and Business, www.anywho.com/people/braun/hockessin-de + Background Check, © 2003–2018 PeopleConnect, Inc., www.intelius.com/search/background/Juergen-Braun/-/Hockessin-DE?adword=ANYWHO.COM%7C79.ps.mr.bg&postCode=19707 (27.1.2018)

International Military Tribunal, 1984, Der Prozeß gegen die Hauptkriegsverbrecher vor dem Internationalen Militärgerichtshof: Nürnberg, 14. Nov. 1945-1. Okt. 1946 / 1/2: 1: Einführungsband. 2: Verhandlungsniederschriften 14.-30. November 1945. Nachdruck der Ausgabe Nürnberg 1947-1949. München

Israelit, Der, 1860-1938 Der Israelit: ein Centralorgan für das orthodoxe Judenthum. 1.1860 – 79.1938. Mainz, Frankfurt am Main. Online verfügbar bei: Universitaetsbibliothek Johann Christian Senckenberg (Frankfurt am Main), http://sammlungen.ub.uni-frankfurt.de/cm/periodical/titleinfo/2446951 mit Ausnahme der Nummern 14, 15, 21, 24, 29, 46, 47, 51, 53, 54, 56, 57 (8.4.2018)

Israelitische Kultusgemeinde Wien, o.J., Dokumente zur Auswanderung. Archiv der IKG-Wien, virtuelles Archiv, http://www.archiv-ikg-wien.at/archives/flucht-vertreibung/?tab=2015&topic=2191 (30.3.2018)

Jäger-Gogoll, Anne Maximiliane, 2015, Umschrift und Einmischung. Robert Neumanns Schreiben zwischen Selbst(er)findung, Parodie und Engagement. Heidelberg

Jeschurun. Zeitschrift, 1883, Iphofen (Bayern). Meldung vom 28. November 1883 in der Ausgabe vom Dezember 1883, zitiert nach Alemannia Judaica, www.alemannia-judaica.de/schoellkrippen_synagoge.htm, aufgerufen am 28.1.2018

Joods Monument, 2005-online monument voor de meer dan 104.000 personen die in Nederland als joden werden vervolgd en de Holocaust niet overleefden, https://www.joodsmonument.nl/
en/page/122163/hugo-epstein (12.1.2017)
en/page/535770/about-jenny-epstein-loewenthal (12.1.2017)

Jung, Walter, 2006, Deutschvölkischer Schutz- und Trutzbund (DVSTB), 1919-1924/35. Historisches Lexikon Bayerns, http://www.historisches-lexikon-bayerns.de/Lexikon/ Deutschvölkischer Schutz- und Trutzbund (DVSTB), 1919-1924/35 (02.5.2017)

Kershaw, Ian, 2013, Hitler 1936-1945. München

Kluge, Arnd, o.J., Geschichte und Geschichten durch die Hofer Vergangenheit. Spaziergang 8: Weibliche Wege. Stadtarchiv Hof, https://www.hof.de/hof/media/files/leben/kultur/4c57a8e70a5a46f7bf6986e932cf4004.pdf (28.2.2017)

ders.: 2002, Die Reichskristallnacht in Hof. Stadtarchiv Hof, http://www.stadt-hof.de/hof/hof_deu/leben/reichskristallnacht.html (8.6.2017)

ders.: 2015, Wie nationalsozialistisch war die Hofer Region? *Miscellanea curiensia XI. Beiträge zur Geschichte und Kultur Nordostoberfrankens und angrenzender Regionen.* Band X. (67. Bericht des Nordostoberfränkischen Vereins für Natur-, Geschichts- und Landeskunde e.V.), S. 65-93. Hof

Koch, Helga/Löber, Jochen, 2009, Jüdisches Leben in Bad Orb. Auf Spurensuche. Bad Orb

Königseder, Angelika, 1997, Schutzhaft. In: Benz/Graml/Weiß 1997:717

Knolle, Friedhart, 2014, Wir mussten sehr hungern – Rüstungsproduktion und Zwangsarbeit in Braunlage unter dem Hakenkreuz, Folge 1 bis 3. – *Braunlager Zeitung* 9 Nr. 85:12, Nr. 86:12-13, Nr. 87:12

Krzywinski, Ulrike, 1988, Oberlangenstadt. In: Klaus Guth (Hg). Jüdische Landgemeinden in Oberfranken (1800-1942):263-270. Bamberg

Kuller, Christiane, 2004, Finanzverwaltung und Judenverfolgung. Antisemitische Fiskalpolitik und Verwaltungspraxis im nationalsozialistischen Deutschland, in: zeitenblicke 3 (2004), Nr. 2, [13.09.2004], URL: http://www.zeitenblicke.historicum.net/2004/02/kuller/index.html

diess.: 2008, Finanzverwaltung und Judenverfolgung. Die Entziehung jüdischen Vermögens in Bayern während der NS-Zeit. München

Külow, Kathrin, 2004, Jüdische Häftlinge im KZ Sachsenhausen 1939 bis 1942. In: Morsch, Günter/zur Nieden, Susanne (Hrsg.). Jüdische Häftlinge im Konzentrationslager Sachsenhausen 1936 bis 1945. Berlin:180-199

Leicht, Johannis, 2015, Der Deutschvölkische Schutz- und Trutzbund. © Deutsches Historisches Museum, Berlin, https://www.dhm.de/lemo/kapitel/weimarer-republik/antisemitismus/trutzbund (6.5.2018)
Leipziger Neueste Nachrichten (LNN)
1939, 47 Judenhäuser in Leipzig. Ein Gesetz schafft Ordnung. *Leipziger Neueste Nachrichten und Handelsblatt*, Ausgabe A. Nr. 304 vom 31.10.1939:13. Leipzig
Lomoth, Mirco, 2017, Unter Feinden: Die Rettungsstation im Wedding, https://www.tagesspiegel.de/weltspiegel/sonntag/juedisches-krankenhaus-unter-feinden-die-rettungsstation-im-wedding/19761554.html (13.3.2018)
Luget, Emmanuel de, 2011, Camp de Masseube durant la Seconde Guerre mondiale (WWII). AJPN, http://www.ajpn.org/internement-Camp-de-Masseube-133.html (3.4.2011). Auszug aus: Le Centre d'hébergement oublié

Martens, Wolfgang, 1982, Landau, Paul. In: Neue Deutsche Biographie (NDB). Band 13:486-87, Berlin
Meier, Hans
1984, Die ehemalige israelitische Schule in Neumarkt. *Die Oberpfalz*, 72. Jg. H. 6, Juni 1984:170-174
Mencherini, Robert, 2008, Provence-Auschwitz: De l'internement des étrangers à la déportation des juifs 1939-1944. Aix-en-Provence
Michaelis, Dieter/Hager-Latz, Jutta, 2001, Der jüdische Friedhof in Guntersblum. The Jewish Cemetery of Guntersblum. Mainz
ders.: 2014, Die jüdische Gemeinde Guntersblum. Von den Anfängen bis zur Vernichtung durch den Nationalsozialismus. Hg. vom Verein zur Erhaltung Guntersblumer Kulturgutes e.V. Berlin
Mintzel, Alf, 2011, Von der Schwarzen Kunst zur Druckindustrie. 2. Band: Von 1800 bis zur Gegenwart. Die Buchdruckerei Mintzel und ihr Zeitungsverlag. Ein Familienunternehmen in fünf Jahrhunderten. Berlin
ders.: 2013, Prominente Hofer im Schatten des Hakenkreuzes. Beispiele individueller Verstrickungen. *Miscellanea curiensia. Beiträge zur Geschichte und Kultur Nordostoberfrankens und angrenzender Regionen*. Band X. (65. Bericht des Nordostoberfränkischen Vereins für Natur-, Geschichts- und Landeskunde e.V.), S.171-214. Hof
Morsch, Günter, 2004, Vorwort. In: Morsch, Günter/zur Nieden, Susanne (Hg.) Jüdische Häftlinge im Konzentrationslager Sachsenhausen 1936 bis 1945. Berlin. S. 9-18
Motschmann, Josef/Rudolph, Siegfried, 1999, »Guter Ort« über dem Maintal. Der Jüdische Friedhof bei Burgkunstadt. Mit einem Beitrag von Günther Dippold über die benachbarten jüdischen Friedhöfe. Lichtenfels

Müller, Ingo, 1987, Furchtbare Juristen. Die unbewältigte Vergangenheit unserer Justiz. München

Munzert, Michael, 2011, Die Arisierung des Kaufhauses Ury in Hof. *Miscellanea curiensia. Beiträge zur Geschichte und Kultur Nordostoberfrankens und angrenzender Regionen.* Band IX. (62. Bericht des Nordoberfränkischen Vereins für Natur-, Geschichts- und Landeskunde), S.289-296.

Museum Blindenwerkstatt Otto Weidt, o.J. Erich und Elsbeth Frey. https://www.museum-blindenwerkstatt.de/de/ausstellung/themen/gescheiterte-rettungen/erich-und-elsbeth-frey (15.1.2018)

Neiss, Marion, 2010, Kennzeichnung. In: Wolfgang Benz (Hrsg.): Handbuch des Antisemitismus. Band 3: Begriffe, Theorien, Ideologien. Berlin. S. 174–176

Neuffer, Manfred, 1995, Bekannt wie ein bunter Hund …In: Wieler, Joachim/Zeller, Susanne (Hrsg.): Emigrierte Sozialarbeit. Portraits vertriebener SozialarbeiterInnen (Darmstädter Beiträge zu Studium und Praxis, 3). Freiburg. S. 45–53

Nordbayerischer Kurier

1988	Besuch ohne Bitterkeit. Ehepaar Strauß 50 Jahre nach der Vertreibung zu Gast. *Nordbayerischer Kurier* 8.7.1988. Bayreuth

Neumarkter Tagblatt

1908	Nr. 207 vom 14. September 1908
1909a	Nr. 64 vom 21. März 1909
1909b	Nr. 65 vom 23. März 1909
1909c	Nr. 78 vom Gründonnerstag, 8. April 1909

Ophir, Baruch Z./Wiesemann, Falk (Hg. und Bearb.), 1979, Die jüdischen Gemeinden in Bayern 1918-1945. Geschichte und Zerstörung. München/Wien

Ortsfamilienbuch Bad Orb, o.J., Eisemann, wiki-de.genealogy.net; http://www.online-ofb.de/famreport.php? ofb=bad_orb&ID=I37372&nachname=EISEMANN&modus=&lang=de (1.2.2018)

Österreichische Nationalbibliothek (ÖNB), Alex, 2011, Österreichische Nationalbibliothek, Alex, Historische Rechts- und Gesetzestexte Online, © 2011, http://alex.onb.ac.at/cgi-content/alex?aid=dra&datum=1938&page=1911&size=45, in dieser Arbeit häufig für das RGBl verwendet

Parkinson, Alan, o.J., From Marple to Hay and Back. The Marple Website; for Marple and District, in Cheshire UK, http://www.marple-uk.com/misc/dunera.pdf (11.10.2017)

Pätzold, Kurt, 1997, »Reichskristallnacht«. In: Benz/Graml/Weiß 1997: 679-80

Paul, Roland, 1988, »Es war nie Auswanderung, immer nur Flucht«. Zur Emigration der Juden aus der Pfalz im Dritten Reich, in: Kuby, Alfred Hans (Hg.): Juden in der Provinz, Neustadt an der Weinstraße 1988, S. 147-176. Online verfügbar unter https://www.auswanderung-rlp.de/emigration-in-der-ns-zeit/zu-emigration-der-juden-aus-der-pfalz-im-dritten-reich.html ()

Paul, Roland, 2017, Pfälzer Juden und ihre Deportation nach Gurs. Schicksale zwischen 1940 und 1945. Biographische Dokumentation. Kaiserslautern

Paulus, Helmut, 2000, Die »Reichskristallnacht« und die Judenverfolgung in der Gauhauptstadt Bayreuth. In: Hübschmann/Paulus et al. 2000:13-110

Permooser, Irmtraud, 1996, Der Dolchstoßprozeß in München 1925. *Zeitschrift für Bayerische Landesgeschichte.* 59:903–926

Pem, 1939, Strangers Everywhere. Kapitel Refugee in Piccadilly Circus. pag. 20-38. London

Pietsch, Thorsten, 2000, Frontflieger. Die Soldaten der Deutschen Fliegertruppe 1914 – 1918. Internetpräsenz www.frontflieger.de unter laufender Ergänzung (2.1.2018)

Piqua Public Library, 2007, History. https://www.piqualibrary.org/history (30.3.2018)

Plöckinger, Othmar, 2010, Frühe biografische Texte zu Hitler. Zur Bewertung der autobiografischen Teile in »Mein Kampf«. *Vierteljahreshefte für Zeitgeschichte* 58 (2010):93-114, https://www.ifz-muenchen.de/heftarchiv/2010_1_4_pl%C3%B6ckinger.pdf (15.10.2017)

Pollmeier, Heiko, 1997, Arisierung. In: Benz, Wolfgang/Graml, Hermann/Weiß, Hermann (Hg.), Enzyklopädie des Nationalsozialismus. München. S. 374f

Prestel, Claudia, 1989, Jüdisches Schul- und Erziehungswesen in Bayern 1804-1933. Tradition und Modernisierung im Zeitalter der Emanzipation. Göttingen

Rabenstein, Christoph, 1986, Politische und publizistische Strömungen in einer Stadt Oberfrankens. Hof 1918 – 1924. Ein Beitrag zur politischen Willensbildung in der Frühphase der Weimarer Republik. Diss. Bayreuth (Bayreuther Arbeiten zur Landesgeschichte und Heimatkunde, 1). Bayreuth

Reichsbund Jüdischer Frontsoldaten (Hg.), 1932, Die jüdischen Gefallenen des deutschen Heeres, der deutschen Marine und der deutschen Schutztruppen: 1914-1918. Ein Gedenkbuch. Nachdruck der Ausgabe Berlin 1932. Moers 1979

Reichsgesetzblatt (Deutsches Reichsgesetzblatt), 1849-1940 Reichsgesetzblatt Teil I, abgekürzt als RGBl I. Berlin. online verfügbar bei Österreichische Nationalbibliothek unter http://alex.onb.ac.at/tab_rgb.htm

Reiter, Julius, 1978, Personal Notes. Unpubliziertes Manuskript im Besitz von Steve Reiter, London
Rosenstock, Dirk, 2008, Die unterfränkischen Judenmatrikel von 1817. Eine namenkundliche und sozialgeschichtliche Quelle. Veröffentlichungen des Stadtarchivs Würzburg. Würzburg
Ruoff, Alexander, 1997, Boykott, 1. April 1933. In: Benz/Graml/Weiß 1997:401

Santa Barbara Independent, Inc., 2017, Eric H. Boehm. 1918-2017, obituary, http://www.independent.com/obits/2017/sep/18/eric-boehm/ (24.12.2017)
Scheffler, Wolfgang, 2003, Massenmord in Kowno. In: Scheffler/Schulle 2003:83-87
Scheffler, Wolfgang/Schulle, Diana, 2003, Buch der Erinnerung – Die ins Baltikum deportierten deutschen, österreichischen und tschechoslowakischen Juden. Bearbeitet von Wolfgang Scheffler und Diana Schulle. Herausgegeben vom »Volksbund Deutsche Kriegsgräberfürsorge e.V.« und dem »Riga-Komitee der deutschen Städte« gemeinsam mit der Stiftung »Neue Synagoge Berlin – Centrum Judaicum« und der Gedenkstätte »Haus der Wannsee-Konferenz«. 2 Bände. München
Schlösser, Annelore/Schlösser, Karl, 2012, Die Wormser Juden 1933-1945. Dokumentation auf CD, hg. vom Stadtarchiv Worms 2002, Realisation: Dorothea Spille. Worms. Für das Internet adaptiert von Ralf Kotschka (MfM-Medien für Museen) und aufrufbar unter http://www.wormserjuden.de/ seit Juli 2012 (8.6.2017)
Schwarz, Maier, 2017, Die »Kristallnacht«-Lüge. Zukunft braucht Erinnerung, Online-Portal zu den Themen unserer Zeit. Erstellt: 26.10.2004, aktualisiert 4.3.2017, http://www.zukunft-braucht-erinnerung.de/die-kristallnacht-luege
Sopade, Deutschland-Berichte der Sozialdemokratischen Partei Deutschlands (Sopade) 1934-1940
    1982b   Zweiter Jahrgang 1935. 6. Auflage Frankfurt am Main
    1982c   Dritter Jahrgang 1936. 6. Auflage Frankfurt am Main
SPD Hof, o.J., Geschichte der Hofer Sozialdemokratie von 1872 bis heute. Website des SPD-Kreisverbandes Hof-Stadt, https://spd-hof.de/politik/geschichte/geschichte-der-hofer-sozialdemokratie-von-1872-bis-heute (12.6.2018)
Stadtarchiv München, 2012, Biographisches Gedenkbuch der Münchner Juden 1933-1945, http://www.muenchen.de/rathaus/gedenkbuch/gedenkbuch.html, online seit Herbst 2012, wird in regelmässigen Abständen überarbeitet und aktualisiert, vgl. Heusler/Schmidt 2003/2007

Star-Ledger, 2011, Werner W. Boehm. Obituary. Star-Ledger Oct. 20, 2011; http://obits.nj. com/obituaries/starledger/obituary.aspx?n=werner-w-boehm&pid=154212105 (24.12.2017)

Steidle, Hans, 2002, Jakob Stoll und die Israelitische Lehrerbildungsanstalt. Eine Spurensuche. Würzburg

Steinsiek, Peter-Michael, 2017, Zwangsarbeit in den staatlichen Forsten des heutigen Landes Niedersachsen 1939-1945 untersucht besonders an Forstämtern des Solling und Harzes. Husum

Stockhorst, Erich, 1998, Fünftausend Köpfe: wer war was im Dritten Reich. 3. Auflage. Kiel

Strätz, Reiner, 1989, Biographisches Handbuch Würzburger Juden. 1900-1945. Würzburg

Stürmer, Der, 1923-1945 *Der Stürmer*. Deutsches Wochenblatt zum Kampfe um die Wahrheit. Hg. von Julius Streicher. Nürnberg

Swiggum, S./Kohli, M., 2007, Red Star Linie G.m.b.H., Hamburg. TheShipsList®™, http://www.theshipslist.com/ships/lines/bernstein.shtml. Last updated: November 30, 2007 and maintained by S. Swiggum and M. Kohli (29.5.2017)

Terezín Studies, Portál holocaust.cz, 2001, Datenbank der Holocaust-Opfer des Konzentrationslagers Theresienstadt. © Nationalarchiv Prag; Institut Theresienstädter Initiative, www.holocaust.cz/de/opferdatenbank/opfer/ (16.11.2016)
2841-hedwig-braun/ (16.11.2016)
18060-jetti-kann/ (16.11.2016)
25243-max-michaelis/ (16.11.2016)
25205-emma-michaelis/ (16.11.2016)
35841-bertha-weil/ (16.11.2016)
353913-herbert-frank (26.11.2016)

Thalmann, Rita/Feinermann, Emmanuel, 1987, Die Kristallnacht. Frankfurt am Main

Thompson, Stephen, 2007, 1941 Dunera Boys Hay Internment Camp Collection. Migration Heritage Centre, August 2007 – updated 2011. Ultimo, New South Wales, Australia, http://www.migrationheritage.nsw.gov.au/exhibition/objectsthroughtime/dunera/ (10.10.2017)

Tobias, Jim G., 2013, Eisemann und Einstein: Die Macht der Mathematik. *haGalil.com*, Jüdisches Leben online, http://www.hagalil.com/2013/03/eisemann/, 7. März 2013-25 Adar 5773 (17.6.2017)

Ulrich, Bernd, 1997, Stahlhelm – Bund der Frontsoldaten. In: Benz/Graml/Weiß 1997:745

Universität Würzburg, 2011, Die geraubte Würde: die Aberkennung des Doktorgrads an der Universität Würzburg 1933 1945 (Beiträge zur Würzburger Universitätsgeschichte, I.). Hg. von Marcus Holtz. Würzburg

USCIS, 2017, Affidavit of Support. Official Website of the Department of Homeland Security, U.S. Citizenship and Immigration Services, https://www.uscis.gov/greencard/affidavit-support, Last Reviewed/Updated: 06/26/2017

Volkov, Shulamit, 1990, Jüdisches Leben und Antisemitismus im 19. und 20. Jahrhundert. München
Vormeier, Barbara, 1980, Die Deportierung deutscher und österreichischer Juden aus Frankreich (1942–1944). Paris
Vorwerk, Wolfgang/Büdel, Monika/Fleckenstein, Klaus, 2017a, Rebecka Weil. Lohrer Echo, Donnerstag 9. November 2017:17. Online eingestellt unter: http://www.alemannia-judaica.de/lohr_synagoge.htm (17.12.2017)
Vorwerk, Wolfgang, 2017b, »Ein Wiedersehen gibt es nur im Himmel«. Jüdische NS-Opfer aus Lohr. In: Beiträge zur Geschichte der Stadt und des Raumes Lohr, Ausgabe 2017:9-47. Online eingestellt unter http://www.alemannia-judaica.de/lohr_synagoge.htm (17.1.2018)
Vries, Simon Philip de, 1999, Jüdische Riten und Symbole. Hamburg

Walk, Josef (Hg.), 1996, Das Sonderrecht für die Juden im NS-Staat. Eine Sammlung der gesetzlichen Maßnahmen und Richtlinien – Inhalt und Bedeutung. 2. Auflage. Heidelberg
Wallace, Nora K., 2009, World War II veteran helped dismantle German air command. Jewish Federation of Greater Santa Barbara, Portraits of Suvival. November 8, 2009. https://jewishsantabarbara.org/portraits-of-survival/survivors-in-the-media/eric-boehm (23.4.2017)
Weber, Reinhard, 2006, Schicksal der jüdischen Rechtsanwälte in Bayern nach 1933. Herausgeber: Bayerisches Staatsministerium der Justiz, Rechtsanwaltskammern München, Nürnberg und Bamberg, Pfälzische Rechtsanwaltskammer Zweibrücken. München
ders.: 2012, Rechtsnacht: Jüdische Justizbedienstete in Bayern nach 1933. Hrsg. vom Bayerischen Staatsministerium der Justiz und Verbraucherschutz. JVA, Landsberg am Lech
WeCoWi, 2018, Jüdische Namenskodierung, https://www.wecowi.de/wiki/J%C3%BCdische_ Namenskodierung (5.1.2018)
Weil, Leopold, 1909b, Dem Gedächtnisse des Kgl. Oberlehrers S. Kahn. *Neumarkter Tagblatt* Nr. 65 vom 23.3.1909
ders.: 1927, Die israelitische Kultusgemeinde Hof und deren Vorgeschichte. Zur Einweihung des neuen Gotteshauses. Hof
ders.: 1929, Bezirkskonferenz Nordoberfranken. *Bayerische Israelitische Gemeindezeitung* Jg. 5 (1929), H. 6:90
ders.: 1930a, Salomon Eisemann – seligen Andenkens, Würzburg. Bayerische Israelitische Gemeindezeitung Jg. 6 (1930), H. 20, abgedruckt in AlemJud, Westheim/HAB.

Weil, Leopold: 1930b, Rezension zu Ludwig Freund »Am Ende der Philosphie. Ein kritisches Wort zur Zeit und ihre Philosophen«, *Bayerische Israelitische Gemeindezeitung* Jg. 6 (1930), H.12:194

ders.: 1931a, Die Jüdische Schule im Dienste der Abwehr, Teil 1. *Bayerische Israelitische Gemeindezeitung* Jg. 7 (1931), H. 3:38f

ders.: 1931b, Die Jüdische Schule im Dienste der Abwehr, (Fortsetzung) *Bayerische Israelitische Gemeindezeitung* Jg. 7 (1931), H. 4:57

ders.: 1931c, Die Jüdische Schule im Dienste der Abwehr, (Schluss) *Bayerische Israelitische Gemeindezeitung* Jg. 7 (1931), H. 7:105

Weil, Wolf, 1955, Die Geschichte der Juden in Hof seit 1938. Unpubliziertes Typoskript. Stadtarchiv Hof, Signatur M 88

Weinberg, Magnus, 1927, Geschichte der Juden in der Oberpfalz IV: Sulzbürg (Schriften der Historischen Kommission des Verbandes der bayerischen israelitischen Gemeinden, I), München

Wies, Frédérick, 2012, Les juifs de Sarre sous l'emprise totalitaire: Une esquisse de l'exode de 1935–1936 et du refoulement du 22 octobre 1940. In: M. Camiade & J. Font (Hg.): Déplacements forcés et exils en Europe au XXe siècle. Les conditions de départ et d'accueil: actes du 1er Séminaire transfrontalier. Institut catalan de recherche en sciences sociales: Université de Perpignan. Tagungsband. Perpignan

Wikipedia.de

Auerbach, Philipp Auerbach, https://de.wikipedia.org/wiki/Philipp_Auerbach (15.2.2018)

Graf, Ulrich Graf (Politiker, 1878), https://de.wikipedia.org/wiki/Ulrich_Graf_(Politiker,_1878) (15.5.2018)

HTO, Haupttreuhandstelle Ost, https://de.wikipedia.org/wiki/Haupttreuhandstelle_Ost (5.4.2018)

Judenboykott, Judenboykott, https://de.wikipedia.org/wiki/Judenboykott (15.5.2018)

Klotz, Helmuth Klotz (Publizist), https://de.wikipedia.org/wiki/Helmuth_Klotz_(Publizist) (15.5.2018)

Moabit, Liste der Stolpersteine in Berlin-Moabit, https://de.wikipedia.org/wiki/Liste_der_Stolpersteine_in_Berlin-Moabit (15.1.2018)

Reichsbanner, Reichsbanner Schwarz-Rot-Gold, https://de.wikipedia.org/wiki/Reichsbanner_Schwarz-Rot-Gold (2.2.2018)

SGH, Schiller-Gymnasium Hof, https://de.wikipedia.org/wiki/Schiller-Gymnasium_Hof (31.1.2018)

Würzburg, Liste der Stolpersteine in Würzburg, https://de.wikipedia.org/wiki/Liste_der_Stolpersteine_in_W%C3%BCrzburg (15.1.2018)

Winkelmann, Volker (Red.), 2008, Unser Gedenkbuch für die Toten des Holocaust in Halle. Volkhard Winkelmann und ehemaliges Schülerprojekt »Juden in Halle« des Südstadt-Gymsiums Halle. http://www.gedenkbuch.halle.de/. 3. Auflage. Halle (1.8.2017)

Wittmer, Siegfried, 2002, Regensburger Juden. Jüdisches Leben von 1519 bis 1990. Regensburg

Wurdack, Jörg, 2008, Dr. Richard Wendler. Oberbürgermeister Hofs und Mittäter bei der »Endlösung« im besetzten Polen. *Miscellanea curiensia. Beiträge zur Geschichte und Kultur Nordostoberfrankens und angrenzender Regionen.* Band VII. (56. Bericht des Nordoberfränkischen Vereins für Natur-, Geschichts- und Landeskunde), S. 99–133

Zeiß-Horbach, Auguste, 2008, Der Verein zur Abwehr des Antisemitismus. Zum Verhältnis von Protestantismus und Judentum im Kaiserreich und in der Weimarer Republik. Leipzig

Zentralwohlfahrtsstelle der Deutschen Juden (Hg.), o. J. [1932] Führer durch die jüdische Gemeindeverwaltung und Wohlfahrtspflege in Deutschland 1932-33. Berlin

Abbildungsnachweis

Archiv Ekkehard Hübschmann u. © Ekkehard Hübschmann S. 35, 87 (beide), 212
Bayerisches Hauptstaatsarchiv München S. 206
Cartões de Imigração, Arquivo Nacional, Rio de Janeiro, Brasília S. 114
Deutsches Zentralinstitut für soziale Fragen, Berlin S. 115
Nacionalinis Mikalojaus Konstantino Ciurlionio dailes muziejus, NCDM. Kauno. Lietuva, diplomatiniskaunas.lt S. 154
Privatbesitz Familie Braun, Hockessin, Delaware, USA S. 117, 118, 124
Privatbesitz Familie Hoffmann, Karlsfeld S. 126, 127 rechts, 128 oben, 133, 150, 173, 174
Privatbesitz Familie Reiter, London, UK S. 215, 217
Privatbesitz Familie Steve Reiter, London, UK S. 218
Privatbesitz Nicholas Reed, Sandbach, Cheshire, UK S. 231
Sammlung Ludwig Schiller, Sulzbürg/Oberpfalz S. 235
Staatsarchiv Bamberg S. 16
Staatsarchiv Nürnberg S. 38
Stadtarchiv Hof S. 25, 40, 42 (beide), 55 (beide), 56 (alle), 57, 58 (beide), 59 (beide), 60 (alle), 61 (beide), 62 (beide), 63, 127 links, 128 unten, 129, 130 (beide), 131, 132 (alle), 177, 200, 241, 330/331 [bearb. v. Gudrun Fröba]
Stadtarchiv Kulmbach S. 32, 208
Stadtarchiv München S. 43
Steve Malone, News-Press S. 116 oben
Valorie Smith / Noozhawk S. 116 unten
Weil, Leopold Die israelitische Kultusgemeinde Hof, Hof 1927, gegenüber S.18 S. 248

PLAN DER STADT HOF 1925

Herausgegeben unter Mitwirkung des städtischen Bauamts nach den Aufnahmen des bayer. Katasterbureaus. Hof 1925. Rud. Lion, Verlagsbuchhandlung, Hof i.B., (G.A.Grau & Co.), Inhaber: Georg Trendtel. (Stadtarchiv Hof, Signatur KK 242): Seiten 332/333. Die Nummern in der letzten Spalte entsprechen den eingekreisten Ziffern auf dem Stadtplan.

Wohnadressen der Familien, Ehepaare und Einzelpersonen

Name	Anschrift	Nr.
Anders	Altstadt 8	23
Anders	Marienstraße 59	36
Blauzwirn	Ludwigstraße 60/62	15
Böhm	Fabrikzeile 20	31
Böhm	Wilhelmstraße 23	35
Eberstadt	Konradsreuther Straße 11	46
Franken	Ludwigstraße 43	7
Gabriel	Marienstraße 1	17
Göttinger	Altstadt 11	24
Gronemann, Hans	Ludwigstraße 54	14
Gronemann, Hans	Theresienstraße 1½b	43
Hamburger	Altstadt 11	24
Heymann	Hallstraße 9	11
Heymann	Ludwigstraße 54	14
Jacob	Ludwigstraße 54	14
Kann, Jette	Ludwigstraße 60	15
Kann, Jette	Ludwigstraße 93	16
Lax	Karolinenstraße 33	10
Lax	Ludwigstraße 55	8
Lewin & Kawlin	Bismarckstraße 11	34
Liebenthal	Fischergasse 7½	21
Linz	Marienstraße 73	39
Mayer	Bismarckstraße 9	33
Odenheimer, Ferdinand	Bismarckstraße 9	33
Odenheimer, Ferdinand	Ludwigstraße 54	14
Pels & Sander	Ludwigstraße 59	9
Powitzer	Poststraße 2	18
Rapp	Ludwigstraße 60	15
Regensburger, Wilhelm	Fabrikzeile 10	28
Reiter	Ludwigstraße 54	14
Weil	Bahnhofstraße 18	45
Weil	Ludwigstraße 54	14
Weil	Theresienstraße 7	42

Firmenadressen (Geschäfte, Werkstätten und Fabriken)

Firma	Anschrift	Nr.
Gebrüder *Anders*, Lichtspieltheater: Zentraltheater	Altstadt 8	23
Franz *Anders*, Herren- und Damengarderobegeschäft	Kreuzsteinstraße 2	27
Gebrüder *Anders*, Lichspieltheater: Weiße Wand (als Pächter)	Lorenzstraße 28	37
Gebrüder *Anders*, Lichtspieltheater: Luna (als Pächter)	Weberstraße 4	38
Gebrüder *Anders*, Lichtspieltheater: Scala (als Pächter)	Wörthstraße 4	40
David *Blauzwirn*, Modewarengeschäft	Ludwigstraße 60	15
Gebrüder *Böhm*, Manufaktur- und Modewarenhandel	Wilhelmstraße 4	25
Bottina-Schuh-Gesellschaft mbH Berlin, Sitz München, Filiale	Oberes Tor 10	19
Peter *Danzer* Nachfolger, Zigarren-, Zigaretten- und Tabakhandlung, Inhaberin Alma *Lewin*	Altstadt 6	22
Peter *Danzer* Nachfolger, Zigarren-, Zigaretten- und Tabakhandlung, Inhaberin Alma *Lewin*	Lorenzstraße 23	32
Mechanische Weberei *Eberstadt*	Alsenberger Straße 21	41
H. *Epstein*, Schnittwaren, Manufakturwaren- und Handstickereigeschäft, Inhaber Salomon Sally Linz	Lorenzstraße 3	29
B. *Feldmann* Nachfolger, Weiß- und Kurzwarengeschäft	Oberes Tor 5	20
Max *Franken*, Herrengarderobegeschäft, Textilwarengroßhandel, Schneiderei	Klosterstraße 10	1
Max *Franken*, Herrengarderobegeschäft, Textilwarengroßhandel, Schneiderei	Klosterstraße 27	3
Max *Franken*, Herrengarderobegeschäft, Textilwarengroßhandel, Schneiderei	Ludwigstraße 36	5
Max *Franken*, Herrengarderobegeschäft, Textilwarengroßhandel, Schneiderei	Ludwigstraße 39	6
Julius *Goldmann*, Agent für Strumpfwaren	Liebigstraße 9	44
Martin und Emmy *Göttinger*, siehe Geschwister *Rosenfeld*	Altstadt 11	24
Max und Eleonore *Heymann*, siehe Ludwig *Schloß*	Lorenzstraße 7	30

Plan der Stadt Hof, 1925

Selly *Jacob*, Handstickerei und Gardinenfabrikation	Realschulgäßchen 1	12
Marie *Kawlin*, Warenagentin	Bismarckstraße 11	34
Hans und Emma *Lax*, siehe Geschwister *Lump*	Karolinenstraße 33	10
Hans und Emma *Lax*, siehe Geschwister *Lump*	Ludwigstraße 55	8
Alma *Lewin*, siehe Peter *Danzer* Nachfolger	Altstadt 6	22
Alma *Lewin*, siehe Peter *Danzer* Nachfolger	Lorenzstraße 23	32
Salomon Sally *Linz*, siehe H. *Epstein*	Lorenzstraße 3	29
Geschwister *Lump*, Putzgeschäft, Handel mit Wäsche und Korsets, Inhaber Hans und Emma *Lax*	Karolinenstraße 33	10
Geschwister *Lump*, Putzgeschäft, Handel mit Wäsche und Korsets, Inhaber Hans u. Emma *Lax*	Ludwigstraße 55	8
Hermann *Mayer*, Manufaktur- und Modewarengeschäft	Bismarckstraße 9	33
Hugo *Pels*, siehe *Sander* & Co.	Ludwigstraße 59	9
Simon *Rapp*, Warenagentur	Ludwigstraße 60	15
Selma *Rapp*, siehe *Sera* Kurzwaren	Poststraße 2	18
Mechanische Weberei D. *Regensburger*	Fabrikzeile 10/12	28
Kaufhaus Adolf *Reiter*	Karolinenstraße 37	13
und	Ludwigstraße 54	14
Geschwister *Rosenfeld*, Herrenkonfektions- und Schuhwarenhandel, Inhaber Martin und Emmy Göttinger	Altstadt 11	24
Sander & Co, Schuhwarenhaus, InhaberHugo *Pels*	Ludwigstraße 59	9
Ludwig *Schloß*, Schuhwarengeschäft, Schuhmacher (Reparatur), Inhaber Max und Eleonore *Heymann*	Lorenzstraße 7	30
Sera Kurzwaren Selma *Rapp*, Wäsche- und Kurzwarenhandel	Poststraße 2	18
Marta *Starer*, Herren- und Damen-Konfektionsgeschäft	Klosterstraße 6	2
Oberfränkische Möbelzentrale Hermann *Starer*, Inhaber Hermann und Marta Starer	Ludwigstraße 27	4
Gebrüder *Ury*, Aktiengesellschaft, Zweigniederlassung Hof, Warenhaus	Altstadt 30	26

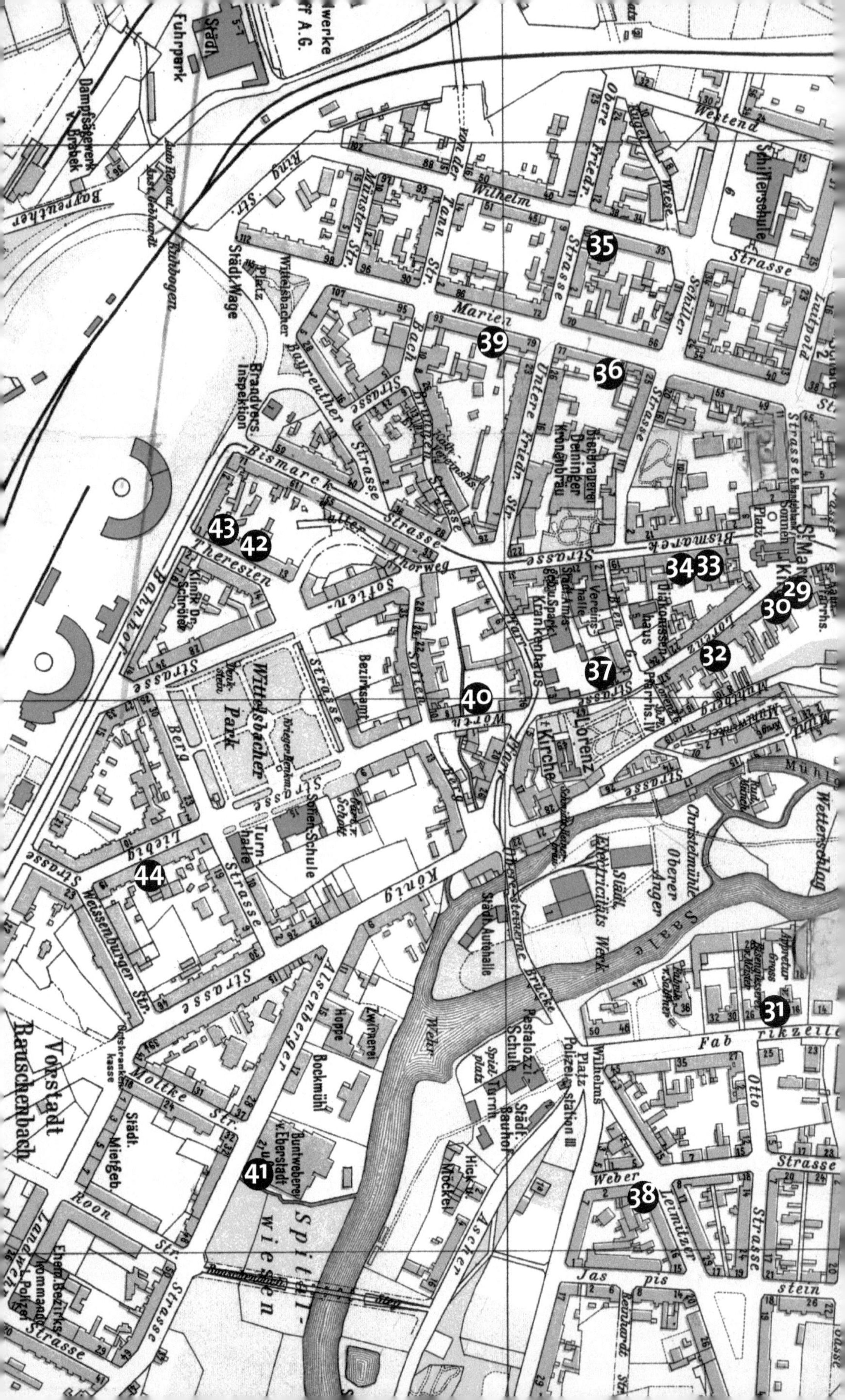

Städt. Fuhrpark
Dampfsägewerk v. Brabek
Bayreuther
Ring
Wilhelm
Westend
Schillerschule
Strasse
Obere Friedr.
Kugel
Wiese
Schiller
Luitpold
Münster Str.
Tann Str.
Marien
Bach
Strasse
Untere Friedr. Str.
Städt. Wage
Wittelsbacher Platz
Brandvers. Inspektion
Bayreuther Strasse
Bismarck Strasse
Alter Thorweg
Theresien
Klinik Dr. Schröter
Bahnhof Strasse
Wittelsbacher Park
Kriegerdenkmal
Bezirksamt
Sofien Strasse
Sofien-Schule
Turnhalle
Berg
Liebig Strasse
Weissenburger Str.
König
Städt. Autohalle
Brücke
Obere Anger
Städt. Elektricitäts Werk
Saale
Christelmühle
Wetterschlag
Mühle
Lorenz Kirche
Krankenhaus
Vereinshalle
Diakonissen haus
Pfarrhs.
Bierbrauerei Deininger Kronenbräu
Kath. Vereinshs.
Pfarr
Sonnen Platz
St. Maria Kirche
Bismarck Strasse
Lorenz
Mühlberg
Wörth
Alsenberger
Hoppe
Zwirnerei
Bockmühl
Buntweberei v. Eberstadt
Spital-wiesen
Pestalozzi Schule
Spielplatz
Turnplatz
Städt. Bauhof
Polizeistation III
Platz
Wilhelms
Fabrikzeile
Otto Strasse
Weber
Lemnitzer
Jaspis
Reinhardt Str.
Ascher
Hick u. Möckel
Vorstadt Rauschenbach
Ortskrankenkasse
Moltke Str.
Städt. Mietgeb.
Roon Str.
Strasse
Landwehr
Ehem. Bezirks-Kommando
Polizei
Strasse
35
39
36
34
33
29
30
32
37
40
43
42
44
41
38
31

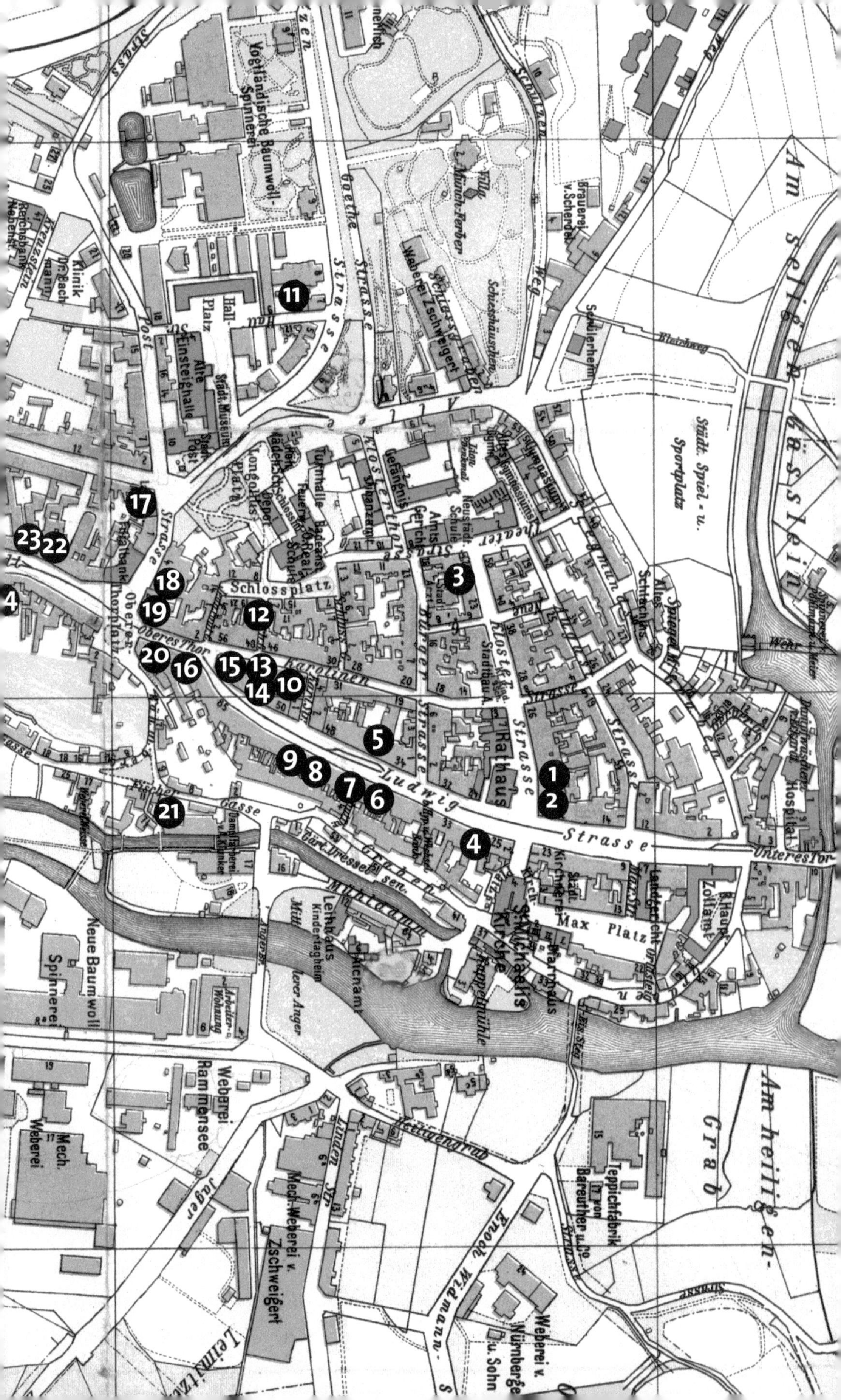
Vogtländische Baumwoll-Spinnerei
Goethe Strasse
Villa Münch-Ferber
Weberei Zschweigert
Schiesshäuschen
Brauerei v. Scherdel
Am seligen Gässlein
Bleichweg
Städt. Spiel- u. Sportplatz
Klinik Dr. Bachmann
Hall Platz
Post Str.
Städt. Museum
Post
Gefängnis
Amts Gericht
Turnhalle
Badeanstalt
Schlossplatz
Oberes Thor
Karolinen
Klosterthor
Theater Str.
Neue Strasse
Rathaus
Stadtbau A.
Ludwig Strasse
Unteres Tor
Hospital
Wehr
Fischer Gasse
Max Platz
Zollamt
Pfarrhaus
St. Michaelis Kirche
Mühldamm
Kindertagheim
Neue Baumwoll Spinnerei
Weberei Rammensee
Mech. Weberei
Mech. Weberei v. Zschweigert
Linden Str.
Jäger
Teppichfabrik
Am heiligen Grab
Weberei v. Nürnberger u. Sohn
1
2
3
4
5
6
7
8
9
10
11
12
13
14
15
16
17
18
19
20
21
22
23

DANK

Großer Dank gebührt folgenden Unterstützern (in alphabetischer Reihenfolge). Ellen Bertram, die uns Autoren mit ihrem profunden Wissen zur jüdischen Geschichte von Leipzig mehrfach ausführlich Auskunft gab; George P. Braun in Hokessin, Delaware, für die Zusendung von Fotos seiner Familie; Sigrid Friedrich-Wössner, Öhringen, für die Überlassung ihrer »Datenbanken« zur jüdischen Bevölkerung in Hof, zu Firmen, Einwohnern und Familien; Melitta Bender und weiteren Mitgliedern der Stolpersteingruppe Guntersblum; Susanna und Werner Hoffmann aus Karlsfeld/Oberbayern für die Zurverfügungstellung von Fotos der Familie Franken; den Kindern von Kurt, Julius und Erich Reiter: Jackie Reiter und Steve Reiter in London sowie Nicholas Reed in Sandbach, Cheshire, für die Zusendung von Fotos, Dokumenten und Memoiren sowie einen anregenden Austausch; Martin Schmidt vom Deutschen Zentralinstitut für soziale Fragen in Berlin-Dahlem für die Überlassung des Mitschnittes des Interviews, das Joachim Wieler 1990 mit Werner Boehm geführt hat. Ganz besonders danken wir Swantje Hoffmann für die großzügige Überlassung ihres Manuskriptes zu ihrer Großmutter: »Käthe Hoffmann – Mein Leben 1922-1945«.

Unser Dank gilt auch den Mitarbeitern von Entschädigungsämtern in Berlin, Hannover und München, die zahlreiche Akten zur Einsichtnahme und Reproduktion nach Bayreuth oder Kulmbach sandten, aber auch dem Landesamt für Finanzen, Dienststelle Bayreuth für die große Gastfreundschaft bei der Einsicht dieser Akten.

Selbstverständlich gilt den vielen Archivaren und Mitarbeitern in den Standesämtern und Kommunalverwaltungen großer Dank, besonders Dr. Arnd Kluge, dem Leiter des Stadtarchivs Hof und vormaligen Vorsitzenden des Nordoberfränkischen Vereins für Natur-, Geschichts- und Landeskunde, der das Projekt initiierte und maßgeblich unterstützte, sowie seiner Mitarbeiterin Bianca Hanschke. Bedanken möchten wir uns auch bei der Stadt Hof sowie der derzeitigen Vorsitzenden des Vereins für Natur-, Geschichts- und Landeskunde, Sandra Kastner.

Ein ganz besonderer Dank gilt der Hermann und Bertl Müller-Stiftung und ihrer Vorsitzenden Dr. Gisela Strunz, ohne deren großzügige Finanzierung das Projekt nicht zustande gekommen wäre.

Damit diese Studie nicht nur historisch Interessierte, sondern vor allem auch die junge Generation erreicht, lobt die Müller-Stiftung zusammen mit der Volkshochschule Landkreis Hof und »Demokratie leben«s einen Schülerwettbewerb 2019 an allen Hofer Schulen aus. Sein Thema lautet: »Schicksale der jüdischen Hofer im Nationalsozialismus – Antisemitismus heute«. Ziel des Schülerwettbewerbs ist es, auf der Grundlage dieser Forschungsarbeit bei den Jugendlichen über den lokalen Bezug emotionale Verbundenheit mit den damaligen jüdischen Hofer Familien zu wecken und diese nicht nur als anonyme Opfer der Gewaltherrschaft, sondern als Mitmenschen in ihren individuellen Lebensvollzügen zu verstehen. Wünschenswert ist hierbei der Transfer der Erkenntnisse über die Vorgänge im Nationalsozialismus auf die Gegenwart und so über Ungerechtigkeit, Ausgrenzung, Gewaltherrschaft und das Entstehen von Verfolgung in unserer Zeit zu reflektieren.

Ekkehard Hübschmann
Heide Inhetveen

Dr. phil. Ekkehard Hübschmann (* 1957), Ethnologe und Historiker, beschäftigt sich seit 1990 mit der jüdischen Geschichte in Franken. 2004 initiierte er die Arbeitsgemeinschaft fränkisch-jüdische Geschichte. Zu seinen Schwerpunkten gehören die Erforschung der nationalsozialistischen Judenverfolgung, Deporta-tionen, jüdische Genealogie und Auswanderung. Die Gedenkarbeit für die jüdischen NS-Opfer ist ihm besonderes Anliegen. Seit 2007 ist er freiberuflicher Genealoge, Familienhistoriker und Forscher für die Zeit ab dem 19. Jahrhundert. Seit 2012 hält er Vorträge auf den Konferenzen der International Association of Jewish Genealogical Societies [eMail: info@agfjg.de].

Dr. Heide Inhetveen (* 1942), Professorin für Land- und Agrarsoziologie, Rurale Frauen- und Geschlechterforschung an der Universität Göttingen mit den Schwerpunkten: Wandel der ländlichen Gesellschaft, Landfrauen, Agrarpionierinnen, Agrarwissenschaftsgeschichte sowie Soziologie der Hortikultur. Seit 2005 im Ruhestand; Mitgründerin und Sprecherin der Initiative Stolpersteine für Neumarkt und Sulzbürg; Recherchen zur jüdischen Geschichte von Sulzbürg und Neumarkt i.d.OPf. [eMail: hinhetv@gwdg.de].